»An den süßen Wassern Asiens«

Annette Deeken, Dr. phil., lehrt Medienwissenschaften an der Universität Trier. Zuvor war sie zehn Jahre als Kulturredakteurin der *Frankfurter Allgemeinen Zeitung* tätig. 1983 erschien von ihr das Buch *Seine Majestät das Ich. Studien zum Abenteuertourismus Karl Mays*; außerdem zahlreiche Veröffentlichungen zur Literatur- und Mediengeschichte.

Monika Bösel, Dr. rer. soc., Diplom-Soziologin, ist Professorin für Soziologie an der Fachhochschule Darmstadt. Sie veröffentlichte bei Campus *Lebenswelt Familie* (1980) und *Nach dem Frauenhaus* (1989).

Annette Deeken,
Monika Bösel

»An den süßen Wassern Asiens«

Frauenreisen in den Orient

Campus Verlag
Frankfurt/New York

Die Deutsche Bibliothek – CIP-Einheitsaufnahme

Deeken, Annette:
»An den süssen Wassern Asiens« : Frauenreisen in den Orient /
Annette Deeken ; Monika Bösel. – Frankfurt/Main ; New York :
Campus Verlag 1996
ISBN 3-593-35563-9
NE: Bösel, Monika:

Umschlaggestaltung: Atelier Warminski, Büdingen
Umschlagabbildung: Filippo Bartolini, *Der Hof*, um 1860, Ölgemälde.
Cover Courtesy Mathaf Galerie, 24 Motcomb Street, London SW1.
Satz: Leingärtner, Nabburg
Druck und Bindung: Druckhaus »Thomas Müntzer«, Bad Langensalza
Gedruckt auf säurefreiem und chlorfrei gebleichtem Papier.
Printed in Germany

Inhalt

Vorwort

Reiseprospekt

»Der ganze Zauber des Orients thut sich vor uns auf, u. alle Mysterien desselben umgaukeln uns bei dieser Lecture«, versprach 1871 Louise Mühlbach der Leserschaft ihrer Reisebriefe. Für sie lag der Orient im Schatten der Pyramiden, andere Frauen suchten seinen Zauber eher an den »süßen Wassern Asiens«. Hinter dieser poetischen Bezeichnung verbarg sich einst ein Flußtal am Bosporus, dessen schattige Wiesen sommertags ein beliebtes Ausflugsziel waren. Europäische Reisende, so hieß es, könnten hier die Geheimnisse des Orients lüften und die »Schönen des Harems« sehen, wie sie sich »in reicher Toilette bei Zigaretten und Kaffee dem süßen Nichtsthun hingeben«.

Im 19. Jahrhundert wurde das Reisen beliebt, und der Orient galt als besonders faszinierendes Reiseziel, wie sich an der ungeheuren Fülle von Büchern und Zeitschriftenartikeln widerspiegelt, die von Orientreisen in jener Zeit berichten. Darunter hätte sich allerdings, wäre die Kulturgeschichte nach dem Willen männlicher Zeitgenossen verlaufen, keine Frau als Verfasserin befinden dürfen. Denn nach den moralischen Maßstäben jener Epoche galt das Reisen als »unweiblich«. Doch es kam anders, wie die folgende, in neun Kapitel aufgeteilte Reise zeigen wird.

Unser Weg führt in einige Anrainerstaaten rund um das Mittelmeer, nach Kleinasien, an den Euphrat und nach Nordafrika, denn dort glaubte man im 19. Jahrhundert den »Zauber des Orients« zu finden. Politisch gesehen fiel diese vage geographische Ortung mit dem außereuropäischen Teil des Osmanischen Reiches zusammen, in dessen Hauptstadt Konstantinopel besonders viele Frauenreisen führten.

Wir reisen zugleich in die vergangene Welt des 19. Jahrhunderts und lernen mehr als zwanzig reisende Frauen aus dem deutschsprachigen Raum kennen, die ihre als abenteuerlich empfundenen Orienterlebnisse in Reiseberichten, Briefen und Tagebüchern festgehalten haben. Die meisten dieser schriftlichen Zeugnisse wurden einst zum Vergnügen und unter großem Beifall des damaligen Lesepublikums in Zeitschriften abgedruckt oder als Bücher veröffentlicht. Heute fristen diese Reiseberichte ein vergessenes Dasein, und dies, obwohl sie dieselbe Traditionslinie der Frauenreisen für den deutschsprachigen Raum dokumentieren, wie sie für England mit dem Begriff der *victorian lady travellers* umrissen wird.

Auf unserer Reise begegnen wir Frauen jeden Alters, aus bürgerlichen Familien und Adelskreisen, braven Pilgerinnen und ambitionierten Schriftstellerinnen – Zeuginnen einer längst vergangenen Epoche, Beobachterinnen eines Orients, den es manchmal vielleicht nur in ihrer Vorstellung gegeben hat. Diese Frauen sollen möglichst authentisch zu Wort kommen, weil sich in ihren Berichten, so subjektiv sie auch urteilen mögen, mehrere Geschichten widerspiegeln: die individuellen Biographien, die Geschichte der Frauenreisen und die der touristischen Orientreise im 19. Jahrhundert. Aus diesem Grunde wurde auch die originale Schreibweise übernommen, selbst wenn sie nach heutigen Maßstäben äußerst fehlerhaft wirkt.

Unsere langjährige Reise durch Bibliotheken, Karteikästen und Computerdateien wurde, und dafür möchten wir an dieser Stelle Dank sagen, hilfreich unterstützt von der Fachhochschule Darmstadt und der *Frankfurter Allgemeinen Zeitung* und finanziell gefördert vom Hessischen Ministerium für Wissenschaft und Kunst.

Annette Deeken
Monika Bösel

»Reisende neigen dazu, die Gefahren, denen sie ausgesetzt waren, zu übertreiben; um nicht in den gleichen Fehler zu verfallen, möchte ich gleich zu Anfang betonen, daß sich unsere schwachen Glieder zu keiner Zeit in irgendeiner Gefahr befanden.
...
Das einzige Kühne an unserem Plan war die Entschlossenheit, uns all der romantischen Bedenken zum Trotz unerschrocken auf den Weg zu machen.«

Vita Sackville-West (1928)

Kapitel 1

Grenzbestimmungen: das Reise-, Frauen- und Orientbild im 19. Jahrhundert

»Die Zahl der Reisenden, wenigstens der Reisendinnen, ist so gering, daß mir nicht wohl zu Muth war«,[1] heißt es in einem Reisebrief vom 15. Oktober 1843, den Ida Hahn-Hahn aus Damaskus geschrieben und ein Jahr später in ihren gesammelten *Orientalischen Briefen* veröffentlicht hat. Mit Absicht und zum Erstaunen ihrer Zeitgenossen gebrauchte die im 19. Jahrhundert recht berühmte Reise- und Romanschriftstellerin eine betont feminine Wortschöpfung und sprach selbstbewußt von »Reisendinnen«. Auch wenn Ida Hahn-Hahn die erste und einzige Autorin blieb, die diesen sonderbaren Ausdruck verwendete, so kommt ihrem Wort in der Geschichte der Frauenreisen doch eine wichtige symbolische Bedeutung zu, signalisierte es doch deutlich ein wachsendes weibliches Selbstbewußtsein, verbunden mit der Überzeugung, als Frau zu reisen sei eine geschlechtsspezifische Leistung.

Nun verzeichnet die Geschichte der Reisekultur wohl Pilgerreisen, Entdeckerfahrten, literarische Grenzgänge, abenteuerliche Biographien und touristischen Massenurlaub. Aber Frauenreisen? Diese Kategorie stellt bislang sowohl im wissenschaftlichen wie auch im allgemeinen Bewußtsein eine verhältnismäßig unbekannte Größe dar.[2] Dennoch haben sich die Frauenreisen zu einer eigenständigen Form innerhalb der Reisekultur entwickelt. Dies begründet sich allein schon aus der schlichten Tatsache, daß es in der Vergangenheit eine Vielzahl von Frauen gab, die gereist sind und deren Reise als eine besondere Leistung ihres Geschlechts bewertet wurde, entweder von ihnen selbst oder in der Meinung ihrer Mitmenschen. Im engeren Sinne ist die Kategorie der Frauenreisen als Sonderform der Reisekultur allerdings erst im 19. Jahrhundert entstanden, gleichzeitig und ursächlich verbunden mit der Durchsetzung der bürgerlichen Gesellschaft.

Die Entdeckung des Zwischenraums

Traditionell war der Begriff der Reise mit der Vorstellung verbunden, die Ferne sei eine Art Verbannung und das Reisen ein entbehrungsreiches Schicksal, wenn nicht ein göttliches Strafgericht. Dieses seit der Antike tradierte Verständnis von Reise spiegelt sich exemplarisch in der *Odyssee* Homers wider, wenn es dort heißt: »Nichts ist kummervoller als unstet zu leben und flüchtig!« Es war gewiß nicht nur literarische Phantasie, die den Verfasser des antiken Heldenepos dazu veranlaßt hat, ausschließlich negative Beweggründe für ein Verlassen der Heimat zu nennen, nämlich »unversöhnlichen Hunger, Lebensgefahr und bitterer Mangel«.[3]

Der Begriff der Reise hatte seit der Antike vorwiegend negative Bedeutung und wurde mit geradezu »zwingenden« Vorstellungen von aufgenötigter Ortsveränderung oder sachlicher Notwendigkeit verbunden. Diese Zwänge, die zu unfreiwilliger Mobilität nötigten, galten nicht für jedermann: »Reisen war die Sache winziger Minoritäten, spezifischen und handgreiflichen Zwecken unterworfen.«[4] Mobilität galt den feudalen Gesellschaften nicht als geachtetes Ideal, sondern als erzwungenes Verhalten der dienstreisenden Berufsstände, der Soldaten, Kuriere und Kaufleute vor allem. In diesem traditionellen Sinne sind seit der Antike und im Mittelalter immer auch Frauen gereist, etwa im Schaustellergewerbe oder als Marketenderinnen, die mit den Truppen durch Krieg und Manöver zogen und ihnen Lebensmittel und Bedarfsgegenstände verkauften. Sie hatten keine Wahlfreiheit zwischen Bleiben oder Reisen. Heimatlosigkeit und der Ruch der Unehrenhaftigkeit waren der Preis, den diese »fahrenden Frauenzimmer« für ihren Lebensunterhalt zahlen mußten. Und wenn es nicht materielle Not war, die zum Verlassen der Heimat zwang, dann war es brachiale Gewalt, die Angst vor brandschatzenden Söldnern oder, seit der Entdeckung überseeischer Kontinente, die Deportation als Strafgefangene nach Amerika und Australien. In diesem historischen und schichtspezifischen Kontext gesehen waren Frauen wohl nicht viel seßhafter als Männer. Für die pauschale Aussage jedenfalls, daß »das Reisen immer eine Leistung von Männern und Ausdruck von Männlichkeit gewesen«[5] sei, boten die vorbürgerlichen Epochen keine Anhaltspunkte.

Noch an der Wende zum achtzehnten Jahrhundert wurde das Reisen unabhängig vom biologischen Geschlecht bewertet und generell mit Argwohn und Skepsis betrachtet. Untertanen, die »durch Reisen ihre Cultur zu suchen vermeynen«, bezichtigte der seinerseits weitgereiste Philosoph Leibniz eines »der Teutschen Nation schädlichen Misbrauchs«;[6] und 1700 erließ der Kurfürst von Brandenburg ein Edikt, in welchem Personen unter dreißig Jahren das Reisen außerhalb der Landesgrenzen ohne besondere

Genehmigung untersagt wurde. Erst mit der wachsenden merkantilen Mobilität des Bürgertums verbreitete sich allmählich die Idee, Reisen könne einen positiven Wert besitzen, womit im Zeitalter der Frühaufklärung zunächst der Wert einer enzyklopädischen Bildung gemeint war. Eine Vielzahl apodiktischer Werke wandte sich in der ersten Hälfte des 18. Jahrhunderts an das männliche Publikum mit dem Ziel, die Tugend der Reise zu lehren. Darunter verstand man einen praktischen Welt-Anschauungsunterricht, dessen Lernziel nur dann als erreicht galt, wenn die Grenzüberschreitung einen nützlichen Beitrag zur Vermehrung der enzyklopädischen Kenntnisse erbrachte. Reisen als ästhetisches Vergnügen oder als reines Amüsement hingegen wurde als lasterhafte Verschwendung von Geld und nationalen Ressourcen begriffen. »Denen, die bey ihren Reisen in fremde Länder nichts anders thun als daß sie mit Fressen, Saufen, Huren, Spielen etc. das Geld auf eine unverantwortliche Weise durchbringen, und also nichts weiter profitiren, als daß sie sich um ihre Gesundheit, und in ihr Vaterland fremde Laster mit zurücke bringen, ist allerdings besser, daß sie zu Hause bleiben, und nicht zum Schaden ihrer und des Vaterlandes das Geld in fremde Länder tragen.«[7]

An der Wende zum neunzehnten Jahrhundert wandelte sich dieser Begriff von Reise abermals. Er wurde, genauer gesagt, entfesselt und befreit von dem (Aus-)Bildungsvorbehalt für Bürgersöhne, die sich auf ihrer Reise als künftige Staatsdiener oder Unternehmer Brocken der Gelehrsamkeit aneignen sollten. Nunmehr war eine Poesie des Reisens denkbar, eine selbstbestimmte und zweckfreie Mobilität, die ihr Maß am Charakter und an der Lust des Individuums fand. »Warum sollte ich«, bekannte die Schriftstellerin Esther Bernhard, eine langjährige Brieffreundin Jean Pauls, in ihren *Briefen während meines Aufenthaltes in England und Portugal*, »so eilig durch das Paradies jagen? Ich will langsam reisen, nicht aus deutscher Gewohnheit, sondern um länger zu reisen, denn in diesem Lande ist das Reisen nicht bloß als Mittel, sondern als Zweck selbst höchst angenehm. Weintrinker, die aus dem Genuß eine Kunst machen, stürzen nie ein Glas Wein schnell hinunter.«[8]

Den alten Konzepten vom Reisen als Notwendigkeit und aus Nützlichkeitserwägungen wurde mit dem Aufkommen des bürgerlichen Freiheitsideals ein neuer Begriff von Reise gegenübergestellt. In ihm war nunmehr Raum für subjektive Empfindung, für Genuß und (Schau-)Lust; Reisen wurde als Ausdruck der Persönlichkeit und frei gewählten Lebensform verstanden. Positiv wurde unterstellt, daß bereits die physische Bewegung von Ort zu Ort einen qualitativen Sprung bedeute, daß Reisen den Horizont erweitere, den Blick schärfe und die Persönlichkeit bereichere. Das Zurücklegen einer Strecke wurde zu einer gesonderten Quelle des Vergnügens: »Wir reisen also nicht mit der Extrapost«, betonte der Philosoph Jean-Jacques Rousseau, »sondern gemächlich. Wir denken nicht nur an den Abfahrts- und Ankunftsort, sondern an den Zwischenraum, der beide voneinandert trennt. Die Reise an und für sich ist uns eine Lust«.[9] Der Begriff »Reise« wurde mithin positiv besetzt, ja, regelrecht in ein Glücksversprechen verwandelt. Rückblickend auf mehr als ein Jahrhundert bürgerlicher Reisefreiheit konnte der Philosoph Ernst Bloch deshalb formulieren: »Jede Reise muß freiwillig sein, um zu vergnügen. Sie braucht dazu eine Lage, die gern, mindestens nicht unlustig, verlassen wird ... Ist Reisen erzwungen oder Beruf, also nicht abbrechend-glücklich, so ist es keines ... Geschäftsreisende, Matrosen, Emigranten sind nicht auf Reise, letztere trotz der möglichen Befreiung nicht. Reise ist bei allen diesen erzwungen oder Beruf, Bann hier, Verbannung dort.«[10]

Die »Feminisierung der Frau«

Mochte sich auch allmählich die Überzeugung vom positiven Wert des Reisens durchsetzen – die Vorstellung, daß das Unterwegssein den Horizont erweitere, den Blick schärfe und die Persönlichkeit bereichere, bezog sich stets nur auf die männlichen Mitglieder der Gesellschaft. Derselbe Prozeß, der den Begriff des Reisens wandelte und ihn von seiner seit der Antike gängigen Bedeutung ablöste, bewirkte auch die Ansicht, Reisen sei Männersache. Die neue Freiheit, aus Vergnügen und zur Bereicherung der Subjektivität zu reisen, sollte ein Privileg der Männer sein und für das weibliche Geschlecht nicht gelten. »Kann ein Frauenzimmer dafür, wenn es auch ein Mensch ist?« fragte Rahel Varnhagen in einem Brief anno 1793 verzweifelt. Eine Frau sei »doch nichts als ein ohnmächtiges Wesen, das Himmel und Erde, Menschen und Vieh wider sich hätte, wenn es weg wollte.«[11]

Günstigstenfalls trug sich die geschlechtsspezifische Sortierung, wem das Reisen zustehe und wem nicht, im Gewand der männlichen Fürsorge vor. So fragte sich zum Beispiel 1795 ein Franz Ludwig Posselt, »ob und wie Frauenzimmer reisen sollen?« und riet den Betroffenen, in ihrem eigenen Interesse, von einer »frauenzimmerischen Reise« ab, mit dem Argument: »bey der Lebhaftigkeit der Einbildungskraft und der Gefühle, die dem weiblichen Geschlecht größtentheils eigen ist, bei dem Mangel an Selbständigkeit und Festigkeit des Charakters, dessen es fast allgemein beschuldigt wird, möchte das Reisen jungen Damen noch weit gefährlicher seyn, als Jünglingen oder jungen Männern.«[12] Eine geradezu findige Variante der Ächtung von Frauenreisen bot eine *Reiseschule für Touristen und Courgäste* 1872 an, indem sie das gesellschaftliche Verbot einfach in ein Kompliment an die logischen Fähigkeiten der »kleinen Frau« ummünzte: »Gemeiniglich verlangt es die Damen gar nicht sehr nach Reisen, und in der That ist ihnen in diesem Stücke kein Mangel an Logik vorzuwerfen. – Begleiten wir, sagen sie, unsre Männer, so verursacht das dreifache Kosten, Unbequemlichkeit, Mühsal, manche Unternehmung muß unsrethalben wegfallen. Alles geht langsamer, schwerfälliger, auszüglicher vor sich. Die Bestimmung des Weibes ist das Haus, nicht die Welt. Die Eine oder Andere denkt vielleicht auch: schadet meinem lieben Manne gar nicht, wenn er einmal wieder an die Vorzüge des heimischen Herdes erinnert wird, und daß es auch andren Leuten als seiner kleinen Frau passiren kann, daß ein Hemdknöpfchen fehlt oder die Milch anbrennt.«[13]

Mochte diese Argumentation auch im Gewand eines wohlmeinenden Ratschlags auftreten und den Damen in ihrem eigenen Interesse anempfehlen, daheim zu bleiben – ihren geistigen Ursprung konnte sie nicht verbergen. Sie berief sich auf die besondere Natur der Frau, die zu definieren eine Leistung ausgerechnet jener philosophischen Schule war, die man Aufklärung zu nennen pflegt. Die philosophischen Reflexionen über die Polarität der Geschlechter mündeten seit etwa 1815 in eine das gesamte Jahrhundert prägende Ideologie; sie lösten einen Prozeß aus, den der Historiker Thomas Nipperdey die »Feminisierung der Frau«[14] genannt hat, um die widersinnige Konstruktion von ›natürlichen Tugenden‹ kenntlich zu machen. »Die Frau lebt, so die Meinung [nach 1800], nach innen gewandt, für andere, für die Familie, nicht in die Welt ausgreifend, ohne die ›kalte‹ Rationalität des Mannes, ist naiv, nicht reflektiert. Innigkeit und Gemüt – das realisiert sie im Hause, und daraus folgen dann die Normen: häuslich, fleißig, reinlich und sanft, fügsam, nachgiebig, friedlich.«[15]

Die neue patriarchalische Rollenzuweisung wurde von der Literatur, vor allem aber von der zeitgenössischen Publizistik wieder und wieder aufgegriffen und popularisiert, bis die philosophisch konstituierte Geschlechterphilosophie zum bleibenden Bestandteil des bürgerlichen Bildungsgutes wurde. Wie populär dieses frühbürgerliche Frauenbild wurde, läßt sich an den viel zitierten Versen Friedrich Schillers ablesen: »Der Mann muß hinaus ins feindliche Leben/ muß wetten und wagen/ das Glück zu erjagen«, heißt es in der *Glocke*, und an das weibliche Geschlecht wurde die Anforderung gestellt: »Und drinnen waltet die züchtige Hausfrau/ die Mutter der Kinder/ und herrschet weise/ im häuslichen Kreise«. Ja, so der naive Biologismus eines Johann Ludwig Ewald, für nichts anderes denn als immerwährende Haushüterin sei die weibliche Natur vorbestimmt. Er befand in seinem Buch *Die Kunst, ein gutes Mädchen, eine gute Gattin, Mutter und Hausfrau zu werden*, daß »der Bau des weiblichen Körpers«

dafür »eingerichtet sei, um ohne großen Schaden in der Stubenluft zu leben.«[16]

Zu der Idee einer spezifischen Weiblichkeit, zur »Feminisierung der Frau«, gehörte »eine eigentümliche Verschärfung aller Regeln für das Schickliche«, die die Frauen und jungen Mädchen der höheren Schichten von Politik und Beruf ausschloß und auch »das Verbot beinhaltete, allein zu reisen«.[17] Jede Art öffentlichen Auftritts bedeutete für Frauen, die Grenzen der Schicklichkeit zu überschreiten – längst vor dem Übertreten von Landesgrenzen also. Im häuslichen Familienverband wurde ihnen eine tragende Rolle zugewiesen, mit der Auflage gewissermaßen, nur bis zur Haustür zu blicken – während der Bürger und Familienvater so dynamisch und fortschrittlich ins öffentliche Leben treten sollte, wie es die gesellschaftlichen Umwälzungen durch Technik und Industrie erforderten. »Geschlechtsspezifische Segmentierung der bürgerlichen Lebenswelt« hat die Historikerin Ute Frevert diese Rollenzuschreibungen genannt: »Spielte der mit Ehrgeiz und Leistungsanspruch ausgestattete Mann die Rolle des vorwärtsstrebenden Weltentdeckers und -veränderers, sah sich die bürgerliche Frau mit der Aufgabe konfrontiert, die Familiensphäre im Gleichgewicht zu halten, die sich täglich wiederholende Hausarbeit zu verrichten und wie ein regelmäßig tickendes Uhrwerk zu funktionieren. Unruhe, Bewegung, ›Fortschritt‹ fanden nur vor der Haustüre statt, in der Familie sollte alles beim alten bleiben.«[18]

Frauen, die sich den gesellschaftlichen Spielregeln nicht zu unterwerfen schienen, zogen sich den Spott, wenn nicht gar die Verachtung ihrer männlichen Zeitgenossen zu. Eine Frau, die reisen wollte, setzte sich dem Verdacht aus, mit der heimischen Schwelle zugleich die Grenze der Schicklichkeit und des moralisch Duldbaren zu überschreiten. In dem geistigen Koordinatensystem der männlichen Zeitgenossen war weibliches Reisen mit der Furcht verbunden, die Ortsveränderung würde eine unerwünschte Änderung der Mentalität und der geschlechtsspezifischen Rollenzuweisungen bewirken. So legte Goethe nicht zufällig einer Frau die Worte in den Mund: »Manchmal, wenn mich ein neugieriges Verlangen nach solchen abenteuerlichen Dingen anwandelt, habe ich den Reisenden beneidet, der solche Wunder mit andern Wundern in lebendiger alltäglicher Verbindung sieht. Aber auch er wird ein anderer Mensch. Es wandelt niemand ungestraft unter Palmen ...«[19] Was bei männlichen Reisenden meist als positive Wirkung des Reisens verbucht wurde, nämlich seine persönlichkeitsbildende und das Bewußtsein verändernde Kraft, schlug gerade negativ gegen weibliche Reisewünsche aus. Die Vorstellung, eine Frau könnte ihre Gesinnung (auf Reisen) ändern, gründete in der Angst, jede Form von Bewußtseinsänderung und Erweiterung der Wahrnehmung würde zugleich gegen das herrschende Frauenbild ausschlagen und das Verhältnis der Geschlechter verändern. Das männliche Bewußtsein, das die Unvereinbarkeit von Frau und Reise behauptete, argumentierte jedoch nicht mit dieser Furcht vor einer Rollenänderung, sondern mit der moralischen Doktrin, eine Reisende würde ihrer Natur zuwiderzuhandeln.

Ein drastisches Beispiel für den kategorischen Imperativ, zum Wesen der Frau gehöre ihre Immobilität, formulierte auch Heinrich von Kleist in einem Brief an seine Schwester Ulrike: »Aber was soll ich glauben, wenn Dir der, nicht scherzhafte, nur allzu ernstliche Wunsch entschlüpft, Du möchtest die Welt bereisen?« Kleists vehementer Ordnungsruf gibt den Blick auf die Rollenerwartung frei, die dem weiblichen Geschlecht zugewiesen wurde: »Ist es auf Reisen, daß man Geliebte suchet und findet? Ist es dort, wo man die Pflichten der Gattin und Mutter am zweckmäßigsten erfüllt?« Da Kleist wohl ahnte, daß seine lebenstüchtige und weltoffene Schwester sich von dieser Ahndung, ihrer natürlichen Wesensbestimmung zuwider zu handeln, nicht sonderlich beeindrucken lassen würde, drohte er mit der schrecklichsten aller Folgen solcher Reiselust: »Oder willst Du endlich, wenn Dir auch das Reisen überdrüssig ist, zurückkehren, wenn nun die Blüte Deiner Jahre dahingewelkt ist, und erwarten, ob ein Mann philosophisch genug denke, Dich dennoch zu heiraten? Soll er Weiblichkeit von einem Weibe erwarten, deren Geschäft es während ihrer Reise war, sie zu unterdrücken?«

Reisen als Balanceakt

Auch wenn Männer wie Heinrich von Kleist sich alle erdenkliche Mühe gaben, die weibliche Reiselust zu unterbinden, und sei es mit der Strafandrohung der »alten Jungfer«, so war diese Art moralischer Bildung durchaus nicht immer von dem gewünschten Erfolg gekrönt. Frauen unterwegs, in Droschken und an den vielen kleindeutschen Grenzposten – dieses Bild gehörte wohl schon Ende des 18. Jahrhunderts zum Alltag. Warum sonst hätte das *Taschenbuch für Reisende jeder Gattung durch Deutschland* den Ratschlag abdrucken sollen, in den öffentlichen Postkutschen möchten die Damen doch auf das Schminken und Pudern verzichten?[20]

Daß Frauen es nicht beim Reisen beließen, sondern auch das Schreiben über die Reise pflegten, läßt sich schon 1784 der *Berlinischen Monatsschrift* entnehmen, die sich »über die vielen Reisebeschreibungen in unseren Tagen« beklagte: »Ihrer ist ein unübersehliches Heer! Fast niemand macht ja itzt in Deutschland eine Lustpartie mehr, einen Spazierritt, eine Fußpromenade für sich; Nord und Süd muß es erfahren, muß lesen, was dem theuren Mann begegnet, und (noch schlimmer) was ihm dabei eingefallen ist. Kinder und Unmündige, Weiber und Jungfrauen, Unwissende und Unstudierte, Menschen ohne Kopf und Sinn und Kenntniß und Beobachtungsgeist lassen Reisebeschreibungen drukken.«[21]

Auch wenn es dem neuen, bürgerlichen Weiblichkeitsbild offenbar nicht gelang, die Frauen de facto und vollständig am Reisen zu hindern – was immerhin auch beweist, daß die Kluft zwischen Leitbild und Realität sehr erheblich sein kann –, so wäre doch nichts abwegiger, als diesem Bild, das gegen die Frauen geltend gemacht wurde, Wirkungslosigkeit zu bescheinigen. Ganz im Gegenteil zeitigte der moralische Imperativ – ›die Frau bleibe häuslich und seßhaft, nur dann ist sie eine natürliche Frau‹ – sogar nachhaltige Wirkungen bei den Betroffenen.

In Anbetracht des engen Bewegungsradius, der bürgerlichen Frauen durch die Bindung an den häuslichen Wirkungskreis gezogen war, entwickelten Frauen im ausgehenden 18. und durchgängig im 19. Jahrhundert eine geschlechtsspezifische Kunst, die in einem oft lebenslang andauernden Balanceakt bestand: ihrem eigenen Willen zur Verwirklichung zu verhelfen und auf Reisen zu gehen, ohne gleichzeitig dem möglichen gesellschaftlichen Verdikt anheimzufallen, sie würden damit eine für ihr Geschlecht höchst unschickliche Handlungsweise pflegen. Ein sehr frühes und prominentes Beispiel für diese neu zu entwickelnde Kunst gibt Sophie von LaRoche, Deutschlands erste große Reiseschriftstellerin.

Als Herausgeberin der ersten überregionalen Frauenzeitschrift (*Pomona für Teutschlands Töchter*) und als Verfasserin des ersten empfindsamen Frauenromans (*Geschichte des Fräuleins von Sternheim*) hatte sie sich einen Namen gemacht und ihre geistige Autonomie unter Beweis gestellt. Die Freiheit zu reisen aber, und damit die Möglichkeit, so individuell zu leben, »wie es bisher nur mit der Feder geschehen konnte«, diese Freiheit wagte sich selbst eine so anerkannte Schrifstellerin wie Sophie von LaRoche lange Zeit nicht zu nehmen.

»Reisen würde meine herrschende Leidenschaft geworden sein«,[22] bekannte sie 1783, aber Pflicht sei schließlich mehr wert als das Vergnügen. Genau an dieser Stelle tat der moralische Imperativ des bürgerlichen Frauenbildes seine Wirkung: Solange man einer Frau das Reisen als Verstoß gegen die Pflichten einer Ehefrau und Mutter von acht Kindern auslegen konnte, solange sah sie sich auch genötigt, ihre Wünsche und Träume zu unterdrücken. Mit »Reisen« meinte Sophie von LaRoche ja eben nicht eine Fahrt nach Offenbach oder Koblenz, eine der bloßen Notwendigkeit gehorchende Ortsveränderung, sondern die Erkundung neuer Horizonte und Erfahrungsräume. Und diesen Wunsch tatsächlich zu realisieren verbot sie sich, weil sie das moralische Abseits zu befürchten hatte.

Erst im Alter von 54 Jahren, als sie bereits mehrfach Großmutter war, sah sich Sophie von LaRoche von den moralischen Ansprüchen der Gesellschaft in gewisser Weise entbunden. Der Verdacht, sie würde gegen die ihr zugedachte Frauenrolle revoltieren und sich dem Leitbild von Hausfrau und Mutter via Reise entziehen, konnte nun ihres Alters wegen nicht mehr so leicht aufkommen. Und so erlaubte sie sich ihren langgehegten Wunsch zu erfüllen. »Ich rüste mich«, schrieb sie 1784 an ihren früheren Verlobten, den Dichter Christoph Martin Wieland, »zu einer Reise in die Schweiz und werde im August eine nach Paris anknüpfen. Lausanne, den Genfersee, Zürich und eine Bauernhütte will ich sehen. Das gibt dann einen artigen Kontrast. Wunder der Natur in der Schweiz, Wunder der Kunst in Frankreich. Und davon eine lebhaft gefühlte Reisebeschreibung gemacht, auf die ich mich wie ein Kind freue.«[23]

Ausgesprochen vorsichtig entwickelten die Frauen eine Kunst des Ausbalancierens, wo denn im Falle ihrer Reise die Regeln der Schicklichkeit verletzt werden würden. Und dieser Balanceakt fiel ihnen um so leichter, je näher und je ähnlicher die bereisten Verhältnisse an der eigenen, gewohnten Umgebung lagen. Als wichtige Argumentationshilfe konnte auch der Verweis dienen, mit der Reise sei lediglich eine Verlagerung des Hausstandes verbunden. Ein Verwandten- oder Freundschaftsbesuch innerhalb der bürgerlichen und adeligen Kreise gehörte dazu, ebenso wie die im 19. Jahrhundert aufkommende Badereise in der Obhut geeigneter Hotels und Pensionen. Frauen der höheren Schichten konnten die Kreise schon etwas weiter ziehen und interessierten sich für die Länder, die in bürgerlichen Salons und Tageszeitungen allenthalben aktueller Gesprächsgegenstand waren. Dazu gehörten England und Schottland als die Heimatländer der aufkommenden Industrialisierung, Frankreich als Zentrum der bürgerlichen Rechte, Italien als das Land arkadischer Sehnsüchte und die Schweiz als ein malerisch-pittoreskes Naturerlebnis. So lernte etwa Ulrike von Kleist, dem Ordnungsruf ihres Bruders zum Trotz, Paris kennen, und Johanna Schopenhauer beschrieb den Niederrhein.

Begünstigt wurden die ersten Ansätze weiblicher Mobilität von der allmählichen Verbesserung der Infrastruktur: »Die Welt ist heut zu Tage auch den Frauen aufgethan«, stellte Johanna Schopenhauer 1831 mit Zufriedenheit fest, »denn jede Reise ist jetzt nichts weiter als eine etwas verlängerte Spazierfahrt, und wenigstens alle acht Meilen ist ein Gasthof anzutreffen, in welchem man beinahe eben so gut sich befindet als im eigenen Hause.«[24] In Heimatnähe und Nachbarländer zu reisen wie Johanna Schopenhauer bedeutete für diejenigen, die es sich sozial und ökonomisch leisten konnten, sich unter die Schirmherrschaft der eigenen Landsleute begeben zu können. In Rom zum Beispiel gab es eine regelrechte deutsche

Kolonie, die aufzusuchen mit der Regel der Schicklichkeit vereinbar schien. Erleichtert und im Rückschluß von sich auf andere glaubte die Berliner Schriftstellerin Fanny Lewald feststellen zu können: »Die Stellung der Frau in den letzten zwanzig Jahren ist in vieler Hinsicht schon freier geworden und es fällt jetzt kaum noch einem vernünftigen Menschen ein, sich darüber zu wundern, wenn ein verständiges, völlig unbescholtenes Mädchen von vierunddreißig Jahren in die Öffentlichkeit tritt oder allein eine größere Reise unternimmt.«[25]

Das Urteil Fanny Lewalds über die Stellung der Frau besaß um 1840 durchaus keine Allgemeingültigkeit. Dies belegt die Tatsache, daß zur selben Zeit die Französin Flora Tristan einen Aufruf verfaßte, in dem sie die Gründung eines »Vereins zur Unterstützung reisender Frauen« vorschlug. Sie beschrieb die Bedingungen, denen vor allem alleinreisende Frauen ausgesetzt waren, folgendermaßen: »Wir selbst sind lange Zeit alleine gereist und waren Fremde, folglich ist uns alles Unglück dieser grausamen Situation bekannt. Wir befanden uns als Fremde in Paris, in Provinzstädten, in Dörfern und Badeorten. Wir durchquerten Gegenden Englands und seine immense Hauptstadt, besuchten große Gebiete Amerikas ... Eine Ausländerin wird tausend Ärgernisse, tausendmal fehlende Gastfreundschaft und mangelnde Höflichkeit erleiden, sobald sie an der Grenze die Kutsche bestiegen hat, um das Land zu durchfahren ... Anstatt bei ihren Reisegefährten oder in den verschiedenen Herbergen, in denen sie sich aufhalten muß, die Wohlanständigkeit und Aufmerksamkeit zu finden, die Ausländerinnen ganz selbstverständlich und überall entgegengebracht werden sollte, wird sie einerseits Neugier und Eigensucht antreffen, andererseits vollkommene Gleichgültigkeit.«[26] Um eben solche Erfahrungen zu vermeiden, bewegten sich viele deutsche Frauen vorzugsweise auf den gesicherten Pfaden der Naherkundung oder doch zumindest in den sicheren Gefilden der europäischen Nachbarn.

Die »Feminisierung des Orients«

Zur selben Zeit, da die Frauen mit den Regeln weiblicher Schicklichkeit traktiert und der gesellschaftlichen Konstruktion des Frauenbildes unterworfen wurden, begann die westliche Männerwelt sich auffallend stark für den »Orient« zu interessieren. Allein das Wort auszusprechen oder zu lesen, konnte schon Reizwirkung verbuchen und die Phantasien beflügeln. Auf geographische Präzision legte in diesem Zusammenhang niemand Wert. Wer vom »Orient« sprach, konnte an die Türkei oder Arabien gedacht haben, vielleicht aber auch an Griechenland, Süditalien oder Spanien. So diffus die geographische Bestimmung war, so eindeutig jedoch war die kulturelle Dimension: Im 19. Jahrhundert diente der »Orient« zunehmend als Metapher für das andere schlechthin. Im Verständnis der Zeitgenossen war er es (neben der Wildnis Amerikas), der die »Fremde« repräsentierte und sich als Projektionsfläche gesellschaftlicher Gegenentwürfe eignete. Vor allem die Romantiker malten sich das »Morgenland« gern als einen paradiesischen Gesellschaftszustand aus, der in diametralem Gegensatz zum Abendland stünde. »Ich will«, bekannte Hermann Pückler-Muskau als einer von vielen, »mein ganz sinnlich orientalisch genießen, im dolce far niente, wollüstig, ohne allen Zwang der europäischen Gesellschaft.«

Abbildung 1: Teppichhändler auf der Straße (Ausschnitt). Ölgemälde von Osman Hamdy Bey, 1888.

Daß deutsche Frauen ausgerechnet den Orient zum Reiseziel gewählt haben, muß ihren männlichen Zeitgenossen besonders abwegig erschienen sein – galt der »Orient« im 19. Jahrhundert doch als die Domäne männlicher Phantasie! »Sinnlich« und »wollüstig« hießen die Attribute, mit denen sich nicht nur ein Frauenheld wie Pückler-Muskau die Ferne gedanklich verzauberte. Ob Literatur, Musik, Theater oder Malerei – die gesamte bürgerliche Ästhetik entwickelte Motive und Methoden, sich den Orient zu einer erotischen Kunstwelt herzurichten. Ob Märchen wie *Tausendundeine Nacht* oder Opern wie Mozarts *Entführung aus dem Serail* – europäische Männer assoziierten bei diesen Themen eine verheißungsvolle und sexuell freizügige Suleika auf ihrem »west-östlichen Diwan«. Wann immer sich das bürgerliche, literarische und künstlerische Interesse auf den Orient richtete, erschien dieser als ein einziges Versprechen erotischer Abenteuer.

Der Orient wurde ausgemalt als Synonym für freizügige Sexualität und gleichgesetzt mit hingebungsvoller, sinnlicher, gefügiger Weiblichkeit. So erinnerte sich Arthur Schnitzler an seine Jugendzeit: »Der Onkel pflegte uns immer seine westöstlichen Reisetagebücher vorzulesen, auf die er sehr stolz war, die aber nichts anderes enthielten, als eine trockene Aufzählung von Sehenswürdigkeiten und allerlei Eisenbahn- und Postdaten, etwa in Baedekerart ... Auf diesen Reisen, die ihn bis nach Konstantinopel und Kleinasien führten, hatte ihn öfters Carl, der Lieblingsneffe, begleitet ... und es wurde behauptet, daß sich auf diesen Weltfahrten ... Dinge zu ereignen pflegten, die in die für die Gattin und andere Familienmitglieder bestimmten Tagebücher aus triftigen Gründen keine Aufnahme fanden.«[27] Es werden wohl nach den damaligen Moralvorstellungen entsprechend »ungehörige« Erotikphantasien gewesen sein, die man sich in einer Männerrunde ausmalen durfte und, schicklicherweise, vor den Damen am Teetisch verbergen mußte.

Als Metapher des herrschenden, maßgeblich-männlichen Zeitgeistes verdichtete sich die Vorstellung vom Orient auch in der ästhetisch-literarischen Perspektive. Die erotischen Phantasien, wenn man so will, wurden ästhetisch überformt und öffentlich präsentiert. Die Blickrichtung jedoch blieb oft genug dieselbe wie in Schnitzlers Männerrunde. Als ob er die »grenzenlose Macht des Mannes über den weiblichen Körper«[28] versprechen würde, zeigten sich viele Künstler des 19. Jahrhunderts fasziniert vom Motiv »Orient« und nährten unermüdlich diesen Mythos. So entstanden viele Gemälde von »orientalischen« Frauen, ausgestellt vor einem bürgerlichen Publikum und »zur Nahrung einer schweifenden Wollust, welche dort nur die Entschädigung zu finden hofft für das, was das kahle Europa mit seinem System von Hemmungen versagt. All jene ägyptischen

Sklavinnen, türkischen Sängerinnen, dunkel-leichtfertigen Venezianerinnen, träumerisch passiven Spanierinnen, trotzigen Zigeunerinnen, welche in ungezählten Exemplaren, sei es als Staffage für südliche Landschaft und Architektur, sei es als verhangen-kokette oder auch verführerisch-leidende Personen in Genre-Dramen, zu München, Düsseldorf, Berlin und allerorten gemalt und ausgestellt wurden – sie sind ebenso viele Traumobjekte einer ›freien‹ Liebe.«[29]

Erotik und Exotik – in der Vorstellung vom Orient, wie sie im 19. Jahrhundert ausgebildet und popularisiert wurde, waren beide Begriffe austauschbar, wurden Synonyma. Parallel zum Definitionsprozeß im Inland, der »Feminisierung der Frau«, richteten sich die Augen der westlichen Männerwelt auf das südöstliche Ausland, dem man nun eine »typisch orientalische« Natur zuzuschreiben begann, welche durch die Orientalin repräsentiert schien und diese zum begehrlichen Objekt stilisierte: Der vorherrschende Blick auf den Orient war eine kollektive westliche Männlichkeitsphantasie, eine »Feminisierung des Orients«. Im Vorstellungshaushalt des 19. Jahrhunderts verliefen also zwei Prozesse gleichzeitig: Im Inneren zog die bürgerliche Gesellschaft eine Trennungslinie zwischen dem starken und dem schwachen Geschlecht, und dieses Modell wurde nach Außen übertragen auf die Beziehung zwischen zwei Hemisphären, indem eine ebenso markante und ebenso (ab-)wertende Trennungslinie zwischen Orient und Okzident gezogen wurde. »Europa« übersetzte sich im Bewußtsein des 19. Jahrhunderts mit Stärke, Aktivität, Männlichkeit, Herrschen; »Orient« hingegen evozierte die Vorstellung von Schwäche, Passivität, Weiblichkeit, Beherrschtwerden. In der Phantasie vom gefügigen Objekt für einen starken, westlich-männlichen Blick korrespondierte die Konstruktion des bürgerlichen Orientbildes wesensgleich mit der Konstruktion des bürgerlichen Frauenbildes.

Die Standardmotive dieses von der männlichen Wunschwelt imaginierten »Orients« waren Harem, türkisches Bad und Bauchtänzerinnen. In der französischen Romantik hat sich das Bild vom erotischen Versprechen namens Orient mit Maxime DuCamp, Gerard Nerval und Theophile Gautier verbunden – mit Autoren, die tatsächlich an den Bosporus und an den Nil gereist sind, um dort ihre Erotikphantasien auszuleben, bevor sie den Orient zum Thema ihrer Literatur gemacht haben. In der deutschen Literatur stehen Autoren wie Wilhelm Waiblinger oder Ferdinand Freiligrath für die orientalischen Männerphantasien. Ein typisches Beispiel aus der Romantik ist das Gedicht *Im Harem weilt der Großwesir*, in dem über den »Gebieter« und seine Sklavin phantasiert wird: »Schleierlos,/ Kein Gurt umfängt den vollen Schoß;/ Aus Purpurfalten glänzt wie Schnee/Ihr Fuß mit ringgeschmückter Zeh';/ Entfesselt rollt ihr Haupthaar hin- .../ Sein

Auge glüht; sein Barthaar wallt/ Auf die wollüstige Gestalt./ ... Er sinkt/ Zu ihr hinab, brünstig umschlingt/ Er sie, berauscht von ihrem Hauch,/ Von Moschusduft und Ambrarauch.«[30]

Unter dem Haremshimmel

Doch es gab es nicht nur den männlichen Erotik-Orient der Romantiker, denn das 19. Jahrhundert war insgesamt ein Zeitalter der Orientmode. Je nach Kunstgeschmack und mehr oder minder gut gefülltem Geldbeutel gefielen sich beide Geschlechter, vor allem, wenn sie dem gehobenen Bürgertum angehörten, in der schicken Attitüde, sich mit orientalischem Flair zu umgeben.

»Im Äußern wie im Innern – der Wohnungen und der Menschen – nahm Orientalisches einen bedeutenden Rang im 19. Jahrhundert ein«[31] und manifestierte sich kulturgeschichtlich in einer breiten Palette an Ausdrucksformen. Bereits mit dem aufsehenerregenden napoleonischen Feldzug in Ägypten 1798/99 hatte die Kleidermode orientalisches Flair aufgenommen. Der klassischen Einfachheit wurden arabeskenhafte Schmuckelemente hinzugefügt, und selbst der Turban hielt Einzug in die europäische Modewelt.[32]

Ein allenthalben augenfälliges Zeichen dieser wachsenden Orientbegeisterung war auch die heimische Dekoration selbst. Die gutbürgerliche Inneneinrichtung drapierte sich zeitgemäß, kaufte orientalische Gemälde und stattete sich mit »Haremsprunk und Moscheelampen« aus, um auf diese Weise eine neue, bürgerliche Weltläufigkeit zu signalisieren. Fernweh griff um sich und ließ die alltägliche Wohnung unter anderer Flagge segeln: »Quer ins Zimmer hing sehr gerne eine polierte Stange mit einem riesigen Kelim, als wäre hier Mast und Segel und das Zimmer kreuze arabisch auf dem Weltmeer«, beschrieb der Philosoph Ernst Bloch diesen anhaltenden Zustand der Begeisterung an allem, was orientalisch wirkte. »Ein Haremshimmel hatte fast über der ganzen Zimmereinrichtung des neunzehnten Jahrhunderts gestanden«.[33]

In diesen Prozeß der allgemeinen Orientmode[34] waren Frauen vielfältig einbezogen, nicht nur in der konsumorientierten Rolle einer Käuferin der sogenannten »Orientteppiche«, die zur Gründerzeit hochmodern wurden. Geweckt und stetig genährt wurde das weibliche Interesse am Orient wesentlich über die Kommunikation bei Tisch- und Salongesprächen und vor allem durch die zeitgenössischen Medien. Allenthalben brachte die Presse Kostproben aus dem Osmanischen Reich, das im deutschen Weltbild des 19. Jahrhunderts allmählich zum Inbegriff von Orient wurde.

Unter den zahllosen Schlagzeilen und Zeitungsartikeln, die sich diesem sagenumwobenen Riesenreich widmeten, befanden sich zweifellos politisch wichtige Nachrichten, um 1827 zum Beispiel vom Unabhängigkeitskampf der Griechen und 1832 über die Einsetzung des bayerischen Wittelsbachers Otto zum König von Griechenland.

Ebenso gut aber, wenn nicht mehr, erregten fragmentarische Notizen aus der als exotisch empfundenen islamischen Welt das publizistische Interesse. So ließ zum Beispiel Heinrich von Kleist, der Herausgeber der *Berliner Abendblätter*, als Hauptnachricht des Tages verbreiten: »Constantinopel, den 4. Januar 1811. Wegen der Schwangerschaft einer der Sultaninnen ist die Begrüßung des Serails mit Kanonenschüssen von ankommenden und abgehenden Schiffen untersagt. Der Capitain einer Kriegs-Corvette, der diesem Befehl zuwider handelte, ist arretiret worden.«[35] Eine solche Nach-

Abbildung 2: Scene in einem türkischen Harem.
Zeichnung aus dem *Pfennig-Magazin der Gesellschaft zur Verbreitung gemeinnütziger Kenntnisse* von 1839.

richt diente weniger der praktischen Information als dem Unterhaltungsbedürfnis. Wie groß das Interesse war, mit Orientalischem zu unterhalten, läßt sich an den populären Illustrierten ablesen. In den dreißiger Jahren des 19. Jahrhunderts war zunächst das *Pfennig-Magazin der Gesellschaft zur Verbreitung gemeinnütziger Kenntnisse* die erste Illustrierte in Deutschland, die mit der exotischen Orientwelt vertraut machte. Auf großformatigen Lithographien zeigte das Blatt die Stadtansichten wichtiger orientalischer Handelsstädte (Damaskus, Kairo etc.) und Szenen aus dem Alltagsleben (türkische Kaffeehäuser, Klageweiber, türkische Bäder und Harems); und beinahe jede Nummer des samstags erscheinenden Magazins enthielt Reiseberichte (meist übersetzt aus dem Englischen und Französischen) oder Kulturnotizen aus der orientalischen Welt (Verkehrsverbindungen, Wortlaut des Freitagsgebetes etc.).

Nach der Jahrhundertmitte waren es dann Publikumszeitschriften wie die auflagenstarke *Ueber Land und Meer* oder die vorwiegend von Frauen gelesene *Gartenlaube*, die regelmäßig Bilder (meist Lithographien) und Augenzeugenberichte aus orientalischen Ländern brachten. Sorgte die Thematisierung ferner Städte und fremder Sitten im Zeitalter der kolonialen Expansionsbestrebungen ohnehin für hohe Auflagenzahlen, so rauschte der Blätterwald des 19. Jahrhunderts erst recht immer dann, wenn ein größeres politisches Ereignis zum Anlaß vermeintlich sensationeller Hintergrundinformationen genommen werden konnte, wie etwa der erste offizielle Staatsbesuch des persischen Schah in Europa. Daß Schah Nasreddin auch der »aufblühenden Metropole des deutschen Reiches« die Ehre gegeben habe, daß »Seine Majestät in hockender Stellung auf dem Fußboden zu speisen« beliebe, sage und schreibe einhundert Frauen in seinem Harem halte und ihnen ein Balletträckchen als Souvenir gekauft habe – mit solch »wichtigen« Mitteilungen wurde die Leserschaft von Illustrierten und Tagespresse Anfang Juni 1873 in Atem gehalten.[36]

All diese mehr oder minder schwatzhaften, ästhetischen oder zeichenhaften Orientbilder und -moden haben den Zeitgeist des 19. Jahrhunderts mit geprägt. Allen gemeinsam und gleichsam geschlechtsübergreifender Konsens war dabei die Grundannahme, der Orient müsse als Gegensatz zum Okzident gedacht werden. Sich das Morgenland als gerades Gegenteil des Abendlands vorzustellen, wurde gewissermaßen zum ideologischen Standard und galt als eine »unveränderliche Tatsache der Natur«.[37] Dieses Gedankengut freilich war, wie die Auslandeskorrespondentin Margret Boveri deutlich gemacht hat, durch und durch eine Schöpfung des so orientbegeisterten Jahrhunderts: »Erst im 19. Jahrhundert hat sich die Trennung zwischen Ost und West vollzogen und zu einer scheinbar unüberbrückbaren Kluft erweitert. Erst die Geschichtsschreiber des 19. Jahrhunderts haben diesen Bruch auch nach rückwärts verlagert und als historische Gegebenheit hingestellt«.[38]

Der »kranke Mann am Bosporus«

Seine Rückbindung hatte dieser Zeitgeist, beinahe unübersehbar, in den herrschenden politischen Verhältnissen, im Zeitalter der kolonialen Expansionsbestrebungen und imperialistischen Dominanz.[39] Im Rampenlicht der Öffentlichkeit und im Brennpunkt politischer Auseinandersetzungen stand das von seiner Ausdehnung her gewaltige Türkenreich, das seit Jahrhunderten von den Osmanen regiert wurde. Deren Sultan sei, so lautete die überhebliche Diagnose von westlicher Seite, ein »kranker Mann am Bosporus«.[40] Will man ihn kurieren, und wenn ja, wie soll man ihn behandeln – das war die »orientalische Frage«, »eines der großen Probleme der euroäpischen Politik im 19. Jahrhundert«[41] und das schlagzeilenintensive Dauerthema bis zum Ersten Weltkrieg. Im Zentrum des politischen Interesses standen die virulenten Krisengebiete rund um das südliche Mittelmeer. Dieser Blickwinkel wurde im gesellschaftlichen Orientbild übernommen, zumindest insoweit, als mit den Krisengebieten eine Präzisierung gegeben schien, wo eigentlich der Orient anzusiedeln sei. Auf publizistischem Gebiet spiegelt sich diese politische Vorgabe wider durch eine auffällige Konzentration der deutschen Reiseberichte auf das Gebiet zwischen Kairo und Konstantinopel.

Nur scheinbar spielten die berühmt gewordenen Redensarten vom »kranken Mann am Bosporus« und der »orientalischen Frage« auf innenpolitische Probleme des Osmanischen Reiches an. Dahinter verbarg sich vielmehr ein Interessenkonflikt der europäischen Nationen, der Weltmacht England, der Großmächte Frankreich, Rußland und Österreich-Ungarn sowie Preußens bzw. des Deutschen Reiches – ein andauernder Konflikt, der auf Kosten des Osmanischen Reiches ausgetragen wurde. So sehr auch jede der maßgeblich herrschenden Mächte über eine hinreichend starke Motivation verfügte, sich in Teilen des weitläufigen osmanischen Territoriums zu bemächtigen, so sehr versuchte auch jede der Führungsmächte zu verhindern, daß die Konkurrenten zum Zuge kämen und sich ihrerseits am Reich des Sultans stärkten. Das Machtkalkül, das austariert werden wollte und sich außenpolitisch als Interessenkonflikt der europäischen Mächte darstellte, enthielt also das Anliegen, sich Vorteile zu verschaffen, ohne gleichzeitig die Gegenspieler auf den Plan zu rufen. Mit einer vollständigen Zerschlagung des Osmanischen Reiches wurde deshalb verschiedentlich geliebäugelt, diese aber aus dem genannten Kalkül heraus stets verworfen.

Die »orientalische Frage«, hinter der sich die imperialistischen Herrschaftsinteressen verbargen, blieb aus Konkurrenzgründen auf der Tagesordnung. Ein ganzes Jahrhundert lang währte das Geschacher um das Osmanische Reich, aus dem die Europäer Teilstücke herauszubrechen versuchten. Im politischen Geschichtsverlauf spiegelte sich dieses Machtkalkül wider in dem andauernden diplomatischen Taktieren und militärischen Bekriegen in wechselnden Koalitionen. Hatte der Ägyptenfeldzug Napoleons 1798/99 eher Signalcharakter, so folgte im 19. Jahrhundert die stückweise Dezimierung des Osmanischen Reiches durch die Einverleibung seiner Randfelder auf dem Balkan, in Griechenland und Ägypten. Die Eröffnung des Suezkanals 1869 bildet ein weiteres Eckdatum in dem westlichen Streben, sich des Orients zu bemächtigen. An diesem Prozeß schienen Preußen und das Deutsche Reich unbeteiligt – allerdings nur, wenn man die militärischen Erfolge der überlegenen Mächte Rußland, Frankreich und vor allem England als Maßstab der Urteilsbildung nimmt. Die Tatsache, daß »Deutschland mit historischer Verspätung als Kolonialmacht auf den Plan trat«, hinderte die Zeitgenossen des 19. Jahrhunderts nicht daran, sich die Ferne ästhetisch und ökonomisch zu erschließen[42] – und minderte auch nicht die Versuche, sich nach Kräften einzumischen und eine deutsche Türkeipolitik zu betreiben. Eine erste Annäherung auf staatlicher Ebene hatte bereits im 18. Jahrhundert während des Siebenjährigen Krieges zwischen Preußen und der Hohen Pforte stattgefunden, als Friedrich II. die osmanische Regierung um ein militärisches Bündnis ersuchte. War dieses Hilfeersuchen auch vergeblich, so wurde doch zeitgleich 1761 die Grundlage einer staatlichen Beziehung geschaffen, mit einem bilateralen Abkommen, das den preußischen Untertanen eine privilegierte juristische Sonderstellung verschaffte, indem sie fortan auf osmanischem Territorium nicht mehr der Hoheit des Sultans, sondern der preußischen Gerichtsbarkeit unterstanden. Dasselbe Abkommen sah auch eine Niederlassungsfreiheit mit gleichzeitiger Steuerbefreiung für preußische Händler vor.

Die zweite Phase in den staatlichen Beziehungen und der später so berühmt-berüchtigten Zusammenarbeit zwischen Deutschland und der Türkei setzte 1836 ein, als Konstantinopel und Berlin vereinbarten, preußische Offiziere, darunter Hellmuth von Moltke, als Militärberater und Ausbilder in die Türkei zu entsenden. Nach den empfindlichen Niederlagen gegen Rußland 1829 und gegen das rebellische Ägypten 1831 hoffte die osmanische Regierung, durch die tätige Mithilfe kompetenter Fachleute aus Preußen ihren Machtverfall aufhalten zu können, ohne gleichzeitig eine direkte Einmischung in ihre inneren Angelegenheiten fürchten zu müssen, wie es bei England oder Frankreich unmittelbar der Fall gewesen wäre.

Von dem Ziel einer direkten Kolonisierung, wie etwa die englische Besetzung Ägyptens oder die französische Aneignung Algeriens, war das deutsch-türkische Verhältnis im 19. Jahrhundert nicht bestimmt – nicht direkt jedenfalls. Der Gedanke an einen blühenden Export von Deutschen und ihren Tugenden hingegen wurde publizistisch bereits zu der Zeit, als die deutsche Landkarte noch durch Kleinstaaterei gekennzeichnet war, vehement vertreten.[43]

An der das gesamte 19. Jahrhundert währenden Bearbeitung der »orientalischen Frage« beteiligte sich Deutschland erst recht nach der Reichsgründung, soweit es in seinen Kräften stand. Dies mußte nicht unbedingt identisch sein mit einer herzlichen deutsch-türkischen Partnerschaft, wie sie aus dem Abkommen von 1881 sprach, in welchem eine regelmäßige Ausbildung türkischer Militärs in preußischen Kasernen vereinbart wurde. Ein zeitgenössisches Konversationslexikon sprach sogar von »großer Innigkeit« der politischen Beziehungen.[44] Die deutsche Beteiligung an der »Lösung« der »orientalischen Frage« konnte auch den Charakter einer anti-türkischen Politik annehmen, die aktiv dazu betrug, die Grenzen des Osmanischen Reiches zu verkleinern. So hatte sich das Deutsche Reich auf dem Berliner Kongreß 1878 eine anerkannte Position erworben, als dessen Vorsitzender Bismarck sich um einen Ausgleich zwischen den Großmächten bemühte und das osmanische Territorium für diesen Kompromiß als Verhandlungsmasse einsetzte. In demonstrativer Unfreundlichkeit gegen die Interessen der Osmanen trieb Bismarck – unter der Maßgabe ausgewogener, d. h. reduzierter Gebietsansprüche von Seiten Österreichs, Rußlands und Englands – die Verkleinerung des Türkenreiches voran.

»Immer muß sich Deutschland gegenwärtig halten, daß es keine Weltmacht ersten Grades ist. Wir hoffen, es werden zu können, aber wir sind es nicht«,[45] faßte der nationalliberale Publizist Friedrich Naumann den Stand der Konkurrenz um die Weltmacht gegen Ende des 19. Jahrhunderts zusammen. Gemessen an den mächtigsten Konkurrenten England und Frankreich, mußte sich das Deutsche Reich wohl oder übel mit dem zweiten Rang begnügen – und dies hieß bezüglich der Haltung in der Orientfrage, einen vollständigen Zerfall des Osmanischen Reiches zu verhindern. Das außenpolitische Ziel, so formulierte der Nationalliberale Friedrich Naumann wenig bescheiden, müsse »Aufrechterhaltung des status quo« lauten, bis das Deutsche Reich »seinen Zukunftsaufgaben« und Weltmachtansprüchen gewachsen sein: »Wenn heute die Türkei zerfällt, werden ihre Bestandteile zum Spielball der Großmächte, wir aber gehen, wie so oft, leer aus. Was nützt uns auch in unserem heutigen Kräftebestand ein Stück Mazedonien oder Kleinasien? Wir müssen warten, wachsen ... Wenn wir darum den türkischen Staat erhalten, so thun wir das um unsertwillen, weil wir an unsere größere Zukunft glauben.«[46]

Um diesem Ziel ein Stück näher zu kommen, nahm das Deutsche Reich den wirtschaftspolitischen Machtkampf auf und bediente sich derselben Methode wie seine Rivalen, indem es unter Verzicht auf militärische Kräftebeweise auf eine »pénétration pacifique«, eine friedliche Durchdringung des Osmanischen Reiches setzte. Im Klartext bedeutete diese Methode, die Türken eines Gutteils ihrer Souveränität zu entledigen, indem sie ökonomisch von den Kreditvergaben auswärtiger Banken abhängig gemacht wurden. Zum Symbol dieser Orientpolitik wurde um die Jahrhundertwende der Bau der Bagdad-Bahn, ein Großprojekt, das von deutschen Ingenieuren konzipiert und mit den Mitteln der Deutschen Bank finanziert wurde.[47]

»Aus weiblicher Feder«

Das weibliche Geschlecht hat im Zusammenhang mit dem imperialen Zugriff auf das Osmanische Reich definitiv keinen Stellenwert besessen, schließlich war die Rolle der Frau in der Innen- wie Außenpolitik noch eine unbekannte Größe, wenn man von gekrönten Häuptern absieht. Auch zur Entstehung der ästhetischen Orientmetaphorik scheint das weibliche Geschlecht auf den ersten Blick nichts beigetragen zu haben, denn eine namhafte Vertreterin der Orientmalerei oder Orientdichtung im 19. Jahrhundert kennt die Kulturgeschichte nicht. Und doch leidet dieses Bild unter Verzeichnung, weil das herrschende, männliche Interesse am Orient auch den Frauen einen Topos der Faszination geboten hat, an den sie sich spielerisch versetzen konnten. So inszenierte sich zum Beispiel Dorothea von Schlözer mit Bedacht in ein orientalisches Flair hinein an dem Tag, an dem sie 1787 von der Universität Göttingen zum Doktor der Philosophie ernannt werden sollte. »Mein Anzug war ganz weiss, Muselmann, recht so, wie ihn ein Candidate haben musste«, schrieb die erst 17 Jahre alte Doktorandin über ihre themengerechte Bekleidung, denn sie ließ sich unter anderem von einem Orientalisten examinieren, der sie nach einem Spiegel auf dem Leuchtturm von Alexandrien fragte, »worin die Muselmänner angeblich die christlichen Schiffe zu Konstantinopel gesehen haben.«[48]

Fasziniert von der romantischen Vorstellung eines in der Ferne wirklich existierenden Märchenlandes, widmete sich auch Karoline von Günderode dem Thema Orient. Die Inszenierung dieser magisch fernen Welt – inspiriert von Novalis und Schlegel – siedelte sie in Indien an und schrieb das Drama *Udohla*. Näher am politischen Bezugsrahmen deutscher Orientemphase war Bettina von Arnim. Sie verschob ihre Faszination auf das Herrschaftsgebiet der Hohen Pforte, auf die Türkei, und widmete ihr *Königsbuch*, in welchem sie von einer politischen Vereinigung Europas mit dem Orient träumte, dem osmanischen Sultan.[49]

Frauen wie Karoline von Günderode oder Bettina von Arnim sind freilich nicht ihres Orientinteresses wegen bekannt; sie haben sich als Schriftstellerinnen und Angehörige des damaligen Literaturbetriebes in die Geschichte eingeschrieben. Anders verhält es sich mit der beachtlichen Anzahl von Frauen, die im 19. Jahrhundert den Orient als Reiseziel für sich entdeckt und anschließend einen autobiographischen Reisebericht veröffentlicht haben: Ihre Namen sind dem Vergessen nicht nur in der Literaturgeschichte anheimgefallen; ihre Werke, obwohl zu ihrer Zeit viel gelesen, kennt man heute nicht mehr. Dieses Vergessen mag daran liegen, daß »nicht alles, was aus weiblicher Feder stammt, ästhetisch geglückt [ist]. Manches literarische Werk entspricht in seinen Inhalten den Vorurteilen, welche die Zeitgenossen vom Wesen und der Bestimmung der Frau hegten. Doch insofern solche Werke in ihrer Zeit weite Verbreitung fanden und das kulturelle Leben mitbestimmten, kommt ihnen ein dokumentarischer Wert zu.«[50]

Wie für die literarische Produktion »aus weiblicher Feder«, so gilt erst recht für die autobiographischen Reiseberichte, daß ihnen vor allem ein dokumentarischer Wert beigemessen werden muß. Meist wollten ihre Verfasserinnen schon von sich aus keinen hohen, literatur-ästhetischen Maßstäben genügen; und den Anspruch auf dokumentarischen Wert, den sie für sich erhoben, wollte wiederum niemand anerkennen. Eine eigenartige Konstellation, die häufiger in die doch recht weitreichende Konsequenz mündete, sich selbst der Anspruchslosigkeit zu bezichtigen und die Form des Dokumentarischen mit Dümmlichkeit zu verwechseln.

Als »Übergang aus der Studierstube zum praktischen Leben, das zu einer freiern, lebendigern Ansicht der Welt führt«,[51] empfahl der *Brockhaus* 1822 das Reisen den männlichen Mitgliedern der Gesellschaft. Paradoxerweise trugen Frauen zu dieser Zeit, wenn sie denn den Mut aufbrachten, der öffentlichen Moral in puncto Mobilität zu trotzen, zur Gewinnung »lebendiger Weltansichten« in beträchtlichem Maße bei. Da Staatsleute, Philosophen und Dichter seit dem Zeitalter der Aufklärung der Meinung waren, die wahre weibliche Natur liege in der Beschränkung auf Herzensbildung und Empfindsamkeit, erschwerten sie den weiblichen

Mitgliedern der Gesellschaft, auch jenen der gehobenen Kreise, den Zugang zur Bildung und untersagten ihnen die Zulassung zum akademischen Studium. Dieser Ausschluß wiederum ermöglichte, daß sich etliche Frauen in gewisser Weise entlastet sahen; sie waren auf unvermutete Art frei, insofern jedenfalls, als sie dem verbreiteten Bildungsanspruch nicht genügen mußten, eine Reisebeschreibung mit Staatswissenschaften, Statistik oder Gewerbekunde zu befrachten. Die Folge: Reiseberichte von Frauen galten als Unterhaltungslektüre und wurden gern gedruckt und gelesen.

Das Verhalten der Zeitungs- und Buchverleger wie auch des Publikums war also durchaus widersprüchlich: Einerseits wurde das Reisen als Gegensatz zur Frauenrolle diskreditiert, andererseits verlangte man zur Unterhaltung und Information geradezu danach. Dies blieb nicht ohne Rückwirkung: Die Frauen bemühten sich, den von ihren männlichen Zeitgenossen konstruierten Widerspruch zwischen Reise und Geschlecht zu »lösen«. Sie wollten in Einklang bringen, was als natürliche Differenz der Geschlechter behauptet worden war – indem sie sich selbst der Beschränktheit bezichtigten.

Was männlichen Reisenden selbstverständlich war, nämlich die weltoffene, unbeschränkte Neugier, eine solche Haltung verboten sich viele Frauen von vornherein und reduzierten »freiwillig« den Umkreis ihrer Erfahrungen. Ja, sie entzogen sich oft explizit einem Vergleich mit männlichen Reisebeschreibungen, weil sie den Vorwurf der Anmaßung fürchteten, und versicherten ihre »Harmlosigkeit«, nur über Dinge zu berichten, die dem Umkreis »typisch weiblicher« Lebenserfahrung entsprachen. Ein bezeichnendes Beispiel der Versuche, ihre »Weiberrolle« in das vorgegebene Schema einzupassen und die eigene Reisebeschreibung durch Selbstbeschränkung sozialverträglich zu gestalten, ist die Aussage von Sophie Schwarz: »Auf die Beschreibung der Stadt und ihrer Merkwürdigkeiten darf meine Feder sich nicht einlassen, weil dieß Kenntnisse mancher Art voraussetzt, welche ein Frauenzimmer, das keine Ausnahme von ihrem Geschlecht zu machen berechtigt ist, nicht besitzen kann, ohne sie auf Kosten ihrer Bestimmung zu erlangen. Meine vorzüglichste Aufmerksamkeit richte ich auf das Innere der Haushaltungen.«[52]

Bescheidenheit zu betonen und Demut vor jenem Wissen zu zeigen, das ihrem Geschlecht nicht zugestanden wurde, hat sich als Standardformel in den weiblichen Reiseberichten des 19. Jahrhunderts durchgesetzt, wurde ein bleibendes Ritual, mit dem ihre Berichte schon im Vorwort auf Nachsicht hofften. Anders verhielt sich die Lage in England, wo Frauen von der gesellschaftlichen Mobilität und wachsenden Reisefreude nicht ausgenommen wurden, wie die Parodie Heinrich Heines beweist: Sie »sind jetzt in Italien zu zahlreich«, spottete Heine 1828, »um sie übersehen zu kön-

Abbildung 3: Das Titelblatt von Sophie Christs *Orientalischen Tageblättern*, 1888.

nen, sie durchziehen dieses Land in ganzen Schwärmen, lagern in allen Wirtshäusern, laufen überall umher, und man kann sich keinen italienischen Zitronenbaum mehr denken ohne eine Engländerin, die daran riecht«.[53] Im Laufe des 19. Jahrhunderts verbreitete sich das Phänomen der britischen »Reisendin« so sehr, daß die sogenannten »victorian lady travellers«[54] schon sprichwörtlich wurden. Selbstbewußt kennzeichneten

Engländerinnen ihre Reiseberichte auf dem Titelblatt häufig mit dem Signet »A. L. T.« (= a lady traveller).

Im Vergleich mit der englischen wie auch der französischen Reisetradition, die im kolonialen Zugriff auf die außereuropäische Welt ihre Grundlage hatte, nimmt sich die traditionsbildende Kraft deutscher »Reisendinnen« geringer aus – gewissermaßen im getreuen Widerspiel der politischen Machtverhältnisse. Wenn ihre Zahl auch – gemessen an der Dominanz der »victorian lady travellers« – geringer war, so muß dies jedoch ihren kulturhistorischen Wert nicht schmälern. Schriftlich dokumentiert und überliefert sind jedenfalls, um nur einige Beispiele aus dem deutschsprachigen Raum zu nennen, Buchtitel wie *Orientalische Briefe*, *Reisebilder aus dem Libanon* und *Reisebriefe aus Aegypten.* Auch hinter Reiseberichten wie *Harem und Moschee* und *Durch Griechenland nach Konstantinopel* standen Frauen als Verfasserinnen.

Was zeichnet diese Reiseberichte von Frauen nun aus? Was bieten sie, um mit Georg Simmel[55] zu fragen, das nicht auch bei männlichen Autoren nachzulesen wäre? In der modernen Literaturwissenschaft ist in den letzten Jahren verschiedentlich der Versuch unternommen worden, eine eigenständige Kategorie der »Frauenliteratur« zu entwickeln.[56] Diese Versuche waren nicht immer frei von der fragwürdigen Annahme einer besonderen weiblichen Kompetenz und dem Verweis auf einen prinzipiellen Unterschied. Unter verschiedenen Kriterien geprüft, ergibt sich zunächst einmal ein gegenteiliges Bild.

Legt man das Kriterium der Stilistik zugrunde, so läßt sich mit Sicherheit keine Besonderheit ausmachen, die speziell den Frauen zukäme, schon weil der Reisebericht keine festgefügte Kunstgattung mit starren Schemata (wie etwa das klassische Drama) ist. Vielmehr bildet der Reisebericht eine Mischform aus verschiedenen Gattungen, Stoffen und Themen. Ob der Reisebericht literarische Qualitäten aufweist, ist nicht notwendigerweise eine Frage des Geschlechts, sondern eine Frage der Kompetenz. Für jedes stilistische Vermögen oder Unvermögen lassen sich deshalb Entsprechungen nennen, bei Männern wie bei Frauen. Neben der unbeholfenen Ausdrucksweise einer Sophie Christ, die als Sekretärin von Mainz nach Palästina reiste, ließe sich als korrespondierende Einheit etwa das Reisebuch des Tapezierers August Jahn nennen. Wie ästhetisch und ansprechend die Sprache eines Reiseberichtes war, ist also abhängig vom Esprit, nicht vom Geschlecht.

Legt man das Kriterium der Darstellungform zugrunde, so zeigt sich, daß Reiseerlebnisse vorwiegend in Briefen und Tagebüchern, die man damals »Journale« nannte,[57] aufgezeichnet wurden. Diese Form war betont offen: Land und Leute, Geschichte und Geographie, Politik und

Ökonomie gehörten in diese Kunstform der Sachprosa ebenso wie farbige Details, anschauliche Situationsschilderungen oder auch unterhaltsame Anekdoten. Und diese Form war betont subjektiv. Je mehr sie angewandt wurde, desto vielfältiger wurde insgesamt auch die Gattung der Reiseliteratur. Schon Goethe schätzte dieses Gemisch subjektiver Sichtweisen: »Persönlichkeit, Zwecke, Zeitverhältnisse, Gunst und Ungunst der Zufälligkeiten, alles zeigt sich bei einem jeden anders.«[58]

Die damalige Literaturtheorie behauptete gern, Briefe und Tagebücher seien ausschließlich weibliche Ausdrucksmittel.[59] Gegen diese geschlechtsspezifische Zuweisung spricht schon allein die Tatsache, daß die Briefkultur zur Zeit der Romantik und des Jungen Deutschlands von Feuilletonisten wie Heine und Börne »bis zum Überdruß gepflegt«[60] wurde. Und was die Tagebücher anbelangt, so hielt schon die erste deutsche Tourismus-Vorlesung 1795, gehalten von dem Göttinger Professor August Ludwig Schlözer, die (»selbstverständlich« männlichen) Studierenden ausdrücklich dazu an, ihre Reiseeindrücke täglich in ein Heft einzutragen, um auf diese Weise ein aussagefähiges »Reisejournal« zu sammeln.[61]

Wenn sich ein Unterschied festmachen läßt zwischen männlichen und weiblichen Reiseberichten, dann eher im thematischen Zugang, sind doch die Reisebriefe und Reisejournale von Frauen stärker von der eigenen Anschauung geprägt. Während männliche Reisende mehrheitlich aus der Perspektive einer staatspolitischen Räson schrieben, konzentrierten sich die Frauen auf das sogenannte »autoptische Prinzip«.[62] Sie haben überwiegend in rein subjektiver Sicht festzuhalten versucht, was während der Reise im Umkreis ihrer persönlichen Erfahrungen lag. Auf Informationsquellen wie Staatshandbücher, Hofberichte, diplomatische Depeschen usw. haben sie nicht zurückgegriffen. Die erste Person und das Präsens, oft auch die direkte Rede, stellen charakteristische Elemente ihrer Aufzeichnungen dar.

Dieser Unterschied in der thematischen Annäherung an den Gegenstand nimmt dort grundsätzlichen Charakter an, wo Männern der empirische Zugang zu bestimmten Themen verschlossen war. In dieser Hinsicht gewinnt der Orient als Reiseziel eine besondere, geschlechtsspezifische Bedeutung. Deutlich spürbar wird dieser Wesensunterschied allein bei der Namensnennung. Reiseziele wie Weimar, der Genfer See, Rom oder die Nordsee waren jedenfalls nie mit der Vorstellung verknüpft, auf ihrem Boden wären exklusive Reiseerfahrungen des einen Geschlechts gegen das andere angesiedelt. Der Gedanke, Frauen selbst von solchen Reisezielen auszuschließen und exklusiv dem männlichen Geschlecht vorzubehalten, hatte sich ja auf das Reisen als solches, nicht auf dessen Zielpunkte bezogen.

Ganz anders verhielt es sich, wenn das Reiseziel »Orient« hieß. Jeder verband mit diesem Wort bildliche Vorstellungen, Signaturen von Fremdheit, Schönheit oder Wildheit. Aber gerade auf dem fernen, unbestimmt orientalischen Boden, auf dem so manche männliche Erotik-Phantasie beheimatet wurde, ausgerechnet dort war zugleich der einzige, wirklich exklusiv weibliche Erfahrungsraum angesiedelt. Als deutsche bzw. europäische Frau in den Orient zu reisen, war gleichbedeutend mit der Aussicht, einmal ein Land betreten zu können, in dem das weibliche Geschlecht einen Vorzug gegenüber dem männlichen hat – ja, wo Frauen ausdrücklich gestattet, was Männern unter Strafe verboten war, nämlich der Kontakt mit der orientalischen Frauenwelt. Um dieser Aussicht auf ein exklusives Reisethema willen wurde der Orient zu einem Wunschland auch für das weibliche Geschlecht. Doch um den exklusiven Erfahrungsraum betreten zu können, wo die islamisch geprägten Gesellschaften die Geschlechtertrennung gesellschaftlich durchgesetzt und lange tradiert hatten, mußten sich die Frauen erst einmal in Reisende verwandeln: Ein Rollenwechsel mit Hindernissen stand ihnen bevor.

Kapitel 2

Fernweh nach dem Orient: die Kunst der Abreise

»Meine Seele war von Schmerz und Verzweiflung erfüllt: ich ähnelte einem Kranken, der zur Hinrichtung geführt wird; ich beneidete die Frauen vom Lande, die in die Stadt ihre Milch verkaufen kamen. Wie ein Zeuge meines eigenen Leichenzuges sah ich vielleicht zum letzten Mal diese fleißige Bevölkerung. Der schicksalhafte Augenblick war gekommen: Mein Herz schlug so stark, daß ich sekundenlang meinte, mich nicht

Abbildung 4: Deckansicht eines Passagierdampfschiffes mit Europäerinnen auf dem Suezkanal um 1895/96.

mehr aufrecht halten zu können. Ich fühlte den Angstschweiß auf meinem Körper.«[1]

Diese dramatische Abschiedsszene hat die Französin Flora Tristan erlebt, als sie sich wider Willen zu einer Seereise entschloß, um einen reichen Onkel in Übersee aufzusuchen und ihn um Geld zu bitten. Ein solches Bild der Hilflosigkeit, der Wehmut und schier erdrückenden Angst vor dem ungewissen Schicksal und der Zukunft, wie Flora Tristan es gezeichnet hat, wird es wohl gewesen sein, was die männlichen Zeitgenossen sich vorgestellt haben, wenn eine Frau den Wunsch äußerte, auf Reisen gehen zu wollen.

Treu die Pflicht erfüllt

»Typisch weiblicher« Trennungsschmerz und heftiges Heimweh statt freudigem Fernweh hätte jedenfalls dem männlichen Erwartungshorizont entsprochen, hatte man doch dem weiblichen Geschlecht ein spezielles Bedürfnis nach Häuslichkeit und Seßhaftigkeit zugeschrieben. Dieser Erwartung, besonders empfindsam und mit der ihnen eigenen Leidensfähigkeit zu reagieren in der Stunde des Abschieds, haben die reisenden Frauen jedoch nicht entsprochen. Und dennoch brachten sie immer wieder zur Sprache, welche Schwierigkeiten sie mit ihrer Abreise hatten und welch einen Parcours an Hindernissen man ihnen in den Weg legte.

Der Grund für dieses spezielle Frauenthema lag darin, daß sie ihr Fernweh einem Koordinatensystem von gesellschaftlichem Ansprüchen an ihr Geschlecht unterzuordnen hatten, und daß sie dieser Anforderung auch entsprechen wollten. Ihr Entschluß zur Reise – so sie ihn überhaupt zu fassen wagten – verlangte nach gesonderten Begründungen, eben weil das schlichte Motiv, fernab des Gewohnten die Freiheit und das »Glück der Reise«[2] zu genießen, ihnen nicht selbstredend zugebilligt wurde. Kurzum: Die Reisende stand bzw. fühlte sich unter Legitimationsdruck, und zwar um so stärker, je weiter ihr Reiseziel vom Heimatort entfernt lag. Der Orient symbolisierte eine solche Ferne, in der die (gegebene) räumliche mit der (befürchteten) moralischen Distanz gleichgesetzt schien. Und entsprechend groß war das Gebirge an Bedenken, das wohlmeinende Verwandte und Bekannte errichteten, sobald eine Frau überhaupt nur durchblicken ließ, sie könne sich in dem räumlichen Gebilde jenseits des Mittelmeeres, auf ungebahnten Wegen und in einer fremden Kultur, vorstellen.

»Seit Jahren lebte der Wunsch in mir, eine Reise in das Heilige Land zu machen«,[3] bekannte die Wienerin Ida Pfeiffer im Zeitalter des Biedermeier. »Solange mich häusliche Pflichten fesselten, drängte ich jene Sehnsucht zurück; da ich frei war, da meine Kinder der pflegenden Mutter nicht mehr bedurften und als selbständige Menschen selbst in die Welt hinausgingen, da erwachte das lange zurückgehaltene Verlangen aufs neue und trieb mich hinaus.«[4] Um diesem für eine »einfache Hausfrau« aus dem mittleren Bürgertum ungewöhnlichen Fernweh nachgeben zu können, bereitete sich Ida Pfeiffer sehr gründlich vor, zumal sie für ihre Reise nach Palästina »wenigstens ein Jahr« ansetzte. »Ich las manche Werke darüber und war auch so glücklich, mit einem Herrn bekannt zu werden, der einige Jahre früher jene Länder bereist hatte. Ich konnte mündlich manche Belehrung und manchen Rat über das Fortkommen und Verhalten auf dieser gefahrvollen Wanderung erhalten.«

Um der herrschenden Moral Tribut zu zollen, sah sich Ida Pfeiffer genötigt, ihre umsichtige Vorbereitung, ihr beachtliches Alter von 44 Jahren und die Überlegung ins Feld zu führen, daß sie mit zwei erwachsenen Söhnen ihre Mutterpflichten als erfüllt betrachte. Und trotz all dieser Argumente in der Waagschale, angeführt von einer erwachsenen Frau und keinem unmündigen Mädchen, versuchten Ida Pfeiffers Verwandte und Freunde ihren Entschluß zu korrigieren – mit dem geschlechtsspezifischen Argument, Männer könnten Strapazen aushalten, während Frauen ein zu schwaches Geschlecht seien. »Höchst lebhaft stellte man mir all die Gefahren und Beschwerden vor, die den Reisenden dort erwarten. Schon Männer hätten Ursache zu bedenken, ob ihr Körper die Mühe aushalten könne und ob ihr Geist den Mut habe, dem Klima, den Plagen der Insekten, der schlechten Nahrung usw. kühn die Stirn zu bieten. Und dann erst eine Frau! So ganz allein, ohne alle Stütze hinauszuwandern in die weite Welt, über Berg und Tal und Meer, ach, das wäre unmöglich. Dies war die Meinung meiner Freunde.«[5] Gegenüber den Argumenten ihrer Ratgeber fühlte sich Ida Pfeiffer hoffnungslos unterlegen. »Ich konnte nichts als meinen festen unabänderlichen Willen entgegensetzen«, stellte sie lakonisch zu Beginn ihres Buches *Reise einer Wienerin in das Heilige Land* fest – selbst auf die Gefahr hin, damit der Konvention und scheinbar auch aller Vernunft den Dolchstoß zu versetzen. Daß sich für eine Angehörige des »schwachen Geschlechts«

Abbildung 5:
Die Weltreisende Ida Pfeiffer (1797-1858) nach einem Gemälde von Emilie Maria Schmück.

Expeditionsgeist nicht zieme, hinderte sie auch später noch, als sie längst eine routinierte Reisende zwischen allen Kontinenten geworden war. 1847 kam Ida Pfeiffer auf einem Dampfschiff, unter dessen Passagieren sich nur zwei Europäer befanden, von Bombay an die persische Küste. »Sehnsüchtig sah ich nach dem Land – ich hätte gar zu gerne Persiens Boden betreten. Der Kapitän rieth mir jedoch ab, mich in meinen Kleidern dahin zu wagen, indem er mir sagte, daß in diesen entlegenen Gegenden das Erscheinen einer europäischen Frau eine zu ungewöhnliche Begebenheit wäre – man könnte mich leicht mit Steinwürfen begrüßen.« Wie aber hätte Ida Pfeiffer in entlegenen Gegenden schon entscheiden können, ob die Bedrohung real war oder lediglich eine Projektion des Kapitäns, die sich seinem Frauenbild verdankte?

Ein »Geschenk Gottes«

Eine gehörige Portion couragierten Eigensinns mußte eine Frau im 19. Jahrhundert schon aufbringen, wenn sie an ihrem Interesse am Orient festhalten wollte. Konfrontiert mit dem moralischen Imperativ des herrschenden Frauenbildes, sah sie sich in die Rolle gedrängt, wider Willen aufzubegehren, und diese Unlogik mündete oft in einen lange währenden, bedenkenvollen und von Selbstzweifeln geprägten Prozeß ein. Ein typisches Beispiel bietet in dieser Hinsicht Maria Schuber aus Graz, die 1847 in einem Brief an die »Frau des Herrn Oberamtmanns M.« schilderte:

»Sie waren die Erste, der ich im Umkreis Ihrer lieben Familie meine Idee, eine Reise ins heilige Land zu machen, aussprach, um zu sehen, welchen Eindruck ein solcher Gedanke, nach Außen hin geworfen, machen würde. Ich erwartete ein lautes Gelächter, oder wenigstens Belächeln einer so fernhin gestellten Ausführung ... Doch die feierlich ernste Miene des Herrn Oberamtmanns, die stille Aufmerksamkeit des Herrn Caplan T., das aufmunternde ›Das ließ sich hören!‹ des Herrn Rentmeisters, das kindisch freudige Einstimmen Ihrer beiden lieben Töchterchen, endlich Ihr mit ausgebreiteten Armen mich halten wollender Ausruf: ›Thun Sie uns doch das nicht an!‹ überzeugten mich in diesem mir unvergeßlichen Momente, daß diese Idee ein Geschenk Gottes sei und keineswegs ein Auswuchs der eigenen Fantasie. Das ausgesprochene Wort hielt die Probe. Ich war mir nun dessen bewußt, was ich mir früher nicht zutraute; wollte einstweilen keinen weitern Gebrauch davon machen, und lächelte und scherzte nun selbst über den Einfall: ›eine Pilgerreise ins heilige Land‹ machen zu wollen.«[6]

Typisch an der Schilderung der österreichischen Erzieherin ist der Versuch, sich innerhalb des biedermeierlichen Ambiente mit den Augen der Umgebung sehen zu wollen, gleichsam in die Rolle der anderen zu schlüpfen, um über die Verwandlungsprobe im vorhinein abstecken zu können, wo der eigene Willen wohl an gesellschaftliche Grenzen stoßen wird. Die Stationen des Selbstversuchs, der sich von der Meinung seiner Umgebung abhängig weiß und partout innerhalb der Grenzen bleiben will, reichen von einer vagen Idee über die Furcht, zum Gespött zu werden, bis zur Flucht in die rettende Idee, der eigene »Einfall« käme von höherer Stelle (»ein Geschenk Gottes«) und sei mitnichten der eigenen Subjektivität entsprungen. Die Erzieherin aus der Steiermark ging in ihrem Rechtfertigungsbemühen sogar noch einen Schritt weiter, indem sie sich nicht scheute, das vermeintliche »Geschenk Gottes« in einen regelrechten Befehl umzudeuten.

»Es war ein heiterer freundlicher Herbsttag, ... und der Himmel lächelte im sanften Sonnenschein und heiterm Blau die schönsten Hoffnungen eines besseren Lebens mir entgegen ... im Abendscheine, mein Auge mehr im Blauen des Aethers versenkt, als hin auf die Straße gelenkt, ging's in meine Seele ein, als hätte ich's im Blau des Himmels gelesen: ›Mache eine Wallfahrt nach Jerusalem.‹ Süß und lieblich war der Wiederklang in meinem Innern und ich verweilte still und selig bei der schnellen Entwicklung einer so leicht und plötzlich aufgefaßten Idee. Die Reiseroute lag vor mir aufgedeckt, und in der Atmosphäre um mich fühlte ich versichernde Kraft und Schutz, wenn ich das Werk unternehmen wolle. Nach Rom und Egypten, von da nach Palästina, so lautete meine Vorschrift, die ich bald auswendig wußte.«[7]

Als ob diese allerhöchste Berufungsinstanz für einen Willen, der seine Neigung als Pflicht deklarieren und damit einen botmäßigen Charakter beilegen möchte, noch nicht ausreichen würde, berief sich Maria Schuber in ihrer nachträglichen Reisedarstellung nächst Gottes Vorschrift auf ihre Vorläuferin Ida Pfeiffer, die ihre Reise nach Palästina angeblich ja auch nur aus der Pflicht eines jeden Christenmenschen heraus unternommen hatte. Das Buch der Wienerin hatte Maria Schuber geschenkt bekommen und mit Freude gelesen, da sie der Lektüre die Bestätigung entnehmen konnte, daß ihre Idee zu einer Palästinareise so verschroben und unmöglich nicht sein könne, wie sie bei ihrer ersten Probe aufs Exempel in der Gesprächsrunde gedacht hatte, gab es doch bereits ein geachtetes Vorbild. Aus dem Bericht las sie also das ermutigende Signal heraus, daß ihr Wille zur Reise kein absonderlicher Einzelfall war: »Daß ich mich jedoch vergebens bemühte, den ernsten Eindruck meiner Aussprache zu vertilgen, bewiesen Sie mir noch, als Sie mit der ›Reise einer Wienerin ins heilige Land‹ zum Vorschein kamen, von der ich kein Wort wußte. Diese Erscheinung war mir sehr interessant, und da ich, wie Sie sich vielleicht noch erinnern werden, Tags darauf wegen der Grippe das Bett hüten mußte, las ich die Herausgabe der Madame Pfeifer mit ununterbrochenem Eifer. Ich hieß sie eine gute Wegmacherin. Sie schreckte mich auch ganz und gar nicht zurück, meinen nun einmal aufgefaßten Gedanken zur Ausführung zu befördern.« Und dann die typische Reaktion eines entschlossenen Willens, der sich am Rande der Duldung weiß und die Toleranz nicht überstrapazieren möchte: »Ich schwieg darüber.«[8]

Schweigend traf Maria Schuber ihre umfangreichen Vorbereitungen, »weil ich jedes Aufsehen eines solchen Unternehmens vermeiden wollte ... Die gute Schwester Tony bot, als sie mein Treiben erfuhr, so sehr ich ihr's auch vorenthielt, alles Mögliche auf, um mich davon abzubringen, und versuchte es auf jede mögliche Weise, mich abreden zu lassen, welche Mühe man sich von mehreren Stellen gab, weil man mir's nicht zutraut, daß ich mein Ziel erreiche. – Ich wußte jedoch ein Bollwerk um mich aufzurichten«.[9] Und diese Schutzzone, die Maria Schuber um sich errichtete, bestand aus dem Verheimlichen ihrer eigentlichen Reiseroute. Wenn sie auf ihre Vorbereitungen für die Abreise angesprochen wurde, nannte sie schlicht als Beweggrund, »einmal eine Ferienreise nach Triest und Venedig zu machen ... ›Wenn es mir gut geht‹, setzte ich hinzu, ›bleibe ich etwas länger aus‹«. Diese ›etwas längere‹ Reise an den Nil und nach Jerusalem, die Maria Schuber im Herbst 1847 begann, dauerte ziemlich genau zwölf Monate.

»Sein Sehnen soll in Erfüllung gehen«

Eine zweite gängige Variante in der Bewältigung der Zwickmühle zwischen Wollen und Dürfen war die Kunst, die Gelegenheit beim Schopf zu packen, sobald sie sich von anderer Stelle her bot. Die Heirat eines Diplomaten oder Forschers vor allem brachte für viele Frauen des 19. Jahrhunderts den Vorteil mit sich, den Horizont zu entgrenzen und in vergleichsweise unbekannte Regionen vordringen zu können, ohne sich dem Verdacht einer Pflichtverletzung auszusetzen. In der Rolle einer treuen Ehefrau, die ihrem Mann auf allen seinen Wegen bedingungslos zu folgen bereit ist, ließ sich die Tugend der Treue verbuchen und der Frauenrolle auch vor exotischem Hintergrund gerecht werden. Die Rolle der Ehefrau war insofern eine gekonnte Verbindung von Pflicht und Vergnügen – was nichts daran ändert, daß es auch für dieses von den Zwecken des Ehemannes abgeleitete Motiv eines eigenen Entschlusses bedurfte. So war eine Frau wie Pauline Helfer, geborene Baronin des Granges aus Berlin, zunächst einmal wie vom Donner gerührt, als ihr der frisch Vermählte gestand: »Ich kann den tödtenden Zwang des hiesigen Lebens nicht ertragen; es zieht mich gewaltsam hinaus in die Welt, in die freie Natur!«[10] Diese unerwartete Eröffnung stammte von Johann Wilhelm Helfer, einem gebürtigen Prager und praktizierenden Arzt ebendort, und war von erheblicher Tragweite für ihr künftiges Eheleben, wie Pauline Helfer sehr wohl wußte. Spontan reagierte sie auf den angekündigten Wendepunkt zunächst einmal spontan mit Entsetzen: »Wie Lot's Weib, von zürnenden Engeln aus ihrer Vaterstadt vertrieben, zu Stein gewandelt wurde, als sie, sich umwendend, mit einem Blicke die Verwüstung ihrer bisherigen Herrlichkeit überschaute, so stand ich zuerst unbeweglich und sprachlos. Die stille traute Häuslichkeit, in die ich mich schon ganz hineingelebt hatte, stürzte in Trümmer; vor meinen Augen öffnete sich die Zukunft eines unsteten Wanderlebens. Denn daß Helfer nur in einem solchen Befriedigung finden könne, wurde mir zur unabweislichen Gewißheit.«[11]

Die Vorstellung, ihr gesichertes bürgerliches Leben einer ungewissen Zukunft zu opfern, weil ihr Mann es denn so wollte, bereitete Pauline Helfer beträchtliches Unbehagen. Andererseits fiel ihr beherzter »Entschluß: sein Sehnen soll in Erfüllung gehen; ich will ihn auf seinen Reisen begleiten« durchaus nicht nur seinetwegen. Pauline Helfer konnte sich mit der unerwarteten Perspektive durchaus aus eigenen Beweggründen anfreunden.

»Ein Glück, daß die mir von Natur verliehene Elasticität den plötzli chen Uebergang erleichterte und das Behagen an unserer netten Häuslichkeit meine eigene Lust, die Welt zu schauen, noch nicht erstickt hatte. Ohne Besinnnen konnte ich mit lachendem Munde erinnern: ›Nun wohlan, so laß uns reisen!‹ – Jetzt war das Erstaunen auf seiner Seite. ›Wie‹, rief er aus, ›du wolltest die Heimt verlassen und mir auf beschwerlichen Reisen folgen!‹ ›Warum nicht?‹ antwortete ich, ›du weißt, ich liebe das Reisen so sehr als du; ich finde es viel schöner, die Welt zu sehen, als hier im täglichen Einerlei begraben zu sein.‹ – Noch widerstrebte er, das Opfer, wie er es nannte, von mir anzunehmen, und erst als ich ihm fröhlichen Muthes in Erinnerung brachte, wie wir uns ja auf der Reise [in Italien] kennen gelernt, und ihm in überzeugendem Tone versicherte, daß auch meiner Neigung ein bewegtes Leben zusage, stimmte er mit freudestrahlender Miene ein. Es ward beschlossen, wir wollten Prag verlassen und zusammen in die Ferne wandern. Das waren die zunächstliegenden Fragen, die wir heitern Geistes, als gelte es eine Lustpartie, miteinander besprachen.«[12]

Da es Johann Helfer gewesen war, der den Entschluß zur Reise motiviert hatte, blieb ihm auch die Wahl des Reiseziels überlassen. »Asien, das Land seiner Jugendträume, trug den Sieg davon.« Sein leitender Gedanke war ein diffuses geographisches und naturkundliches Interesse, »einzelne Punkte des alten Welttheils gründlichen kennen zu lernen und für seine Sammlungen auszubeuten«[13] – ein Interesse, das Johann Helfer in den darauffolgenden fünf Jahren, während derer das Ehepaar von Smyrna über Bagdad bis Hinterindien reiste, bis zu seinem tragischen Tod in Bengalen 1840, ausgiebig und unermüdlich realisiert hat. Seine Ausbeute brachte es auf 55 259 naturhistorische Sammelstücke, meist Insekten, Schmetterlinge und Pflanzen – eine Leistung, für die Helfer als Naturforscher in die Geschichte einging.[14]

Ob er seinem offenbar unbezähmbaren Sammeldrang nachgehen und die Reise auf unbestimmte Zeit ausdehnen könne, war zum einen eine Frage an die Bereitschaft der Ehefrau, diesen Entschluß mitzutragen, zum anderen auch eine Frage der Finanzen, die Johann Helfer auf eine Art lösen konnte, wie es seiner Frau, da sie keine Berufsausbildung hatte, unmöglich gewesen wäre. Um »sein ererbtes Vermögen durch ein so kostspieliges Unternehmen, wie eine Reise im Orient es ist, nicht zu schmälern, wollte Helfer seine medicinischen Kenntnisse in Anwendung bringen und als Arzt die zur Reise nöthigen Mittel erwerben. Ein nach europäischen Begriffen absonderlich scheinender Gedanke, doch im Orient, wo ein Hakim den größten Respect genießt und überall mit Freuden aufgenommen wird, ein keineswegs unausführbarer Plan. Dort ist der Stab des Aesculap dem wandernden Europäer eine bessere Waffe, ein größerer Schutz und sicherere Hülfe aus allen Nöthen und Verlegenheiten, als der beste Revolver und die reichsten Geldmittel ihm gewähren können.«[15]

Der ungewöhnliche Entschluß, sich im kleinasiatischen Smyrna niederzulassen, bedeutete zunächst einmal, sich mit Kartenmaterial, Informationen und Empfehlungsschreiben zu versehen, und dann ein monatelanges Verpacken des gesamten Hausstandes. Im Zuge dieser Arbeiten machte Pauline Helfer die Entdeckung, daß die Tugend der Treue nicht nur Ehefrauen auf die Reise bringen konnte, sondern auch einfache Dienstboten. »Mit Erstaunen bemerkte ich eines Tages«, heißt es in dem biographischen Reisebericht von Pauline Helfer (die sich später nach dem Tode Johann Helfers als Gräfin Nostitz verheiratete), daß ihre Dienerin Lotty »auch ihre eigenen Sachen mit einpackte; darüber befragt, erklärte sie, schüchtern zwar, aber fest: sie würde mit uns gehen, wir möchten wollen oder nicht. Das war unerwartet. Konnte ich bei dem hübschen muntern Mädchen, das erst zehn Monate mit uns verlebt hatte, eine solche Anhänglichkeit vermuthen?« Auf den festen Willen mitzureisen konterte Pauline Helfer, verblüffend genug für eine Frau, die sich in ihrem Verwandten- und Freundeskreis mit ebendenselben Argumenten hatte auseinandersetzen müssen: »Ich suchte sie von dem Gedanken abzubringen und stellte ihr alle Beschwerden der Reise, den Mangel jedes Vergnügens, jeder Ansprache unter fremden Menschen vor.«[16] Gleichviel, am 17. April des Jahres 1835 reiste mit dem Ehepaar Helfer auch die Köchin Charlotte Richtung Türkei mit.

Die Schwierigkeiten mit der Abreise und die Notwendigkeit, gesonderte Überlegungen zur Legitimation anzustellen, bilden ein dauerhaftes Thema der Frauenreisen. Selbst im 20. Jahrhundert hielt die Klage an über den moralischen Druck, dem sich speziell Frauen ausgesetzt sahen – zumindest wenn ihr Reiseziel abseits der Strandbäder in weniger behüteten Weltgegenden wie dem Orient lag. So kam die berühmte Arabienreisende Freya Stark zu dem Erfahrungssatz: »man muß erbaulichere Gründe anführen als die bloße Lust, wenn man reisen will. Etwas zum Vergnügen zu tun, das schmeckt nach Leichtfertigkeit, um nicht zu sagen: nach Unmoral.« Das Motiv, sich neue Horizonte eröffnen und einfach aus Lust reisen zu wollen, hatte noch 1936 und selbst im britischen Mutterland des Tourismus keine Chancen auf Anerkennung. Da die Gesellschaft offenbar nur zwingende Gründe hinzunehmen bereit war, empfahl Freya Stark aus eigener Erfahrung, die Taktik zu ändern und sich eine Schirmherrschaft zu erfinden. »Im Innersten meines Herzens weiß ich, daß es ein vortrefflicher Grund ist, etwas zu tun, nur weil man es gern tut. Dennoch möchte ich allen reisenden Frauen raten, sich ein Etikett zuzulegen, als Anthropologin zum Beispiel oder sich als Jüngerin einer anderen -ologie auszugeben, die als passend und vorteilhaft erscheint, nur um eventuellem Argwohn vorzubeugen.«[17]

Selbst der Ratschlag einer Freya Stark, unter die Tarnkappe wissenschaftlicher Erfordernisse zu schlüpfen, wäre bei den Frauen ein Jahrhundert zuvor fehlgegangen, da das weibliche Geschlecht seinerzeit für zu schwach befunden wurde, überhaupt zum Studium zugelassen zu werden. In Abgrenzung zur vermeintlich männlichen Ratio versicherte eine Frankfurterin des Jahres 1845, weder die ihrem Geschlecht auferlegten Grenzen überschreiten noch die männliche Domäne antasten zu wollen. Und erst mit dieser devoten Versicherung, bar jedes Anspruchs, bestimmt »nur« rein subjektiv und ohne jeglichen Bezug zur Traditionslinie der Reisebeschreibungen gesehen werden zu zu wollen, glaubte sie auf Nachsicht hoffen zu dürfen. »Ich darf mir um so eher erlauben, eine blos subjektive Auffassung des Gesehenen wieder zu geben, als ich auf wissenschaftliche Darstellung des Wahrgenommenen gänzlich verzichte, und mir sehr wohl bewußt bin, daß unzeitiges Auskramen von Gelehrsamkeit dem Bilde, das man wiedergeben will, gemeinhin mehr schadet als nützt. Aus diesem Gesichtspunkte bitte ich die Erzählung meiner Erlebnisse zu beurtheilen, und sie eben so nachsichtig aufzunehmen, als ich anspruchslos sie gebe.«[18]

Unabdingbar schien den reisenden Frauen des 19. Jahrhunderts das Ritual der Rechtfertigung. Noch kurz vor der Jahrhundertwende, als bereits organisierte Weltreisen angeboten wurden, sah sich deshalb eine Hamburgerin genötigt, ihr reichhaltiges Reisetagebuch mit den entschuldigenden Worten einzuleiten: »Diese einfachen, naturgetreuen Reiseskizzen, welche ich zunächst für meine Familie und Freunde drucken lasse, beanspruchen durchaus nicht, wissenschaftlichen Werth zu haben. Sie sollen nur zeigen, welchen reichen Genuß eine Reise um die Welt gewährt, die heutzutage selbst einer alleinreisenden Dame keine allzu großen Schwierigkeiten bietet.«[19] Aus der Tatsache, daß die *Weltreise einer Hamburgerin* auf rund fünfhundert Seiten immerhin über Japan, China, Indien und Ägypten ausführlich und aus eigener Anschauung berichten konnte, bezog die Autorin also keineswegs genügend Selbstbewußtsein für ihre Veröffentlichung. Vielmehr entdeckte die »alleinreisende Dame« an ihrem Werk einen potentiellen Makel; sie nahm mit ihrem Bekenntnis zur Privatheit und ihrem nicht-wissenschaftlichen Stellenwert die mögliche Reaktion ihres Lesepublikums und der professionellen Buchkritik vorweg, die die Reisedokumentationen von Frauen als minderwertige, wenn nicht triviale Literatur einzuordnen pflegten.[20]

Reiz der Passage

Unter dem Zwang, die Kunst der Abreise mit dem Lohn der Tugend zu verknüpfen und sich als bedingungslos ergebene Pilgerin, Ehefrau oder Dienstbotin zu deklarieren, litten keineswegs alle Frauen gleichermaßen. Vor allem an der Wende vom 19. zum 20. Jahrhundert war die moralische Hürde für »alleinreisende Damen« in den Orient erheblich gesenkt und die Aussicht auf einen bürgerlichen Genuß der Reisefreiheit unabhängig vom Geschlecht durchaus gegeben – für einige wenige Frauen, darunter zum einen diejenigen aus »gutem Hause«, die über die nötigen finanziellen Mittel verfügten und es sich leisten konnten, eine kommerziell organisierte Orientreise zu buchen, und zum anderen die Künstlerinnen. »Schließlich hatte man Künstlerinnen schon immer einen größeren Freiheitsraum zugestanden und ihr Verhalten nicht nur am üblichen Sittenkodex gemessen. Sie befanden sich gewissermaßen in einem zugebilligten Randfeld der Moralität, welche das Hauptfeld nicht eigentlich bedrohen konnte. Ihr Freiheitskonsum hatte letztlich keinerlei Verbindlichkeit für die Frau im allgemeinen. Sie waren ›die anderen‹, die ihren größeren individuellen

Aktionsraum mit einer Einbuße an Respektabilität bezahlen mußten.«[21] Zu diesem Kreis gehörte in der wilheminischen Ära zum Beispiel eine Schauspielerin wie Elsa von Schabelsky. Sie hatte solange erfolgreich am Berliner Residenztheater gespielt, bis sie dem Regisseur Paul Lindau[22] die Liebschaft aufkündigte – was ihr die Berliner Gesellschaft übel nahm und ihr 1890 praktisch ein Auftrittsverbot erteilte.

Diese biographische Wende im Leben der Elsa von Schabelsky bedeutete einerseits, daß sie ihre Respektabilität zu dem Zeitpunkt bereits verloren hatte, als sie den Entschluß zu einer Reise nach Marokko faßte. Andererseits motivierte sie die Tatsache, daß sie weder auf ein Engagement noch auf gesellschaftliches Ansehen hoffen durfte, zu ausgedehnten Reisen. Der Entschluß zum Abschied auf Zeit beflügelte sie gewissermaßen, das »Randfeld der Moralität« zu genießen.

Ihren Reisebericht *Harem und Moschee* begann Elsa von Schabelsky mit einem emphatischen Plädoyer für das Reisen aus Neugier und aus Lust am Fremdartigen: »Wenn jemand in Berlin gelegentlich einem Bekannten mittheilt, dass er eine Vergnügungsfahrt nach Rio, Marokko oder West-Indien zu machen beabsichtigt, so bekommt er unweigerlich hocherstaunte Mienen zu sehen und beinahe missbilligende Worte zu hören. ›So! – Was Sie sagen! – Eine seltsame Idee! – Mir wäre Karlsbad oder Helgoland – oder höchstens Norwegen lieber!‹ Dass man seine kurzen Sommerferien dazu verwendet, um ein paar Wochen für teures Geld in einer unbequemen Wohnung zu verbringen und dabei genau dieselben Gesichter zu sehen, dieselben Gespräche zu hören und dieselben Zeitungen zu lesen, an denen man sich schon im Winter den Magen verdorben hat, das findet alle Welt begreiflich, logisch, natürlich und lobenswert. Dass man aber auf eine billige und bequeme Art eine Exkursion nach nicht gesehenen, fremdartigen und interessanten Gegenden machen will, um den prosaischen Staub des alltäglichen Arbeitslebens einmal gründlich abzuschütteln, und neue gewaltige Eindrücke zu sammeln, das erscheint dem Bewohner des alten Continents immer noch, wenn auch nicht direkt verrückt, so doch zum mindesten recht überspannt.«[23]

Mit dieser zivilisationskritischen Wendung gegen den »prosaischen Staub« des Alltäglichen und den europäischen Starrsinn, am Alten und Gewohnten festzuhalten, statt »gewaltige Eindrücke zu sammeln« und sich dem Reisen als persönlichkeitsbildenden Wert zu öffnen, grenzte sich Elsa von Schabelsky ganz bewußt gegen die gesellschaftliche Norm bzw. Konvention ab. Sie wußte sich im Abseits, im »Randfeld der Moralität«, aber nicht, weil sie sich (wie noch die »Reisendin« Ida Hahn-Hahn vor der Jahrhundertmitte) als Vertreterin des weiblichen Geschlechts verstanden hätte, sondern weil sie einen unter Literaten und in Künstlerkreisen virulenten Reisebegriff vertrat: Ihr Reisemotiv war betont non-konformistisch und (wiewohl sich der Tourismus noch im frühen Stadium befand) von anti-touristischer Natur. Dezidiert war der Wunsch, die eigene Reise solle sich tunlichst von den herkömmlichen Ortswechseln der Sommerfrischler auf Helgoland abheben. Die Abreise (nach Marokko) war in dieser Perspektive gleichbedeutend mit einer Abgrenzung vom Status des Durchschnitts (der damals noch nicht nach Marokko fuhr).

Der Bogen der Motive, die Frauen zu einer Abreise gen Orient bewogen, war weit gespannt, wie auch das Geschick, die Reiseerlebnisse darzustellen, sehr unterschiedlich war. Das biographisch unerhörte Ereignis, tatsächlich auf einer Orientreise zu sein, konnte einerseits das Bedürfnis wekken, minutiöse und für die Nachwelt nur bedingt interessante Auflistungen über Reisekosten und prosaische Berichterstattung von den besuchten Sehenswürdigkeiten zu dokumentieren – mithin sollte die Reise festgehalten werden, die ihrem Charakter nach immer nur von befristeter Dauer sein kann. Häufig war mit solchen Berichten der Zweck verbunden, Informationen an Nachfolgende weiterzugeben. Der Gegenpol wird, wie überhaupt in der Gattung der Reiseliteratur, durch Fabulierlust und durch eine um die Authentizität nahezu unbekümmerte Ausschmückung gebildet.

Unter dem gebräuchlichen Titel »Tagebuch« oder »Brief« konnte sich also durchaus auch eine lebhafte Schilderung verbergen, die eher dem Charakter der Unterhaltung als dem des informativen Vorbildes entsprechen wollte. Ein solches Beispiel geben die *Reisebriefe aus Aegypten* der Louise Mühlbach aus dem Jahre 1871, die folgendermaßen beginnen: »Ich lebe noch! Wenn Sie wüßten, mit welchem Jubel, mit welchem Entzücken ich das heute Morgen hinausrief in die Luft, hinüber zu dem schönen smaragdfarbenen Meere, und mit welcher Wonne ich mir dieses Lebens bewußt ward, da es nun sicher war, daß wir heute noch Alexandrien erreichen würden! Wir waren in schwerer Gefahr, und daß wir noch leben, und daß wir heute das Land der Pyramiden und der Wunder noch erreichen, das verdanken wir nächst Gott der Bravour, der Entschlossenheit und prächtigen Leitung des Commandanten unseres Riesendampfers ›Ceres‹ von der Lloyd-Gesellschaft.«[24]

Die Bezeichnung »exaltierte Dramatik« hätte Louise Mühlbach zu Lebzeiten durchaus als Kompliment empfunden, schließlich war sie eine Schriftstellerin, die zeit ihres Lebens nach dem Konzept verfuhr: »mit einem Paukenschlag muß man beginnen, wenn die Lektüre fesseln soll, und der Leserschaft möge das Herz stocken«. Mit diesem stilistischen Prinzip war Louise Mühlbach sehr erfolgreich und zählte zu Lebzeiten zu den meist gelesenen Schriftstellerinnen. Als Verfasserin von Dutzenden historischer Romane und sogenannter Frauenschicksalsromane hatte sie hinreichend Routine in der dramatisierten Darstellung. Und so fand Louise Mühlbach, die von ihren Zeitgenossen zuweilen als plauderselig und schwatzhaft kritisiert wurde, auch sichtliches Vergnügen daran, ihre erste große Reise ausgiebig und in dem ihr eigenen literarischen Stil zu schildern. Schon ihre Schiffspassage nach Ägypten nahm sich ausgesprochen abenteuerlich aus, konnte die Reisende doch nur mit knapper Not der Lebensgefahr entkommen:

»Schlimme Stunden waren im Anzug, denn beim Frühstück lagen schon die verhängnisvollen hölzernen Carreaus auf den Tischen ausgebreitet, welche die Teller und Gläser vor dem Herabgleiten schützen sollten, und die über den Tischen hängenden Lampen, die wir ›Schwankometer‹ getauft, schwenkten in ihrem Gehänge höchst bedenktlich hin und her. Bald fing es an zu heulen und zu pfeifen, und die Wellen brausten wie Ungeheuer heran und schlugen in erschreckenden Massen nicht blos über Deck, sondern sogar oben über das Deckhaus. Ich stand am Oberbord des Schiffes und schaute mit ehrfurchtsvoler und andächtiger Bewunderung auf das erhabene Bild, welches der Sturm am Himmel und im Wasser in den wunderbarsten Tinten und Tönen malte. Da sprang eine Welle zischend über Bord und schlug mich nieder, und ich rollte und kollerte wie ein federleichtes Etwas über das Deck hin, gerade dem heulenden, gähnenden Abgrund entgegen. Um mich her hörte ich es schreien und jammern und Hülfe rufen – das Schiff hatte sich ganz auf die Seite gelegt und nirgends war ein Halt für mich zu sehen. Ich wußte, daß ich verloren war, und ich hörte den Sturmwind pfeifen und sah den schwarzen Abgrund vor mir – hinunter, hinunter – in einer Minute wär's geschehen! Da fühlte ich mich erfaßt, fortgerissen, die Treppe vom Oberdeck heruntergezerrt, über den Gang hin nach dem Salon. Da lag ich und schaute empor zu Dem, der mich vom sichern Tode gerettet, zu dem Capitän des Schiffes, Signor Marco Calvi.«[25]

Es schmälert gewiß nicht den Unterhaltungswert dieser Passage, wenn man zu Bedenken gibt, daß der Ruf »Frau über Bord« bis zum Untergang der legendären Titanic auf luxuriösen Dampfschiffen der Passagierfahrt nicht überliefert ist. Auch erinnert die Szene zu Beginn der *Reisebriefe aus Aegypten* stark an das verdeckt erotische Klischee jener Frauenromane, die Louise Mühlbach so unermüdlich zu produzieren verstand. Mühelos arbeitete die Schriftstellerin nun auch ihre eigene Schiffspassage in eine dramatische Begegnung der Geschlechter um, gleichsam in den

Abbildung 6:
Die Schriftstellerin Clara Mundt (1814-1873).

vielversprechenden Anfang des klassischen Rollenspiels »das ›schwache Geschlecht‹ findet sich in den starken Armen seines Retters (in diesem Fall des Kapitäns) wieder«.

Auf den »schwarzen Flügeln der Melancholie«

Im Gegensatz zur frühromantischen Zeit und in krasser Differenz zum biedermeierlichen Geist der Restauration ächetete der politisch liberale Kreis des Jungen Deutschlands, dem Louise Mühlbach sehr nahe stand, das Frauenreisen nicht prinzipiell, sondern versuchte, diese ungewohnte Aktivität zu respektieren. Ermutigt durch diesen Kreis, der ja auch das Genre der Reisebriefe als sein originäres Ausdrucksmittel in Mode gebracht hatte, mehrte sich in der Zeit des Vormärz die Reisetätigkeit insgesamt beträchtlich – und zum ersten Mal näherten sich deutsche Frauen in der Kombination von Schreiben und Reisen dem Orient.

»Es läßt sich heuer nichts Vernünftigeres thun, als auf die Reise gehen, besonders wenn man keine Heimath hat im eignen Vaterlande«,[26] schrieb 1839 der Journalist Theodor Mundt, Ehemann der nämlichen Louise Mühlbach (denn die Dramatikerin unter den »Reisendinnen« hieß mit bürgerlichem Namen Clara Mundt). Zu derselben Zeit brach eine enge Freundin des Hauses Mundt, das damals eine zentrale Berliner Anlaufstelle für den literarisch-politischen Zirkel des Jungen Deutschlands war, zu einer Reise gen Süden auf. Geleitet von dem Gefühl der Heimatlosigkeit, wenn auch weniger im politischen denn im psychologischen Sinne, entschloß sich Therese von Bacheracht zu einer längeren Reise, die 1841 in ihrem ersten schriftstellerischen Werk nachzulesen war. Unter dem Titel *Theresens Briefe aus dem Süden, herausgegeben von einem Freunde der Verfasserinn* erschienen ihre Reisebriefe in einem Braunschweiger Verlag, anonym.

Von Mainz über die Schweiz in die norditalienischen Städte führte diese Reise, die anfänglich das genaue Gegenteil zu den Motiven der meisten (Frauen-)Reisen darstellte. Nicht Freude am Schauen und am Neuen, sondern die Freudlosigkeit ihres Daseins bildeten für Therese von Bacheracht das Motiv ihrer Abreise: Sie wollte einen regelrechten Alptraum überwinden und den »schwarzen Flügeln der Melancholie«[27] entfliehen. Der Grund für ihre ausgedehnte Reise lag in einem persönlichen und besonders tragischen Ereignis, im Tod ihres Sohnes Alexander, der im Alter von einem Jahr verstorben war. »Das geliebte Kind ist dahin zurückgekehrt, woher es gekommen war, zu den Engeln des Himmels, und nur seine Mutter weint über sich, über ihre verlorenen Hoffnungen, über den Reiz des Daseyns, der hier zu Grabe ging.«[28]

Der Mutterschaft hatte Therese von Bacheracht eine fundamentale Bedeutung beigemessen und ihre gesamte Identität als Frau in diese Phase ihres Lebens hineingelegt. »Mir schwebte es immer als das Ideal weiblicher Bestimmung vor, Mutter zu seyn, glückliche, das heißt gute Menschen zu bilden. In der mütterlichen Sorge lag für mich die Sorge um die eigene Vervollkommung; ich fühlte: nicht durch Wort, sondern durch Beispiel muß gelehrt werden. Als diese Bestimmung mir ward, als die Zukunft sich vor mir ausbreitete, als ich mit dem Kind auf dem Arm umherging, wie glücklich, wie überschwenglich glücklich war ich da! Es war ein kurzer Traum!«[29]

Der Tod ihres Sohnes und der Verlust der Freuden einer Mutterschaft versetzten Therese von Bacheracht in eine »Katastrophe der Verzweiflung«. »Als Mann hätte ich den Krieg, den Ruhm, die Wissenschaft geliebt; als Frau bleibt mir nichts übrig, als meine Thränen im Stillen zu vergießen, meinen Stolz zu verleugnen und meine Sehnsucht in den Schlaf zu lullen.«[30] Als geeignetes Heilmittel gegen Trauer und Schmerz, als passender Fluchtweg aus der persönlichen Krise erschien der 35jährigen der Süden. Geprägt vom Leid und von der quälenden Frage nach dem Sinn des sinnlosen Todes nahm die Reisende auf den Stationen Turin, Mailand, Verona, Florenz, Pisa und Rom allerdings nur wenig von der bereisten Umgebung wahr. »Mag der Bewohner des herrlichen Italien immerhin seinen tiefblauen Himmel anpreisen, mag er stolz auf den Höhen seiner Vulkane stehen und dem Meere gebieten wollen, mag er die Riesenwerke seiner Vorfahren schauen und sich von ihrem Glanz umleuchtet glauben: ich verlange nicht nach diesem Schauspiel.«[31]

Doch als ob die persönliche Krise mit der geographischen Lage direkt verknüpft wäre, wich die Freudlosigkeit der Reise stetig, und zwar um so mehr, je beträchtlicher die zurückgelegte Distanz wuchs. Schon in Sizilien mischten sich Anzeichen eines Wandels unter die sonst so düstere Gemütsverfassung. In Kleinasien schließlich wird sich das Reisemotiv völlig verwandeln, umschlagen von innen nach außen, von Existentiellem zu Erlebtem, von Fragen zu Fakten, von Gedachtem zu Geschautem. Noch in Italien war Therese von Bacheracht vornehmlich mit ihrer eigenen Gefühlswelt befaßt gewesen, hatte sie den Hader mit ihrem Schicksal in einer Vielzahl von Aphorismen und Sentenzen auszudrücken versucht und sich in philosophischer Distanz mit der Welt, dem Sinn des Lebens und dem Wert des Gefühls befaßt. Etwa in der Art: »Ich kenne recht aus dem Grunde der Seele den Ausdruck: den Kopf benebelt zu haben. – Der Mensch muß dem Menschen helfen, das Schicksal thut es nicht.«[32] »Man verliert viel, wenn man erst alle Gefühle kennt und definirt. – Wenn wir die, die wir zu lieben keine Ursache haben, nur todt dächten, so würden wir nie hassen; und wenn wir die, die wir lieben, anklagen wollen, so denken wir nur an ihr Grab, um ganz Milde zu seyn.«[33] »Das Leben ist ein Phönix, aber auch ein Chamäleon. Das Höchste wird gegeben und genommen, und nur die heilige Erinnerung bleibt, wie eine ewige Verheißung, in der Seele. – Unter Menschen in der Welt fühlt man am lebendigsten, wie herzenseinsam es ist.«[34] Man habe es eben, schrieb der Herausgeber von *Theresens Briefen* mit einem Gestus der Entschuldigung, mit den Briefen einer »wahrhaft schönen Seele« zu tun eben, mit einer »Schwärmerinn für das Hohe, Edele, Gute und Schöne«, wiewohl er »keineswegs den Aussprüchen der theuern Freudinn allenthalben seine Zustimmung geben könne. Bisweilen sind ihm solche selbst nicht ganz deutlich und klar.«[35]

Bacherachts Neigung, ihre Reisebriefe mit abstrakten Sentenzen über das Leben anzureichern, veranlaßte später die reiseerfahrene Berlinerin und jüdische Kaufmannstocher Fanny Lewald, die *Briefe aus dem Süden* als Reisebetrachtungen einzuordnen, »denn eine Reisebeschreibung konnte man jene Aufzeichnungen eigentlich nicht nennen.« In der Retrospektive empfand Fanny Lewald das Erstlingswerk ihrer Freundin[36] weniger als Dokument einer Reise denn als Tagebuchblätter, aus denen eine »eigentümlich zusammengesetzte Geistesrichtung« und ein »feines Empfinden« sprach. »Man hatte es in dem Tagebuche mit einer Frau zu tun, welche dem Adel angehörte, die große Welt kannte, vielerlei gesehen, vielerlei erlebt, vielerlei empfunden hatte, und die, wie man es zu nennen pflegte, mit dem Herzen dachte ... Es war ein sanftes, liebenswürdiges Buch, diese ›Briefe aus dem Süden‹, und man brauchte Therese nur anzusehen, um zu erkennen, wie sie sich in jenen Briefen ganz ihrer Natur überlassen hatte, wie dieselben ohne Hinblick auf den Leser geschrieben worden waren.«[37]

Der von Fanny Lewald beschriebene Charakter der Tagebuchblätter einer »empfindsamen Seele« bezog sich vor allem auf die beschriebene erste Zeit kurz nach der Abreise. Je weiter aber der Augenblick ihrer biographischen Katastrophe zurück- und je mehr Raum hinter ihr lag, desto stärker konnte sich Therese von Bacheracht als Reisende verstehen und auf ihre unmittelbare Umgebung konzentrieren, worin eben auch jene alltäglichen Begebenheiten eingeschlossen waren, die das Unterwegssein auf Reisen zu einem Erlebnis machen. »Jetzt erklimmt der Reisende die Höhe«, schrieb Therese von Bacheracht aus Sizilien, »um von dort das Meer, den Weg nach Griechenland, zu erblicken. – Das Wirtshaus bot uns bei den kalten Regenströmen wenig Schutz. Fenster ohne Glas, kein Tropfen Milch, keine Butter, unausstehlich hüpfende Gesellschaft auf den harten Strohbetten, schrecklicher Schmutz, wie man ihn sicher nicht in der ärmsten deutschen Bauernhütte antreffen würde, und trauernde, verzehrte

Menschengesichter sind die Ueberbleibsel jenes Siciliens, das einst in der Geschichte eine so mächtige Rolle spielte.

Gleich an dem ersten Tage unserer Ankunft hieselbst, haben wir eine Ausflucht nach Ricolosi und nach dem Fuße des Riesen Aetna gemacht. Die Art, wie man in Sicilien auf den fast überall ungebahnten Wegen reist, ist eigenthümlich genug. Zwei Maulthiere tragen die Letiga, in der man ziemlich bequem sitzt. Die Letiga ist eine Art großer Tragsessel, Portechaise; die Maulthiere, hinten und vorne angespannt, werden von einem Führer geleitet, der sie durch sonderbar tönendes Geschrei aufmuntert. Außerdem sind sie mit zahllosen helltönenden Glocken behängt, deren fortwährendes Geklingel ganz betäubend selbst auf die stärksten Kopfnerven wirkt, an welches aber die Maulthiere so gewöhnt sind, daß sie sich ohne dasselbe nicht von der Stelle bewegen würden.«[38]

Immer länger werden jene Passagen, in denen die *Briefe aus dem Süden* (die übrigens nicht datiert, wohl aber jeweils mit einer Ortsangabe versehen sind) ein deutliches Bild von dem Reiseverlauf erkennen lassen. Je weiter der eigene Kontinent entrückte, desto näher wurde auch die Beziehung zwischen der Reisenden und der von ihr bereisten Gegend. Das Gefühl, eine geographisch neue Welt zu betreten und damit zugleich die biographisch alte Welt hinter sich zu lassen, entwickelte Therese von Bacheracht bereits in dem Moment, da sie die britische Kronkolonie Malta betrat. Ja, das Leben in einem der wichtigsten Flottenstützpunkte des britischen Empire erscheint ihr geradezu als ein Garten Eden, verglichen mit ihrem ursprünglichen Reisemotiv, aber auch im Vergleich zu den Strapazen, denen sie als Reisende aktuell ausgesetzt war. Aus La Valette, der Hauptstadt Maltas, schrieb Therese von Bacheracht:

»Diesesmal ist uns das Meer weniger günstig als sonst gewesen. Wir haben von Syrakus aus drei Tage und drei Nächte auf einer Entfernung zugebracht, die man meistens in acht bis zehn Stunden durchschifft. Ohne Lebensmittel, nur mit etwas Käse und einigem Zwieback versehen, in einer Barke ohne Cajüte, auf hartem Stroh gelagert, umgeben von schmutzigen Matrosen, so haben wir die Ostertage bei gänzlicher Windstille unter einem tiefblauen wolkenlosen Himmel, auf einem zum Spiegel geglätteten Meere zugebracht. Aber alle Mühseligkeit, alle Ermüdung, unsere brennende Ungeduld ist bei dem majestätischen Anblick Malta's, bei dem Eintritt in dies Land der Wunder, in dem Erstaunen über die sonderbaren Straßen La Valette's vergessen worden. Africa so nahe war Malta ehedem ein unfruchtbarer Felsen. Die Industrie bedeckte den steinigen Boden mit der fruchtbaren Erde Siciliens, und siehe! er ward zu einem reizenden Garten umgeschaffen. Ein ewig reiner Himmel blickt jetzt auf dieses künstlich gebildete Paradies, wie ehemals auf wüste Felsmassen herab. Es grünen hier die europäischen, wie die tropischen Gewächse, Orangen und Citronenbäume blühen mit der Baumwollstaude, die Färbehölzer stehen neben dem Granatbaume.

Wie erstaune ich über die schottische halbnackte Garnison, über die Frauen in ihren alterthümlichen schwarz seidenen Mantillen, über die Griechen und Türken und über die herrlichen Kriegsschiffe, die hier vor Anker liegen! Unser Gasthof bietet die Aussicht auf das weite Meer, wir bewohnen ein Gartenhaus, das eine reizende Terrasse umgiebt. Nicht genug können wir die freundliche Aufnahme rühmen, die uns hier geworden ist. Kaum hier angelangt, sind wir von den ersten Familien des Orts aufgesucht und mit Zuvorkommenheit überhäuft worden. Es herrscht hier eine Gastfreundschaft, die sich unser civilisiertes Europa zum Muster nehmen könnte. Man frägt nicht nach dem Stand, nach dem Namen, nach dem Woher, nach dem Range, es genügt, ein Fremder zu seyn, um von Alt und Jung, von Vornehm und Gering auf den Händen getragen zu werden.

Wir haben einem glänzenden Balle bei dem Gouverneur und einer Ordenseinkleidung beigewohnt; haben dann bei Lord Ponsonby zu Mittag gegessen und ein englisches Kriegsschiff, die hundert und zwanzig Kanonen führende Britannia, besehen. Ich kann die Lebensart auf Malta, den Anblick der Stadt, die Einwohner, ihre Equipagen, das Costüm der Frauen mit nichts, was ich bis jetzt gesehen, vergleichen.«[39]

Wohltuend und versöhnlich empfand Therese von Bacheracht die Mischung aus tropischer Vegetation und heimischen Gewächsen. Die von Europäern angelegte, vom Pflanzenbestand her exotische Kulturlandschaft schien ihr ein »Paradies« zu sein. Wiewohl die Insel im Mittelmeer offenkundig von der britischen Herrschaft geprägt war, trennte die Reisende ihr Bild von Malta von dem des »civilisierten Europa« ab und rückte es in die Nähe einer vorbildlichen kulturellen Alternative. Erschien ihr schon die Kronkolonie geeignet, einen idealen Kontrast zu ihrem bisherigen Leben zu bilden, so fühlte sie erst recht ihre Sinne benommen, sobald sie die kleinasiatische Küste erreicht hatte: »Seit gestern bin ich in Asien. Ich bin von einer neuen Welt umgeben, ich denke wieder: es ist ein Traum! – Wir wohnen in einem griechischen Hause, ich sehe um mich Türken, Griechen und Armenier wandeln. Die himmelhohen Cypressen, die das Gärtchen am Hause beschatten, blicken ernst zwischen dem jugendlichen Grün des Frühlings in das mit Jalousien versehene Fenster meines Zimmers. Unter mir höre ich die Stimme der rüstigen Wirthinn, die in ihrem neugriechischen Costüm, mit den Spuren ehemaliger Schönheit, in der harmonischen Sprache des Landes, den Mägden gebietet; ich sehe sie die Seidenwürmer füttern und sich hastig auf dem kleinen mosaikartig gepflasterten Hofe hin- und herbewegen. Die platten Dächer der kleinen Häuser gestatten die Aussicht auf die Ferne ... Wie herrlich sind die Berge bewachsen, wie treibt Alles in die Höhe und Breite, welch eine mächtige Natur, die hier waltet! Ich sammle mit Mühe meine Gedanken; es treibt mich poetisch und phantastisch in die Höhe, und ich vergesse, daß ich schreiben und beschreiben soll.«[40]

Der Moment, da Therese von Bacheracht kleinasiatischen Boden in Smyrna (dem heutigen Izmir) betrat, war auch der Augenblick der biographischen Wende. Dabei war es nicht allein das Verreisen als solches, das dazu beitrug, denn als Tochter eines russischen Gesandten hatte die gebürtige Stuttgarterin schon in ihrer Jugend viele Reisen durch Deutschland unternommen, und als Frau des russischen Legationssekretärs Robert von Bacheracht war sie mehrfach nach St. Petersburg gereist. Aber derart kraß hatte sie den Kontrast zwischen Alltag und Reise noch nicht erlebt. »Was ich heute gesehen habe, schwebt mir jetzt, da ich es niederschreiben will, wie flüchtige Erscheinungen einer magischen Laterne vor. Ich möchte eine neue Sprache erfinden, um Dir das Neue natürlich und begreifbar zu machen.«[41] Das Fremdartige machte nachhaltigen Eindruck auf Therese von Bacheracht, die zur Reise nötige Neugierde und Aufgeschlossenheit kehrte zurück, und damit auch das lebhafte Interesse an möglichst unmittelbarer Mitteilung, »was mich erfüllt. Der Kopf schwindelt mir; so war mir auch heute früh, als ich den ersten Gang durch die Stadt machte; ich stand still, ich ging, ich stand wieder still. Hier Hunderte von Türken, dort Griechen, Armenier, Neger, Juden und Christen, ernst daher schreitende Kameele, schwer beladen, kleine zierlich gebaute Pferde, hier ein türkisches Kaffeehaus, dort eine Moschee!«[42]

Aufgebrochen mit dem Ziel, »auf den schwarzen Flügeln der Melancholie« dahinzugleiten, fühlte die Reisende nunmehr all ihre Sinne von den neuen Ansichten in Anspruch genommen. Sie sah sich in einen Zustand versetzt, der ihr mit dem Genuß des Sehens auch die Freiheit gab, sich diesen Eindrücken bedingungslos zu überlassen, ohne Rollenzwänge und moralische Nachforderung der bürgerlichen Heimat, gleichsam bereichert um eine zweite Form des Daseins. »Diese Existenz auf Reisen«, bekannte Bacheracht nach einigem Verweilen in Kleinasien, »wo ich mich um Niemand zu kümmern habe, wo ich träumend auf dem weichen breiten Divan liege, und im Schlafrock denke, und denke, bis Alles um mich Gespinst wird, dieses Existenz ist mir unendlich lieb. Ich führe also zweierlei Art Leben; das eine führe ich daheim, wenn ich gar schön angezogen auf seidenen Lehnstühlen vor dem silbernen Theetopf sitze und dumme Salongespräche halte, und das andere, wenn ich auf der Reise unbekannt und ungekannt von Allen, mich nicht zum Reden zwinge, Dir schreibe, wie heute, lese oder träume.«[43]

Kapitel 3

Die »Approchen Konstantinopels« – Annäherungen an die Türkei um 1840

»So stehe ich hier denn wirklich an der Pforte des Orients, des Landes vom Aufgang, von dem wir so viel zusammen gesprochen, nach dem wir so oft uns geträumt haben«,[1] meldete Ida Hahn-Hahn ihrer Freundin, der Gräfin Schönburg-Wechselburg. »Noch bin ich nicht darin! der Bosporus ist nur dessen Schwelle; – aber die Pforten des Occidents sind hinter mir zugethan ... Ich bin im Gebiet und unter dem Gebot des Islam.«[2] Im September 1843 hatte Ida Hahn-Hahn die Meerenge zwischen Europa und Asien durchfahren, und beinahe ungläubig staunte die Reisende aus Mecklenburg, daß ihr Traum somit wahr geworden und sie den Orient tatsächlich erreicht hatte. Die erste große Station ihrer Reise hieß Konstantinopel, damals Regierungssitz des türkischen Großsultans und Hauptstadt des Osmanischen Reiches. Das alte Byzanz und heutige Istanbul galt seit alters her als strategischer Brückenkopf und kultureller Schnittpunkt zwischen Ost und West; berühmt und oft gepriesen wurde die Stadt schon immer für ihre besondere geographische Lage zwischen zwei Kontinenten und vor allem für ihr reizvolles Panorama. Konstantinopel, so schwärmte Ida Hahn-Hahn, liege »auf verschiedenen Hügeln, bedeckt mit Hainen von Cipressen, mit zahllosen Gruppen von Platanen ... und glänzenden Kuppeln von ungefähr 300 Moscheen.«[3] Die südliche Vegetation und exotischen Gebäude gäben dem Stadtbild eine »gartenmäßige, lustschloßähnliche«[4] Wirkung.

»Wer zur See ankömmt«

Wer in den Genuß dieses Panoramas kommen wolle, so rieten die zeitgenössischen Reiseschilderungen, der müsse den Seeweg wählen. Nur auf diesem Anfahrtswege erschließe sich wirklich das berühmte Bild von der Bucht mit dem poetischen Namen »Goldenes Horn« und dem Relief von Anhöhen, Moscheen und Minaretten. »Wer zur See ankömmt«, hatte es in einem Orientbericht von 1833 geheißen, »muß in Konstantinopel entweder von Süden oder vom Bosphorus herkommen: Tertium non datur.«[5] An diese Devise hielten sich die wenigen Frauen, die vor der Jahrhundertmitte in die berühmte türkische Hauptstadt wollten. Zu den weiblichen Orientreisenden der ersten Stunde gehört Therese von Bacheracht, die in den 30er Jahren von Berlin aus anreiste; sie wählte den ersten der beiden klassischen Seewege und näherte sich von der Ägäis und dem Marmarameer her.

Ihre Einfahrt in den Bosporus sei nur mit einem erhebenden Schauspiel zu vergleichen und bestens geeignet, die ästhetische Wahrnehmung zu überhöhen, schrieb Therese von Bacheracht in ihren *Briefen aus dem Süden*: »Es war vier Uhr Nachmittags geworden, als die ehemalige Kaiserstadt herrlich und groß aus den Wellen des Bosphorus hervortauchte. Ich begrüßte sie mit schlagendem Pulse, mit einem freudigen Ach! mit dem leuchtenden Blick des Entzückens, das ihr entgegenflog. Erst waren die Formen der Häuser und der Moscheen, die Ufer, Skutari, Pera und Konstantinopel in nebelartigen Umrissen unsicher zu erkennen, dann aber entwirrte sich das Gemählde, und wir erkannten deutlich die Sophien-Kirche in ihren vielfachen Kuppeln, mit den vier daranstoßenden Minarets und den feenartigen Lustpavillons der Sultanstochter im Meere, der auch ›Leanderthurm‹ genannt wird. Zwischen hohen Cypressenwäldern zeigte sich das Serail und seine vergoldete Pforte, die den Eingang von der Seite des Meeres, wo das Serail in einer Spitze zuläuft, verschließt. Zu tausenden glitten die schmalen Barken, die hier Kaik genannt werden, zwischen Skutari, Konstantinopel und Pera hinüber und herüber. An dem Horizonte lief der von christlichen Kaisern errichtete Aquädukt. – Immer größer erschien die Stadt, immer bunter und klarer ward das Gewirre. – Ein solcher Anblick verwirklicht wenigstens auf Augenblicke das Ideal des Schönen, das wir Alle in uns tragen, er erhebt und befriedigt und lehrt uns s e h e n, da wir meist nur flüchtig schauen, und gefühllos g a f f e n.«[6]

Peu à peu glitt das Schiff dahin und bot einen steten Wechsel der Perspektive. Mit zunehmender Dauer der Betrachtung nahm auch das Gefühl der Betrachterin zu, aus dem »Gewirre« neuer Sinneseindrücke einige historische Monumente herausfiltern zu können. Der ästhetische Prozeß, den Therese von Bacheracht an Bord des Schiffes erlebte, erschien ihr selbst wie ein Besuch in einer Gemäldegalerie; das Gesamterlebnis ähnelte aber auch jenem Sehvorgang, den ihre Zeitgenossen in Form eines sogenannten Pleoramas (abgeleitet von griech. plein = schiffen und horama = Bild) genossen. Dabei handelte es sich um eine Form der Schaustellung, die der deutsche Theaterarchitekt Karl Ferdinand Langhans 1830 entwickelt hatte, und die das Schiffsreisen als stationäres Schauspiel ermöglichte: Während eine bemalte Leinwand abgerollt und damit das kontinuierliche Vorbeiziehen eines Landschaftsbildes simuliert wurde, standen die Be-

Abbildung 7: Konstantinopel. Stich von Thomas Allom, um 1828.

trachter auf einer in einem Wasserbecken schwimmenden Plattform, so daß die Illusion einer Schiffsreise nicht nur optisch, sondern mit dem gesamten Körper spürbar wurde.

Die Reisenden an Deck nahmen so eine ähnliche Position ein wie das Publikum im Illusionstheater des Pleoramas; sacht und allmählich, so schien ihnen, durchglitten sie ein dreidimensionales Bild, welches eigens zu ihrem Staunen arrangiert worden war. Ihre See-Reise nahm mithin den Charakter einer unvergeßlichen Seh-Reise an, und war beherrscht von der reinen Visualität der Fremde. Die Frankfurterin Maria Belli, die kurz nach Ida Hahn-Hahn den Seeweg über das Schwarze Meer genommen hatte, schrieb in ihrem Reisebericht: »Endlich zeigten uns zwei Festungen, an den Ufern des Bospor einander gegenüber liegend, daß wir das Meer im Rücken hätten ... Zur Rechten und Linken die lieblichsten Landschaften, die dem an die Wasserwüste gewöhnten Auge, wie Fata Morgana aus dem Dunkelblau der Strömung aufzutauchen scheinen; dazu eine Vegetation, die das Üppige und Heitere mit dem Elegischen der Cypressen und Pinien verbindet. Ferner grüßende, mit beständigem Grün geschmückte Vorgebirge, mit Schlössern und Dörfern bedeckt. Das rege Leben auf dem Wasser selbst. Die Verschiedenartigkeit der Fahrzeuge, welche wiederum noch verschiedenartigere Trachten wahrnehmen lassen, um sich ein schwaches Bild von dem in der That herrlichen, nie zu beschreibenden Anblick zu machen, welchen der Bospor gewährt.«[7]

Vom Schiff aus definierte sich die Perspektive, drohten sich Dynamik und Räumlichkeit beinahe in ihr Gegenteil zu verwandeln, und sah die Reisende sich in der Rolle einer rein externen Betrachterin. Die Meerenge des Bosporus erschien Maria Belli in diesem Sinne gar nicht als zugänglicher Erfahrungsraum, sondern eher als bildliches Arrangement, das andauernd und kaum merklich wechselte und sich jederzeit eindeutig in links und rechts, in ein entschlüsselbares Raster gedachter Linien teilen ließ.

Diese gewissermaßen unpersönlichere Art der Wahrnehmung von Stadt- und Landschaften ist in den Reiseschilderungen des 19. Jahrhunderts nahezu klassisch geworden. Eine bemüht belustigende Abweichung versuchte Hermann Pückler-Muskau in die Reiseliteratur einzubringen; der für seine Extravaganz berühmt-berüchtige Fürst[8] mied den klassischen See- bzw. Sehweg und probierte eine »neu etablierte Fahrpost« aus: »Ein merkwürdig halsbrecherisches Fuhrwerk! Man denke sich einen ganz kleinen Armesünderkarren, nicht viel größer als die Gondel eines Luftballons, wo sich zwei Personen zusammengedrängt gegenübersitzen, nicht etwa auf einem festen Sitz, sondern auf netzartig überspannten Stricken ohne eine Lehne noch irgendeinen Stützpunkt. Die ungeheuren Stöße aber, die man fortwährend erleidet, werden nach einigen Stunden fast unerträglich. Ich fühlte mich bereits wie gerädert, als endlich die Kuppeln und Minaretts des alten Byzanz am Horizont auftauchten; doch wie bei den Religionsmärtyrern der Enthusiasmus allen Schmerz tötet, so wurde auch ich von diesem Augenblick an gefühllos für alles Ungemach. Von der Meerseite sind, wie ich später erfuhr, die Approchen Konstantinopels unendlich schöner.«[9] Dieser Lektion eingedenk, verlor die Annäherung per Schiffsreise erst in dem Moment ihren Charakter eines klassisch-touristischen Standards, als die Anfahrt mit der Eisenbahn möglich wurde und der berühmte Orientexpreß 1888 erstmals die türkische Metropole anfuhr.

Zimmer mit Aussicht

Ungewißheit barg das Betreten der Fremde, Verunsicherung wohl auch. »Bei sinkender Abenddämmerung in Pera gelandet, fanden wir nicht ohne Mühe eine Wohnung«,[10] berichtete Therese von Bacheracht. Nahezu erleichtert hingegen stellte Maria Belli fest, daß die Ankunft in der Fremde gar nicht so schwierig wie befürchtet war. »Sobald unser Dampfschiff im Hafen lag, kam der Obere der Dollmetscher (Dragoman genannt), um die Reisenden zu fragen, in welchem Gasthof sie zu wohnen wünschten, eine Fürsorge, die ich mir in Constantinopel nicht erwartet hatte, und die in der That dem Fremden trefflich zu Statten kommt.«

Traditionsgemäß übernachteten die europäischen Reisenden in Pera, dem heutigen Istanbuler Stadtviertel Beyoglu. Dieser Vorort hatte, zusammen mit der ummauerten Stadt Galata, schon seit Justinian eine Kolonie von Ausländern beherbergt und war der traditionelle Sitz der Händler aus Venezien und Genua. Der vielen Christen wegen (deren Religion bekanntlich den Verzehr von Schweinefleisch nicht verbietet) nannten die muslimischen Gläubigen Pera das »Schweine-Viertel«. Zu Beginn des 19. Jahrhunderts begann man auch vom »Frankenviertel« zu sprechen, in Anspielung auf die Tatsache, daß sich die westlichen Gesandtschaften allesamt in Pera niederließen – sozusagen »das Krähwinkel der europäischen Diplomatie«[11] auf türkischem Boden. In seinem vorherrschend europäischen Charakter barg Pera für westliche Reisende fast ein heimisches Lebensgefühl, schon weil sie sich hier wenigstens auf Italienisch oder Französisch verständlich machen konnten. Auf der Hauptstraße, so berichtete Maria Belli 1845, stünden »schon recht viele schöne steinerne Häuser. Auch isst die Straße seit einiger Zeit mit Laternen versehen, die auf beiden Seiten mit eisernen Armen an den Häusern befestigt sind, ohngefähr wie unsere Gaslaternen in Frankfurt.«[12] In Pera ließen sich zudem sämtliche

Pensionen und Hotels für europäische Ansprüche nieder, ganz im Unterschied zur türkischen Altstadt, deren Infrastruktur auf westliches Komfortdenken noch gar nicht eingestellt war – und erst recht nicht auf weibliche Reisende.

Pera also war und blieb auf lange Zeit das klassische Quartier für eine Konstantinopel-Reise. Im Unterschied zu männlichen Reiseberichten (etwa Jakob Fallmerayers oder Hellmuth von Moltkes) pflegten die weiblichen Reisenden den Weg recht ausführlich zu beschreiben, den sie vom Hafen zum Hotel zurücklegen mußten; ein Weg, der sie gerade als Neuankömmlinge nachhaltig beeindruckte und der außerdem, da Pera einhundert Meter oberhalb des Bosporus lag, recht strapaziös war. So berichtete Therese von Bacheracht: »Wir folgten durch dunkle, enge und stinkende Straßen den Trägern, die unser Gepäck keuchend die Anhöhe von Pera hinanschleppten, und langten endlich erschöpft im Hotel des l'Europe an, das ein Italiener bewirthschaftet, und in dem wir uns auf vortrefflichen Betten von der langen Reise und dem letzten mühsamen Gange ausruhten.«[13] Ähnlich abenteuerlich empfand Maria Belli ihren Weg, für dessen Bewältigung zum Lohn ein Hotelzimmer mit Aussicht stand. »Mit Lastträgern, welche die Baggage fortschaffen, in Gesellschaft, stolpert man (denn erst nach einiger Zeit lernt man in Constantinopel gehen) auf dem elendesten Pflaster die breite steile Straße nach Galata hinauf nach Pera«, beschrieb die immerhin schon siebenundfünfzigjährige ihr persönliches Gefecht mit den beschwerlichen Umständen. »Ganz ermüdet und erhitzt stand ich endlich vor dem Hause der Frau Balbiani, die in Pera die besteingerichtete Pension haben sollte. Leider war ihr Haus so besetzt, daß ich zum Hotel Bellevue Zuflucht nehmen mußte ... Meine Zimmer lagen im 2ten Stock, worüber ich, meiner Müdigkeit wegen, anfangs etwas verdrießlich war; allein der Blick durch die Fenster belohnte die Mühe dermaßen, daß ich ihrer gänzlich vergaß.«[14] Einmal wohlbehalten angelangt im Heimathafen namens

Abbildung 8:
Die Frankfurter Schriftstellerin Maria Belli-Gontard (1788-1883).

Hotelzimmer, konnten die Reisenden das Flair der erhofften Kontrastwelt in aller Ruhe betrachten und das berühmte Panorama genießen, die Aussicht auf das azurblaue Meer, auf die Pracht der asiatischen Vegetation, die malerische Küstenformation und die pittoresken Nadelspitztürme der Minarette.

Allmählich, nicht abrupt, vollzog sich die erste Annäherung an die orientalische Welt, die vom Schiff aus wie ein Gemälde gewirkt hatte. Behutsam wollten die Frauen sich mit der Fremde bekanntmachen, freilich ohne ihre Schutzstation in Pera aufgeben zu müssen. Ebendrum wählten die meisten die Form eines Tagesausflugs. Doch was in der Planung so berechenbar wirkte, stellte sich während der Exkursion mitunter als kleines Abenteuer heraus. Therese von Bacheracht jedenfalls erlebte einen gelinden Schrecken, als sie feststellte, wie die »Communication von Pera nach Konstantinopel« aussah: Über die Bucht des Goldenen Horns fuhr man nämlich mit »Kaiks« genannten, schmalen Booten. Die Nachricht, sich dieses ortsüblichen Verkehrsmittels bedienen zu müssen, nahm Therese von Bacheracht mit gemischten Gefühlen auf, einesteils befremdet, andernteils aber auch fasziniert: »Die türkischen Bootsleute, die alsbald uns als Lastträger dienten, sind ausgezeichnet schöne Männer, deren poetischer Anzug noch die Poesie ihrer regelmäßigen Züge erhöht. Sie tragen weite faltenreiche Beinkleider, die durch einen bunten Gürtel über den Hüften gehalten werden ... Auf dem Kopf, der bis auf etwas Haar in der Mitte so glatt geschoren wie eine Hand ist, tragen sie das rothe Feß, das den Turban ersetzt ... Ihre Kaiks gleichen ganz den Böten der Wilden, sie sind lang und schmal, von verschiedener Größe, aber so leicht umzuwerfen, daß die Franken sich bequemen müssen, in ihnen wie die Türken auf dem Boden zu sitzen, um so das Gleichgewicht zu erhalten. Da die Communication von Pera nach Konstantinopel vermittelst dieser Kaiks bewerkstelligt wird, so sind sie zu tausenden in dem Bosphorus anzutreffen.«[15]

Die nachfolgenden Reisenden hatten es bequemer als Therese von Bacheracht, denn 1837 wurde die erste Brücke gebaut, eine hölzerne Konstruktion, die auf Schwimmkörpern ruhte und nachts für den Schiffsverkehr geöffnet werden konnte, und 1845 eine zweite, die »Galata-Brücke«. Die Frankfurterin Maria Belli brauchte ihre »erste Wanderung nach Constantinopel« also nicht mehr im Kaik zu beginnen; sie fuhr bequem »in einem türkischen Wagen nach der Brücke, die über das goldene Horn in die Hauptstadt führt«.[16] Jene Stadt aber, die von weitem so schön und interessant gewirkt hatte, zeige bei näherer Betrachtung ein völlig anderes Gesicht, berichtete Maria Belli. »Ich hatte mir die Straßen eng und schmutzig gedacht, allein die Wirklichkeit übersteigt alle Begriffe.«[17] Für Ida Hahn-

Abbildung 9: Die Schwester des Sultans in ihrer Staatskarosse.
Stich von Thomas Allom, um 1838.

Hahn geriet ihre erste Stadtbesichtigung deshalb, jedenfalls ihrem Bericht zufolge, zu einem regelrechten Alptraum. Tief enttäuscht schilderte beschrieb sie ihrer Mutter in einem Brief vom 8. September 1843:

»Stelle Dir eine Theaterdecoration vor, von Künstlerhand mit dem größten Geschmack gemalt: Du bist entzückt, hingerissen von der unvergleichlichen Szenerie, immer von Neuem schauest Du sie an, kannst nicht satt werden zu bewundern; und jetzt führt man Dich hinter die Szene ... Hilf Himmel! Latten, Sparrwerk, schmutziges Papier, Stricke, Oelflecke, grobe Leinwand – so, aber ganz genau so ist Constantinopel. Mehr noch als die fürchterliche Unsauberkeit fällt mir die fürchterliche Unordnung auf. Daß die Straßen sehr schmal, sehr krumm, sehr steil aufsteigend sind, ist ihr geringster Fehler; der Rinnstein in der Mitte ist bei ihrer großen Schmalheit schon viel unbequemer, aber welch ein Steinpflaster! ... Dein Sonnenschirm bleibt alle drei Schritt zwischen diesen enormen, roh zusammengewürfelten Steinen stecken; Dein Fuß alle zehn Schritt ... Du gehst also beschwerlich genug. Nun tritt nur ja nicht auf einen von diesen affrösen, räudigen, verwilderten Hunden, denen es nicht einfällt, Dir aus dem Wege zu gehen ... Genug, wäre Constantinopel nur von Hunden bewohnt, so würdest Du es schon schwer genug in diesen Straßen haben, wo Haufen von Kehricht, von Schutt, von Dünger, von Melonenschaalen, von allem glaublichen und unglaublichen Material Barrikaden bilden. Aber nimm Dich in Acht! hinter Dir kommt eine ganze Reihe von Eseln mit Baumaterial, mit Ziegelsteinen und Brettern schwer beladen! Weiche zur Rechten aus, vor diesen Männern, die große Kohlenkörbe auf dem Rücken tragen! und weiche auch zur Linken aus vor jenen Andern, die zu vier, zu sechs, zu acht Mann so schwere Waarenballen und Fässer schleppen, daß die zwei armdicken Stangen, woran die Last hängt, unter ihr sich biegen. Laß Dich nicht betäuben von dem Geschrei der Esel, der Zuckerwerk- und Kastanienverkäufer, der Hunde, der durch ihren Ruf warnenden Lastträger, und folge Deinem Dragoman, der fliegenden Schrittes mit der Hast der Geschäftigkeit und gewöhnt an diese Drangsale, Dir vorauseilt und bald im Gedränge – bald um diese oder jene Ecke Dir entschwindet.«[18]

»Schwankend wie Gespenster«

Konfrontiert mit der dichten Atmosphäre jener Stadt an der Grenze zweier Kontinente, wurden Abweichungen vom Gewohnten und von der eigenen Kultur minutiös registriert und als Indizien der orientalischen Welt möglichst plastisch beschrieben. Verständlich wird diese Ausführlichkeit, wenn man bedenkt, daß es um 1840 weder Telegraphenverbindungen noch Auslandskorrespondenten in Konstantinopel gab. Den Reiseschilderungen kam in dieser Zeit noch die Funktion von Augenzeugenberichten zu, die dem heimischen Publikum Nachrichten und Anschauungsmaterial von dem als exotisch empfundenen Land geben konnten. Außerdem gab es noch keine gedruckten Reiseinformationen in kompakter Form, jedenfalls erschien der erste deutschsprachige Reiseführer für den Orient erst im Jahr 1846.[19]

Auch wenn Konstantinopel streng genommen noch auf europäischem Boden lag, im deutschen Bewußtsein des 19. Jahrhunderts wurde die Stadt zum Repräsentanten des Orients überhaupt. Dementsprechend richteten die Reisenden ihr Augenmerk auf alles, was dem eigenen Horizont entgegengesetzt war und als »typisch orientalisch« gelten konnte – und seien es die Brote »in einem Bäckerladen, wo flache Kuchen von der Größe kleiner Wagenräder zum Verkaufe ausgestellt waren. Ich fand sie«, urteilte Maria Belli, »ganz vortrefflich, ebenso die ringförmigen Gebäcke, die Kümmel, Salz und Zucker enthalten, trotz dieses bizarren Gemisches aber doch sehr wohlschmeckend sind.«[20] Die Feststellung, sich in einer völlig »anderen Welt« zu befinden, kam vor allem durch das Straßenbild auf, das vom Lärmen und geschäftigen Treiben der Händler, mehr noch aber von einem auffälligen Unterschied zu deutschen Landen geprägt war: von der Kleidung der türkischen Frauen. »Auf Promenaden, in den Kähnen oder im Wagen sitzen Frauen stets nur mit Frauen zusammen«, berichtete Helmuth von Moltke, von Beruf preußischer Offizier, 1836. »Ein weißer Schleier bedeckt das Haar und die Stirn bis zu den Augenbrauen, ein anderer Kinn, Mund und Nase ... Den Rest des Körpers bedeckt ein weites Gewand aus einem leichten schwarzen, hellblauen oder braunen Stoff ... So schleichen sie langsam und schwankend wie Gespenster, unerfreulichen Anblicks einher.«[21]

Auch der amerikanische Reisejournalist Mark Twain verbreitete sich ausführlich über die für manche westliche Augenzeugen recht befremdliche Erscheinung im Straßenbild: »Trüppchen türkischer Frauen gleiten geräuschlos umher, vom Kinn bis zu den Füßen in fließende Gewänder gekleidet, mit schneeweißen Schleiern um den Kopf, die nur die Augen und einen vagen, schattenhaften Umriß ihrer Züge zeigen. Sieht man sie weit entfernt in den dämmerigen Gängen umhergehen, sehen sie aus, wie die verhüllten Toten ausgesehen haben müssen, als sie inmitten der Donner und Blitze und der Erdbeben, die in jener furchtbaren Nacht der Kreuzigung über Golgatha kamen, von ihren Gräbern aufstanden. Eine Straße in Konstantinopel ist ein Bild, das man einmal gesehen haben muß – nicht öfter.«

Im Straßenbild erschienen den westlichen Augenzeugen also »Gespenster« und »Tote«. Was in diesen Metaphern, beinahe ungläubig staunend, festgehalten und vermittelt werden sollte, war der auffallende kulturelle und in der islamischen Religion verwurzelte Unterschied und die unmittelbare Differenz zum christlichen Abendland. Solche Feststellungen von der »anderen Welt«, im Westen gern und viel gelesen, dienten der Ausmalung des zeitgenössischen Orientbildes und waren von dem Bedürfnis geprägt, markante Unterschiede zum Okzident aufzuzeigen – und der augenscheinlichste Unterschied war zweifellos der, daß Frauen der islamischen Gesellschaft in der Öffentlichkeit verschleiert und nur mit ihresgleichen Umgang haben sollten.

Diese Trennung der Geschlechter[22] wiederum bot den deutschen Frauen

Gelegenheit, sich in ihren Berichten von den männlichen Reisenden zu unterscheiden: Im Gegensatz zu einem Moltke oder Twain mußten sie nämlich die im Straßenbild so auffällige Erscheinung der türkischen Frauen nicht aus der Distanz beobachten, sondern konnten »die andere Welt« aus der Binnenperspektive erfahren. Der Blickwechsel und die Nähe zum islamischen Frauenleben war allerdings oft keine freiwillige Entscheidung der weiblichen Reisenden: Unerwartet sahen sie sich genötigt, ihre üblichen Verhaltensweisen abzulegen und sich der Fremderwartung der islamisch geprägten Gesellschaft anzupassen. Diese Erfahrung auf türkischen Straßen wurde als frauenspezifisch und zugleich befremdlich empfunden, wie das folgende Sittenbild zeigt, das Ida Hahn-Hahn gezeichnet hat: »Frauenzimmer allein – ich meine fränkische – sind im Grunde sicherer als in Begleitung eines Mannes, weil es nach türkischem Begriff unanständig ist, daß beide Geschlechter sich öffentlich zusammen zeigen. Der Gipfel der Unsitte ist – wenn der Mann dem Frauenzimmer den Arm giebt! Als ein rohes Volk, das es ist, begreift der Türk nicht, daß man Aufmerksamkeit und Sorgfalt für eine Frau haben, daß man wünschen könne, ihr den Weg zu erleichtern; seine ganze Aufmerksamkeit für sie beschränkt sich darauf, daß er sie wie einen wesenlosen Schatten ungefährdet an sich vorbei gleiten läßt. Den Arm zu geben, hält er für ein Zeichen von Verliebtheit und bestraft diese vermeintliche Schamlosigkeit mit Steinwürfen, so daß manche arme Fremde, trug sie vollends einen grünen Schleier, insultirt worden ist. Ich trage einen blauen, und hüte mich sehr einen hülfreichen Arm anzunehmen.«[23]

Dieses Sittenbild Hahn-Hahns nahm Bezug auf eine Episode, die Therese von Bacheracht in ihrem Reisebericht mitgeteilt hatte. »Kleine Knaben«, hieß es dort, »warfen mich neulich mit Kieselsteinen, weil ich mit einem grünen Schleier auf der Straße ging. Sie riefen unwillig, mit Rache erfüllt: eine Ungetreue trüge Mahomeds Farben. – Türkische Frauen blieben stehen, lachten und zeigten mit Fingern auf mich, da ich meinem Mann den Arm gab. ›Wie unanständig‹, sagten sie, ›eine Frau mit einem Manne, und so zärtlich!‹«[24] Aus dieser Erfahrung hat Ida Hahn-Hahn, die Bacheracht *Briefe aus dem Süden* gelesen hatte, Konsequenzen für ihr praktisches Verhalten auf türkischen Straßen gezogen. Sie machte sich die Erfahrung ihrer Vorgängerin, die sie in den Berliner Salons persönlich kennengelernt hatte, zunutze und vermied es, die Muslime mit grünen Kleiderfarben zu provozieren; sie konnte aus den Erfahrungen Bacherachts die Lehre ziehen, daß auf den Straßen Konstantinopels ein anderes Verhaltensmuster für Frauen verlangt war als etwa in Berlin. Dieses Beispiel zeigt im übrigen deutlich, daß die von Frauen geschriebenen Reiseberichte (zumal in der Pionierphase der deutschen Orientreisen um 1840, in der noch nicht auf sonderlich viel Vorinformation zurückgegriffen werden konnte) besonders für Frauen interessant sein konnten, weil in ihnen aufgrund persönlicher Erfahrungen Ratschläge weitergegeben wurden, auf die männliche Autoren in Ermangelung eigener Erlebnisse nicht gekommen wären. Das Schreiben und Lesen weiblicher Orientberichte konnte also nicht nur unterhaltenden, sondern für Nachfolgerinnen auch instruktiven Charakter annehmen.

Im Bazar und bei den Derwischen

Ausschau halten nach allem, was unbekannt, abweichend und fremd war, füllte die Tage der Reisenden aus. Unvermeidlich führte die Suche nach deutlichen Indizien für die so ganz andere Fremde in die profane Welt der Waren; deren Darbietung, so munkelte man, sei in Konstantinopel besonders sehenswert; ein Besuch im großen Bazar zählte gleichsam zum Pflichtprogramm, jedenfalls zum Standardrepertoire der Reisenden. Die separaten Kaufhallen versprachen »Orient« auf seine typischste Art, und noch dazu wohldosiert, denn die Dauer des Aufenthalts bestimmten ja die Reisenden, und für die Sicherheit sorgte die schützende Begleitung des Dolmetschers und Reiseführers. In dem großen Bazar ließ sich nur wenig finden, was mit den heimischen Märkten vergleichbar war, schon wegen der nach Warengruppen sortierten Ladenstraßen und wegen des umfangreichen und in Deutschland unbekannten Sortiments.

»Der Ort wimmelt ständig von Menschen«, schrieb Mark Twain mit der ihm eigenen Despektierlichkeit, »und da vor jedem Laden die buntfarbigen Erzeugnisse des Ostens verschwenderisch ausgebreitet sind, ist der große Bazar von Stambul eine der Sehenswürdigkeiten, die zu sehen sich lohnt. Er ist voller Leben und Treiben und Geschäftigkeit, Schmutz, Bettler, Esel, schreiender Händler, Träger, Derwische, hochgeborener türkischer Käuferinnen, Griechen und wunderlich aussehender und wunderlich gekleideter Mohammedaner aus den Bergen und den entfernten Provinzen – und das einzige, was man nicht riecht, wenn man sich im großen Bazar befindet, sind Wohlgerüche.«[25] Wohlwollender und anteilnehmender beschrieb Maria Belli ihren ersten Besuch im Bazar, der sie, wie sie gestand, »ungemein interessirte«: »Die türkischen Kaufleute sitzen ernst und fast unbeweglich mit untergeschlagenen Beinen auf ihren Ladentischen, und lassen die neugierigen Fremden ohne Einladung vorübergehen. Eben so die Armenier, die nun gleich den Türken beinahe Alle einen Fes von rother Farbe mit blauer Quaste tragen ... Die Waaren sind gattungsweise aufgestellt, und man gelangt abwechselnd zu ganzen Reihen von

Parfümerieläden, zu Pantoffel- und Stiefel-Magazinen, zu Spiegel und goldbestickten Sammtwaaren, zu Pelzen, Stoffen von Brusa, zu kostbaren Perlen, Steinen u. s. w. Die Türken haben zu den Franken ein unbegrenztes Zutrauen; sie geben alle ihre Schätze hin, und scheinen sich nicht eher wieder darum zu bekümmern, als bis sie nach dem Preise derselben gefragt werden. In den meisten türkischen Läden sind Divans angebracht, worauf man zum Sitzen eingeladen wird, und Kaffe oder Limonade angeboten bekömmt ... Die angenehme Kühle in den Bazars macht sie zu einem wahren Tummelplatze der Fremden und Einheimischen, und man ist erstaunt, hier mehr Frauen als irgendwo zu sehen, obgleich das Gedränge sehr geeignet scheint, die Eifersucht der Türken zu reizen.«[26] In diese so neugierig erwartete Atmosphäre der gleichmütigen Händler und der glitzernden Warenwelt eintauchen zu können, zum ersten Mal in ihrem Leben zudem, bewirkte bei Maria Belli einen spezifisch bürgerlichen Triumph: Sie eignete sich das fremde Leben mit Geld an und machte aus ihrem Ba-

Abbildung 10: Darstellung eines Kaffeehauses in Konstantinopel. Zeichnung aus dem *Pfennig-Magazin der Gesellschaft zur Verbreitung gemeinnütziger Kenntnisse* von 1838.

zarbesuch einen Einkaufsbummel. »Reich beladen verließen wir die Bazars ... Abends in unsern gewöhnlichen gesellschaftlichen Kreis zurückgekehrt, zeigten wir uns gegenseitig unsere Schätze.«[27]

Für die Entscheidung, was wann und wo besichtigt oder unternommen werden sollte, war die Suche nach Kontrasten maßgeblich, die Differenz zum Vertrauten. Zu jenen Ereignissen, die quasi zum verpflichtenden Kanon der Besichtigung gezählt wurden, gehörte ein Besuch bei einer islamischen Bruderschaft des Derwischordens. Unweit der europäischen Unterkünfte in Pera boten sich, als eine von siebzig solcher Bruderschaften, die Mewlewi-Derwische in Galata an, die mit einer eigenwilligen Tracht aufwarteten und die wegen ihrer Zeremonie mit Wirbeltanz den Beinamen »tanzende Derwische« tragen. Die Derwische waren auf Zuschauer durchaus eingerichtet und wußten auch um die Neugier, die sie bei den westlichen Besuchern weckten.

»Zweimal wöchentlich finden die Tanzandachten der Mewlewi statt, öffentlich, in ihrer Moschee. Jedermann hat Zutritt, nur muß der Franke die türkische Sitte beobachten, seine Schuhe aus- oder über dieselben Pantoffeln zu ziehen. Für die türkischen Frauen ist eine besondere, vergitterte, kleine Emporkirche angebracht«,[28] berichtete Ida Hahn-Hahn. Und diese Empore mit ihrem Holzgitter reizte die Reisende ungemein, wie sie nicht ohne Koketterie gestand: »Ich ging zuerst dorthin; ich bin nun einmal neugierig auf die türkischen Weiber. Bei dergleichen Expeditionen habe ich eine sehr freundliche Gefährtin an Fräulein Balbiani, welche der Sprache des Landes mächtig und mit allen Sitten und Gebräuchen bekannt ist.«[29] In diesem Fall fiel die »Expedition« in die Gepflogenheiten der türkischen Frauenwelt ganz und gar nicht nach dem Geschmack der mecklenburgischen Gräfin aus. Zwar seien die Türkinnen, so Ida Hahn-Hahn, »von unermeßlicher Fraglust« gewesen, »aber immer in der alleroberflächlichsten Weise. Woher? – Aus Frankistan. – Das genügt ihnen vollkommen. Darunter verstehen sie Europa von Malta bis Spitzbergen. Keine einzige Frage über das fremde unbekannte ferne Land! Fragen nach Kleidern, nach Kindern – unerhört stupid. Sie langweilten mich; hübsch waren sie auch nicht, durch die Gitter sah ich schlecht – wir gingen hinab.«[30]

Zwei Jahre später besuchte auch Maria Belli die Mewlewi-Derwische in Galata. »Zu dieser Ceremonie, die jeden Dienstag um drei Uhr statt findet«, heißt es in ihrem Buch *Meine Reise nach Constantinopel*, »ist ein eigener kleiner Saal gebaut, um dessen Inneres eine Gallerie herum läuft, auf deren linken Seite sich die zuschauenden Türken befinden. Auf der rechten Seite der Gallerie befindet sich der den Franken angewiesene Platz, auf dem man weder Stuhl noch Bank findet, die man sich jedoch in einem in der Nähe gelegenen Kaffeehaus leihen kann. Oben ist eine vergitterte

Gallerie für die türkischen Frauen ... Wir saßen anfänglich vor der Thüre des Gotteshauses; der Obere der Derwische ging freundlich grüßend an uns vorüber und ließ uns sogleich einladen, einzutreten. Er mochte wohl glauben, daß uns Damen der Muth hierzu fehle.«[31] Vor allem der zum Ritus der religiösen Bruderschaft gehörende Wirbeltanz machte großen Eindruck auf die Frankfurter Bankiersgattin, wiewohl ihr das anfänglich, so gestand Maria Belli, »wie baarer Unsinn«[32] vorgekommen sei – ein Geständnis, wie es auch schon von dem Mainzer Tapezierer August Jahn zu hören gewesen war.[33]

Großherrliche Handschreiben

Einen deutlichen Kontrast zum christlichen Abendland stellten im Stadtbild die Moscheen und Minarette dar, diese gebauten Signale einer islamischen Staatsreligion. Einige der Moscheen durften auch von Christen betreten und besichtigt werden, darunter das berühmte Bauwerk »Hagia Sophia«, ehedem ein Tempel, den Konstantin der Große im Jahr 326 n. Chr. der göttlichen Weisheit widmete, und seit 1453 die Hauptmoschee Konstantionopels. Daß christliche Besucher beinahe ohne weiteres die Erlaubnis erhielten, bedeutende Stätten der islamischen Religion besichtigen zu dürfen, war eine Neuerung, die sich um 1840 durchzusetzen begann. Zu dieser Zeit setzte, wenn auch in höchst bescheidenen Dimensionen, der Fremdenverkehr ein. Damit einher ging die Tatsache, daß sich die quasi touristische Bewegungsfreiheit käuflich erwerben ließ. Noch Therese von Bacheracht hatte berichtet, daß es eine große Gunst gewesen sei, einen »Firman« erhalten zu haben, also ein amtliches Begleitschreiben von der osmanischen Obrigkeit, das in ihrem Fall den Besuch der Moschee erlaubte. Bald darauf war aus der persönlich gewährten Gunst ein Geschäftsartikel geworden. »Ein solcher Firman kostet mit den nöthigen Trinkgeldern tausend Piaster«, klagte Maria Belli 1845. Doch ihr Dolmetscher und Fremdenführer war findig und verstand den Preis zu senken: »Der Dragoman ladet in allen Gasthöfen Pera's Fremde zur Unterschrift ein, so daß ich mit dreihundert Piastern durchkam. Es hatten sich ungefähr dreizehn Personen unterschrieben«[34] – die amtliche Erlaubnis für westliche Ausländer wurde also von osmanischer Seite als Einnahmequelle behandelt und kollektiv vergeben. Die »Giauren«, wie die Christen von den Muslimen genannt wurden, waren nicht länger ausgeschlossen von den Stätten ihrer Religion, sondern durften sie gegen entsprechendes Entgeld betreten.

Auf dieselbe Weise war auch Ida Hahn-Hahn 1843 in den Genuß

gekommen, die Hagia Sophia und die gleichfalls bedeutende Suleiman-Moschee zu besichtigen; auch sie schloß sich einer Reisegruppe an, die sich den notwendigen Firman erworben hatte. Daß mit diesem kollektiven Handelsgegenstand ein Anfang im türkischen Fremdenverkehr gemacht war, wenn auch noch in bescheidenen Maßen, spiegelt sich in der Tatsache wider, daß Hahn-Hahns Reisegruppe »eine große und aus allen Nationen zusammengesetzte Gesellschaft« war: »Deutsche, Engländer, Franzosen, ein Holländer, ein Spanier, aus allen Ländern Europas zusammen gewürfelt, um die Wunder der religiösen Architectur des Islams in Augenschein zu nehmen.«[35] Dieser Schilderung ist zu entnehmen, daß sich bereits vor der Jahrhundertmitte eine recht erkleckliche Anzahl westlicher Reisender in und um Konstantinopel aufhielt. Ihre Unternehmungen hingen offenbar (und sogar die Möglichkeit, sich Zutritt zu den früher streng gehüteten Stätten muslimischer Religion zu verschaffen) nur von der Frage ab, ob sie über hinreichend ökonomische Mittel für ihre geplanten Aktivitäten verfügten. Von etwaigen Verboten oder nennenswerten Einschränkungen seitens des osmanischen Staates ist in keinem der zeitgenössischen Reiseberichte die Rede; europäische Ausländer konnten sich offenbar relativ ungezwungen bewegen.

Diese Bewegungsfreiheit hatte ihre Grundlage in der reformorientierten, an europäischen Vorbildern ausgerichteten Politik. Eingeleitet wurde dieser allmähliche und mit erheblichen politischen Opfern verbundene Prozeß der Angleichung an den Westen von Sultan Mahmut II. (1808-1839) gegen Ende seiner Regierungszeit. Eine Fortsetzung fand die politische Wende mit einem »hatt-i serif« (= Großherrliches Handschreiben) von Sultan Abdülmecid I., der am 1.7.1839 als Sechzehnjähriger den Thron bestiegen hatte. Orientiert am westlichen Vorbild wurden mehr oder minder wichtige Neuerungen eingeführt: Nachdem 1826 die reformgegnerische Janitscharen-Armee mit rund 6000 Mann liquidiert worden war, wurde die Armee und Flotte mit europäischen Uniformen ausgestattet und mit Hilfe westlicher Militärberater modernisiert und nach europäischen Regeln ausgebildet; feudale Abhängigkeiten wurden in ein steuerpflichtiges Pachtsystem umgewandelt, die Religionen gleichgestellt, das Justizwesen nach europäischem Muster etabliert. 1840 wurde die erste osmanische Bank gegründet und ein Jahr später erstmals Papiergeld gedruckt. Das Verkehrsnetz wurde verbessert und ansatzweise ein Postwesen eingeführt; ein Rat für Landwirtschaft und Handel wurde gegründet, der über Wege von der Subsistenzwirtschaft hin zu einer industriellen Exportindustrie nachdenken sollte; 1838 wurde mit dem osmanisch-britischen Handelsabkommen das Prinzip des Freihandels eingeführt; 1840 bestanden die Preußen auf Gleichbehandlung mit England und handelten eine Meistbegünstigungsklausel für sich und den Deutschen Zollverein aus. In Konstantinopel erschien erstmals eine offizielle Hofzeitung, gelegentlich sogar auf Französisch (*Le Moniteur Ottoman*), und als Vorform ministerialer Ressortgliederung wurden neue Regierungsämter eingeführt, für die die Kenntnis der französischen Sprache unabdingbar wurde. Die osmanische Politik begann also, sich allmählich an den staatlichen, ökonomischen und sozialen Strukturen des Westens zu orientieren, geleitet von der Absicht, dadurch die eigene Souveränität im imperialen Ränkespiel zu stärken und die Widerstandsfähigkeit gegen europäische Expansionsgelüste zu erhöhen. Zum Zeichen dieser politischen Umorientierung wechselte unter Sultan Mahmut II. sogar der Kleidungsstil: »Die türkischen Soldaten sind wie die ehemaligen preußischen gekleidet: sie tragen weiße Pantalons und Stiefel, einen blauen Frack darüber, Patrontasche und Säbel mit weißem Lederwerk, den Kopf bedeckt ein Fes«,[36] registrierte Maria Belli 1845. Auch für Hofbedienstete, Beamte und Großwesire hatte sich die Mode verändert, sie trugen nicht mehr die wallenden Gewänder und den Turban früherer Zeiten, sondern Fez, Gehrock und enge schwarze Hosen. Übrigens nannte man in Westeuropa ausgerechnet diesen Gehrock, dessen Schnitt dem westeuropäischen Kleidungsstil entnommen war, »Stambul«. Der Wille zur Westorientierung des Osmanischen Reiches wurde während des 19. Jahrhunderts als Prinzip der Regierungspolitik beibehalten. Diese Reformbewegung, die unter dem Sammelnamen »Tanzimat« (= Wohlwollende Anordnung) zusammengefaßt wird, war ein lang andauernder und in vielen kleinen Einzelschritten durchgesetzter Prozeß der politischen Umgestaltung. Westliche Reisende wurden in dieser Phase aus türkischer Sicht betrachtet, als ob sie Repräsentanten der neuen Handelspartner wären.

»Daß der Kirschbaum Äpfel trage«

Bazare und Moscheen zu besichtigen blieb ein wesentlicher Bestandteil jeder Türkeireise. Was sich in späteren Reiseberichten nicht mehr beschrieben findet, war der als höchst spektakulär empfundene Ausflug in die Welt der Sklaverei. Die Tatsache allein, daß es in Konstantinopel Menschen zu kaufen gab, schockierte die Reisenden und löste Gefühle zwischen Befremden und Abscheu aus.

Mit westlichen Augen betrachtet, stellte der Sklavenmarkt, den die westlichen Frauen besuchten – und sie meinten natürlich immer den Sklavinnenmarkt –, den Maximalpunkt des Kontrastes zur heimischen Gesellschaftsstruktur dar. Nirgends wurde den Reisenden krasser deutlich, daß sie sich im Land des Sultans befanden, und daß sie sich in einem Herrschaftsgebiet von beachtlichem Ausmaß und Machtpotential bewegten, welches seine eigenen Gesetze und Strukturen herausgebildet hatte. »Gräuslich und herzzerreißend war mir der Anblick des Sclavenmarkts«, begann Therese von Bacheracht ihre Schilderung aus Konstantinopel.

Abbildung 11: Der Sklavenmarkt. Ölgemälde von Jean-Léon Gérôme (1824-1904), aus dem 19. Jahrhundert.

»Die unglücklichen Geschöpfe, Weiße und Schwarze, werden öffentlich an den Meistbietenden verkauft, und schlechter als bei uns die Thiere behandelt. Viele, die ich hier sah, trugen schwere Ketten an den Füßen, weil sie zu entfliehen gesucht hatten. Die Häßlichen gehen unverhüllt einher, die schönen Frauen werden in kleinen Löchern, gleich Käfigen, verschlossen gehalten und durch Makler verkauft, da sie selbst nicht gezeigt werden. – Ohne Schauder betritt wohl kein Europäer einen Ort, wo aus dem Leben und der Freiheit der entehrendste Handel gemacht wird. – Auch dieser Markt bildet einen Hof, in dessen Mitte eine Fontaine plätschert, und um den rund herum kleine hölzerne Behältnisse angebracht sind, in denen der Kaufmann diese fremdartige Waare hält. Nicht selten sieht man unter diesen erhandelten und zu erhandelnden Frauen schöne ausdrucksvolle Gesichter, mit langen herunterhängenden pechschwarzen Haaren und einem vollendeten Körperbau. Ihre Arme besonders sind ausgezeichnet schön; sie tragen weite grobe Hemden, und hüllen sich, wenn es kalt ist, in wollene Decken. Sie sind das Bild der Bewußtlosigkeit und der Apathie; groß gezogen in dem Gedanken, daß sie zum Verkaufen geboren sind, finden sie ihr Schicksal keineswegs bedauernswerth, und nur wenn eine Mutter von ihrem Kinde getrennt werden soll, fließen Thränen. Der Käufer untersucht die Sclaven, die er kaufen will, wie wir etwa ein Pferd untersuchen würden, er blickt ihnen in den Mund, um die Güte ihrer Zähne, ihr Alter und ihre Gesundheit zu erforschen, er befühlt ihnen den Kopf, die Brust, die Hüften, und nur wenn er sich hinlänglich von ihrer Brauchbarkeit überzeugt hat, kauft er sie. Neger und Negerinnen sind zu den geringsten Preisen zu haben. Theuerer sind die Abyssinierinnen, am theuersten werden die Circasserinnen verkauft, die sich durch ihre majestätische Schönheit auszeichnen ...

Dieser Sclavenmarkt läßt mir einen tiefen, unauslöschlichen Eindruck. Meine Augen füllen sich mit Thränen, wenn ich mir die Menschen, diese Abbilder Gottes, in dieser Verwilderung denke. Zwar wird den hier Handelnden vergeben werden, denn sie wissen nicht, was sie thun, aber wie sollten wir, die wir an das Fortschreiten der Menschheit glauben, nicht verletzt durch den Gedanken seyn, daß es in Europa ein Stück Erde giebt, worauf die Jahrhunderte noch keinen Stein vorgerückt haben!«[37]

Den fremden Frauen gehörte Bacherachts ganzes Mitgefühl; eine anrührende Solidarität mit den Geschlechtsgenossinnen, die sich aus dem drastischen Gegenbild zur eigenen, bürgerlichen Frauenrolle erklärt. Als deutsche Frau das elementarste aller Rechte zu besitzen und im bürgerlichen Sinne frei zu sein, gleichzeitig aber während der Reise mit dem direkten Gegenteil sinnlich wahrnehmbar konfrontiert zu sein, hier die Frau als Person und dort als Sache – diese Erfahrung nötigte die weiblichen Reisenden zur Positionsbestimmung. Konfrontiert mit dem praktischen Vergleich und mit dem Schicksal von Frauen, die als Ware gehandelt wurden, verstanden sich die deutschen Frauen als bedingungslos frei und emanzipiert. Dieses Selbstverständnis war insofern neu, da sie dieselbe Ansicht für deutsche Verhältnisse nicht unbedingt geteilt hätten, bzw. sehr wohl wußten, daß der heimische Status von Frauen weder Gleichberechtigung noch eine weibliche Berufsausbildung vorsah. Während sich Frauen in Deutschland konfrontiert sahen mit ihrer geschlechtsspezifischen Rolle, die sie z. B. von einer schulischen und beruflichen Ausbildung ausschloß und die ihnen keine Stimme in der Öffentlichkeit zubilligte, machten die Frauen, die in den Orient reisten, zur selben Zeit die paradoxe Erfahrung, daß sie – verglichen mit den Sklavinnen, wohlgemerkt – bereits emanzipiert seien.

Therese von Bacheracht urteilte in erster Linie vom Standpunkt eines westlichen Fortschrittglaubens, und an dieser Elle gemessen erschien ihr die frappierende Existenz des Menschenhandels als Beweis einer hinter dem Geist der Menschenrechte zurückgebliebenen Gesellschaftsordnung. Unter dem Eindruck unmittelbaren Erlebens spürte sie Abscheu, Mitgefühl und Tränen. Und sie erklärte sich den Sklavenmarkt nicht, wie Ida Hahn-Hahn, als Beweis besonderer türkischer Niedertracht, sondern versuchte, ihn trotz aller humanistischer Bedenken im politischen Sinn zu verstehen. Therese von Bacheracht sah diese fremde und befremdliche Einrichtung als historische Institution, die einen Teil der Gesellschaftsstruktur des Osmanischen Reiches bildete.

Aus diesem Grundgedanken heraus nahm sie an, daß die Betroffenen die Härte ihres Frauenrolle wahrscheinlich gar nicht spüren würden, da sie, »das Bild der Bewußtlosigkeit und Apathie«, zeit ihres Lebens keine Alternative kennengelernt hätten. Wenn aber die versklavten Frauen »ihr Schicksal keineswegs bedauernswerth« fanden, wenn tatsächlich die Erziehung, »zum Verkaufen geboren zu sein«, hinreichte, um das Sklavinnendasein akzeptabel zu gestalten, welchen Grund des Bedauerns hätte es dann geben können? Folgerichtig schloß Bacheracht ihren Gedankengang und Vergleich der sozialen Systeme mit der Feststellung, daß eigentlich nicht die Versklavten, sondern deren Betrachterin zu bedauern sei. Gerade weil Bacheracht die eigene Kultur als Hoffnungsträger des Fortschritts begriff (auch wenn die den Liberalen der Vormärzzeit verbundene Autorin sehr wohl wußte, daß in Preußen und den deutschen Kleinstaaten die Morgenluft der Revolution recht dünn war), erschien ihr der Sklavenmarkt als Inbegriff eines rückständigen Systems.

Während Bacheracht eher fassungslos bis nachdenklich reagierte, wartete ihre Bekannte aus Berlin, die »Reisendin« Ida Hahn-Hahn mit einer wortreich formulierten Palette an abwertenden und diffamierenden Vorurteilen auf. Was sie von dem gesellschaftlichen und politischen System zu halten habe, in das sie 1843 reiste, wußte sie schon lange, bevor sie mit der Tatsache augenscheinlich konfrontiert war, daß es im Osmanischen Reich Sklavenhandel gab. Schon auf der Hinreise, an Bord ihres Donaudampfschiffes, unterrichtete die mecklenburgische Gräfin am 28. August 1843 ihre Schwester aus Ungarn über ihre Einschätzung des Türkenreiches, das sie noch gar nicht betreten hatte, mit den Worten: Seit 1396 »ward ›der Türk‹ der Erzfeind von ganz Europa, das ihm nur mühsam zu widerstehen vermogte, bis er berauscht vom Taumel seiner Siege in eine Lethargie versank, die ihm das Lebensprinzip einlullte. Aus diesem Opiumrausch fuhr er auf in unseren Zeiten, beschämt über sich selbst, geblendet von allem Fortschritt europäischer Cultur. Er wollte eintreten in die Reihen der Bewegung, er versucht es jezt. Wer kann wissen, ob und wie es ihm gelingen wird? Ich glaube es nicht.«[38]

Bereits vor ihrer Ankunft in Konstantinopel war Ida Hahn-Hahn ausgerüstet mit einem Geschichtsbild, welches das angesteuerte Reiseland kompromißlos am »Fortschreiten europäischer Cultur« bemessen und an diesem Maßstab scheitern lassen wollte – ein selbstgerechtes und durchaus gängiges Denkverfahren, dessen sich auch der französische Schriftsteller Alphonse Lamartine zu bedienen wußte. Seine Orientberichte, die auch in der deutschen Presse ausgiebig abgedruckt wurden, zeichneten ein durch und durch negatives Bild von der Türkei, ein Bild, in dem jegliche Differenz gegen das Land zu Buche schlug. Gegen Lamartines drastische Verzeichnung als barbarisch-despotische Unzivilisiertheit hatte bereits 1834 Anton Graf Prokesch-Osten als österreichischer Orientdiplomat Position bezogen mit den Worten: »die Behauptung, daß es nur eine Zivilisation geben könne, ist eine Ausgeburt der Phantasie«, und deshalb sei es »nicht vernünftig zu verlangen, daß der Kirschbaum Äpfel trage oder die Platane in die Höhe strebe wie eine Pappel«.[39]

Auf dem Sklavinnenmarkt

Hatte Therese von Bacheracht den Kulturunterschied, wie er in der Sklaverei offensichtlich wurde, noch moderat als Verletzung ihrer politischen Fortschrittshoffnungen empfunden, so überspitzte Ida Hahn-Hahn diese europageleitete Standortbestimmung bis hin zur Verachtung alles Fremden. Ihre Variante von dem Besuch des Sklavenmarktes in Konstantinopel, der zu ihrer Zeit ja noch quasi zum Pflichtprogramm gehörte, schrieb sie am 14. September 1843, nicht ohne Grund ausgerechnet an ihren Bruder: »Mein liebster Dinand, heute gedenke ich Dir ein ganz besondres Vergnügen zu machen, und Dich einzuladen mit mir den Sclavenmarkt zu besuchen. Wohlverstanden den Sclavinnenmarkt, den Blumenflor von Georgien und Circassien, und voll schwarzer äthiopischer Schönheiten – Alle zu kaufen wie die schönste Viehheerde! eine sublime Einrichtung, aber freilich fürs Auge wunderlieblich.«[40]

Ida Hahn-Hahn verstand sich als selbstbewußte Beobachterin; während ihres einjährigen Orientaufenthalts hatte sie den Ausdruck »Reisendin« erfunden, da sie stolz darauf war, als Repräsentantin des weiblichen Geschlechts berichten zu können und nun wisse, »wie der Orient sich im Auge einer Tochter des Occidents abspiegelt«.[41] Entgegen dieser Selbstdefinition, die nach nüchtern-sachlicher Bestandsaufnahme klingt, nahmen ihre brieflichen Beschreibungen stets einen betont subjektiven Charakter an, ja, mehr noch: Ida Hahn-Hahn versuchte, ihren Briefpartner möglichst gut zu unterhalten, weshalb sie sich auch selten scheute, zwecks dramaturgischer Aufbereitung sozusagen, etwas weiter auszuholen. Den Brief an ihren Bruder setzte sie folgendermaßen fort:

»Nun komm! Wir steigen, wie immer, von unserm abscheulich unbequemen Berg von Pera hinab; wir werden an der Skala von einem halben Hundert Ruderern mit Geschrei angefallen; ... und so fahren wir über das goldne Horn nach der Stadt. Da beginnt das Klettern, das Ausweichen, das Stolpern; da geht es hügelauf, hügelab, durch Straßen rechts und durch Straßen linkks; da schlängeln, winden und drehen wir uns als ob wir dem Faden der Ariadne folgten; da bringen wir uns mühselig durch eine Flut von Eseln, Pferden, Hunden, Lastträgern, Türken, Juden, danken Gott wenn wir etwa nur von einem Esel einen Puff erhalten, denn das ist der reinlichste von der ganzen Gesellschaft, und gehen zuweilen am liebsten im Rinnstein, denn das ist der reinlichste Platz auf der Straße. Wir gehen sehr lange; Constantinopel ist eine gar große über sieben Hügel verbreitete Stadt. Endlich führt eine schmale steile Gasse zu einem Thor, das den Eingang in den Sclavenmarkt schließt; ein Wächter mit einem Stock steht daneben, und der Dragoman muß unsern Eintritt erkaufen. Ein Türke reitet an uns vorüber und herein; das profane Auge der Franken wird nur nicht für würdig gehalten das Heiligthum zu schauen. Indessen – der Bakschisch entprofaniert uns ... Der Ort selbst ist nicht lieblich. Ein unregelmäßiger Platz, den dumpfe Gallerien umgeben. In diesen Gallerien sitzen die Verkäufer mit Kaffee und Tschibuk, Aufseher, Kauflustige, Neugierige; und in den engen dunkeln niedrigen Gemächern, welche eine Thür und vergitterte Fenster auf die Gallerien haben, wird die edle Waare gehalten. Eine Gruppe ist in der Mitte des Hofes zur Schau gestellt – oder besser, gesetzt, denn sie kauert wie gewöhnlich auf Matten. Wir wollen sie uns betrachten. O Entsetzen! schauderhafter, abstoßender Anblick! Nimme Deine Einbildungskraft zusammen, stelle Dir Monstra vor, und Du bleibst noch weit hinter den Negerinnen zurück von denen sich Dein beleidigtes Auge mit Widerwillen abwendet.

Aber die Georgierinnen? die Circassierinnen? die herrlichsten Weiber der Welt? wo sind sie? – Ja, mein lieber Bruder, die w e i ß e n Sclavinnen werden abgesondert in Tophana gehalten, von dort in die Harems zur Schau geführt, und nur durch ganz besondere Protectionen gelangst du zu dem Ort, wo man sie aufbewahrt.

Hier giebt es nur Schwarze, und mit diesem unholden Anblick mußt Du dich begnügen. Da sitzen sie! ein grobes grauweißes Gewand verhüllt die Gestalt; bunte Glasringe umgeben die Handgelenke, bunte Glasperlen den Hals. Das Haar tragen sie kurz abgeschnitten; die deprimirte Stirn, tief eingedrückt über den Augenbrauen wie bei den Cretins, fällt zuerst auf, dann das große, rollende nichtssagende Auge, dann die Nase, die ohne Nasenbein eine unförmliche Masse zu sein scheint, dann der Mund mit der affrösen thierischen Bildung der vorspringenden Kinnladen, und mit den klaffenden s c h w a r z e n Lippen – (rothe Mohrenlippen ist ein europäischer Schönheitsbegriff, den die Wirklichkeit nicht realisirt) – dann die langfingerigen äffischen Hände mit häßlich farblosen Nägeln, dann die spindeldürren Beine mit der heraustretenden Ferse; dann, und am Meisten, das unerhört Thierische der ganzen Erscheinung, Form und Ausdruck inbegriffen.

Sie geben kein Lebenszeichen von sich, sie starren uns an mit demselben bewußtlosen Blick mit dem sie sich untereinander anstarren. Ein Käufer kommt, mustert sie; Käuferinnen machen ihre Bemerkungen über sie; es ist ihnen gleichgültig. Sie werden gemessen in der Höhe und Breite wie ein Waarenballen, untersucht an Händen, Hüften, Füßen, Zähnen wie ein Pferd, sobald es zum Handel kommt; sie lassen Alles geschehen, ohne Scheu, ohne Zorn, ohne Schmerz ... Dann wird gefordert, geboten, gefeilscht; wird man einig, so geht die Sclavin mit dem Herrn oder der Herrin fort; wird man's nicht, so setzt sie sich wieder auf die Matte unbekümmert um ihr Schicksal. Nun, wie gefällt Dir das? ich muß ehrlich gestehen, daß mich bei der ganzen Prozedur nichts so anwiderte, als ihre Häßlichkeit, und daß mir der majestätische Königsgeier zu Schönbrunn mehr Mitleid mit seiner Gefangenschaft einflößte, als die Sclaverei dieser Geschöpfe. Ich fragte mich heimlich: ›Ist es möglich, daß eine Sappho, eine Aspasia, eine Marie Stuart, diese und ähnliche Weltwunder von Geist, Liebreiz und Schönheit, desselben Geschlechtes sein konnten?‹ – und mit größter Zuversicht antwortete ich mir selbst: ›Nein! denn ein Weib ohne Intelligenz ist kein Weib mehr, sondern nur noch – Himmel, nun habe ich kein andres deutsches Wort, als: ein Weibchen, und das klingt wie ein Schmeichelname der Zärtlichkeit! aber ich meine: une femelle.«[42]

Stolz darauf, einem Angehörigen des männlichen Geschlechts einen authentischen Blick durchs Schlüsselloch bieten und die ihm unterstellten voyeristischen Hoffnungen befriedigen zu können, dann angewidert und empört, daß die besichtigten Frauen überhaupt dem weiblichen Geschlecht angehören dürfen – aus Ida Hahn-Hahns Schilderung des Sklavinnenmarktes spricht nicht nur das beißende Vorurteil, daß die wahrgenommene Differenz zur eigenen Kultur (deren Schönheitsbegriffe und Intelligenzvorstellungen eingeschlossen) eine einzige Zumutung an die »Reisendin« sei, sondern auch eine erlesene Ignoranz gegen die gesellschaftlich-politischen Verhältnisse, deren Beschaffenheit ebensowenig hinterfragt wurden wie das eigene Gebäude an Vorurteilen. Dabei konnte sich Ida Hahn-Hahn sehr wohl auf so verbreitete Publikationsorgane wie den *Brockhaus* berufen, der schon 1817 die Vorgabe formuliert hatte: »Sklaverei überhaupt ist der rechtlose Zustand eines Menschen, in welchem ihn ein Anderer als sein Eigentum behandelt. Durch ihn wird der Mensch eine Ware. Der Händler treibt ihn dem Last- oder Mastvieh gleich, auf den Markt, wo der Nichteuropäer auch Knaben und Sklavinnen als Werkzeuge seiner Wollust einkauft. Die Herabwürdigung des Weibs zum Tiere ist die schmächlichste Folge der Sklaverei«.[43]

Die Einrichtung der Sklaverei, die sich, wie im alten Rom, aus der

Unterwerfung fremder Völkerschaften und ihrer ökonomischen Indienstnahme ableitete, bildete in der europäischen Sichtweise das beweiskräftigste Argument für die anti-orientalische Haltung. Diese Haltung konnte um 1840 noch nicht auf eine lange Tradition zurückblicken: Erst neuerdings gefiel sich der Westen in der Rolle, das Osmanische Reich als eine unzivilisierte, barbarisch-primitve Herrschaftsform darzustellen. Logisch gesehen wurde diese allerdings nicht durch sich selbst, sondern durch ihr Gegenteil charakterisiert – die Abwesenheit von Freiheit galt nun als Bestimmung der Unfreiheit.

Verglichen mit den drastisch-negativen Geschmacksurteilen einer Ida Hahn-Hahn nahm sich die Stellungnahme des preußischen Orientexperten Moltke moderat aus, machte er doch immerhin deutlich, daß, »wenn von der Sklaverei im Orient die Rede ist, fast immer der himmelweite Unterschied übersehen wird, welcher zwischen einem türkischen und einem Negersklaven in Westindien stattfindet.« Ausdrücklich betonte Helmuth von Moltke: »Schon der Name Sklave in dem Sinne, welchen wir mit jenem Wort verbinden, ist falsch. Abd heißt nicht Sklave, sondern vielmehr Diener. Abd-allah, der Diener Gottes; Abd-ul-medschid, der Diener der Andacht usw. Ein gekaufter türkischer Diener ist unendlich besser daran als ein gemieteter. Eben weil er das Eigentum seines Herrn, und dazu ein teures Eigentum, ist, schont er ihn; er pflegt ihn, wenn er krank ist, und hütet sich wohl, ihn durch übertriebene Anstrengung zugrunde zu richten. Von Arbeiten, wie die in den Zuckerplantagen, ist da überhaupt nicht die Rede ... Die Unfreiheit eines türkischen Sklaven ist kaum größer als die eines glebae adscripti (an die Scholle gebundenen), ein Verhältnis, welches wir bis vor wenigen Jahren bei uns selbst erblickten, und welches von einer gewissen Stufe der Kultur unzertrennlich ist. Dabei ist aber die ganze übrige Lage des Sklaven ungleich milder als die des schollenpflichtigen Bauers.«[44]

Helmuth von Moltke wählte für sein vergleichsweise mildes Urteil über die orientalische Sklaverei die Leibeigenschaft zum Bezugspunkt, die in Preußen übrigens erst im ersten Jahrzehnt des 19. Jahrhunderts abgeschafft worden war. In einem anderen Bezugsrahmen, aber im Endeffekt ebenso moderat, urteilte Maria Belli 1845, wenn sie der verbreiteten Ansicht entgegentrat, daß allein das Wort »Sklaverei« ein hinreichender Grund zur Geißelung des Gesellschaftssystems sei. Die Frankfurter Bankiersgattin schilderte ihren Besuch auf dem Sklavinnenmarkt mit der ihr eigenen Prosa:

»Von den Sclavinnen, die auf dem Markte offen ausgestellt waren, hatten mehrere ihre Kinder an der Brust. Sie plauderten heftig und ganz sorglos mit einander, und schienen sich an dem Anblicke unserer Erscheinung sehr zu vergnügen. Besonders war es meine Lorgnette, die ihre Aufmerksamkeit erregte; als ich meine Börse zog und Jeder eine Kleinigkeit gab, war die Freude unter ihnen allgemein ... So sehr sich das Gefühl gegen den bloßen Begriff der Sclaverei empört, so sehr wird die abschreckende Vorstellung von ihr modifiziert, wenn man an den geistigen Zustand jener Menschenwaare und an die Verpflichtung des Eigenthümers denkt, für die nächsten Bedürfnisse seiner Leibeigenen zu sorgen ... In der That hat die Sclaverei in unsern sogenannten civilisirten Staaten, vor der in den barbarischen nur das voraus, daß sie keinen so schauderhaften Namen trägt. Unsere ärmeren Klassen sind sogar viel schlimmer daran, als wirkliche Sklaven. Sie sind brodlos, weil sie herrnlos, und dabei aber doch unterdrückt sind. So ist es auch eine anerkannte Thatsache, daß der Zustand der Arbeiter in England z.B. ein weit kläglicherer ist, als der der Sclaven in den Kolonien. Wenn nun auch anerkannt werden muß, daß ein vom Staate gebilligter Menschenhandel, dem Prinzipe nach, jedenfalls viel verabscheuungswürdiger ist als ein vom Staate theilnahmslos angesehener Pauperismus, so ist doch in diesem wie in jenem das Unnatürliche nicht zu verkennen, und man wird am Ende, wenn man die Zustände des civilisirten und des barbarischen Staates untersucht, finden, daß ersterer mit seinem Achselzucken über die täglich weiter um sich greifende Armuth mehr im Unrechte ist, als letzterer mit seiner dumpfen Behauptung, daß er ohne Sclaven nicht existiren könne.«[45]

Unter der Regentschaft des Sultans Abdülmecit I. (1839-1861) kam das Osmanische Reich ein Stück der jahrzehntelangen Forderung des Westens nach, der die Abschaffung der Sklaverei schon auf dem Wiener Kongreß gefordert hatte. 1847 erließ Abdülmecid einen Ferman, der die öffentlichen Sklavenmärkte verbot – mit dem Ergebnis, daß in Konstantinopel zwar auch weiterhin, wie Mark Twain 1869 berichtete, »zirkassische und georgische Mädchen von ihren Eltern verkauft werden, aber nicht öffentlich. Die großen Sklavenmärkte, über die wir alle so viel gelesen haben – wo zarte, junge Mädchen zur Besichtigung ausgezogen und dann kritisiert und besprochen wurden, als wären es Pferde auf einem Bauernmarkt –, existieren nicht mehr. Die Vorführung und der Verkauf gehen jetzt unter der Hand vor sich.«[46]

Kapitel 4

»An den süßen Wassern Asiens« den Schleier lüften

1837 hatte der Maler Johann Michael Wittmer ein Gemälde vollendet und dem bayerischen Monarchen Ludwig I. überantwortet, das farbenfroh und gesprächig viele kleinteilige Szenen vor einem weiten Ausblick auf die europäische Seite des Bosporus arrangiert. Das Bild, heute im Besitz der Neuen Pinakothek München, zeigt Ochsenkarren, Wasserträger und ambulante Händler sowie ein Gruppenbild von rund einhundert Männern und Frauen in entspannter Stimmung, die sich in kleinen Grüppchen unterhalten und ihren Ausflug genießen. Die nämliche Szenerie, die Wittmer mit Pinsel und Leinwand beschrieben hat, skizzierte Ida Hahn-Hahn einige Jahre später mit Papier und Feder:

»Da wir auf der asiatischen Seite waren, so fuhren wir höher den Bosporus hinauf, nach Göcksu, den ›himmlischen Wassern‹. Wo ein Flüßchen sich in den Bosporus ergießt, hat sich eine weite, etwas gewellte Wiese gebildet, worauf die prachtvollsten Platanen, Ulmen und Eichen verstreut sind. Das sind die ›himmlischen Wasser‹, die Lieblingspromenade der türkischen Damen, die gestern, an einem Freitag, sehr zahlreich dahin kamen – die Vornehmen zu Wagen. Da sitzen sie auf Teppichen, die am Boden ausgebreitet werden, in Gesellschaft beisammen und unterhalten sich wie sie können, mit Zuckerwerk essen, plaudern, auch Taback rauchen, jedoch immer unter sich, und bis auf Augen und Nasenwurzel verschleiert. Männer sind auch da, allein in geringer Zahl, die ebenfalls rauchend beisammen sitzen, und sich nicht um die Frauen zu kümmern scheinen. Indessen sieht man denn doch beide Geschlechter an öffentlichen Orten, so daß die Frauen nicht vollkommen von fremden Männern abgeschnitten sind ...

Lustig sehen die Wagen aus, die man mit Ochsen bespannt und Arraba nennt. Mit allen Farben des Regenbogens sind sie bemalt; goldgelb und feuerroth herrschen vor. Man steigt von hinten vermittelst einer kleinen bunten Leiter hinein, und sitzt seitwärts auf Matratzen darin – zu acht bis zehn Frauenzimmern. Zwei weißgelbbraune Ochsen mit Spiegeln und Flitterwerk vor der Stirn ziehen diese schwerfällige Maschine langsamen Schrittes, indem sie unter einer Art von portativem Triumphbogen gehen, der zu ihrer Anspannung gehört und der mit zahlreichen feuerfarbenen Quasten geschmückt ist ... Nun, liebe Mutter, war dieser Tag nicht schon recht hübsch und vollständig türkisch?«[1]

Abbildung 12: An den süßen Wassern Asiens. Ölgemälde von Johann Michael Wittmer, 1837.

Sich auf das Land zu begeben und an dem Süßwasserflüßchen unter schattigen Bäumen zu erholen, ergab für die angereisten Betrachterinnen aus Deutschland »malerische Scenen«,[2] doch war dieses Freizeitverhalten durchaus nicht ›typisch türkisch‹, wie Ida Hahn-Hahn zunächst meinte. Denn das Osmanische Reich war ein Vielvölkerstaat, was sich gerade im Großraum Konstantinopel im Straßenbild, in den Stadtvierteln für Griechen, Syrer, Ägypter usw., und auch an den Besuchergruppen der sogenannten süßen Wasser widerspiegelte. Zwei Tage nach ihrem ersten Ausflug an den Bosporus konnte sich Ida Hahn-Hahn davon überzeugen, als sie armenische Frauen traf, die ihre Sommerfreizeit auf die nämliche Weise verbrachten wie die Türkinnen. Ausführlich schilderte sie ihrer Schwester die Begegnung:

»Endlich kamen wir an eine unverschleierte Frauengruppe, die sich allerdings malerisch genug ausnahm. An den starken Aesten einer Ulme war eine Schaukel von Stricken befestigt, in der ein junges Frauenzimmer saß und sich von zwei Dienerinnen abwechselnd schaukeln ließ, während eine Aeltere auf einem bunten Teppich unter dem Baum kauerte, und gedankenlos mit kleinen Steinen spielte. Der Dragoman bat für uns um Erlaubnis näher treten und ihren Anzug besehen zu dürfen, was die Frau auf dem Teppich bereitwillig gestattete. Sie wälzte sich auf die eine Seite desselben, ich setzte mich zu ihr, die junge Person, die ihre Schaukel geschwind verließ, kauerte neben mir, die Dienerinnen hinter uns, und nun begann vermittelst des Dragoman eine Conversation, die sich mit Glück in irgend einem eleganten europäischen Salon hätte dürfen hören lassen: wir sprachen über Toilette. Was ihnen an der meinigen am Besten gefiel, war mein blauer Schleier, und am Meisten auffiel, mein Lorgnon, durch den sie mit einer Neugier sahen, als ob sie hoften plötzlich himmelblaue Bäume und einen grünen Himmel gewahr zu werden. Ihr Anzug war das Hauskleid aller türkischen Frauen: weite Pantalons, ein ganz enger, sehr langer, gleichsam in drei Schürzen zerschlitzter Rock, dessen Vordertheile durch den Gürtel gezogen werden und eine Art von Tunika bilden, sehr enge Aermel, die gleichfalls aufgeschlitzt bis zu den Knien herabhängen, aber auch durch Knöpfe geschlossen werden können, keine Schuhe, die eine mit Strümpfen, die andre mit nichts, und auf dem Kopf der rothe Fez mit blauem Quast, und mit einer breiten, spitzenähnlichen Garnitur von gelbseidnem Filet, den glänzende Nadeln auf dem prachtvollen schwarzen Haar befestigten, das in halbgeflochtenen Zöpfen und theilweise ganz aufgelöst, über Nacken, Busen und Schultern fiel.«[3]

Ida Hahn-Hahn hatte den Kontakt zu den armenischen Frauen bewußt gesucht und durch ihren Dolmetscher herstellen lassen. Maria Belli hingegen, Reisende im Jahr 1845, konnte die Erfahrung machen, daß die Neugierde auf beiden Seiten gleich groß war und die Initiative auch von den ausländischen Frauen ausgehen konnte: »Auf der Wiese lagerten mehrere griechische Familien, Mädchen und Knaben schaukelten sich und sangen dabei unmelodische Lieder. Zwei Griechinnen aus der Gesellschaft gingen mir nach, und hoben ohne alle Umstände mein Kleid auf, um seine Rückseite zu betrachten; es war weiß gefüttert, und dies schien ihnen nicht besonders zu gefallen. Desto mehr aber bewunderten sie die bunte Besatzkordel, und ließen alsdann auch das Chemisett, den Hut, den Schleier und den Schmuck die Revue passiren. Als sie zu Ende waren, lobten sie meinen Geschmack, entschuldigten aber ihre Dreistigkeit keineswegs.«[4]

Unbeirrt von dieser unliebsamen Inspektion, von der sie sich belästigt fühlte, setzte Maria Belli ihren Ausflug fort. Wegen der ungewohnten Hitze des Hochsommers hatte sie mehrere Schwächeanfälle erlitten, entsprechend stark war ihr Bedürfnis nach einer erfrischenden »Landparthie«. Und so besuchte sie gleich zwei Tage später nach ihrem Besuch der süßen Wasser Asiens auch diejenigen Europas, an der Spitze des Goldenen Horns gelegen. »Da, wo der Hafen beinahe ein Ende hat, fuhren wir über eine Brücke nach den europäischen Wassern. Dort liegt ein herrlicher, von starken Bäumen umschatteter Kiosk, den ein Pascha für den Sultan baute, und der prachtvoll eingerichtet sein soll.«[5]

Weibliches Privileg

An den süßen Wassern Asiens oder Europas stellten griechische, türkische und armenische Frauen, teils verschleiert, teils unverschleiert, einen Teil der Öffentlichkeit dar; authentisch zu beschreiben, wie sie auf Teppichen und in ihren Trachten unter schattigen Bäumen lagerten, war deshalb sowohl einem Orientreisenden wie Johann Michael Wittmer wie auch den Frauen Ida Hahn-Hahn und Maria Belli möglich, also westlichen Reisenden beiderlei Geschlechts – im Unterschied zu einem Besuch im Harem.

Das osmanische Wort »harem« stammt aus dem Arabischen und bedeutet eigentlich nichts anderes als »etwas, das verboten ist«. Der Vorhof der Moschee, das heilige Gebiet von Mekka und Medina sind nach islamischer Religion solche geschützten und für Unbefugte verbotenen Sphären. Jener Teil des Hauses, in dem Frauen, Kinder und Dienstboten lebten, zählte ebenfalls zum verbotenen Bereich und wurde im Laufe der Zeit zum Synonym für den Harem. Sein Gegenstück hatte der »haremlik« in jenem Teil des osmanischen Hauses, in dem sich die Männer versammelten und ihre Besucher empfingen, dem »selamlik«.

Die gesellschaftliche Institution der Geschlechtertrennung übte auf Europäer eine ungemeine Faszination aus, deren Reiz durch die Phantasie noch beträchtlich beflügelt wurde. Kein anderer Schauplatz islamischer Prägung ist so eingehend und über die Jahrhunderte hinweg so häufig beschrieben worden wie der Harem – womit eben stets das Frauengemach gemeint war, zu dem weder Männer noch erst recht keine »giaur« (womit die Ungläubigen, also Christen, gemeint waren) Zutritt hatten. Für gewöhnlich wirkten die hölzernen Gitterfenster der Frauengemächer auf westliche Reisende wie der Schleier, der das Gesicht verbarg: als eine unwiderstehliche Herausforderung, des hinter Holz oder Stoff Verborgenen ansichtig zu werden und das so sorgfältig verhüllte Geheimnis zu lüften.

Schon der größte deutsche Reisende des 17. Jahrhunderts, Engelbert Kaempfer aus Lemgo, trug zur Stilisierung des islamischen Frauengemachs und damit zur Ausbildung eines westlichen Harem-Mythos bei, indem er wagte, sich als Handwerker in einen Harem (im persischen Isfahan) einzuschmuggeln, um endlich einmal authentisch Nachricht geben zu können von dieser so befremdlichen Einrichtung der Muslime. Doch in seinem Reisebericht *Amoenitates exoticae*, der 1712 in Lemgo veröffentlicht wurde, konnte er die Erwartungen nicht erfüllen, weil er gestehen mußte, nicht mehr als die reinen Baulichkeiten gesehen zu haben. Nicht anders erging es dem Franzosen Pouqueville, dessen Reisebericht 1805 in deutscher Übersetzung erschien. Während der Hofstaat in seinem Sommerpalast weilte, gelang es ihm mit Hilfe eines bestochenen Haremsaufsehers, durch ein Fenster in den Harem zu klettern und dessen Einrichtung zu besichtigen. Im Zimmer der Valide, der Sultansmutter, registrierte Pouqueville »zwei mit Lilien verzierte Sekretäre, einen großen Kronleuchter von Kristall, von altem gotischen Geschmacke, Wände mit Spiegeln bedeckt, Sofas von Lyoner Brokat, und einige Blumenvasen von Porzellan.« Nachdem im Serail, dem Sitz des Sultans, auch noch dessen marmorne Badewanne samt goldenen Wasserhähnen betrachtet worden war, »verließen wir auf den Zehen das Harem wieder, nachdem wir genau untersucht hatten, ob wir nicht bemerkt worden wären. Unser Führer versicherte uns zugleich, daß wir die einzigen Europäer seien, welche bis jetzt hierher gekommen wären.«[6]

Wie groß und unbezwingbar die Neugierde gewesen sein muß, von dem hinter Harem und Schleier verborgenen Mysterium wenigstens einen Blick zu erhaschen, erhellt die Tatsache, daß ein Reiseführer noch zu Beginn des 20. Jahrhunderts die Verhaltensmaßregel erteilte: »die Haremsverhältnisse im Orient« müßten »mit besonderer Delikatesse behandelt werden«, weshalb Reisende (ihre offenbar weit verbreitete Unart) unterlassen sollten, »einer verschleierten Frau nachzusehen und im Theater die vergitterten Haremslogen mit den Blicken oder gar mit dem Opernglas zu fixieren«.[7]

Erstaunlicherweise war die heftige Neugierde, die sich entwickelte, sobald man auf den Erzählgegenstand »Harem« zu sprechen kam, nicht ausschließlich unter Männern verbreitet. Auch die weibliche Phantasie wurde wohl durch das Sujet deutlich stimuliert, glaubt man dem Bericht Elsa Sophia von Kamphoeveners. Die in Hameln geborene und in der Türkei aufgewachsene Tochter des preußischen Militärs Kamphoevener-Pascha erinnerte sich an »dieses gewisse Spielen mit einem pikanten Begriff« sowohl von Männern als auch Frauen: »Ich habe vom Anfang der achtziger Jahre bis zum Sturze des Sultan Abdul Hamid mein Leben in der türkischen Hauptstadt verbracht. Bei Besuchen in der Heimat waren die stereotypen Fragen, die an einen gerichtet werden, stets ungefähr folgende: Waren Sie schon einmal in einem Harem? Wieviel Frauen hat der Sultan? Können Sie auch türkisch?

Hatte man auf diese Fragen, mit im Laufe der Jahre ebenfalls stereotyp gewordenen Antworten erwidert, so war die Neugier befriedigt. Ja, mehr als das; das wohlige Gruseln, das Männlein wie Weiblein beschlich beim Aussprechen des Wortes ›Harem‹ erweckte im Frager die Vorstellung, er habe sich ganz unerhört weit vorgewagt auf schlüpfriger Bahn.«[8]

Für männliche Orientreisende, die sich stets mit der Aura umgaben, das pikante Feld authentisch sondiert zu haben, stand das lebhafte Interesse ihrer christlichen Zuhörer- und Leserschaft an den muslimischen Frauengemächern mißlicherweise in krassem Widerspruch zu der Tatsache, daß ihnen der erhoffte Augenschein in der Regel verwehrt blieb, mochte ihre Neugierde auch noch so groß sein. Und selbst die wenigen, die sich, wie Kaempfer oder Pouqueville, auf abenteuerliche und gefahrvolle Weise Zugang zu einem Harem verschafft hatten, mußten sich notgedrungen auf die Erkundung von Baulichkeiten und Einrichtungsgegenständen beschränken. Ganz im Gegensatz zum weiblichen Geschlecht, das aus Deutschland, Frankreich oder England kam und wenigstens einmal die berühmte Stätte der islamischen Frauenwelt mit eigenen Augen kennenlernen wollte – und konnte.

Im muslimisch geprägten Kulturkreis bot sich den Frauen aus dem Abendland – paradox genug – ein seltenes Privileg für ihr Geschlecht: Während sie in ihrer Heimat allerorten mit Verhaltensmaßregeln und Handlungsverboten konfrontiert und als »schwaches Geschlecht« von vielen Erfahrungsräumen ausgeschlossen wurden, drehte sich das ihnen vertraute bürgerlich-europäische Geschlechterverhältnis auf ihrer Orientreise plötzlich um, und die reisenden Frauen machten die ihnen fremde Erfahrung, aufgrund ihres Geschlechtes realen Zutritt zu einer Welt zu haben, der Männern nur in der Phantasie zugänglich war. Auf einer Orientreise, auch wenn sie vielleicht nicht weiter als bis nach Konstantinopel führte, sah sich mithin nicht das weibliche, sondern das männliche Geschlecht Europas mit Ausschluß und Verbot konfrontiert – womit sich umgekehrt für die reisenden Frauen ein exklusiver Raum der Fremderfahrung erschloß. Mehr noch: mit diesem ungewohnten Privileg, einen Harem tatsächlich betreten und seine Bewohnerinnen besuchen zu dürfen, wurde zugleich eine nicht minder ungewohnte Monopolstellung auf dem heimischen Markt der Reiselektüre ermöglicht. Westliche Frauen, die in den Orient gereist waren, konnten gerade wegen ihres Geschlechts und ganz im Gegensatz zu männlichen Reisenden von persönlichen Erfahrungen mit Türkinnen berichten und in ihren Reisebeschreibungen Innenansichten der islamischen Frauenwelt schildern, die aus eigener Anschauung heraus entstanden waren.

Die Hoffnung der europäischen Frau, »türkische Frauen unverschleiert, im eigenen Hause, und zugleich ihr Benehmen gegen Fremde«[9] zu erleben, stärkte auch ihr Selbstbewußtsein. »Es giebt mir eine unglaubliche Satisfaction«, meldete Ida Hahn-Hahn am 22. September 1843 ihrem Bruder in kaum verhohlener Freude über ihr exklusiv weibliches Erkundungsfeld, »daß ich Dir heut einmal von einem Ort erzählen kann, der Deinem Fuß ebenso unzugänglich ist, wie dem meinen jene zahlreichen sind, bei denen es heißt: ›Ma non le donne‹; – umsomehr, da auf diesem Ort viel interessantere Geheimnisse der Schönheit, der Liebe, der Leidenschaft zu vermuthen sind, als auf jenen.«[10]

Premiere

Die erste Autorin, die diese für das weibliche Geschlecht und in Bezug auf das heimische Lesepublikum so exklusive Stellung zu nutzen wußte, war – bereits zu Beginn des 18. Jahrhunderts – die britische Lady Mary Wortley Montagu. Sie begleitete ihren Mann Edward, der sich am 10. Mai 1716 bei der levantinischen Handelskompanie akkreditiert hatte und als Gesandter zwischen den Kriegsparteien Habsburg und Osmanen im Auftrag der britischen Krone vermitteln sollte. Mehrere Monate hielt sie sich deshalb in Adrianopel, dem heutigen Edirne, sowie in Konstantinopel auf. Ihre heute unter dem Titel *Briefe aus dem Orient* bekannte und berühmte Reiseschilderung sorgte bereits in dem Moment für Aufsehen, als die ersten Briefe per Schiffspost bei den Empfängern ankamen. Zu den Adressaten gehörten ihre jüngere Schwester, eine Kaufmannstochter, eine befreundete Gräfin, eine Lady aus dem Hofstaat sowie die Herren Alexander Pope, Hauptvertreter des englischen Klassizismus, und Abbé Conti, ein italienischer Geistlicher mit Wohnsitz in Paris und London. Über diese sozial und geographisch recht verschiedenen Kreise sorgte Mary Montagu noch während ihrer Reise 1716/18 für ein entsprechendes Echo. Schon bald kursierten an den Höfen Europas mindestens so viele Gerüchte wie handgeschriebene Abschriften ihrer Briefsammlung. In ihrem Todesjahr 1762 wurde ihre Schilderung erstmals auf dem Londoner Buchmarkt veröffentlicht, zunächst kryptonym. 1781 erschien in Berlin die erste deutsche Übersetzung, drei Jahre später folgte eine Mannheimer Ausgabe mit dem langatmigen Titel *Briefe der Lady Marie Worthley Montague, geschrieben während ihrer Reisen in Europa, Asien und Afrika an Personen von Stande, Gelehrte etc. in verschiedenen Teilen von Europa; die unter anderen Merkwürdigkeiten Nachrichten von der Staatsverwaltung und den Sitten der Türken enthalten; aus Quellen geschöpft, die für andere Reisende unzugänglich gewesen.*[11] Schon während ihrer Hinreise über Holland, Deutschland und Österreich – das Ehepaar Montagu samt ihrem dreijährigen Sohn hatte übrigens trotz der virulenten militärischen Auseinandersetzungen auf dem Balkan nicht den Wasser-, sondern den weitaus beschwerlicheren und gefährlicheren Landweg über Sofia gewählt – hatte sich Mary Montagu in der Rolle einer objektiven Berichterstatterin gesehen, weit davon entfernt, nur um der Befriedigung der Neugier willen ins Märchenreich abzusinken und »wie andere Reisende zu lügen«.[12] »Erzählungen von Menschenfressern, von Menschen, denen der Kopf unter den Schultern wächst« gedachte sie auch im Morgenland nicht zu erfinden, dort, wo nach den damaligen Begriffen des christlichen Abendlandes die Barbarei schlechthin angesiedelt war.

In Adrianopel war Mary Montagu Anfang April 1717 angekommen, am 29. Mai meldete sie sich dann von Konstantinopel aus, wo sie sich insgesamt ein gutes Jahr aufhielt, bis zum 6. Juni 1718. In dieser Zeit brachte sie ihr zweites Kind zur Welt, lernte nach eigenen Angaben die türkische Sprache und erkundete, soweit es ihr Status als Diplomatengattin zuließ, die Sitten und Gebräuche der Türken. Ihr Hauptanliegen bestand darin, die Rolle einer aufmerksamen Augenzeugin einzunehmen und sich, wie sie wiederholt versicherte, zu bemühen, »vollständige und wahre Nachricht von allen hiesigen Neuigkeiten zu geben«.[13]

Zu diesen Nachrichten aus dem Reich des Sultans, das nach den gängigen Begriffen der christlichen Welt als Land der Barbarei galt, zählte Lady Montagu insbesondere die Rolle der türkischen Frau, über die zuvor ausschließlich männliche Orientberichte spekuliert hatten. »Ihr ganzer Brief«, schrieb Mary Montagu am 17. Juni 1717 an Lady Rich, »ist voller Irrtümer von Anfang bis Ende. Ich sehe, Sie haben Ihre Begriffe von der Türkei aus jenem ehrwürdigen Schriftsteller Dumont geschöpft, der mit ebenso vieler Unwissenheit als Zuversicht geschrieben hat.«[14] Jean Baron Dumont war kaiserlicher Hofgeschichtsschreiber in Wien und hatte 1694 seine *Beschreibung einer Reise in die Levante* veröffentlicht. »Für mich ist es hier ein besonderes Vergnügen, die Reisen nach der Levante zu lesen, die insgemein so weit von der Wahrheit entfernt und so voller Ungereimtheiten sind, daß sie mich recht belustigen. Die Verfasser verfehlen nie, Ihnen Nachricht von dem weiblichen Geschlecht zu geben, wovon sie gewiß keine einzige gesehen haben«.[15] Diese Gewißheit konnte sich zweifellos auf die Tatsache berufen, daß ja nach islamischem Kodex der Harem ein den Frauen vorbehaltener Bereich war. Dabei war Lady Montagu durchaus nicht die einzige westliche Frau, die aufgrund ihres Status als Diplomatengattin in türkische Harems eingeladen wurde. Aber sie war die erste europäische Frau, die das türkische Frauenleben in einer Serie von 52 *Briefen aus dem Orient* beschrieb.

Diese Premiere war der Lady wie auch den Angeschriebenen sehr wohl bewußt. Das Bewußtsein, als Frau den männlichen Orientreiseberichten Paroli zu bieten, und der Stolz, deren Haremsschilderungen ins Märchenreich verweisen zu können, erfüllte Mary Montagu mit sichtlicher Genugtuung. »Jetzt, da ich zum Teil mit ihren Sitten bekannt bin, muß ich die exemplarische Bescheidenheit oder vielmehr die äußerste Dummheit aller Schriftsteller bewundern, die uns Nachrichten von den türkischen Frauen gegeben haben.«[16] Wiederholt kündigte sie an, wirklich Neues und wahrhaft Authentisches mitteilen und darin die »Brüder Reisebeschreiber« blamieren zu können. Unterstrichen wurde dieser Triumpf einer auf Authentizität beruhenden Erstbeschreibung der türkischen Frauenwelt noch durch das Vorwort. Dieses spezielle Empfehlungsschreiben hatte Lady Mary Astell, eine enge Vertraute Montagus, verfaßt. Aus ihren Zeilen spricht die Freude, gegen die zeitgenössischen Vorstellungen opponieren und eine neue, spezifisch weibliche Art von (Reise-)Literatur präsentieren zu können. »Ich bin«, formulierte Astell im Dezember 1724, »ich bekenne es, boshaft genug zu wünschen, daß die Welt sehen möge, wie die Damen weit besseren Nutzen aus ihren Reisen zu ziehen wissen als die Herren, daß, da die Welt mit Männerreisen bis zum Ekel überladen worden ist, die alle in dem nämlichen Ton geschrieben und mit denselben Kleinigkeiten angefüllt sind, eine Dame die Fähigkeit hat, sich eine neue Bahn zu eröffnen und einen abgenutzten Stoff mit einer Mannigfaltigkeit von neuen und zierlichen Bemerkungen zu verschönern. Denn außer dem Feuer und dem Geist ... findet der Leser getreuere und genauere Nachrichten von den Sitten und Gebräuchen der verschiedenen Völker, mit denen diese Dame Umgang hatte, als er in irgendeinem anderen Schriftsteller antreffen wird ...Wir wollen die Überlegenheit dieses erhabenen Genies freiwillig eingestehen, so wie ich es mit aufrichtiger Seele tue, erfreut, daß ein Frauenzimmer siegt, und stolz darauf, mich in ihr Gefolge zu mischen.«[17]

Die »Lady im Reitkleid«

Die Orientbriefe der Lady Mary Montagu bilden bis heute die einzige Reisebeschreibung einer Frau, die im Urteil ihrer Zeitgenossen und ihrer Nachwelt Anerkennung fand und noch heute zur Weltliteratur gezählt wird. Eine der bekanntesten Szenen enthält ihr Brief vom 1. April 1717:

»Und jetzt schreibe ich Ihnen mit einem gewissen Grade von Zufriedenheit, weil ich zum wenigsten hoffe, daß Sie den Reiz der Neuheit in meinen Briefen finden und mir nicht mehr vorwerfen werden, daß ich Ihnen nichts Außerordentliches erzähle ... In einem von diesen bedeckten Wagen fuhr ich um 10 Uhr ins Bad; es war schon voller Frauenzimmer. Es ist aus Stein, nach Art eines Doms, ohne Fenster, außer einem an der Decke, das Licht genug gibt. Fünf dieser Kuppelbauten sind aneinandergefügt, der äußerste ist der kleinste und dient nur als Halle, wo die Pförtnerinnen vor der Tür stehen. Vornehme geben gewöhnlich dieser Frau eine Krone oder zehn Schillinge, welches Zeremoniell ich auch nicht vergaß. Der nächste Raum ist sehr groß, mit Marmor gepflastert und hat rund herum an der Mauer zwei erhöhte marmorne Sofas. In diesem Raum waren vier Brunnen mit kaltem Wasser, das zuerst in marmorne Becken fiel und dann auf den Boden in kleine, dafür gemachte Rinnen floß, die den Strom in den nächsten Raum führten. Dieser ... war so heiß von Schwefeldämpfen, die aus den anstoßenden Bädern steigen, daß man es unmöglich in Kleider darin aushalten konnte. Ich war in meinem Reisekleid, welches ein Reitkleid ist und den Frauen gewiß höchst wunderlich vorkam. Doch war nicht eine einzige da, die die geringste Verwunderung oder unverschämte Neugierde blicken ließ, sondern jede empfing mich mit der verbindlichsten Höflichkeit. Ich kenne keinen europäischen Hof, wo die Damen sich gegen eine solche Fremde so höflich und gesittet betragen haben würden. Ich glaube, es waren in allem zweihundert Frauenzimmer, und doch sah ich nichts von jenem höhnischen Lächeln und durchhechelnden Geflüster, das in unseren Gesellschaften nie ausbleibt, wenn jemand erscheint, der nicht genau nach der Mode gekleidet ist. Sie wiederholten ein über das andere Mal mir gegenüber: guzél, pek guzél, das nichts heißt als: reizend, sehr reizend.«[18]

Es hieße die Orientbriefe der britischen Korrespondentin gründlich mißverstehen, wollte man diese allein als »kulturhistorisches Dokument«[19] einordnen. Denn mit ihrer Beschreibung eines Gemeinschaftsbades, einer kulturellen Einrichtung, die in Europa seit dem Spätmittelalter verschwunden und im Zeitalter der Perücken geradezu undenkbar war, nahm Mary Montagu gleichzeitig das ihr hinlänglich bekannte Verhalten an den Fürsten- und Königshöfen ins Visier und übte subtile Gesellschaftskritik. Dahinter verbirgt sich ein wesentliches Stilmittel der Aufklärung, nämlich die geographische und kulturelle Ferne als Handlungsort zu benutzen, um eigentlich »europäische Zustände und Weltanschauungen kritisch zu reflektieren«.[20] Auch der französische Philosoph Charles de Montesquieu verwendete dieses in seinen *Perserbriefen,*[21] die 1721 erschienen.[22] Bereits drei Jahre vor ihm setzte Mary Montagu das Mittel der Verfremdung ein und benutzte den orientalischen Raum als Kulisse, um die heimische Aristokratie zu kritisieren.

Genüßlich und in der untrüglichen Gewißheit, ihre prüden Zeitgenossen zu provozieren, setzte Mary Montagu ihre Schilderung des türkischen Bades fort:

»Die vorderen Sofas, auf welchen die Damen saßen, waren mit kostbaren Teppichen und Polstern belegt, in der zweiten Reihe hinter ihnen waren ihre Sklavinnen. Doch gab es keinerlei Rangunterschied in ihrem Anzuge, da sich alle im Naturzustande befanden, d. h. um es geradeheraus in gewöhnlichem Englisch zu sagen: sie waren vollkommen nackt ... Um Ihnen die Wahrheit zu sagen, muß ich gestehen, daß ich mehrmals boshaft genug war zu wünschen, Mr. Jervas [britischer Maler] könnte unsichtbar hier sein, so viele schöne, nackte Frauen zu sehen, die in den

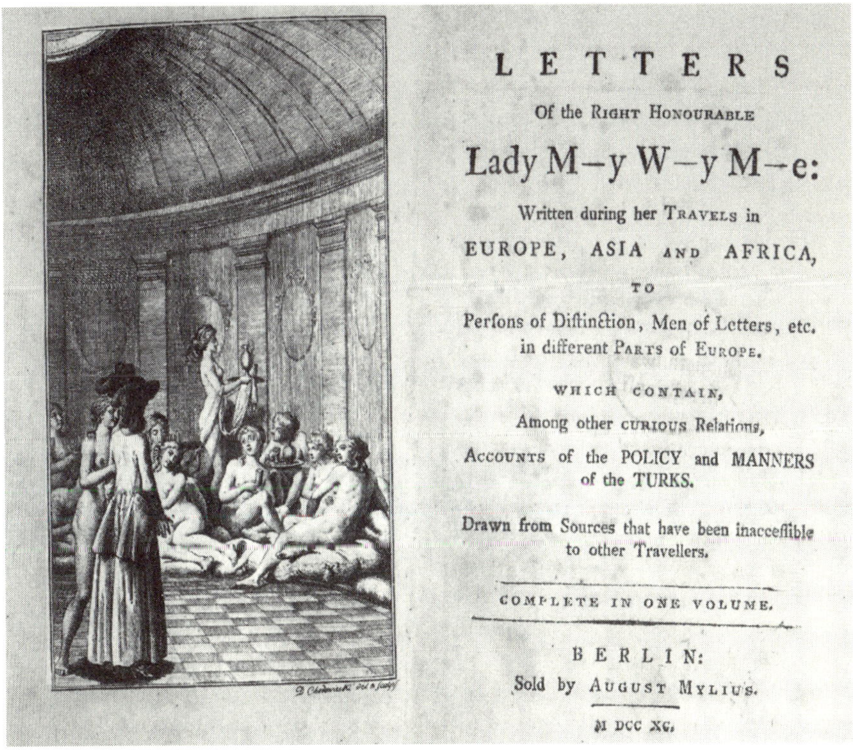
LETTERS
Of the RIGHT HONOURABLE
Lady M–y W–y M–e:
Written during her TRAVELS in
EUROPE, ASIA AND AFRICA,
TO
Persons of Distinction, Men of Letters, etc.
in different PARTS of EUROPE.
WHICH CONTAIN,
Among other CURIOUS Relations,
ACCOUNTS of the POLICY and MANNERS
of the TURKS.
Drawn from Sources that have been inaccessible
to other Travellers.
COMPLETE IN ONE VOLUME.
BERLIN:
Sold by AUGUST MYLIUS.
M DCC XC.

Abbildung 13: Lady Montagu im Bad.
Frontispitz und Titelblatt ihres Buches *Letters of the Right Honourable Lady M-y W-y M-e (...)*, Berlin 1790.
Kupferstich von Daniel Chodowiecki.

mannigfachsten Stellungen, teils plauderten, teils arbeiteten, während andere Kaffee oder Sorbet schlürften und viele lässig auf ihre Polster hingestreckt lagen und sich von ihren Sklavinnen (zumeist hübschen Mädchen von siebzehn bis achtzehn Jahren) das Haar auf verschiedene, zierliche Weise ordnen ließen. Kurz, es ist dies das Kaffeehaus für die Frauen, wo alle Stadtneuigkeiten besprochen, Verlästerungen erfunden werden usw.«[23]

Diese Szene ist zu besonderen Ehren gelangt, als der berühmte Kupferstecher Daniel Chodowiecki für die deutsche Erstausgabe 1781 das Titelbild entwarf. Er nannte sein Titelkupfer »Lady im Reitkleid besichtigt orientalische Nacktheiten«. Auch im 19. Jahrhundert schrieb dieses Motiv Kunstgeschichte, als der klassizistische Maler Ingres, der Montagus Brief vom 1. April 1717 stets im Notizbuch mit sich geführt haben soll, beleibte nackte Frauenkörper auf einem Rundgemälde arrangierte, das den Titel »Le Bain turc«(1862) trägt. Mit diesen künstlerischen Interpretationen orientalischer Weiblichkeit ging allerdings Montagus Seitenhieb auf das aristokratische Normengefüge verloren – und ihr Sinn für Ironie: »Diejenige Dame, die mir die vornehmste unter ihnen zu sein schien, lud mich ein, neben ihr Platz zu nehmen und wollte mich gerne für das Bad entkleiden. Ich hatte einige Schwierigkeiten, mich zu entschuldigen. Da sie aber alle so ernstlich in mich drangen, war ich endlich gezwungen, mein Kleid zu öffnen und ihnen meinen Schnürleib zu zeigen. Dies befriedigte sie denn auch vollkommen, denn ich merkte, sie glaubten, ich sei so fest in diese Maschine eingeschlossen, daß meine Macht allein nicht ausreiche, sie zu öffnen, sondern daß dies meinem Mann zustehe«[24] – derart martialisch, so amüsierte sich die Lady, sei die Rolle der Frau im christlichen Abendland nun doch nicht.

Da Mary Montagu sehr wohl ahnte, daß ihr die Reise ins Osmanische Reich zu exklusiven Erlebnissen verhalf, die ihr literarischen Ruhm einbringen konnten, schilderte sie ihre Besuche in den Harems hochgestellter türkischer Frauen besonders ausführlich:

»Ich war bei der Gattin des Großwesirs zum Mittagessen eingeladen, und mit größtem Vergnügen bereitete ich mich auf diese Unterhaltung vor, die noch nie einer Christin geboten worden war. Ich nahm an, daß es meiner Gastgeberin Neugierde (die, wie ich nicht zweifle, das Hauptmotiv der Einladung gewesen war) nur mäßig befriedigen würde, wenn ich in einem Anzug erschiene, wie sie ihn zu sehen gewohnt ist, so zog ich denn mein Wiener Hofkleid an, das weit prächtiger ist als die Hofkleider bei uns. Ich zog es jedoch vor, ›incognita‹ hinzugehen, um alle Zeremoniell-Schwierigkeiten zu vermeiden ... In dem innersten Gemach fand ich die Dame selbst in einer Zobeljacke auf dem Sofa sitzend. Sie schien mir eine sehr gutmütige Frau von ungefähr fünfzig Jahren. Es überraschte mich, nur wenig Luxus in ihrem Hause zu finden. Die Einrichtung war sehr einfach, und außer der großen Anzahl Sklavinnen und deren Kleidern sah ich dort nichts, was kostbar zu nennen gewesen wäre ... Die Frau des Großveziers unterhielt mich mit jeder erdenklichen Höflichkeit, bis das Mittagessen hereinkam. Dann wurde ein Gericht nach dem anderen, in nicht endenwollender Reihenfolge aufgetragen, alles sorgfältig nach türkischer Art angerichtetet, die mir durchaus nicht so übel erscheint, wie man es Ihnen berichtet haben mag ... Die Bewirtung endete mit Kaffee und Parfüms, was als Beweis großer Achtung gilt. Zwei Sklavinnen beräucherten mir kniend Haar, Kleid und Taschentuch.«[25]

Alles in allem, schrieb Mary Montagu an ihre Schwester, »hatte ich in dem ersten Harem so wenig Unterhaltendes gefunden, daß ich durchaus nicht begierig war, einen zweiten zu sehen.«[26]

Auch wenn ihr Reisebrief vom 18. April 1717 rein persönlich wirkt, war dieser Haremsbesuch in Wirklichkeit doch Teil einer Dienstreise mit diplomatischer Mission. Während ihr Mann Edward Wortley sich mit dem Großwesir und dessen Stellvertreter traf, um Friedensverhandlungen zu führen, übernahm seine Frau die vom Protokoll vorgegebene Pflicht, deren Frauen einen offiziellen Besuch abzustatten. Mary Montagus Motiv für einen Haremsbesuch gründete sich also auf der machtpolitischen Bedeutung der beiden konkurrierenden Repräsentanten des Osmanischen Reiches. »Nun wäre ich geradewegs nach Hause zurückgekehrt«,[27] gestand Mary Montagu im Anschluß an ihre Haremspremiere, doch aus politischen Erwägungen besuchte die Gattin des britischen Diplomaten auch die Frau des stellvertretenden Machthabers. »Alles hier war ganz anders als bei dem Großvezier, und schon das Haus selbst verriet den Unterschied zwischen einer alten Frömmlerin und einer jungen Schönheit.«[28] Während Montagu den Harem des Großwesirs auf ein enttäuschendes Mittelmaß zurechtstutzte, malte sie den des Stellvertreters als märchenhaftes Idyll in den schillerndsten Farben aus. In einem luxuriösen Ambiente aus vergoldeten Schiebefenstern, persischen Teppichen und japanischem Porzellan »saß die Frau des Kiyaya, hingelehnt auf gestickte Kissen von weißem Atlas«, die »wunderschöne Fatima«, »deren Schönheit alles überstrahlte, was man in Deutschland oder in England liebreizend nennt ... niemand würde, wenn er sie unversehens auf einem der glänzendsten Throne Europas sähe, etwas anderes denken, als daß sie zur Königin geboren und erzogen sei, obgleich sie in einem Lande aufgewachsen, das wir barbarisch nennen. Mit einem Worte, unsere allergefeiertsten englischen Schönheiten würden neben ihr verschwinden.«[29]

In unübersehbar politischer Absicht zeichnete Mary Montagu ein scharf konturiertes Bild von der alten Frau und ihrem kargen Harem auf der einen Seite und der jungen Schönheit und ihrem luxuriösen Harem auf der anderen. Das geringe Alter und entzückende Aussehen der »schönen

Fatima« stellen eine literarische Erfindung der Lady Montagu dar, wenn nicht überhaupt die gesamte Begegnung als reines Phantasieprodukt angesehen werden muß, nachgewiesen ist jedenfalls, daß die historische Fatima und diejenige der *Briefe aus dem Orient* nicht identisch gewesen sind.[30] Dieser Kunstgriff Montagus gründet auf ihrer mit der diplomatischen Mission ihres Mannes eng verknüpften Absicht, der türkischen Staatsmacht jenen Schrecken zu nehmen, der Europa noch 1683 (als die Türken vor den Toren Wiens standen) nachhaltig erschüttert hatte. Sie wollte das herrschende Feindbild, das ihr an den Höfen Hannovers und Wiens wortreich ausgemalt worden war, demontieren und die Türkei als ein Land vorstellen, mit dem Europa seinen Frieden schließen könne. Von daher stand bei Montagu nicht die authentische Reisebeschreibung, sondern das absichtsvolle Arrangement eines Türkeibildes im Vordergrund, welches dem zeitgenössischen Feindbild einen betont positiven Landescharakter zuzuschreiben gedachte.[31] Von daher erklärt sich auch die gezielte Kritik am Wert der männlichen Beschreibungen des Orients.

Aus eben dieser absichtsvollen Sympathiekundgebung heraus entstanden auch jene Worte, für die Mary Montagu berühmt und zum Klassiker der Reiseliteratur avanciert ist: »Es ist sehr leicht zu sehen, daß sie [die türkischen Frauen] wirklich mehr Freiheit als wir haben.«[32] Und an anderer Stelle, an der Montagu sich »aus wahrem weiblichen Geiste des Widerspruchs« geneigt sah, »das Falsche eines großen Teils von dem anzuzeigen, was man bei den Autoren findet«, heißt es: »Auch ist es sehr lustig zu bemerken, wie zärtlich er [der Orientreisende Aaron Hill] und alle seine Brüder Reisebeschreiber die jämmerliche Einkerkerung der türkischen Frauenzimmer beklagen, die doch vielleicht freier als alle übrigen des Erdbodens und die einzigen Weiber in der Welt sind, die ein Leben von ununterbrochenem, sorglosen Vergnügen führen, ihre ganze Zeit zubringen mit Besuchen, Baden oder dem angenehmen Zeitvertreib, Geld auszugeben und neue Moden zu ersinnen.«[33]

Daß Mary Montagu die geschlechtlich getrennte Lebensform, die separaten Frauengemächer und die Sitte der Verschleierung nicht als Zeichen eines barbarischen Despotismus geißelte, sondern als raffinierte Symbole weiblicher Freiheit deutete, speiste sich keineswegs aus ihrer reichhaltigen Erfahrung mit dem türkischen (Frauen-)Alltag – denn von diesem war die britische Diplomatengattin unter strengen Sicherheitsvorkehrungen abgeschirmt. Ihre provokative Deutung von der Freiheit, die hinter dem Schleier liege, entsprach vielmehr genau ihrer Absicht, das Türkei- und Orientbild mit Sympathie statt Antipathie zu besetzen.

Ein deutliches Signal, das ihre demonstrativ pro-türkische Skizze sinnfällig machen sollte, hatte Mary Montagu mit einem für damalige Verhältnisse eigenwilligen Rollenspiel gesetzt, kaum daß sie türkischen Boden betreten hatte. Aus Adrianopel versicherte Montagu ihrer Schwester am 1. April 1717,

»daß ich Ihnen vollständige und wahre Nachricht von allen hiesigen Neuigkeiten gebe, wovon Sie keine mehr überraschen würde als der Anblick meiner eigenen Person, so, wie ich jetzt türkisch gekleidet bin, obschon ich glaube, Sie würden meiner Meinung sein, daß es mir vortrefflich steht. Ich will Ihnen mein Bildnis schicken, unterdessen nehmen Sie mit der Beschreibung vorlieb. Das Hauptstück meiner Kleidung sind ein Paar weite Hosen, die bis auf meine Schuhe reichen und die Schenkel auf eine sittsamere Art verbergen als unsere Weiberröcke. Sie sind aus dünnem, rosenfarbigen Damast, mit silbernen Blumen bestickt. Darüber hängt ein Hemd aus schöner, weißseidener Gaze mit gestickten Säumen. Dieses Hemd hat weite Ärmel, die bis über den Ellenbogen reichen, am Halse schließt es ein diamantner Knopf, aber Gestalt und Farbe des Busens lassen sich sehr wohl darunter erkennen. Darüber trägt man das Antery, eine Art Kamisol, enganliegend, aus weißem, mit Gold durchwirktem Damast mit sehr langen, zurückfallenden Ärmeln.«[34]

Mary Montagu war zweifellos reich genug, sich in der kostbaren Ausstattung der türkischen Frauen aus der herrschenden Oberschicht zu erproben und deren modische zweite Haut in einem genüßlichen Rollenspiel auszuprobieren. In dieser exotischen Kostümierung, »wie ich jetzt türkisch gekleidet bin«, ließ Mary Montagu sich gleich zweifach malen. Sowohl Charles Jervas als auch Jean-Baptiste Van Mour[35] verewigten die Lady »alla turca« auf der Leinwand. Im Ver-

Abbildung 14: Lady Mary Montagu in türkischem Kostüm. Gemälde von Charles Jervas (nach 1776).

lauf des 18. Jahrhunderts hat diese sichtliche Freude an orientalischem Dekor Schule gemacht; auch die Marquise de Pompadour und die Kaiserin Maria Theresia ließen sich in Gewändern reicher Türkinnen malen. Solche Kulissen- und Kostümproben signalisieren den abendländischen Sinneswandel gegenüber dem Osmanischen Reich, das seinerseits vorsichtig begann, sich nach jahrhundertelanger Isolation mit dem Westen bekannt zu machen, diplomatische Vertretungen zuzulassen und die ersten westlichen Handwerker, Ärzte und Kaufleute ins Land zu holen.

Zur selben Zeit, als Mary Montagu sich in Konstantinopel im türkischen Dekor malen ließ, erschien gerade in Paris der letzte Teil der Märchen aus *Tausendundeine Nacht* in der französischen Übersetzung von Antoine Galland. Wie Montagus *Briefe aus dem Orient* so verbreiteten sich auch diese wie ein Lauffeuer und trugen zum Wandel des christlichen Orientbildes bei.[36] An der Verbreitung eines moderaten und türkenfreundlichen Bildes wirkte Montagu mit, indem sie ihre Anwesenheit im Osmanischen Reich nutzte und ihre Rolle als authentische Beobachterin wiederholt betonte: »Wir Reisende sind schlimm dran: sagen wir nichts, als was vor uns gesagt ist, dann sind wir dumm und haben nichts bemerkt; sagen wir irgendetwas Neues, dann lacht man uns aus und hält uns für Märchenkrämer und Romanschmiede«.[37]

Es gehört zu den Kuriositäten der Literaturgeschichte, daß ausgerechnet dieses Selbstbildnis Montagus kritiklos übernommen wurde. Man lobte ihren unbestechlichen Blick und lauteren Empirismus,[38] ihren »von Mythen freien Bericht«,[39] und ihre »auf Genauigkeit bedachte Beschreibungslust«, da sie »größten Wert auf Authentizität« gelegt und sich damit »in wohltuenden Kontrast zu anderen Reisenden [gesetzt habe], die sich häufig mit Klischees bzw. Gerüchten begnügt« hätten.[40] Diese Komplimente mögen wohl schmeichelhaft für den ersten weiblichen Bericht aus Konstantinopel sein. Sie übersehen aber, daß die Versicherung, nichts als die lautere Wahrheit zu erzählen, ein handelsübliches Stilmittel darstellt, das der literarischen Darstellung ihren fiktionalen Charakter nehmen und ihre Glaubwürdigkeit erhöhen will.

Eine Lady aus Ansbach

1789 erschien in Leipzig die deutsche Übersetzung der *Briefe der Lady Elisabeth Craven über eine Reise durch die Krimm nach Konstantinopel*, adressiert an ihren Liebhaber und späteren Ehemann »Seine Durchlaucht, den regierenden Markgrafen von Brandenburg-Anspach«. Die Verfasserin der Reisebriefe ist in vieler Hinsicht mit Lady Montagu vergleichbar:

Beide waren weltoffen und neugierig, hatten literarische Ambitionen (Craven verfaßte Lustspiele und Dramen, Montagu Gedichte und Essays); beiden stammten aus britischen Adelshäusern und waren auf ihrer Reise in den höchsten gesellschaftlichen Kreisen zu Gast; beide waren zum Zeitpunkt ihres Aufenthalts in Konstantinopel um die dreißig Jahre alt und mehrfach Mutter (Craven sogar siebenfach). Im Unterschied zu Mary Montagu pflegte Lady Craven einen für den Geschmack der aristokratischen Londoner Gesellschaft ausgesprochen lockeren, um nicht zu sagen skandalösen Lebenswandel, jedenfalls hatte sie ihre leidenschaftlichen Affären (z. B. mit dem französischen Botschafter) nie zu verbergen gesucht und war darüber zum interessanten Skandalobjekt für die Londoner Zeitungen geworden. Der Anlaß für ihre ausgedehnte Reise gen Osten kam einer Flucht vor dem Londoner Gesellschaftsklatsch gleich. »Ich glaube«, schrieb Elisabeth Craven dem deutschen Markgrafen Christian Friedrich 1786 aus Pera, wo sie zum Verdruß ihrer englischen Landsleute drei Wochen lang in der französischen Botschaft residierte, »es ist allen Menschen so auffallend, daß eine Dame hierher kommt, ohne als Gemalin eines Gesandten dazu gezwungen zu seyn, daß sie mich so lange als möglich aufhalten.«[41]

Die »ewige Mummerei«

»Man sieht beinahe mehr Weiber als Männer auf den Straßen, aber sie sehen wie lebende Mumien aus«,[42] notierte Elisabeth Craven am 25. April 1786, wohlwissend, daß dieses exotische Bild das Interesse ihres gräflichen Freundes wie auch der Leserschaft des Hauses Ansbach-Bayreuth erregen würde. Sie selbst mußte sich, wenn sie Konstantinopel kennenlernen wollte, tragen lassen. »Wenn ich ausgehe, habe ich die Portechaise des Gesandten, die der meinigen ähnlich ist, und so verguldet und lackirt wie eine französische Carosse; sechs Türken tragen sie, da sie es für unmöglich halten, daß zwei oder viere eine tragen können, und zwei Janitscharen gehen voran mit hohen Pelzmützen. Die Pforte [die osmanische Regierung] giebt allen den hiesigen Gesandten Janitscharen, als eine Wache.«[43]

Cravens Bewegungsfreiheit fand also unter dem für Europäer des 18. Jahrhunderts noch obligaten militärischen Begleitschutz statt, allein oder gar zu Fuß durfte sie die Straßen Konstantinopels nicht durchqueren. Was sie von ihrem Fenster der vergoldeten Portechaise aus erleben konnte, war die Art, wie die türkischen Frauen sich kleideten. Doch bei der reinen Beschreibung ließ sie es in ihrem 45. Brief nicht bewenden: »Ein weites fliegendes Gewand von dunkelgrünem Tuch bedeckt sie von dem Hals bis auf die Erde, über diesem verhüllt ein großes baumwollenes Tuch ihre Schultern und Arme, und ein anderes verschleiert den Kopf und die Augen; urtheilen Sie selbst, ob alle diese Schleier nicht den Wuchs und Gang so verstellen, daß Männer oder Weiber, Prinzessinnen oder Sklavinnen darunter verhüllt seyn können. Mich dünkt ich habe nie ein Land gesehen, wo die Weiber so viel Freiheit, und so ohne alle Hindernisse geniessen, als in der Türkei. Ein türkischer Ehemann, der ein paar Pantoffeln an der Thüre seines Harems sieht, muß nicht hinein gehen; seine Achtung für das Geschlecht verbietet ihm sich einzudrängen, wenn eine Fremde zum Besuch da ist, wie leicht ist es also für eine Mannsperson sich einzuschleichen.«[44]

Konfrontiert mit der türkischen Sitte von Schleier und Harem, fühlte sich Lady Elisabeth Craven zu einer koketten Phantasie angeregt. Die unförmige Tracht, stellte sich die spätere Leiterin des Ansbacher Theaters vor, mache alle Frauen ungeachtet ihres Standes äußerlich gleich, gleichermaßen unkenntlich. Und da nun einmal nicht zu erkennen sei, wer sich unter den weiten Hüllen verberge, sei diese Verschleierung eine äußerst raffinierte Verkleidung, unter deren schützendem Inkognito Frauen unbehelligt ihr Spiel treiben und unter deren Deckmantel Frauen ebensogut auch ihren Liebhaber in die verbotenen Haremsgemächer einschleusen könnten. »Sie können sich vorstellen«, hatte ja bereits Lady Montagu 1718 über den Sinn der türkischen Kleiderordnung phantasiert, »wie gut die Frauen hierdurch vermummt werden, so daß die vornehme Dame nicht mehr von ihrer Sklavin zu unterscheiden ist. Es ist dem eifersüchtigsten Ehemann nicht möglich, seine Frau zu erkennen, wenn er sie trifft ... Diese ewige Mummerei gibt ihnen völlige Freiheit, ihrer Neigung ohne Gefahr der Entdeckung zu folgen ... Sie werden sich leicht denken können, daß die Zahl getreuer Weiber sehr gering in einem Lande sein muß, wo nichts von der Schwatzhaftigkeit eines Liebhabers zu befürchten ist.«[45] Kurzum, die weiblichen Türkeireisenden des 18. Jahrhunderts aus England haben sich Harem und Schleier als Symbole eines idealen Intrigenspiels zurechtgelegt.[46]

Die Ironie der Geschichte will es, daß die »ewige Mummerei«, die Montagu und Craven sich als raffinierten Vorwand für laszive Möglichkeiten ausmalten, erst ein Jahrhundert später, in der zweiten Hälfte des 19. Jahrhunderts, Anhaltspunkte in der Realität ausbildete: als die traditionelle und relativ bequeme Ausgehkleidung, die aus der »ferace« (= weiter Mantel) und dem »yasmak« (= Kopfschleier) bestand und sich durch bunte, dünne und vor allem durchsichtige Stoffe auszeichnete, mehr und mehr durch die tatsächlich sackartige, unförmige Straßenkleidung des »carsaf« ersetzt wurde – ein wahrer Käfig aus Stoffballen, der den Körper wie auch das Gesicht der Frau vollständig bedeckte und ihr jede Sicht nahm. Während der türkische Staat zu Zeiten Montagus und Cravens wiederholt Anlaß sah, die Frauen aus des Sultans Harem an einer allzu gewagten und freizügigen Kleidungsweise zu hindern und sie zu einem sittsameren Auftreten zu ermahnen, verordnete er dem weiblichen Kreis des Serails – wohlgemerkt erst in der zweiten Hälfte des 19. Jahrhunderts! – das Tragen der traditionellen »ferace« und verbot den »carsaf«, weil man tatsächlich befürchetete, dieses formlose Kleidungsstück könnte zu dem Zweck mißbraucht werden, im Schutze der stoffumhüllten Unkenntlichkeit Männern den Zugang zum Harem des Sultans zu verschaffen.[47]

Konkurrenz der »Reisendinnen«

»Es hatte seinen Moment von Fashion, als Lady Mary Worthley Montague, Gemalin des engl. Botschafters bei der Pforte, vor mehr als hundert Jahren die gute Jahreszeit dort zubrachte. Wer englisch gelernt, hat ihre wunderhübschen Briefe aus Constantinopel gelesen, und es ist wirklich schade, daß man sie immer nur als ein Schulbuch behandelt – so weit ich mich ihrer erinnere«,[48] schrieb die um 1840 viel gelesene Reiseschriftstellerin Ida Marie Louise Sophie Friederike Gustave Gräfin von Hahn-Hahn aus dem Großherzogtum Mecklenburg-Schwerin. Eine Heirat mit ihrem Vetter Friedrich Wilhelm hatte ihr nicht nur den Doppelnamen, sondern auch eine unglückliche, allein aus finanziellen Nöten begründete Ehe eingetragen, die bereits nach drei Jahren wieder geschieden wurde. Vor diesem biographischen Hintergrund suchte Ida Hahn-Hahn, ähnlich wie Therese von Bacheracht, das Vergessen auf Reisen, 1835 in die Schweiz, dann nach Österreich, 1840 Italien und anschließend Spanien und Frankreich. Sechs Bände an Reiseschriften, ungeachtet ihrer vier Gedichtbände und fünf Romane, veröffentlichte sie in diesem Zeitraum – eine Produktivität, die bis zu ihrem Übertritt zur katholischen Kirche und ihrem Rückzug ins Mainzer Kloster 1850 anhalten sollte.

1844 wartete Ida Hahn-Hahn mit einem Reisejournal auf, den *Orientalischen Briefen* in drei Bänden und gut elfhundert Druckseiten. Ebenso wie Therese von Bacheracht, die ehrlicherweise schon in der Wir-Form durchblicken ließ, daß ihr Mann sie begleitete (oder umgekehrt), begab sich auch Ida Hahn-Hahn nicht allein auf die große Reise. Mit von der Partie war ihr Lebensgefährte Lord Bystram, dessen Anwesenheit realiter von größerer Bedeutung gewesen sein wird, als die Autorin in ihren Briefen zu verraten gewillt war. Geflissentlich schrieb sie in der Ich-Form und gönnte ihrem Begleiter nicht mehr als eine Erwähnung in der Fußnote – aus gutem

Grund, denn die »Reisendin«, wie Hahn-Hahn sich zu nennen pflegte, spekulierte auf künftige Lorbeeren ihrer Leserschaft, die zweifellos um so zahlreicher ausfallen würden, je stärker sie hervorhob, daß sie als Frau und allein den Orient zwischen Konstantinopel und Kairo durchreist habe. Mit einem Wort: Ida Hahn-Hahn schrieb ihre Reisebriefe von vornherein mit dem Zweck, »sich einen Namen zu machen und eine berühmte Frau zu werden«.[49]

Diesem Ziel sah sich Hahn-Hahn durchaus entschieden näher, wenn sie das so virulente und als exotisch empfundene Thema »Orient« aufgreifen und konsequent aus weiblicher Sicht behandeln würde. Getrieben von der Hoffnung auf einen weiteren Bucherfolg, der ihre Karriere als Schriftstellerin befördern würde, wollte Ida Hahn-Hahn es mit den legendären *Briefen aus dem Orient* aufnehmen, wie schon ihr täuschend ähnlicher Buchtitel *Orientalische Briefe* signalisiert.

Ebenso wie Mary Montagu ein gutes Jahrhundert zuvor, gestaltete Ida Hahn-Hahn ihre Reisebeschreibung der Form nach als rein private Mitteilung, wählte sie das Genre des Reisebriefes, stimmte deren Gehalt auf die Adressaten ab, und versicherte ihre Glaubwürdigkeit als selbsternannte Auslandskorrespondentin. »Ich hoffe, daß all meine Beschreibungen von Constantinopel sehr der Wahrheit treu sind, weil ich ganz wie ein Neuling, ohne Vorurtheil für oder wider, hergekommen bin.«[50] Auch in der Durchführung ihres Anspruchs auf wahrhaftige Mitteilungen berechtigt das Werk Hahn-Hahns zu mindestens ebenso vielen Zweifeln wie das der Lady Montagu. Jedenfalls entsprechen Aussagen wie »ich weiß nicht, ob schon irgend Jemand eine Beschreibung von Constantinopel gemacht hat«[51] nicht der Wahrheit. Schließlich kannte Ida Hahn-Hahn nicht nur die Türkeiskizzen Therese von Bacherachts, sondern auch die des Fürsten Pückler-Muskau, mit dem sie einen regen Briefwechsel unterhielt. Und auch die *Denkwürdigkeiten und Erinnerungen aus dem Orient* von Ritter Prokesch-Osten, die der berühmte Wiener Orientalist 1836 veröffentlicht hatte, waren der ambitionierten Schriftstellerin durchaus geläufig.

Ebenso wie die berühmte englische Lady wußte die deutsche Gräfin um das ungewohnte geschlechtsspezifische Privileg, männlichen Reisebeschreibungen eine Erfahrung voraus zu haben, sofern sie über die orientalische Frauenwelt schrieb. Dieses Wissen um ihren exklusiven Rang in der Vermittlung eines scheinbar unanfechtbaren, weil auf Augenschein beruhenden Orientbildes spiegelt sich sowohl in der Ausführlichkeit wider, mit der die »Reisendin« vom Harem erzählte, als auch in dem sichtlichen Stolz, sozusagen aus berufenem Munde die geheimnisumwitterte Einrichtung beurteilen zu können. Wie vor ihr Lady Montagu, wollte sie »neugierig auf die türkischen Weiber«[52] sein und ihre journalistische Perspektive mit weiblicher Sicht verbinden, worunter die deutsche Gräfin allerdings etwas völlig anderes verstand als die englische Lady gut ein Jahrhundert zuvor, nämlich das glatte Gegenteil. Ida Hahn-Hahn setzte sich geradezu in trotzige Opposition zu ihrer auf Liberalität bedachten Vorgängerin und übte massive Kritik an dem »Reich der Despotie und Sclaverei«[53] und an dem »Joch des Harems«.[54] Dem Urteil Montagus, »daß die Frauen wirklich mehr Freiheit haben als wir«, bot Hahn-Hahn vehement Paroli: »Der Harem erniedrigt das Weib zum Vieh ... Die Männer, die sich die Erlaubniß nehmen über Dinge zu schreiben, die sie nicht kennen, haben denn auch oft behauptet, die Orientalinnen fühlten sich gar nicht unglücklich im Harem. Desto schlimmer für sie! Hat sich je eine Kuh auf der grünen Wiese unglücklich gefühlt?«[55]

Vermittelt vom österreichischen Gesandten und in Begleitung einer deutschen Gräfin, die in Pera wohnte, besuchte Ida Hahn-Hahn im September 1843 »mit jenem Interesse, das auf Unbekanntschaft beruht«, den Harem von Muchdar-Bey.

»Der ganze Salon war nun voll Frauen, von denen sich die beiden Damen des Hauses und die europäischen und türkischen Besucherinnen auf den verschiedenen Sofas niederließen, während die Sclavinnen zum Theil an der Hinterwand des Salons standen, oder den Dienst verrichteten, der darin bestand, daß man zuerst Confitüren herumreichte, von denen der Gast einen Löffel voll nimmt und dazu etwas Wasser trinkt, und darauf Kaffee in den bekannten kleinen bunten Porzellantäßchen ohne Henkel, die in einer Art von silbernem Eierbecher ruhen ... Jetzt nahm nur Muchdar-Beys Mutter einen Tschibuk; die übrigen Damen rauchten nicht – vielleicht aus Rücksicht auf uns. Wie sie aussehen, wirst Du [der Brief richtet sich an ihren Bruder Dinand Hahn] ganz neugierig wissen wollen; und da thut es mir wahrhaft leid sagen zu müssen, daß wir auch nicht eine Spur von Schönheit gefunden haben. Die Schwester des Pascha hat ein überaus gutes und wolwollendes Gesicht, aber es ist dermaßen fett und kugelrund, und die ganze Gestalt ist überhaupt von so frappanter Rundung, daß ich beständig an den Vollmond denken mußte. Sie trug einen lilafarbenen Tafftspenzer und einen buntgeblümten weißseidnen Rock, dessen Hintertheil in einem Schlepp ausläuft, beide Kleidungsstücke so unbegreiflich eng, daß man sich wundert wie diese Fülle der Formen darin Platz finden könne ... Auf dem Kopf trug die Dame das rothe Mütz-

Abbildung 15:
Jugendbildnis der Gräfin
Ida Hahn-Hahn (1805-1880).

chen mit dem blauen Quast ... Die Hände hatten keinen anderen Schmuck als die mit Hhenna orangefarben gemalten Nägel ... Nicht alle Spenzer waren bis zum Halse hinauf mit Häkchen geschlossen, sondern – gar nicht. Namentlich präsentirte Muchdar-Beys Mutter ihre volle Büste in einer Weise, die uns für eine bejahrte Dame in Europa sehr komisch erscheinen würde ... Ein Hauptgegenstand der Unterhaltung war die Verschiedenheit der europäischen und türkischen Anzüge, und besonders lebhaft sprachen sich die Damen gegen Corsets aus. Aber ihre Spenzer sind dermaßen knapp und fest umschließend, daß sie ungefähr die Stelle jener vertreten. Natürlich blieb die Conversation ziemlich auf Aeußerlichkeiten beschränkt, denn Fragen, die sie nicht beantworten wollten und die mich am meisten interessirten, z. B wie das Verhältnis einer Favoritsclavin zur Frau des Hauses sei, ließen sie fallen – als unser Dolmetsch darauf hindeutete. Hingegen sprachen sie über andre Dinge, die in Europa grauenhaft, verbrecherisch, unerhört sind, wie von einer allgemeinen Gewohnheit, und so erfuhr ich denn, daß die Frauen, wenn sie ein oder zwei Wochenbetten gehabt und derselben müde sind, die ungeborenen Kinder tödten. Nach ihren Beschäftigungen fragten wir wol auch, und sie sagten, sie hätten außerordentlich viel zu thun; aber andrerseits hieß es doch immer, Stickereien oder Beschäftigungen im Haushalt wären Arbeiten der Sclavinnen, so daß ich nicht weiß, womit sie eigentlich ihre Zeit ausfüllen. Viel Besuch empfangen, je vornehmer man ist, um desto mehr, und immer auf einen ganzen Tag, das – sagte unser Dolmetsch – sei eine der Hauptbeschäftigungen der türkischen Damen. Zeitraubend ist das nun freilich ganz entsetzlich, aber uns kommt es doch nur wie schläfriger Müßiggang vor. Am liebsten hätte ich gefragt: ›Aber vergeht Ihr denn nicht vor Langeweile in Eurer einförmigen Abgeschiedenheit, die Euch aller Theilnahme an dem Leben Eures Gatten beraubt? Ihr kennt nicht seine Freunde noch Feinde, nicht seinen Wirkungskreis, nicht seine Beschäftigungen, überhaupt nicht die Welt und die Verhältnisse, in denen er lebt. Nichts theilt er mit Euch, und Ihr müßt ihn selbst mit Euren Sclavinnen theilen; – seid Ihr denn nicht einer so herabwürdigenden Existenz zum sterben überdrüssig?‹ – Vermuthlich würden sie mir Nein! geantwortet haben, denn das Leben im Gleis uralter herkömmlicher Gewohnheit ist auch ein Leben.«[56]

Für das Flair aus *Tausendundeiner Nacht*, für eine zauberhafte Atmosphäre und für märchenhaften Glanz eines Haremsbesuchs, wie ihn Lady Montagu berichtet hatte, sah Ida Hahn-Hahn entgegen ihrer eigenen Erwartungen keinen Anhaltspunkt. Interessant ist dabei das Kriterium, an dem die deutsche Gräfin das Schicksal türkischer Frauen bemißt, nämlich beschränkt zu sein auf den häuslichen Wirkungskreis und ausgeschlossen von jeder »Theilnahme an dem Leben ihres Gatten«. Wohlweislich hütete sich Ida Hahn-Hahn, diese Kritik am türkischen Frauenleben auf die biedermeierlich deutschen Verhältnisse zu übertragen. Es irritierte sie keineswegs, daß es zu ihrer Zeit in den deutschen Ländern weder ein Wahlrecht noch eine Berufsausbildung für Frauen gab. Im Gegenteil: Persönlich konfrontiert mit den Türkinnen vertrat die Aristokratin, die den Zielen der bürgerlichen Revolution wenig zugetan war, nunmehr eine kritische Position und mißbilligte die fehlende Teilhabe der Frauen an der Männerwelt – der türkischen Frauen wohlgemerkt. Verglichen mit ihrer eigenen Erziehung störte sich Ida Hahn-Hahn insbesondere an der mangelnden intellektuellen Ausbildung der Haremsfrauen: »Du kannst Dir gar nicht vorstellen, wie das schwierig ist mit Personen zu sprechen, welche die Welt nur hinter vergitterten Fenstern und hinter den Vorhängen ihrer Arraba [Kutsche] zu betrachten, und die dennoch keineswegs von irdischen Interessen abgezogen, sondern ganz und gar drin lebend und webend sind; – denn mehr noch als der Leib, wohnt hier der Geist in einem Käfig.«[57] Gemessen an ihren eigenen Möglichkeiten, sich als Angehörige der aristokratischen Oberschicht in Lesen und Schreiben sowie in der ausgiebigen Lektüre von Zeitschriften, Romanen und Gedichten zu betätigen, erschien Ida Hahn-Hahn das Leben im Harem öde und stumpfsinnig.

Eine ähnliche Erfahrung des Kulturkontrastes machte auch die schlichte Bürgerin Ida Pfeiffer auf ihrer ersten Orientreise. »Unwissend und neugierig«, schrieb die Wienerin am 19. Juni 1842, »sind die Orientalinnen im höchsten Grad; sie können weder lesen noch schreiben, von der Kenntnis einer fremden Sprache ist schon gar keine Rede. Eine außerordentliche Seltenheit ist es, wenn eine unter ihnen Goldstickereien zu machen versteht. Wenn man mich zufälligerweise an meinem Tagebuch schreiben sah, kamen Männer, Weiber und Kinder heran, betrachteten mich und mein Buch von allen Seiten und gaben ihre Verwunderung durch Zeichen kund.«[58]

Eine Ausnahme im schicht- und geschlechtsspezifisch bedingten Analphabetentum bildeten lediglich die Haremsfrauen auf den oberen Rängen der Hierarchie im Serail. Diese waren schon seit der Errichtung der Palastschule im 15. Jahrhundert als Angehörige der Haremselite in ein Bildungsprogramm einbezogen worden, welches aus Sprechen und Lesen der türkischen Sprache, Kenntnissen des Koran und islamischen Rechts sowie aus Instrumentenspiel und Gesang bestand. Zu diesen gebildeten Frauen des Osmanischen Reiches gehörten die »kadin efendis«, die Ehefrauen des Sultans, dann die »ikbal«, die Konkubinen auf der zweithöchsten Rangstufe im Harem, sowie vor allem die Töchter und Schwestern des Sultans. Bis 1859, als die erste Mädchenschule gegründet wurde, waren diese Frauen die einzigen des Osmanischen Reiches, die in den Genuß einer Bildungseinrichtung kamen. Gemessen allerdings an Art und Umfang der Lektüre, wie sie europäische Frauen der höheren Schichten gewohnt waren, wirkten selbst die alphabetisierten Türkinnen aus dem Serail ungebildet. Romane zum Beispiel, ein Bildungsgut, das unter deutschen Frauen weit verbreitet war, gab es in türkischer Sprache lange Zeit gar nicht. Der erste Roman in der Türkei erschien überhaupt erst 1862; es handelte sich dabei um eine Übertragung des abenteuerlichen Fürstenspiegels *Telemach* von dem französischen Theologen Fenelon; ein Jahrzehnt später erschienen dann auch die ersten von türkischen Autoren verfaßten Romane.

Der Harem »europäisiert« sich

»Nachdem unser Besuch etwa eine Stunde gewährt haben mogte«, fuhr Ida Hahn-Hahn in ihrer Haremsschilderung aus Konstantinopel 1843 fort, »wollten wir ihn beenden, wurden aber statt dessen zum Frühstück eingeladen und durch das achteckige Vorzimmer in einen langen Speisesaal geführt ... Dann setzen wir uns auf europäischen Stühlen an einen ganz europäisch gedeckten langen Tisch, auf dem Blumenvasen, Fruchtschaalen, Glaswerk, Teller, lauter gewohnte Gegenstände sich befanden, und die Sclavinnen bedienten auch ebenso gut als unsere Domestiken. Es war ein vollständiges Diner, das mit europäischer Suppe und anderen Speisen begann, wobei uns angenehm auffiel, daß man stets mit dem Teller die silbernen Messer und Gabeln wechselte. Hättest du diese Hyperkultur in einem Harem geahnt?«[59] Diese Frage an ihren Bruder war zweifellos rhetorischer Natur, denn zu Ida Hahn-Hahns Vorstellung vom Orient wollten die europäischen Accessoires nicht recht passen.

Das Phänomen, das die »Reisendin« herb enttäuschte, war die allmähliche Anpassung der osmanischen Oberschicht an die europäischen Sitten und Gebräuche. Ausschlaggebend dafür war der politische Wille zur Westorientierung des Sultanats, der um 1840 die Welt hinter den Haremsgittern zu verändern begann. In dem einsetzenden Prozeß der Akkulturation wurde der geschlossene Kulturkreis traditionell türkisch-osmanischer Gepflogenheiten peu à peu durchbrochen und westliche Elemente in die eigene Kultur aufgenommen. Dieser von türkischen Geschichtsschreibern des 20. Jahrhunderts als »Europäisierung« bezeichnete Prozeß löste bei Ida Hahn-Hahn den Unmut aus. Sie vermißte ihr romantisches Ideal von Ursprünglichkeit und störte sich daran, europäische Uhren, Bilder und Möbel an einem Ort registrieren zu müssen, der in Europa zum Mythos des Kulturkontrastes stilisiert worden war.

Zu dem Zeitpunkt, da Ida Hahn-Hahn Indizien für eine kulturelle Verfälschung oder gar »Hyperkultur« zu entdecken glaubte, stand die Periode eines tiefgreifenden staatlichen Wandels, die sich in den sogenannten Tanzimat-Reformen dokumentierte, erst an ihrem Anfang. Der preußische Beobachter und spätere Generalfeldmarschall Helmuth von Moltke machte allerdings die Einschränkung: »Die Weiber sind streng bewacht und von allem Umgang, außer mit Frauen, geschieden. In diesem Punkte sind alle Muselmänner einverstanden, und die Reformen werden gewiß zu allerletzt in die Harems dringen.«[60] Trotz untrüglicher erster Anzeichen einer Übernahme westlicher Accessoires, wie Ida Hahn-Hahn sie bemerkte, hatte ein Haremsbesuch also für deutsche Frauen um 1840 noch nicht an Reiz verloren. Dies macht auch der Bericht der Frankfurterin Maria Belli deutlich, die sich seit ihrer Ankunft in Konstantinopel beharrlich bemüht hatte, eine immer noch vergleichsweise seltene Einladung in einen Harem zu erhalten. »Den Abend brachte mir Frau Balbiani die sehr angenehme Nachricht, daß es ihr durch die Verwendung einer Hebamme gelungen sei, mich morgen in den Harem des Pallastes des Equim-Baschi (Leibarzt des Sultans) nach Babek zu bringen«, berichtete Maria Belli 1845 vom Lohn ihrer Beharrlichkeit. Mit dieser Aussicht auf ein exklusives Reiseerlebnis sorgte sie nicht nur für ein persönlich so empfundenes Abenteuer, sondern auch für Aufregung in ihrer Pension in Pera.

»Meinen Anzug für den andern Tag besprach man eifrig. Leider hatte ich meine besseren Kleider von Wien aus zurückgeschickt, nicht ahnend, wie nützlich mir eins davon in der Türkei gewesen wäre. Alle meine Schmucksachen wurden herbei geholt, und man rieth mir, sieben Broschen mit mehreren Nadeln über einander zu stecken, und ein Bracelet, welches ich mir von den bei der Frankfurter und Mainzer Blumenausstellung erhaltenen Medaillen hatte fassen lassen, als Orden auf die rechte Seite der Brust zu hängen ... Fräulein Balbiani [die übrigens ein Jahr zuvor bereits Ida Hahn-Hahn begleitet hatte] und eine griechische Dame, welche ganz geläufig türkisch sprach, wollten mich begleiten ... Die Herren beneideten uns um diesen Besuch und machten allerlei komische Vorschläge, um sich anschließen zu können. Es ist Sitte, den türkischen Damen ein kleines Geschenk von Dragee oder dergleichen mitzubringen, und wir fuhren nun, mit diesen Sachen ausgerüstet, um elf Uhr Morgens durch Tophana nach dem Hafen, wo ein Kaik [Boot] von zwei Ruderern geführt, unserer harrte ...

Am Pallaste angelangt, mußte unser Dragoman im Kaik bleiben, und Signora Maria klopfte an den Eingang zum Harem. Eine Sklavin öffnete und führte uns einer breiten Treppe hinauf, in einen großen Vorsaal ... Von den nach vorne gelegenen mit Gitterwerk versehenen Fenstern hat man die Aussicht auf den Bosporus, und von den ebenfalls vergitterten hinteren Fenstern sieht man in den Garten. Alles war mit feinen Matten belegt und ganz besonders rein ... Wir wurden sogleich von sechs bis acht Sklavinnen umringt, worunter zwei Negerinnen; auch zwei kleine Mädchen von acht bis neun Jahren gehörten zu der Dienerschaft ... Sie trugen weiße oder helle kattunene Kleider, betrachteten uns voll Neugierde, und hörten nicht auf, die Signore Maria über uns auszuforschen. Nach einiger Zeit wurde Kaffe servirt, und die Mutter der Frau des Hauses trat ein ...

Wir sahen zum erstenmal, wie die Türkinnen im Hause eigentlich gekleidet sind; die kleine Schleppe ausgenommen, die lang und schmal ihnen nachzieht, finde ich die Kleidung schöner, als man die Türkinnen auf dem Theater gewöhnlich darstellt. Die vornehmen Damen tragen keine Turbane mehr, sondern stecken entweder Tücher von weißem Mousseline mit getuschten, farbigen Bordüren und mit einer schmalen Blumengirlande besetzt, auf ... oder sie setzen einen Fes auf, den sie auch mit Blumen und Schmuck einfassen ... In der Mitte des Divans saß die Frau des Hauses, in Grün und Weiß gekleidet, mit einem Fes auf dem Kopfe, und ausgezeichnetem Schmucke. Besonders hatte sie Rubinen von einem Glanz und einer Größe, wie ich sie früher nie gesehen habe ... Als wir in's Zimmer traten, wurden wir nach dem üblichen Begrüßen auf das Sopha zum Sitzen gewiesen. Signora Maria hingegen stürzte sich vor jeder Türkin auf die Knie und küßte den Saum ihres Kleides. Die Frau des Hauses fragte nach Namen, Wohnort und Grund der Reise, auch erkundigte sie sich, von wem ich den Orden erhalten hätte, und man sagte ihr, es sei ein Geschenk des Kaisers unserer Stadt, dem mein Mann als Banquier schon große Dienste geleistet habe. Auch ich selbst hätte mir durch meine Blumen-Kultur Verdienste erworben ... Da ich äußerst kurzsichtig bin, und doch den Wunsch hatte, die Damen genau zu sehen, ließ ich sie fragen, ob sie mir erlauben wollten, mich meiner Lorgnette zu bedienen. Sie gewährten es, und diese Art zu sehen, machte sie beständig lachen.«[61]

Eher nüchtern registrierend denn überrascht über die kulturelle Angleichung stellte Maria Belli bei ihrem Rundgang durch den so genannten »Rosen-Pallast« des Leibarztes Garten fest, daß die Zimmer »halb türkisch und deutsch eingerichtet«[62] waren, und daß »ein arg verstimmter Flügel, auf welchem eine Violine, ganz veraltete Claviermusik und Lieder in italienischer Sprache lagen«,[63] zum Haremsinventar des Jahres 1845 gehörte. Statt der traditionellen osmanisch-türkischen Kunstmusik, die Instrumente wie die Langhalslaute, die Trapezzither und das Tamburin verwendet, war das Klavier zum wichtigsten neuen Musikinstrument des Harems geworden. In dieser Hinsicht war das westliche Vorbild der osmanischen Oberschicht deutlich wahrnehmbar; und jeder, der sich einen Harem, also einen größeren Haushalt mit mehreren Zimmern und Frauen, leisten konnte, legte nunmehr auch Wert auf den Besitz eines Klaviers, weil er damit über dasselbe Statussymbol verfügte wie die gehobenen Gesellschaftsschichten in Wien oder Berlin, die ihre höheren Töchter zum repräsentativen Müßiggang und artigen Klavierspiel erzogen.

Daß man ausgerechnet italienische Lieder bevorzugte, wie Maria Belli an den Noten beobachtete, war Giuseppe Donizetti zu verdanken, dem Bruder des berühmten italienischen Opernkomponisten, der 1828 nach der Vernichtung der Janitscharen-Armee und damit auch ihrer Militärmusik am Osmanischen Hof eine Musikschule gründete, eine neue Militärkapelle aufbaute, das europäische Notensystem einführte und Unterricht im Klavierspiel und Gesang italienischer Arien erteilte.[64]

Hinter den Kulissen, unbeobachtet von den Reisenden, hatte sich zur selben Zeit übrigens eine weitere Neuerung durchgesetzt: Erstmals gab es am Osmanischen Hof ein Haremsorchester, das bei großen Festen im Schloßgarten spielte, hinter einem Wandschirm vor männlichen Blicken verborgen, und dessen Musikerinnen goldbestickte Uniformen aus dunkelrotem Samt und kurzgeschorene Haare trugen.[65]

Rund 20 Jahre später veränderte sich der Sultansharem grundlegend. Er befand sich nun nicht länger in den alten Gemäuern des Topkapi Serail, sondern im Herrschaftspalast Dolmabahce, der an Marmor und Gold, Kronleuchtern und Raumgröße alle Repräsentationsbauten europäischer Staatshäupter übertreffen wollte – wofür im Gegenzug die Staatsverschuldung ins Gigantische wuchs. Die seinerzeit in ganz Europa gerühmte Luxusausstattung mit dem größten Thronsaal brachte für die Haremsfrauen komfortable Bäder und ein pompöses Ambiente, das zwischen neo-barocker Stillosigkeit und »neuem türkischen Renaissancestil«[66] angesiedelt war. Undenkbar, daß sie in dieser Pracht, die dem französischen Sonnenkönig alle Ehre eingelegt hätte, noch mit Finger oder Löffel hätten essen können! 1860 wurde im Sultansharem also die Sitte eingeführt, Messer und Gabel zu gebrauchen. Auch wurden die Speisen nunmehr am Tisch serviert und nicht mehr per Tablett auf niedrigen Schemeln. »Nicht nur die Einrichtung der Haremsräumlichkeiten war im neuen Palast kaum noch von der in den Salons französischer Damen zu unterscheiden. Auch in bezug auf die Mode orientierte man sich nun mehr und mehr an Europa.«[67] Der Harem verlor auf diese Weise allmählich jene Grundlagen, die sein geheimnisvolles Flair im europäischen Bewußtsein geprägt hatten – was am Bild des Harems als unbedingt reizvolles Reiseziel gleichwohl nichts änderte. Noch gegen Ende des 19. Jahrhunderts würde diese Welt von deutschen Frauen besucht werden.

Kapitel 5

Im Schatten des Großherrn durch die osmanische Provinz

Das Osmanische Reich am Zentrum seiner Macht und in Form seiner Hauptstadt besucht zu haben, genügte vielen, aber bei weitem nicht allen Reisenden des 19. Jahrhunderts, schließlich war das Türkenreich von legendärem Ausmaß und warf einen langen Schatten, der bis an den Persischen Golf reichte. Die kleinasiatische Landmasse zu durchqueren allerdings vermieden die Reisenden in der Regel, sofern sie keinen zwingenden Grund hatten, denn das gebirgige Anatolien zu passieren war, wie der Ingenieur Friedrich Julius Seiff 1875 schilderte, »mit Anstrengungen verbunden und erfordert auf alle Fälle eine zähe Constitution und gute Nerven, denn wahrhaft entsetzlich und selbst nicht ganz gefahrlos sind bisweilen die schmalen, ungebahnten Pfade, auf denen man an schwindelerregenden Abgründen entlang reitend, die mächtigen, Thal von Thal scheidenden Felsenrücken zu übersteigen hat, welche sich nach allen Richtungen durcheinander schieben«.[1] Zu der Tatsache, daß eine Reise durch Kleinasien ein ausgesprochen mühseliges und zeitraubendes Unterfangen war, kam noch die Frage der Sicherheit. »Bei der ausserordentlich dünnen Bevölkerung, der theilweise grossen Armuth derselben, sowie in Folge der Schwäche der Regierung und der Sorglosigkeit ihrer Beamten, lässt dieselbe im Allgemeinen viel zu wünschen übrig und scheinen Raubüberfälle nicht eben zu den Seltenheiten zu gehören.«[2]

Seit 1835 das erste englische Dampfschiff in Beirut, dem Hafen von Damaskus, angelegt hatte und bald auch regelmäßige Verbindungen zwischen allen wichtigen Häfen des Mittelmeers eingerichtet waren, konnten Reisende das unwegsame Kleinasien umschiffen und dennoch die Provinzen des Großherrn kennenlernen. Vergleichsweise bequem und schnell zugänglich, rückten nunmehr auch die arabisch sprechenden Provinzen Groß-Syriens in den Status eines Reiseziels auf. Dieses Gebiet, unterteilt in mehrere Verwaltungseinheiten, umfaßte in etwa die Fläche der heutigen Staaten Syrien, Libanon, Jordanien und Israel.

»Nach den Küstenorten können auch Frauen gelangen, ohne sich viel zumuthen zu müssen«,[3] vermerkte Moritz Busch 1860 in seinem Reisehandbuch über die Türkei, das er im Auftrag der Österreichischen Lloyd geschrieben hatte. Mit derselben Schiffahrtsgesellschaft war knapp zwanzig Jahre zuvor Ida Hahn-Hahn nach Beirut gereist, zu einer Zeit, als es noch nicht einmal deutsche Reisehandbücher über Syrien gab, geschweige denn spezielle Reiseberichte von Frauen, die über die zu erwartenden Bedingungen hätten informieren können. Um die mit der Unkenntnis verbundene Unsicherheit zu mindern, bereitete sich Ida Hahn-Hahn 1843 sehr umsichtig auf ihre Weiterreise vor. In Konstantinopel mietete sie sich zunächst einen Dragoman an, der wiederum eine entsprechende Ausrüstung einkaufte, da sie weder im Libanongebirge noch in der syrischen Wüste mit einer passenden Unterkunft und Versorgung rechnen konnte. »Zwei Zelte, Matratzen mit Zubehör, ein Tisch und zwei Stühle, Koch-, Speise-, Wasch- und Kaffeegeschirr, Servietten und Handtücher, Leuchter, Licht und Laterne, Lebensmittel von Reis, Makaroni, Thee, Chokolade, Kaffee, Citronen und Zucker: das hat er nach und nach angeschafft. Ein Paar kleine Manteltäsche dazu, und wir hatten Gepäck für drei Pferde.«[4] Aber auch die Gräfin aus Mecklenburg selbst war nicht müßig. Abgesehen von ihrem Entschluß, ihre »gezierte Kammerjungfer« nach Hause zu schicken, »weil dergleichen Leute nicht für den Libanon und die Wüste taugen«, hatte sie sich bereits in Wien ausgiebig mit der Frage beschäftigt, welche Kleidung für die Reise geeignet sei.

In Männerkleidung

Aus der Tatsache, daß weder das Reiseland mit seiner Infrastruktur noch die europäischen Schneider auf weibliche Fernreisende eingestellt waren, zog Ida Hahn-Hahn rechtzeitig die Konsequenzen: »Das Klügste, was ich seit langer Zeit gethan, ist, daß ich mir in Wien einen vollständigen, nicht Männer- aber Knabenanzug machen ließ, ein costume de gamin von größter Einfachheit, Blouse und Pantalon von staubfarbenem Wollenstoff, roth und weiß gestreifte Hemden, runder Strohhut, geknöpfte Schuhe von coutil [Baumwolle] – ganz namenlos bequem für diese Reise, wo man im Zelt, also in Kleidern schläft, und sehr steile und steinige Wege zu Fuß bergauf oder bergab macht. Das lange Reitkleid und unser gewöhnliches Kleid sind Beide vollkommen unpraktisch, und mein Anzug, den ein brauner Burnus bei Regenwetter vervollständigt, ist durch und durch empfehlenswerth.«[5]

Diese Mitteilung war für die damaligen Leserinnen der *Orientalischen Briefe* sicherlich sehr interessant, weil sie darin einen vollständigen Gegenentwurf zu ihrer heimischen Situation erkennen konnten: Der Reisenden war eine angenehme (Bewegungs-)Freiheit vergönnt, während sie unter der (Kleider-)Ordnung zu leiden hatten, unter »jenen ästhetischen Folterinstrumenten, die die Mode in Gestalt von Schnürkorsetten und Fischbeinleibchen für Frauen bereithielt.«[6] Die Frage, wie Ida Hahn-Hahn die Kleiderfrage für sich gelöst hatte, war insofern ein Vergleich divergierender Frauenbilder. Hahn-Hahns Gegenentwurf konnte sogar den Charakter eines direkten Vorbildes annehmen, denn für diejenigen, die ihrerseits mit dem Gedanken an eine Orientreise spielten, besaß ihr Handeln einen praktischen Informationswert. Auch wenn sich Hahn-Hahns unkonventionelle Befreiung von der deutschen Kleidermode gar nicht einem grundsätzlichen Emanzipationsanliegen verdankte,[7] so mußte sie doch zu unkonventionellen Mitteln greifen. Sie tauschte Rock gegen Hose, um sich einen praktikablen Bewegungsspielraum zu verschaffen; sie paßte ihr Äußeres sozusagen der Freiheit an, die sie sich mit ihrem Reisen genommen hatte.

Bei einem renommierten zeitgenössischen Rezensenten löste Ida Hahn-Hahns Mitteilung und Empfehlung über ihre Kleider-Verwandlung nur Hohn und Spott aus. In der *Augsburger Allgemeinen* quittierte Jakob Fallmerayer die geschlechtsspezifische Notwendigkeit, sich ein Reisekostüm erfinden zu müssen, mit dem bissig ironischen Kommentar: »Damit aber auch dem weltfremden Leser ja keine Originalität der edlen Reisendinn verborgen bleibe«, werde sogar mitgeteilt, daß »die Frau Gräfin nicht nach morgenländischer Damenweise à Califourchon«, also rittlings zu Pferd sitze, »sondern quer und mit dem rechten Fuß im Steigbügel en habit de gamin! ... was zur öffentlichen Glückseligkeit und zur Kunde des Orients natürlich ungemein viel beiträgt.«[8]

Der Maßstab, den Fallmerayer an die Reisebeschreibung Ida Hahn-Hahns anlegte, entsprach dem typisch deutschen Verständnis von Orientalistik als einer Wissenschaft vom Orient, die ausschließlich auf archäologischen, geographischen und philologischen Untersuchungen fußen wollte – im Unterschied zum französischen und englischen Wissenschaftsbegriff, der auch den Wert von Reisebeschreibungen anerkannte. Von daher hätte die »hochgeborene Gräfin« in den Augen des Orientalisten Fallmerayer nur bestehen können, wenn sie wenigstens, wie ehedem Lady Montagu, »auf der bezeichneten Wanderbahn im Orient als erste Beschreiberin aufgetreten«[9] wäre. Eben diese wissenschaftlich akzeptierte Leistung und dieser von der Gräfin ja durchaus erträumte Konkurrenzpunkt war historisch schon an die Engländerin vergeben.

Ironischerweise hatte es auch die von Fallmerayer hoch geschätzte Lady Montagu für wert befunden, Worte über ihr Reitzeug zu verlieren. »Mein Seitensattel«, schrieb Montagu 1717, »ist der erste, den man in diesem Teil der Welt gesehen hat, und wird mit ebensoviel Verwunderung angegafft wie das Schiff des Kolumbus bei der ersten Entdeckung Amerikas.«[10] Die von Fallmerayer behauptete »morgenländische Damenweise à Califourchon« war also ebensogut von einer Frau aus dem Abendland als neue Sitte importiert worden wie ein Jahrhundert später die von ihm geschmähte sportliche Reithaltung der Ida Hahn-Hahn.

Mit Bedauern mußte die Gräfin aus Mecklenburg zur Kenntnis nehmen, daß sich die historische Leistung Montagus nicht wiederholen ließ, als »erste Christin seit Jahrhunderten« die Türkei zu beschreiben. Ihr blieb nurmehr, mit einer Kuriosität in die Geschichte eingehen: »Zum Schluß etwas Komisches. Endlich habe ich den Firman bekommen, den ich zur Fortsetzung meiner Reise vom Ministerium des Aeußern – europäisch geredet, denn die türkischen Bezeichnungen kenne ich nicht – begehrt habe. Er soll unnütz sein; aber das thut nichts! in diesem Lande muß man sich für alle Fälle rüsten. Es hat aber Mühe gemacht, ihn zu bekommen, und der Secretär, dem die Ausfertigung eines solchen Firmans zukommt, hat nicht gewagt, die Verantwortung allein über sich zu nehmen und ihn auszustellen; höhere Beamte sind zu Rath gezogen worden. Und nun rathe weshalb! — Weil noch nie eine Frau einen Reisefirman begehrt hat. Es war mir vorbehalten, diesen in den Annalen des osmanischen Reiches unerhörten Fall herbeizuführen und ich werde nicht ermangeln, dies außerordentliche Document mit mir nach Europa zurückzubringen, weil es vielleicht einzig in seiner Art auf der Welt ist.«[11]

Kurios wirkt der Stolz über diese weibliche Premiere und amtliche Trophäe, denn dieses »außerordentliche Document« hat ihr nach eigenen Aussagen im weiteren Verlauf tatsächlich nicht weitergeholfen. Lächerlich aber war dieses Verhalten nicht, stand doch drei Jahre später im ersten *Handbuch für Reisende in den Orient* von 1846 der Ratschlag zu lesen: »Um in der Türkei und ohne Hinderniß reisen zu können, bedarf es eines Firmans, den man sich durch Vermittlung seines Consuls oder Gesandten verschaffen kann«.[12] Hinter der umsichtigen, wenn auch unter Umständen vergeblichen Bemühung, sich mit Brief und Siegel des oberstes Gebieters auszustatten, verbarg sich eine berechtigte Sorge um die eigene Sicherheit, sobald die Reisenden in Gebiete wollten, in denen die Allmacht des türkischen Sultans nur bedingt Geltung besaß.

In Frauen- und Landestracht

Syrien galt als gefahrvolle Provinz, die in einem von den Franzosen unterstützten Krieg 1833 der Herrschaft der Osmanen entzogen und derjenigen des ägyptischen Vizekönigs Ibrahim Pascha unterworfen wurde. Auf das

Risiko einer Landreise, die von Beirut über Aleppo durch die syrische Wüste bis nach Bagdad führte, stellte sich 1835 das expeditionsfreudige Forscherehepaar Pauline und Johann Helfer ein, mit einer, wie Pauline, die spätere Gräfin Nostitz, rückblickend urteilte, »tragikomischen Scene: die Anlegung türkischer Männertracht.«

»Sicherheit und Schicklichkeit geboten, meine Frauenkleider abzulegen. Frauen können im Orient nur in geschlossenen Sänften oder ganz verhüllt zu Pferd sitzend reisen, wobei natürlich freie Aussicht und Verkehr mit Menschen unmöglich sind. – Ich wollte jedoch nicht wie ein Ballen Waare im verschlossenen Kasten oder wie eine Mumie eingewickelt die schöne Welt, die meiner wartete, durchziehen; ich wollte sehen, hören und lernen, und das konnte ich nur in Männertracht.

Meine Freundinnen waren mir bei der Umwandlung in einen Mamluken [eigentlich eine Bezeichnung für Militärsklaven, die in der Politik Ägyptens eine wichtige Rolle gespielt hatten und 1811 in einem Massaker ausgemerzt wurden] behülflich. Jede half mir ein anderes Stück der ungewohnten Kleidung anlegen. Als aber das Fes und der Turban an die Reihe kamen, in welche mein starkes Haar sich unmöglich hineinzwängen ließ, das auch unter dem schweren persischen Shawlstoff mir unerträglich die Hitze gemacht hätte, wollte sich keine entschließen, auf meine Bitten die Schere anzulegen; und als ich endlich selbst die Schere ergriff und mit einem herzhaften Schnitt den Zopf vom Kopfe trennte, erscholl von allen Seiten ein Schluchzen und Wehklagen, als gäbe es einen lieben Todten zu beweinen. Auf mich machte der Vorgang einen lächerlichen Eindruck, während ich unter andern Umständen vielleicht auch mitgeweint haben würde.

Als endlich nach Einstecken eines Dolches und zweier Pistolen in den breiten Gürtel meine Toilette vollendet und ich nun einem jungen Türken nicht unähnlich war, führte man mich zu dem größern Kreise der versammelten Bekannten, wo ich Helfer ebenfalls schon in muselmännischer Tracht fand.

Wir erschienen uns beide so sehr verändert, daß wir uns kaum wiedererkannten und hoffen durften, auch von Fremden nicht erkannt, sondern für ein Brüderpaar gehalten zu werden.«[13]

Auch nach 1840, als Syrien von den Osmanen zurückerobert war (woran der preußische Militär Moltke maßgeblich mitzuwirken versuchte), wurde die Provinz weiterhin als gefahrenträchtiges Reiseziel eingestuft. Mit der militärischen Wende, verbreitete das *Brockhaus Konversationslexikon*, habe »die Verwilderung und die Unsicherheit nur einen neuen Aufschwung genommen, wie die häufigen blutigen Zwiste zwischen den Drusen und den Maroniten« im Libanon bewiesen.[14] Aus eben diesem Grund verschob Ida Pfeiffer 1842 ihre Abfahrt von Konstantinopel »von Tag zu Tag, denn die Berichte aus Beirut und Palästina lauteten gar zu ungünstig. Als ich mich bei meiner Gesandschaft um einen Ferman (türkischen Paß) bewarb, widerriet man mir die Reise nach jenen Ländern. Die Unruhen im Libanon sowie die Pest seien zu mächtige Feinde, um sich ohne die dringendste

Abbildung 16: Ida Pfeiffer im Reisekostüm.
Lithographie von Adolf Dauthage, um 1856.

Notwendigkeit einer solchen Gefahr auszusetzen.«[15] Unter den zu erwartenden extremen Bedingungen verblaßte das Gebot der Schicklichkeit; freimütig relativierten Pfeiffers männliche Bekannte das Dogma weiblicher Anmut und nahmen die Predigt des *Journal des Luxus und der Moden* zurück, daß zu den »frechsten Zügellosigkeiten die Umkleidung der Damen in Männer«[16] gehöre. Um das Risiko zu mindern, forderte man die Wienerin regelrecht auf, eine ähnliche Schutzkleidung anzulegen wie Pauline Helfer.

»Man riet mir, die Reise in Männerkleidung zu machen, allein ich fand diesen Rat nicht klug, indem meine kleine, magere Gestalt wohl für einen

Jüngling, mein ältliches Gesicht [Ida Pfeiffer war zu diesem Zeitpunkt 44 Jahre alt] aber für einen Mann gepaßt hätte. Da mir aber der Bart fehlte, so würde man die Verkleidung gleich geahndet und ich mich dadurch mancher Unannehmlichkeit ausgesetzt haben. Ich zog es vor, meine einfache europäische Tracht, die aus einer Bluse und Beinkleidern bestand, beizubehalten. Auf dem Kopf trug ich einen runden Strohhut. In der Folge wurde ich immer überzeugt, wie gut ich getan, mein Geschlecht nicht zu verleugnen. Man begegnete mir überall mit Achtung und hatte oft Nachsicht und Güte für mich, gerade weil man auf mein Geschlecht einige Rücksicht nahm.«[17] Standhaft bekannte sich Ida Pfeiffer also zu ihrem Habitus, der sie als Frau kenntlich machte, wobei sie allerdings die riskante politische Lage, die auch ihr zur Bedrohung hätte werden können, geflissentlich übersah. Denn im Grunde forderten ihre Begleiter sie ja weder zu einer wirklichen Geschlechtswandlung noch zu einer rein spielerischen Verwandlung auf, sondern versuchten ihr deutlich vor Augen zu stellen, daß das Reisen in der aktuellen Situation Syriens eine Art touristisches Mimikry verlange.

Um möglichst unauffällig das Land durchreisen zu können – und eine schon dem Aussehen nach fremde Frau sorgte auf jeden Fall für Aufsehen, selbst wenn sie sich selbst als unscheinbar empfand –, rieten die männlichen Mitreisenden zu der überaus unkonventionellen Verkleidung, wie männliche Reisende derselben Jahre mitunter selbst den Schutz der Verwandlung suchten, um ihr Ziel erreichen zu können. So schlüpfte Alfred von Kremer während seiner Reise 1849 in orientalische Tracht, um gefahrlos von Smyrna nach Syrien zu gelangen und in Damaskus seiner Aufgabe als Topograph nachgehen zu können.[18] Ebenso verkleidete sich der Reiseschriftsteller Heinrich Freiherr von Maltzan als algerischer Muslim, um in das islamische, den Christen streng verbotene Pilgerziel Mekka eindringen zu können.[19] Maltzans Verkleidung lag somit noch nicht einmal eine rein pragmatische Entscheidung zugrunde, allein getroffen um der Reisesicherheit willen – wie es bei Ida Pfeiffer der Fall gewesen wäre, wenn sie denn Männerkleidung angelegt hätte. Er verwandelte sich vielmehr aus reiner Abenteuerlust und des prickelnden Gefühls wegen, verbotene Wege zu beschreiten, in einen muslimischen Pilger.

Nach Damaskus

Einmal angekommen in Syrien, schloß sich Ida Pfeiffer der Gesellschaft zweier Grafen an und unternahm unter anderem einen Ritt von Beirut durch das Gebirge nach Damaskus. Am 2. Juli 1842 notierte sie: »Nach einem fünfstündigen, äußerst beschwerlichen Ritt gelangten wir endlich auf den Rücken des Libanon, wo wir einen Chan fanden und uns eine Stunde Ruhe gönnten. Dieser Punkt bietet einen schönen Anblick. Die beiden höchsten Bergrücken des Libanon und Antilibanon bilden hier ein Tal, drei Stunden lang und fünf bis sechs Stunden breit. Unser Weg zog sich über den Bergrücken hinab und mehrere Stunden in dieser malerisch gelegenen Ebene fort bis zu dem Dorf Medj del Andaar, in dessen Nähe unsere Zelte aufgeschlagen wurden. Selten wohl mag eine Europäerin in diese Gegenden kommen, ich mußte daher den Eingeborenen ein ungewöhnlicher Anblick sein. Deshalb kamen auch an jedem Ort, wo wir anhielten, viele Weiber und Kinder zu mir, betrachteten mich von allen Seiten, betasteten meine Kleider, setzten meinen Strohhut auf ... Man sagte uns, die Reise durch die Gebirge der Drusen und Maroniten sei höchst unsicher, und riet uns daher, eine Eskorte mitzunehmen; da wir aber beinahe alle Stunden Karawanen begegneten, fanden wir eine solche Vorsicht ganz unnötig und gelangten auch glücklich ohne den geringsten Unfall nach Damaskus.«[20]

Weniger gefahrträchig als ungeheuer strapaziös empfand Ida Pfeiffer ihren letzten Tagesritt durch die felsige und steinerne Ebene am Fuß des Antilibanon Richtung Damaskus. »Wir hatten an dem heutigen Tag«, verzeichnete sie am 3. Juli 1842 in ihrem Tagebuch, »einen Weg von elf Stunden bei einer Hitze von fünfunddreißig bis sechsunddreißig Grad Réaumur [das sind 43-45 Grad Celsius] zurückgelegt und durch den glühendheißen Wind, der noch dazu seinen Sand mit sich führte, unendlich viel gelitten. Unsere Gesichter waren so verbrannt, daß wir uns füglich für Abkömmlinge von Beduinen hätten ausgeben können. Diesen einzigen Tag fühlten wir auch unsere Augen ein bißchen angegriffen.«[21]

Die in Syrien und im Libanon dräuende Gefahr, »von herumstreifenden Beduinen ausgeplündert oder wohl gar gemordet« zu werden, hielt die Reisende eher für ein Gerücht. »Ich möchte beinahe glauben, daß manche Reisende Raubanfalle und gefahrvolle Begebenheiten bloß deshalb beschreiben, um ihren Erzählungen mehr Interesse zu verleihen.«[22] In Ermangelung »ernstlicher Abenteuer« hielt sie deshalb auch die türkische Militärbedeckung für überflüssig, höchstens dafür geeignet, ein niedliches Schauspiel aufzuführen: »Die Eskorte, welche uns begleitete, bestand aus zwölf Mann, einem Ober- und Unteroffizier. Oft boten sie einen malerischen Anblick, wenn sie uns zum Vergnügen auf ebenen Wegen kleine Evolutionen aufführten, ihre behenden Pferde tummelten, sich gegenseitig angriffen, dann die einen flohen und die andern sie als Sieger verfolgten.«[23]

Ernster schon wirkten bei Ida Pfeiffer Erlebnisse der Fremdenfeindlichkeit nach. Obwohl sie sich in der alten Handelsmetropole und »vielbesungenen Götterstadt« Damaskus reichlich entschädigt fühlte für ihre mühevolle Anreise, war sie tief betroffen von einem Erlebnis ihres Begleiters Hubert Sattler. Er war von Beruf Schausteller und fertigte sogenannte Cosmoramen an. Auf seiner Orientreise, die er in weiten Strecken gemeinsam mit seiner Landsmännin Ida Pfeiffer machte, skizzierte Sattler unablässig und in präphotographischem Realismus die Sehenswürdigkeiten (vor allem Städteansichten und archäologische Attraktionen). Später übertrug er diese Skizzen auf die Leinwand und führte sie dem zahlenden Publikum im Cosmorama, das auch perspektivisch-optische Zimmerreise genannt wurde, vor.

In Damaskus, notierte Ida Pfeiffer am 4. Juli 1842, wollte Hubert Sattler »den Chan, den Springbrunnen und einige andere interessante Gegenstände oder Ansichten abzeichnen. Er setzte sich zu diesem Zweck vor das große Kaffeehaus, um den Anfang mit dem Springbrunnen zu machen. Doch kaum hatte er die Mappe aufgerollt und die Zeichnung halb entworfen, als sich eine Schar Neugieriger um ihn gruppierte und, als sie seine Absicht gewahrte, ihn auf alle mögliche Art zu stören suchte. Erst stießen sie die ihm zunächst stehenden Kinder gegen ihn, daß er jeden Augenblick einen Stoß bekam und im Zeichnen gehindert wurde. Als er dessenungeachtet fortarbeitete, stellten sich mehrere Türken knapp vor ihn hin, um ihn der Ansicht des Springbrunnens zu berauben. Als Herr S. noch immer nicht den Platz räumte, hoben sie Steine auf und fingen an, nach ihm zu spucken. Nun war es höchste Zeit, sich zurückzuziehen. Herr S. packte eilig zusammen, um nach Hause zu eilen [die Reisenden übernachteten im Franziskanerkloster]. Da brach dann die volle Wut des gemeinen Haufens aus. Man verfolgte ihn mit lärmendem Geschrei, ja einige warfen sogar mit Steinen nach ihm. Glücklicherweise erreichte er dennoch unbeschädigt unser Asyl, das Kloster.«[24]

Über diese fremdenfeindliche Haltung war Ida Pfeiffer, die immerhin das erste Mal in ihrem Leben im Ausland war, sehr erschrocken. Ähnlich reagierte sie, als sie das erste Mal mit der Seuchengefahr konfrontiert wurde. So berichtete Ida Pfeiffer über ihre Weiterreise von Damaskus durch das zerklüftete Libanon-Gebirge: »Plötzlich [donnerte uns] ein furchtbares ›Halt!‹ entgegen. Erschrocken sahen wir auf, der Ruf kam von einem Soldaten, der eine Pestkranke von einem Dorf, wo sie das erste Opfer dieser schrecklichen Krankheit war, in ein anderes stark verpestetes transportieren mußte. Auszuweichen war nicht möglich, es blieb nichts anderes übrig, als daß der Soldat mit vieler Mühe die Kranke einige Schritte an die steile Bergwand hinanschleppte, und so mußten wir ganz nah an ihr vorüberziehen. Der Soldat rief uns zu, Nase und Mund sorgfältig zu verhüllen; er selbst hatte als Präservativmittel den Unterteil des Gesichtes mit Teer angestrichen.

Dies war die erste, die ich sah, und da wir ganz knapp an ihr vorbei mußten, konnte ich die Arme ganz genau betrachten. Sie war auf einen Esel gebunden, schien in ihr Schicksal ergeben und stierte uns mit ihren tiefliegenden matten Augen ganz teilnahmslos an. Von Spuren der Krankheit bemerkte ich nichts an ihr als eine auffallend gelbe Gesichtsfarbe.«[25]

Die in den Tälern des Libanon grassierende Seuche nötigte Ida Pfeiffer nicht nur, wiederholt von der geplanten Reiseroute abzuweichen, sondern auch zu einem schroffen Verhalten gegen die von der Pest Betroffenen. »Wir mußten einen bedeutenden Umweg um das liebliche Dorf Becharré machen, denn es war verpestet und mithin für uns verschlossen. Auf der andern Seite des Dorfes schlugen wir an einem Flüßchen unser Nachtquartier auf. Die Einwohner von Becharré besuchten uns, um Bakschisch zu fordern, und nur mit vieler Mühe, beinahe mit dem Stock, mußten wir sie zurückweisen, um der verhängnisvollen Berührung zu entgehen.«[26]

Die Frau von »El Tavil«

Die gängige Einschätzung einer für Syrienreisende riskanten Lage erhielt periodisch Bestätigung durch Schreckensnachrichten wie die von 1860, als das gesamte Christenviertel in Damaskus niedergebrannt worden war. Während die zeitgenössische Tagespresse ausführlich darüber berichtete, nicht zuletzt zum Beweis für die als unzivilisiert bewerteten Verhältnisse in Syrien, befand sich ebendort eine Baronin von Gerstdorf auf Reisen, wahrlich nicht zu ihrem Vergnügen, sondern weil sie – ein klassischer Fall in der Geschichte der Frauenreisen – ihrem Mann und dessen Mission folgte.

Überliefert ist *Frau Baronin v. Gerstdorf's Reise in Syrien*, während derer sie Augenzeugin jenes Blutbades von Damaskus wurde, lediglich als Fragment, das ohne ihr Wissen von ihrem Vater veröffentlicht wurde – zweifellos aus Stolz über den zwar ungewollten, aber dennoch aus seiner Sicht ergiebigen Beitrag seiner Tochter zur Wissenschaft. Zum Verständnis für die Leser der angesehenen *Mittheilungen aus Justus Perthes' Geographischer Anstalt über wichtige neue Erforschungen auf dem Gesammtgebiete der Geographie* schaltete der ambitionierte Vater, Dr. A. D. Mordtmann, einige Bemerkungen vor, die den Stellenwert der von ihm herausgegebenen Aufzeichnungen anzeigen sollten: »Die Schreiberin ist meine Tochter, Ehefrau des Baron Albert v. Gerstdorf, welcher seit 15 Jahren in K. Türkischen Militärdiensten steht, im verwichenen Sommer als

Oberst des 5. Regiments des 5. Armeecorps die Äneze-Araber in der Syrischen Wüste unterwarf und kürzlich zum Militär- und Civil-Kommandanten von Deir [gemeint ist Deir ez-Zor] ernant ist. In Folge dieser Ernennung sah sich meine Tochter veranlasst, ihren bisherigen Wohnort Aleppo zu verlassen und ebenfalls nach Deir zu reisen. Das unterwegs geführte Reise-Tagebuch hat sie mir in Form eines Briefes zugeschickt und in Betracht des reichen Inhaltes und der mannichfaltigen neuen Notizen über die Geographie dieser Strecke, über die Lebensart und Sitten der Bewohner übergebe ich dieses Tagebuch der Öffentlichkeit.«[27]

In Anbetracht der Skepsis, mit der solche Veröffentlichungen zu rechnen hatten, wenn eine Frau dafür verantwortlich zeichnete, zumal wenn mit der Öffentlichkeit vor allem der strikt männliche Kreis der Wissenschaft angesprochen war, sah sich der Vater bemüßigt, den ungeschliffenen »Styl« der spontanen Notizen sowie die Beweggründe ihrer Absenderin zu rechtfertigen: »Eine solche Reise ist etwas ganz Anderes als eine Reise im Eisenbahnwagen von der Residenz bis zum Badeorte und unter so gewaltigen Naturscenen, in der Wüste und unter den aufregenden Scenen eines Feldzuges hat man eben nicht Zeit, an dem Periodenbau zu schleifen und sich um die Regeln des Styls zu bekümmern, um so weniger, da sie an ihren Vater schreibt und nicht im Entferntesten daran denkt, als Blue-Stocking in eleganten Zirkeln zu glänzen oder mit falschem Pathos und erlogenen Gefühlen zu prunken. Zwar hat sie sich in Konstantinopel in den höchsten Kreisen bewegt, dann wenige Monate darauf war sie Zeuge der Schreckensscenen von Damaskus; ales das aber vermochte nicht die natürliche Weiblichkeit ihres Charakters zu vernichten, und in dem gegenwärtigen Briefe giebt sie sich ganz, wie sie ist.«[28]

Der fragmentarische Reisebericht der Baronin umfaßt zehn Tage und beginnt am 2. November 1864 mit der Abreise von Aleppo, einer der ältesten Städte Vorderasiens und seit dem 16. Jahrhundert (bis 1918) zum Osmanischen Reich gehörig. In dieser Stadt am Schnittpunkt alter Karawanenwege hatte sich die Baronin längere Zeit aufgehalten, und so widmete sie Aleppo ein spezielles »Adieu«: »Nach einem dreistündigen Ritt verschwand allmählich Aleppo mit seinen Minarets und endlich auch die grosse Citadelle, ohne dass ich darüber grosses Bedauern empfand; ich hinterliess keine liebe Freundin, keine Lieblingspromenade, Nichts, was mir hätte Leid thun können, ausser meinem Piano, an welchem ich so manche Stunde zugebracht hatte, und welches ich jetzt zurücklassen musste.«

Da diese Region, über die Geographen, Reisende und Historiker lange Zeit nur wenig berichtet hatten, von andauernden kriegerischen Auseinandersetzungen zwischen dem türkischen Großsultanat und den arabischen Stämmen gekennzeichnet war, reiste die Baronin selbstverständlich nicht allein, sondern in Begleitung. »Unsere Karawane bestand aus 6 Kameelen, 2 Maulthieren, Albert's Tschausch [so bezeichnete man einen türkischen Leibgardisten], unserem Soldaten Derwisch und einem Konstantinopeler, der nach Deir reiste, um dort Geschäfte zu machen.« Zu ihrer persönlichen Betreuung umgab sich die Baronin mit einer »Alten«, die als Köchin verwendet wurde, und mit ihrer Sklavin Fatma, die die Rolle einer Kammerzofe zu spielen hatte. Für den militärischen Schutz sorgten »5 Jäger, 4 Infanteristen und 40 Kavalleristen«, die freilich nicht ihretwegen aufgeboten wurden, sondern um die Bastion des Kommandanten von Gerstdorf am Euphrat mit Reis zu versorgen. Das Umfeld der Reise war also schlichtweg ein Militärtransport, und dessen Tempo hatte sich die Reisende nolens volens anzupassen.

Sieben bis zehn Stunden täglich saß die Baronin zu Pferd, was ihr allerdings weniger auszumachen schien als die Unbequemlichkeiten, die ihr bei der Durchquerung der syrischen Wüste begegneten, sobald ein Nachtlager gesucht, oder genauer gesagt, nach alter Heeressitte requiriert wurde. Die Tatsache, daß die türkischen Soldaten einem Dorf-Scheich erst »einige Ohrfeigen, die lebendige und nützlichste Sprache der Araber« beibringen mußten, bis dieser eine Unterkunft zur Verfügung stellte, hat die Baronin für Landessitte genommen und sich daran nicht gestört. Heftig jedoch wurde ihr Widerwille gegen die ihr angebotene Unterkunft erregt: »Mir kam beim Hereintreten ein fürchterlicher Qualm entgegen, so dass ich mich schnell retirirte und einen Soldaten auf Rekognoscirung schickte; dieser fand in der Mitte des Hauses einen grossen Haufen angezündeten Mistes, woran sich wahrscheinlich die früheren Hausgenossen erwärmt hatten; nachdem es hinlänglich ausgelöscht war, spazierten wir hinein, hätte ich aber gewusst, welche Nacht mir bevorstand, wäre ich draussen geblieben. Auf einem weissen Lehmkrug stand eine Lampe, worin statt Öl Butter brannte, der Scheich hatte uns einen grossen Teppich auf dem Boden ausgebreitet, auf welchem ich mich gern ausgestreckt hätte, denn in meinem Kopfe schienen die Kobolde herumzutanzen; aber die Kameele waren im Schlamm stecken geblieben, also auch unser Bett, Licht u. s. w.; endlich nach langem Warten kamen sie an und vor Allem suchte man unsere Lichte und befreite mich von der Butterlampe, dann machte man mein Bett und ich legte mich nieder, um zu schlafen. Eitler Wahn! Die Flöhe von der ganzen Wüste schienen hier eine Generalversammlung zu halten, in einem Nu war mein ganzer Körper in holperige Berge und Hügel umgewandelt; meiner Alten und der Fatma ging es eben so; das Schlafen hatte ich aufgegeben, aber mit welcher Sehnsucht erwartete ich den Morgen!«[29]

Zwei Tagesritte weiter übernachtete die Karawane bei einem Militärposten am Euphrat, wo Frau von Gerstdorf im Zelt der Beduinenfrauen die Gelegenheit zu völkerkundlichen Beobachtungen nutzte.

Am Ufer des Flusses »standen einige Soldatenzelte, worin Albert einen Kapitän mit 50 Soldaten gelassen hat; daneben sind ungefähr sechs Arabische Zelte, dem Scheich Hadschu angehörig; er selbst war abwesend, nur seine Frau und Töchter waren da, die mich empfingen, indem sie mir die Hand küssten, mich unter den Arm nahmen und in ihr Zelt führten; eine Araberin war gerade damit beschäftigt, Dari (Hirse) zu mahlen; sie klagten mir, dass sie dieses Jahr Hirse essen müssten, weil die Heuschrecken allen Weizen aufgefressen haben. Sie backen das Hirsebrod nicht, wie sie ihr Weizenbrot backen, wie ich es bis jetzt bei ihnen gesehen habe, sondern sie machen aus der gemahlenen Hirse einen grossen Klos mit Wasser und Salz, ungefähr 8 Okka (20 Pfd.) schwer, dann zünden sie in einem Erdloch Feuer an, aber nicht Mistfeuer, denn von hier fangen schon die Waldungen an, also haben sie Holz genug; nachdem das Holz ausgebrannt ist, werfen sie den Klos in diese Grube, bedecken ihn auch noch von oben mit Feuer und lassen ihn eine Viertelstunde backen, worauf sie es mit den Händen herausholen und neben sich zum Abkühlen hinlegen; es sah ganz schwarz aus und hatte eine fingerdicke Schmutzkruste; dieses so zubereitete Brod nennen sie Tarmus. Ich bat die Hausherrin, mir ein Stückchen Tarmus zu geben, worauf sie mir ganz stolz eine grosses Stück vom Klos abbrach; es war gar nicht wie Brod, sondern wie Brei. Ich hatte nicht den Muth, es zu essen; um sie jedoch nicht zu kränken, nahm ich es mit in mein Zelt, das man währenddessen aufgeschlagen hatte, vertheilte es da unter ihre Hunde und zog es vor, mit dem Braten, welchen der Derwisch von dem für uns geschlachteten Schafe zubereitet hatte, meinen hungerigen Magen zu befriedigen. Auch suchten wir den Zwiebacksack hervor; früher hatte ich diesen Sack verachtet, und als man mir in Aleppo sagte, dass man 40 Okka (100 Pfd.) Zwieback für den Weg bestellt hatte, meinte ich, dass es unnütz sei; aber wie schnell war ich von dieser Meinung abgekommen! Jetzt, nach Anschauung des Tarmus, kamen mir die 40 Okka zu wenig vor.«[30]

Ebenso aufmerksam wie die Sitte der Beduinenfrauen, Hirseklöße zu backen, registrierte die Beobachterin, daß sich die Frauen des Scheichs südlich des heutigen Assad-Stausees in »rothe Tuchtalare« und die Männer mit einem »Abba« genannten Filzmantel kleideten. Sie widmete sich dem Wohnungsbau und notierte, daß die Häuser nahe Aleppo »zuckerhutförmig gebaut« oder die arabischen Ansiedlungen am Euphrat eigentlich Hütten waren, aus »geflochtenem Weidenholz, welches mit Lehm verklebt und mit Laub zugedeckt war«. Die allgemeine Aufregung, wenn »die Bora kommt« und der Windsturm die Beduinenzelte davonjagd, und das Abenteuer, wenn Schakale das Nachtlager in der Wüste umzingeln, war der Baronin ebenso einer Nachricht wert wie anschauliche Szenen aus dem Alltagsleben, »wie merkwürdig hier die Leute über den Euphrat schwimmen« zum Beispiel. »Ein Araber mit seinem Pferde, welches er in der Rechten am Zügel hielt, während er in der Linken eine Lanze hatte, arbeitete sich mit den Füssen vorwärts; aber vorher hatte er einen Toluk (Schafsbalg) mit Wind aufgeblasen, worauf er sich wie zu Pferde setzte. Diesem Araber folgte eine Araberin, welche ihr Kind auf dem Nacken mit der linken Hand festhielt und mit der Rechten den Toluk zu halten und zu steuern schien; auch arbeitete sie mit den Füssen; einige Kühe und Schafe schwammen ihr nach.«[31]

Mit derselben Beobachtungsgabe widmet sich Gerstdorfs Reisetagebuch auch archäologisch bedeutenden Stätten, darunter das Ziegelminarett der mittelalterlichen Stadt Balis, das zu besichtigen man ihr nicht erlaubte, wie die Baronin mißmutig vermerkte, an dem sie aber gleichwohl arabische Inschriften entdeckte – eine Mitteilung, die ihren wissenschaftlich interessierten Vater und Herausgeber ihres Reisetagebuches zu der Bemerkung veranlaßte: »Die Inschrift an dem Thurm dürfte jedenfalls von Interesse sein, und es ist zu bedauern, dass meine Tochter, welche Arabisch spricht und schreibt, nicht mit einem Fernrohr versehen war, um die Inschrift zu lesen.«[32] Eine Woche später besichtige sie am Ufer des Euphrat die große Festungsanlage von Zenobia (heute Hallabiye), die von der gleichnamigen Königin von Palmyra im 3. Jahrhundert erbaut worden war.

Solche Nachrichten mochten den Ausschlag gegeben haben, ihr Reisetagebuch in den geographischen Mitteilungsblättern abzudrucken, gleichwohl ließ die Baronin keinen Zweifel daran, daß sie weder zu wissenschaftlichen noch touristischen Zwecken unterwegs war, sondern in ihrer Rolle als treue Gattin, die ihrem Mann auch in einen abgelegenen Ort wie Deir folgt. Dabei war sich die Baronin durchaus bewußt, daß sie als Ehefrau eines Kommandanten, der einen Monat zuvor im Namen des Sultans einen Dreitageskrieg gegen aufständische Beduinen gewonnen hatte und der in der Wüste unter dem Namen Omer Bej Furcht und Schrecken auslöste, einen besonderen Stellenwert einnahm. »Als Scheich Ferredsch durch einen Vorreiter die Nachricht erhielt, dass die Frau des Omer Bej ankommt, kam er mir mit dem Scheichscepter in der Rechten entgegen, nahm mir die Zügel aus der Hand und führte mich in sein Zelt, wo mich seine Frauen mit der gewöhnlichen Handkuss-Ceremonie empfingen und mir einen guten Jemen-Kaffee machten. Ich konnte mich nicht genug wundern, welchen Respekt man vor Albert hat. Hier in der Wüste spricht man nur von Omer Bej; bei seinem Namen zittern sie; wenn die Kinder weinen, sagt man zu ihnen: ›El Tavil (der Lange) kommt.‹«[33] Die nämliche Drohung zeitigte auch ihre Wirkung, wenn ein Scheich einmal nicht sofort die erwartete Ehrerbietung aufbrachte und zu Ehren der Baronin ein Schaf schlachten ließ. In einem solchen Fall, berichtete Frau von Gerstdorf am 6. November 1864 aus der syrischen Wüste, drohte man jenem »mit dem Stock, was aber zu Nichts führte, bis ihn unser Tschausch bei Seite nahm und ihm sagte: ›Wenn Du nicht sofort ein Schaf bringst, melde ich es dem Omer Bej.‹ Keine Sekunde verging, so hatten wir das fetteste Schaf.«[34]

Die Furcht, die ihr Mann bei den Beduinen auslöste, genoß die Baronin als Stolz auf dessen Heldentaten, und in seinem Schatten, gleichsam als inoffizielle Stellvertreterin, ließ sie sich gern Referenz erweisen. Aufgrund dieser Position vor allem kam sie in Kontakt zu den einheimischen Frauen, die ihrerseits die Rolle zu spielen hatten, der Stellvertreterin die Botmäßigkeit ihres Mannes und Stammes zu signalisieren, indem sie ihre ›Aufwartung‹ machten. Eben deshalb machte nicht die Baronin einen Gastbesuch bei den arabischen Frauen, wie es nach Landessitte üblich gewesen wäre, sondern umgekehrt erwies die Baronin den Bereisten die Gunst, von ihr empfangen zu werden. Wenigstens auf das übliche Gastgeschenk verzichtete sie dabei nicht. »Abends«, notierte Frau von Gerstdorf am 8. November 1864, »besuchten mich die zwei Frauen des Scheich Fail mit seiner Nichte; letztere war ein wunderhübsches Mädchen, nur Schade, dass ihre Unterlippe blau gefärbt war; ich schenkte ihr einen grünen Glasring, über den sie sich nicht genug freuen konnte. Ich musste ihr freigebig vorgekommen sein, denn darauf verlangte sie nach meinem Toilettespiegel, den ich ihr aber nicht geben konnte, weil ich keinen anderen besass und ich meine Eitelkeit nicht so weit beherrschen konnte, um mich nicht des Tages ein Mal im Spiegel zu besehen.«[35]

Am 12. November 1864 war die Reise der Baronin von Aleppo nach Deir beendet. Schiefe und krumme Lehmhäuser, ein Minaret, ärmliche Verhältnisse und ein abscheulicher Gestank, so charakterisierte die Reisende ihren künftigen Aufenthaltsort. Als Frau des Kommandanten konnte sie sicher sein, den größtmöglichen Komfort zu erhalten, dessen sich in diesem abgelegenen Ort des Osmanischen Reiches habhaft werden ließ. »Albert erwartete mich an der Thür und führte mich in unser Haus; es ist zwei Etagen hoch und hat fünf Zimmer; mein Zimmer ist wunderhübsch; es hat rabenschwarze Balken als Plafond und Fenster aus geöltem Papier; letztere hat Albert machen lassen, denn hier kennt man weder geölte Papierfenster noch Glasfenster. Dicht vor unserem Haus fliesst ein kleiner Arm des Euphrat.«[36]

Lukullische Landpartie im Libanon

Eine Generation später erhielt die militärisch motivierte Reise der Baronin von Gerstdorf ein erfrischend genußfreudiges Gegenstück, ebenfalls von einer Baronin. »Um den vielseitigen, dringenden Aufforderungen nachzukommen, Einiges von meinen interessanten Reisen im Oriente zu erzählen, habe ich in den vorliegenden ›Reisebildern aus dem Libanon‹ ein Gebiet geschildert, welches noch wenig bekannt, und wohl noch niemals von einer deutschen Dame in ganz selbständiger Weise bereist worden ist«, behauptete die Braunschweiger Baronin H. von Hohnhorst 1884. Zum Zeitpunkt dieser Veröffentlichung war Johanne Caroline Henriette Hedwig von Hohnhorst, geboren am 3.7.1831 in Gandersheim unter dem Mädchennamen von Campen, bereits 53 Jahre alt und sehr reiseerfahren.[37] Unter anderem hatte sie schon in früheren Jahren gemeinsam mit ihrem Mann eine Reise nach Syrien unternommen.

Ihre zweite Syrienreise unternahm Hedwig von Hohnhorst als Witwe, begleitet und geführt von »dem bekannten und bewährten Dragoman Mahfud d'Oumit«, einem christlichen Maroniten aus Beirut. Dieser war nicht mehr das, wie noch bei Ida Hahn-Hahn, »was man bei uns einen Courier nennt, ein Diener, der alle Reiseanordnungen zu machen hat«,[38] sondern ein Reiseführer, der in direktem Rechtsverhältnis zum deutschen Konsulat stand und von diesem zur Verantwortung gezogen werden konnte. Der Dragoman war also nicht mehr unmittelbar den Weisungen jener unterstellt, die ihn für seine Dienste (Ausrüstung beschaffen, Unterkunft suchen, übersetzen etc.) bezahlten, sondern er war ein gleichberechtigter Vertragspartner, der die Führung nach zuvor festgelegten Programmpunkten zu verantworten hatte; er übernahm gleichsam die moderne Rolle eines Reiseveranstalters im Touristengewerbe. Deshalb begab sich Hedwig von Hohnhorst, wie sie in ihren *Reisebildern aus dem Libanon* erzählt, mit dem Dragoman Mahfud d'Oumit in Beirut »auf das deutsche Consulat«, »wo ich meinen Reiseplan feststellte und wo der Contract mit dem Dragoman abgeschlossen wurde; derselbe übernimmt für einen pro Tag festgestellten Preis die Führung und die Beköstigung der Reisenden, sowie die ganze Verantwortlichkeit für deren Sicherheit und Wohlbefinden während der Reise; der Consul bestätigt den Contract mit seiner Unterschrift, ebenso wie der Dragoman und die Reisenden, welche gegenseitig verpflichtet sind, den darin enthaltenen Bedingungen pünktlich nachzukommen.«[39]

In diesem Konsulatsbesuch spiegelt sich die touristische Entwicklung wider, da es ja gerade die wachsende Anzahl der Reisenden aus Europa war, die diese Regelung erforderlich machte. Als maßgebliche Instanz für alle Angelegenheiten der Deutschen im Ausland war das Konsulat unter anderem auch für Streitfragen zwischen Reisenden und Reiseführern zuständig, die vor der Reichsgründung noch den etablierten diplomatischen Vertretungen aus Frankreich, Holland usw. überlassen worden waren. Daß die Anzahl der Reisenden aus dem deutschen Hoheitsgebiet 1884 sehr bescheidene Dimensionen annahm, geht aus der Schilderung Hohnhorsts hervor, die am ersten ihrer insgesamt fünfzig Tage dauernden Libanon-Reise im Beiruter Hotel d'Orient unerwartet folgenden Besuch bekam: »Ich hatte mein Reitkleid angelegt und eben meine letzte Mahlzeit vor der Abreise eingenommen, als sich der deutsche Consul bei mir anmelden ließ; er war gekommen, um mir eigenhändig besondere Empfehlungsschreiben an seine Amtsgenossen in Tripoli, Haifa, Saida und Jaffa zu überreichen.«[40] Noch zehn Jahre später bemerkte ein Leutnant, der zu einem Vortrag der Deutschen Kolonial-Gesellschaft in Berlin eingeladen war, daß der Orient zwar »alljährlich das Ziel tausender von Reisenden« sei und »der Strom der Fremden« stetig wachse, daß aber die Mehrzahl der Reisenden »der englischen high-life« angehörten und daß vor allem Syrien selten zum Reiseziel gewählt werde.[41]

Die deutsche Syrienreisende zu Anfang der achtziger Jahre konnte sich also ihres Seltenheitswertes gewiß sein. Der in Reisehandbüchern verbreiteten Aussicht, »dass man im Innern des Landes die einfachsten Bequemlichkeiten vermisst, und dass man das Mangelnde nur mit beträchtlichen Kosten mit sich führen kann«,[42] trug Hedwig von Hohnhorst konsequent Rechnung. Zunächst einmal, indem sie sich an einen kostspieligen Dragoman aus der libanesischen Oberschicht wendete, der auf diplomatischen Dienstreisen ganz Europa bereist hatte und eindrucksvolle Empfehlungsschreiben vorzuweisen hatte. Aus gutem Grund konnte die Baronin aus Braunschweig erwarten, »daß meine bevorstehende Reise durch seine Führung eben so sicher als angenehm sein würde.«[43] Sie empfand es als ausgesprochen beruhigend, daß Mahfud bestimmen würde, wann und wo das Lager aufgeschlagen oder die Weiterreise beginnen sollte, daß er sie durch die drangvolle Enge der Bazare schleusen, mit den örtlichen Sehenswürdigkeiten bekannt und die Verständigung mit der arabisch sprechenden Bevölkerung gewährleisten würde. Außerdem, und das war Hedwig von Hohnhorst besonders wichtig, würde die zentrale Aufgabe des Dragoman darin bestehen, auf der anstehenden Landpartie durch den Libanon die Rolle eines gastfreundlichen Hoteliers unter freiem Himmel zu spielen. Um diesem Zweck entsprechen zu können, wurde ihm ausreichend Personal in Gestalt von sechs angemieteten Dienern zur Verfügung gestellt, die sich ausschließlich um das leibliche Wohl der Baronin zu kümmern hatten.

Bedacht auf jede erdenkliche Bequemlichkeit, führte die Baronin »eine zu solchen Orientreisen nothwendige Reisekarawane mit, bestehend außer den beiden Reitpferden aus fünf Maulthieren und zwei Eseln, beladen mit zwei Reisezelten und allem zu meinem Comfort dienenden Reisegepäck, in Begleitung von zwei Mukari, den Besitzern und Führern der Thiere, drei Dienern und einem arabischen Koch, welcher, umgeben von seinem Küchengeräth, auf einem der starken und großen Maulthiere thronte, und die täglichen Speisen auf seinem kleinen Holzkohlenrost vortrefflich zu bereiten verstand.«[44]

In dieser, wie Hedwig von Hohnhorst meinte, »orientalischen Art und Weise zu reisen« (was wohl für die Einrichtung einer Karawane überhaupt, nicht aber für deren Ausstattung zur persönlichen Bewirtung zutraf), lag »ein großer Reiz, und wenn es auch die kostspieligste ist, sie bietet jedenfalls neben der unumschränkten Freiheit und Willkür den größten Genuß, die herrliche Natur des Landes, die Wunder seines Gebirges und die Eigenthümlichkeit seiner Bewohner kennen zu lernen.«[45] Was die Baronin aus Braunschweig in vollen Zügen genoß, und wofür sie bereit war zu investieren, war die unbeschwerte und lustvolle Form des Daseins auf einer zur Romantik verklärten Landschaftsbühne.

Ein recht plastisches und typisches Bild von ihrer Vergnügungstour vermittelt bereits »das erste romantische Nachtquartier dieser Reise« in einem Khan (Gasthaus) an der Küstenstraße zwischen Beirut und Tripoli (nicht zu verwechseln mit der libyschen Hauptstadt). Begeistert von der »wunderbar reichen Vegetation, welche rings umher duftet und tropenartig hier wuchert«, von Oleandern und Rosen, hinter ihr das Gebirge des Libanon und vor ihr das Mittelmeer, ließ sich die in kulinarischen Dingen ausgesprochen beschreibungsfreudige Baronin »das erste Diner auf dieser Reise« servieren. »Mahfud hatte gegen Abend auf der von einer duftenden Veranda überdeckten Terrasse ein sauber gedecktes Tischchen bringen lassen und harrte auf meinen Befehl, die Mahlzeit einzunehmen ... Gherghes, mein gewandter arabischer Koch, hatte eine vorzügliche Hühnersuppe bereitet und es folgten ein guter Fisch mit aromatischer Kräutersauce, Gemüse von Verginen [Auberginen], gebratene Becassinen mit Tomaten und Reis, welches alles sehr schmackhaft war, dazu kredenzte uns Salim den Wein des Libanon, und seine süßen Trauben und Feigen befriedigten mich vollends; Gherghes bereitete dann noch den dampfenden Mokka, zu welchem die Cigarette, aus feingeschnittenem im Lande geernteten Taback bereitet, von den Frauen des Orients ebenso als von den Männern gern geraucht wird, sie verdampft in einem angenehmen milden Duft, und im dolce far niente der warmen herrlichen Abende dieser Küste nimmt man [also H. v. Hohnhorst] auch bald die Gebräuche und Gewohnheiten der Landesbewohner an.«[46]

Kein anderer Reisebericht von einer Frau des 19. Jahrhunderts ist derart geprägt von den lukullischen Freuden wie Hohnhorsts *Reisebilder aus dem Libanon.* »Unter Mittag rastete ich ein wenig in einer der Fischerhütten; die hübsche junge Frau des Fischers bereitete Kaffee, während Mahfud mir ein kaltes gebratenes Huhn mit Brod und gesottene Eier servirte, eine nach dem anstrengenden Ritt sehr willkommene kleine Stärkung.«[47] Natürlich ließen sich diese bescheidenen Gaumenfreuden noch steigern durch raffinierte Zutaten, treffliche Kochkünste und einen »Speiseraum« auf historischem Boden: »Daß ich in dem goldenen Lande der alten Phönizier jetzt mein Zeltlager genommen, schien mein Koch besonders ehren zu wollen; er hatte nach alter Sitte ein lukullisches Mahl für mich bereitet, welches mit einer vortrefflichen Schildkrötensuppe mit Austern begann, dann erschien der Gambero, eine Art Seekrebs des Mittelmeeres, ein Salmi von kleinen Strandvögeln, ein gebratener Fasan und eine Auswahl der köstlichsten Früchte und Süßigkeiten; der süße Wein Phöniziens, den ich dazu trank, mochte sich wohl kaum von dem unterscheiden, wie ihn die Alten vor 3000 Jahren hier schon genossen.«[48]

Vom Frühstück über die Rast bis zum Abendessen zelebrierte Hedwig von Hohnhorst das Märchenmotiv des Tischlein-deck-dich und ließ sich alle erdenklichen Köstlichkeiten auftischen, während ihre Dienerschaft täglich »das übliche Nationalgericht, bestehend aus Reis mit Hammelfleisch«,[49] zu essen bekam. Gesteigert wurde der kulinarische Genuß durch dessen bewußte Inszenierung unter freiem Himmel, unter Tamarisken- und Feigenbäumen oder in Olivenhainen. In dem milden Klima, das Hohnhorst nicht müde wurde zu preisen, strafte sie ein altes aristokratisches Sprichwort aus England lügen, »one can never enjoy a meal in the open air«[50] – ganz im Gegenteil, Hedwig von Hohnhorst tat es in vollen Zügen. Gerade die im 19. Jahrhundert noch seltene Kombination bereitete ihr Vergnügen, den romantischen Genuß schöner Landschaften und freier Natur mit einem reisenden Hotelservice verbinden zu können. Sie gönnte sich die Freiheit, dort zu verweilen, wo ihr die Landschaft eine Augenweide war, ohne gleichzeitig unter einem Mangel an guter Unterkunft oder Bewirtung leiden zu müssen:

»Ich zähle mein erstes Zeltlager in dem alten Olivenhaine von Tripoli zu meinen schönsten und interessantesten Reiseerinnerungen ... Mein Zelt gewährte mir vollständigen Comfort; es bestand aus fester doppelter egyptischer Leinwand, inwendig ganz elegant ausgefüttert mit blauem Baumwollstoff, auf welchem Arabesken von buntem Stoff kunstvoll ausgenäht waren; das Dach wurde von einer rothen Holzsäule getragen, aus drei Stücken bestehend, die beim Errichten des Zeltes zusammengeschoben wurden ... Die Spitze des Zeltes zierte eine kleine blau-gelbe Fahne, die Landesfarben seiner Bewohnerin, welche hier wohl noch niemals ein Zelt gezeigt hatte; den Erdboden bedeckte ein persischer bunter Teppich, so auch das Ruhebett, der Feldtisch stand sauber gedeckt zum Serviren der Mahlzeit bereit, ein paar Feldstühle davor. Nach erfrischender Toilette nahm ich mit Mahfud ein vortreffliches Mahl ein und erfreute mich an der wunderbaren Aussicht auf die Stadt Tripoli mit ihrer grünen reizenden Landzunge und dem Hafen; die Luft war unendlich klar und durchsichtig, der Abend köstlich milde und Diener und Pferde ruhten im Freien unter dem Dache der schattigen Olivenbäume.«[51]

Obwohl der Tourismus zur Zeit Hohnhorsts noch kein blühender kapitalistischer Geschäftszweig und das Camping noch gar nicht erfunden war, enthält der Reisebericht der Baronin von 1884 bereits alle Elemente der im Massentourismus standardisierten Euphorie, die sieht, was sie sehen will. »Malerische Ansichten«, »wie gemalt«, »pittoresk«, »echt orientalisch« usw. bilden das Grundvokabular dieser Haltung, als ob das bereiste Land ein dreidimensionales Gemälde und eine Kulisse sei, eigens vorhanden für das Vergnügen der Reisenden. Dabei spielte nicht nur die kulinarisch bedeutsame Tatsache eine Rolle, daß Rebhühner frisch geschossen und Fische gefangen wurden, daß das Wasser kristallklar und die in Deutschland unbekannten exotischen Früchte zum Pflücken reif waren. Vielmehr folgte die Wahrnehmung zielgerichtet der interessierten Perspektive, das eigene Wohlbefinden auf die Charakteristik der bereisten Region zu projizieren und deren alltägliches Leben zu Tableau und Szenerie zu stilisieren. Das darin enthaltene Schauvergnügen bereitete Hohnhorst sichtliches Behagen, das sie im Gegenzug allerdings in das betrachtete Bild hineindeutete: »Die weinumrankte Veranda vor der Fischerhütte gab mir Gelegenheit, ein unterhaltendes Bild orientalischen Reiselebens zu betrachten; Handelsleute von Aleppo waren eben angekommen, sie geboten ihren gehorsamen Kameelen niederzuknien, um ihnen die Ballen abzunehmen, aus denen sich buntes Zeug und rothe Lederschuhe entwickelten, die sie zum Kaufe ausboten. Bald hatte sich ein ganzer Kreis von kauflustigen Leuten um sie versammelt und der Handel wurde unter lebhaften Geberden und Reden abgeschlossen. Dann breiteten sie ihre bunten Teppiche auf dem Boden der Veranda aus und erquickten sich mit Wohlbehagen an dem dampfenden Mokka, den ihnen der Wirth brachte.«[52]

In ihrer touristischen Perspektive entdeckte Hedwig von Hohnhorst allenthalben eine orientalisch geformte Idylle, in der Mensch und Tier, Pflanze und Wetter allesamt dieselbe Funktion einnahmen – als Statisten eines harmonischen Stimmungsbildes und als Teil einer Gesamtkomposition in orientalischem Lokalkolorit. »Der klarste blaue Himmel mit warmem Sonnenschein beleuchtete die prachtvolle grüne Ebene von Akka ... von einem breiten Bande gelben Sandes ist diese fruchbare Ebene hier besäumt ... prächtige Haine von Palmen, Oliven, Nuß- und Feigenbäumen beschatten die Ufer ... kleine grünglänzende Eidechsen liefen an dem alten Gemäuer auf und ab, und bunte Schmetterlinge wiegten sich auf den blühenden Orchideen und Schlinggewächsen, welche sich aus dem grünen saftigen Rasen emporwinden. Kameele mit ihren Treibern rasteten und erfrischten sich hier an diesem schönen Ort, Fellachenfrauen, in blauer Umhüllung, welche Milch und Früchte zur Stadt brachten, erneuten hier ihren Wasservorrath. Diese bunte, ländliche, echt orientalische Scenerie hätte einen großen Maler begeistern können zu einem prächtigen Gemälde.«[53]

Die Zeit steht still in diesem Gemälde. Ausgetauscht gegen ein geschichtsloses Bild friedfertiger Ursprünglichkeit wird das gesellschaftliche Leben im Libanongebirge und seine politischen und wirtschaftlichen Bedingungen als Teil der syrischen Provinz unter türkischer Oberherrschaft. In der pulsierenden Hafenstadt Beirut hatte auch Hohnhorst nicht übersehen können, »daß viele der jüngeren Frauen oder Mädchen, anstatt der üblichen Saffianpantoffeln ihre meistens kleinen hübschen Füße in moderne europäische Stiefelchen mit hohen Absätzen eingezwängt hatten, auf denen ihr schleppender Gang den Anstrich von Unsicherheit annahm und von den Männern bespöttelt wurde.«[54] In Beirut, unter den weiblichen Mitgliedern der maronitischen Oberschicht, hatte sich die »Übernahme französischer Mode« nicht übersehen lassen. »Nur der lange weiße Schleier, in welchem sie beim Ausgehen den Kopf einhüllen, ist von ihrer Nationaltracht beibehalten worden«, stellte Hohnhorst 1884 enttäuscht fest.[55] In der ländlichen Umgebung jedoch fand sie ihr Ideal einer »echt orientalischen«, im Stand der Ursprünglichkeit verbliebenen Welt realisiert.

Wie verzerrt diese Wahrnehmung gewesen sein muß, die hartnäckig am touristischen Wunschraum festhielt, läßt sich ermessen, wenn man die industrielle und imperialistische Entwicklung etwa um vierzig Jahre zurückverfolgt. Am 14. Oktober 1843 schrieb Ida Hahn-Hahn aus Damaskus: »Großen Zügen von Eseln und Maulthieren begegneten wir ... England überschwemmt die Levante mit seiner Industrie, namentlich mit Baumwollenstoffen aller Art. Die Chefs von zwei großen Handelshäusern in Manchester waren mit uns auf dem Dampfboot, um Verbindungen in die Levante anzuknüpfen. Frankreich schickt seine Seidenstoffe, die so geschmackvoll und wohlfeil sind, und den orientalischen Damen besser gefallen als ihre eigenen; Italien auch. Deutschland bleibt auch nicht ganz zurück, und es war mir wahrhaft merkwürdig die beiden Handelsartikel zu erfahren, mit denen zwei deutsche Kaufleute nach Beirut kamen. Stellen sie sich vor! in die Heimat der orientalischen Shawls und der Damaszenerklingen brachte der Eine baumwollne Shawls aus Elberfeld und der Andere Stahlwaren aus Solingen!«[56]

Was Ida Hahn-Hahn in seinen Anfängen beobachtete, war die zunehmende Anbindung des türkischen Großreiches an den Weltmarkt. In ihren Handelsverträgen mit dem Osmanischen Reich hatten die westlichen Staaten durchgesetzt, daß aus Europa importierte Waren mit maximal fünf Prozent verzollt werden durften, während der Export sowie der Inlandshandel einer doppelt so hohen Steuer unterworfen waren. Nach der Rückeroberung Syriens durch die Osmanen hatten diese Verträge auch dort Gültigkeit, so daß seit 1840 vermehrt europäische Waren auf die lokalen Basare strömten, die die handgefertigten Waren im Preis deutlich unterboten.

Von alledem wollte Hedwig von Hohnhorst, Libanonreisende Anfang der achtziger Jahre, nichts zur Kenntnis nehmen. Sie zog es vor, ihrer Imagination von einer heilen orientalischen Welt nachzuleben und sich als Bestandteil der vermeintlich real existierenden Idylle zu fühlen. Die Baronin aus Braunschweig paßte sich in die »echt orientalische« Bildkomposition ein – und veränderte ihr Aussehen. Hatte sie in Beirut, sehr zum Amüsement der maronitischen Frauen aus der Oberschicht, »das ihnen unbekannte, wunderliche Ding, einen mit Straußenfedern garnirten Strohhut«[57] getragen, so trug sie auf ihrer Landpartie zum Schutz gegen die auch Anfang Oktober noch sehr intensive Sonneneinstrahlung einen »leichten indischen Wüstenhut aus Kork und den weißen Muslinschleier, der nach arabischer Art den Kopf umschlingt, so daß nur die Augen frei bleiben.«[58] Solche Maßnahmen zu ergreifen, war kein Kokettieren mit der exotischen Idylle und auch kein geschlechtsspezifisches Verhalten, sondern entsprach dem pragmatischen Bedürfnis der sonnenungewohnten Europäer. Auch ein Berliner Leutnant hielt beispielsweise die Mitteilung für wichtig: »Ich war bekleidet mit einem leichten Reitanzuge, einem Tropenhelm mit Schleier zum Schutz des Nackens und einem langen weissen Mantel zum Schutze gegen Staub und zur Abwehr der Sonnenstrahlen.«[59]

Ihr eigentliches touristisches Mimikry, das sich kokett in die orientalische Kulisse hineinspielt, begann Hohnhorst auf dem Basar von Tripoli. »Auf meinen Wunsch half mir Mahmud ein echt orientalisches Frauencostüm kaufen, und es gewährte mir viel Freude, unter den bunten Kaftans und Pantalons zu wählen, welche in lebhaften Farben gestreift, oder in reichem Gewebe aus Seide und Baumwolle angefertigt da lagen; besonders schön ist die seidene gelb-gestreifte écharpe, welche den Kaftan zusammenhält und mit langen Büscheln von seidenen Fransen verziert ist; der Ausschnitt des Kaftans, mit rothen Litzen besetzt, läßt das orientalische Unterhemde sehen, welches aus roher weißer Seide besteht … dann noch die Kopfbedeckung der maronitischen Frauen, welche in einem kleinen Fez besteht ... und geschmückt mit türkischen Silbermünzen, es ist nicht allein eine kleidsame, sondern auch eine in dem warmen Klima angenehme und leichte Tracht, welche ich nicht zögerte, anstatt der europäischen Toilette anzulegen.«[60]

Einige Tagesritte weiter, in einem armen Gebirgsdorf angekommen, wurde das Mimikry weitergespielt: »Für acht Franken kaufte ich ein solches weiches Libanonhemd, welches mir eine der Frauen anbot,die es selbst fabricirt hatte, und vervollständigte damit mein orientalisches Costüm.«[61]

Unübersehbar schwingt in den Verwandlungsfreuden der Baronin Hohnhorst der Stolz mit, in dieser lebenden Kulissenwelt vorhanden zu sein und deren ursprüngliche Kleidungsstücke listig erworben zu haben wie seltene Trophäen von einer Jagd nach Glück. Eben deshalb hat sie ihren *Reisebildern aus dem Libanon* ein Lichtbild vorangestellt, auf dem »die Verfasserin in Maronitentracht« posierte.

Vor lauter Begeisterung über ihre Maskerade übersah die reisende Baronin aus Braunschweig geflissentlich, daß es »das echt orientalische Frauencostüm« nie gegeben, sondern daß fast jede religiöse oder regionale Gruppierung ihre eigene Tracht entwickelt hat.

Abbildung 17:
Baronin Hedwig von Hohnhorst (1831-1894) in Maronitentracht.

Besuch bei der »gentlewoman«

Seine Fortsetzung fand das Bedürfnis, sich für eine Weile einzukleiden in die Orientidylle, in dem Reiz, sich als Teil dieser fremden Welt einzuschreiben. In einem typisch touristischen Sinn. Umweht vom Hauch der biblischen Geschichte, ließ Hedwig von Hohnhorst ihr Zelt in jenem Zedernhain des Libanongebirges aufschlagen, der schon im Alten Testament gerühmt wurde, inmitten der »stattlichen ehrbaren Urbäume, deren noch neun vorhanden sind, welche schon König Salomo hier begrüßt haben soll!«[62] »Zum ewigen Andenken an diesen Urbaum« ließ sie sich zunächst einen Zweig pflücken, doch dann entdeckte sie die lange Phalanx der Orientreisenden, die sich auf ihre Weise das Jahrhundert über bereits verewigt hatten: Die Rinde des biblischen Urbaumes war nämlich voller eingeritzter Namen. Unter anderem hatte der berühmte französische Dichter Alphonse Lamartine, dessen Reisebericht aus dem Orient in den dreißiger Jahre des 19. Jahrhunderts Furore gemacht hatte, an der Zedernrinde den eitlen Beweis seines Dagewesenseins hinterlassen. »Unter noch vielen anderen bekannten Namen fand ich auch einen fast schon ganz verwachsenen, mir aber besonders interessanten durch die ›Memoirs‹, welche sich daran knüpfen; es war der der bekannten Sybille des Libanon, Lady Esther [eigentlich Hester] Stanhope ... Unter sympathischen Betrachtungen, welche ich unwillkürlich dem Leben dieser stolzen Einsidlerin auf dem Libanon widmete ... war ich beschäftigt, auch meinen Namen in die mir von dem Wächter zubereitete Rinde des Urbaumes einzuschneiden; es war am 10. October, ein für mich ereignisreicher freudiger Gedenktag.«[63]

Die Sympathie, die die Vergnügungsreisende Hedwig von Hohnhorst für die abenteuerreisende englische Lady empfand, war so groß, daß sie nach Absprache mit dem Dragoman ihre Reiseroute änderte, um »eine Parthie nach Dar-Dschun, dem einstigen Wohnorte der Lady Stanhope, zu unternehmen.«

»Am folgenden Vormittag ritt ich, von Mahfud und Medjerdah begleitet, in nördlicher Richtung von Saida [das alte Sidon, südlich von Beirut gelegen] und verließ die an der Küste hinlaufende Karawanenstraße, um nach dem Kloster Mar-Elias zu gelangen, welches von Bergen umgeben einsam auf der Höhe des Wadi-el-Kemleh liegt, etwa eine Stunde von der Stadt entfernt. Die durch ihre Memoiren bekannte Lady Esther Stanhope, welche nach mehrjährigen Reisen im Orient und erlittenem Schiffbruch hier im Jahre 1813 ankam, bewohnte zuerst dieses alte Klostergebäude; bald jedoch erwies sich dieses als nicht geräumig genug. Auf ihren Streifzügen zu Pferde in der Umgegend hatte sie auf der Höhe bei dem Dorfe Dschun ein Landhaus bemerkt und hier war es, wo sie ihre Wohnung nahm und wo sie auch [1839] gestorben ist ... Jetzt führt ein schlechter steiniger Weg hinauf zu den wenigen Trümmern, welche einst die Einsiedelei der Lady Esther Stanhope bildeten ... Der Platz, wo ich von meinen Diener das Frühstück herrichten ließ, war einst der Garten der Lady gewesen, auf den sie besondere Sorgfalt verwendete – jetzt weiden hier nur noch die Ziegen des Dorfes. Der Glanz, welchen die Lady hier um sich zu verbreiten wußte und ihr mysteriöses Wesen machten hier im Lande großen Eindruck; mann nannte sie die Sybille des Libanon, Königin von Tadmor [Palmyra], Zauberin von Dar-Dschun ... Als Ibrahim Pascha [ägyptischer Feldherr und Sohn des Vizekönigs von Ägypten] mit seiner Türkenschaar in Syrien einfiel [1831], war sie es, welche auch die Drusen zum Widerstand anspornte und sie wußte jenem solchen Respect einzuflößen, daß derselbe sie um Neutralität bat.«[64]

Zahllos waren die Legenden, die sich – ähnlich wie bei Lady Montagu – schon zu Lebzeiten um das abenteuerliche Leben der Lady Hester Stanhope rankten. Den Grundstein legte der erwähnte Dichter Alphonse Lamartine, indem er der »rätselhaften Frau, die aus freier Wahl ihren Wohnsitz fern von ihrer Heimat in der syrischen Wüste aufschlug«,[65] eine ausführliche Hommage in seinem Reisebericht aus dem Orient widmete, nachdem er ihr 1833 seine Aufwartung gemacht hatte. Ausführlich breitete er seinen Lesern die abenteuerliche Karriere einer Frau aus, die als Nichte des Premierministers William Pitt am englischen Hof eine bedeutende Position als politische Beraterin gehabt haben soll, die nach dem Tod ihres Onkels eine ansehnliche Apanage vom britischen Empire erhielt, einige Jahre in Konstantinopel verlebte und sich 1810 mit einer »Menge Juwelen und Geschenke aller Art von einem sehr bedeutenden Werthe« nach Syrien einschiffte. Vor der Insel Rhodos erlitt sie Schiffbruch und »die Schätze der Lady wurden von den Fluten verschlungen; sie selbst entging dem Tode nur mit genauer Noth und erreichte auf einem Brette des Schiffs eine kleine verlassene Insel, wo sie 24 Stunden ohne alle Nahrung und Hülfe zubrachte. Endlich endeckten sie Fischer ... und brachten sie nach Rhodus, wo sie sich dem englischen Consul zu erkennen gab. Ohne durch dieses unglückliche Ereignis zum Aufgeben ihres ersten Entschlusses gebracht zu sein, begab sie sich nach Malta und von da nach England. Hier sammelte sie die Trümmer ihres Vermögens, verkaufte einen Theil ihrer Besitzungen, belud ein zweites Schiff mit Reichthümern und Geschenken für diejenigen Gegenden, welche sie durchreisen wollte ... In der Umgegend [von Lattakia] siedelte sie sich an, lernte Arabisch, umgab sich mit Personen, welche ihr die Verbindung mit den arabischen, drusischen und maronitischen Völkerschaften des Landes erleichtern konnten, und bereitete sich vor auf Entdeckungsreisen, in den am wenigsten zugänglichen Theilen Arabiens, Mesopotamiens und der Wüste.«

Diese von Lamartine erwähnten Entdeckungsreisen waren nicht wissenschaftlicher Natur, sondern eine Mischung aus politischer Einflußnahme auf die Beduinenstämme und Selbststilisierung einer exzentrischen Globetrotterin, die es genoß, wenn Einheimische in ihr einen reichen Türken vermuteten und wenn der englische Hof über ihren bizarren Entschluß zu einem Leben im Orient klatschte. »Als sie sich mit der Sprache, den Gebräuchen und Sitten sowie mit der Tracht der Länder genau bekannt gemacht hatte, bildete sie eine zahlreiche Karawane, belud Kameele mit reichen Geschenken für die Araber und durchreiste alle Theile Syriens. Sie hielt sich in Jerusalem, Damaskus, Aleppo, Homs, Balbek und Palmyra auf. Hier machte sie durch ihre Schönheit und ihren prächtigen, fürstlichen Anzug auf die zahlreichen Beduinenstämme, welche ihr den Zugang zu den Ruinen erleichtert hatten und zu Tausenden (man gibt ihre Zahl auf 40-50.000 an) um ihr Zelt versammelt waren, einen so mächtigen Eindruck, daß sie von ihnen zur Königin von Palmyra ausgerufen wurde. Gleichzeitig schlossen sie untereinander einen Vertrag, nach welchem jeder von ihr beschützte Europäer in aller Sicherheit die Ruinen von Balbek und von Palmyra sollte besuchen und untersuchen können, wenn er sich zur Zahlung eines Tributs von 1.000 Piastern verstände. So lange die Lady lebte, wurde dieser Vertrag von den Arabern treulich beobachtet.«[66]

Nach dieser Wegbereitung für europäische Touristen ließ sich Stanhope »im Schutze des türkischen Paschas« in Damaskus, dann unter dem Schutz des Drusenführers Emir Beschir (was dem britischen Konsul in Kairo als eine eigenmächtige und unziemliche Einmischung in politische Angelegenheiten galt) für den Rest ihres Lebens im Libanon nieder. Lamartine berichtete: »In dem von Drusen bewohnten Dorf Dschun baute sie mehrere von einer Mauer umschlossene Häuser, deren Gesamtheit einer Festung des Mittelalters glich, und legte einen reizenden Garten nach türkischer Weise an ... und lebte mehre Jahre in einem ganz orientalischen Luxus, umgeben von einer großen Zahl europäischer und arabischer Dolmetscher, schwarzer Sklaven und weißer Dienerinnen«.[67]

Mehr als zwanzig Jahre lebte die »gentlewoman«,[68] wie Hester Stanhope sich selbst nannte, in dem selbstgewählten Exil, und über ihre Verhältnisse. Verschuldet und verarmt, in einem abgedunkelten kargen Raum, bekleidet mit einem orientalischen Gewand, unentwegt Pfeife rauchend und von Krankheit gezeichnet – so fand Hermann Fürst Pückler-Muskau die englische Aristokratin vor, als er ihr 1838 als »schlichter, einfacher Deutscher«, wie er sagte, ein Jahr vor ihrem Tod einen Besuch abstattete.[69] Auf Touristen, und insbesondere die reisenden Frauen, hat die Geschichte von einer, die auszog, um im Orient ihr Glück zu suchen, im

19. Jahrhundert eine enorme Anziehungskraft gehabt; Lady Hester Stanhope wurde sozusagen zu der touristischen Legende.

Die Attraktivität dieser Legende lag in der Biographie und in den Gerüchten dies- und jenseits des Mittelmeeres über ihre Exzentrik. Sie habe sich der Sterndeutung hingegeben und sei niemals vor drei Uhr nachmittags aufgestanden, verbreitete Hermann Pückler-Muskau. Sie habe die Ankunft eines »muhamedanischen Messias« verkündet, meinte Ida Hahn-Hahn, die deutsche Syrienreisende des Jahres 1843. Zu »ihren Wunderlichkeiten« gehöre, »wie sie einem Courier, der ihr Briefe gebracht, die Bastonnade hat geben lassen, denn sie wolle keine Briefe; wie sie einem Geschäftsführer, mit dem sie unzufrieden war, den halben Bart abscheeren ließ und mehr dergleichen Züge, die eine gewisse innere Wildheit verrathen.«[70] Sie habe den Umgang mit ihrem eigenen Geschlecht gemieden wie die Pest und habe ihre Dienstboten wie »eine deutsche Hausfrau« traktiert,[71] fügte gegen Ende des Jahrhunderts noch die Reiseschriftstellerin Ida von Düringsfeld hinzu.

Wiewohl es also nicht unverhohlene Bewunderung, sondern ein apartes Gemisch aus Faszination und übler Nachrede war, das Hester Stanhope in der öffentlichen Meinung des 19. Jahrhunderts zur touristischen Legende werden ließ, so übte diese auf die nach ihr reisenden Frauen eine besondere Anziehungskraft aus, weil sie in Lady Stanhope ihr eigenes Reisegefühl verkörpert sahen, und weil sie sich in deren Entschluß zu bleiben hineinfühlen konnten. »Unwillkürlich trägt man«, schrieb Hedwig von Hohnhorst 1884, »ein sympathisches Etwas dieser stolzen Einsiedlerin auf dem Libanon entgegen, die sich hier so viel wohler und glücklicher fühlte, als in den Salons Europas ... Betrachtet man die großartige Naturschönheit dieser Berge, vereint mit dem herrlichsten Klima und der üppigsten Vegetation, dann begreift man leicht die Liebhaberei der Lady Esther, sich hier ein Heim auf Lebenszeit gegründet zu haben.«[72] Wie absonderlich Stanhope sich auch immer gebärdet haben mochte, vor Ort und in Anbetracht ihres eigenen Reiseglücks konnte eine reisende Frau wie Hedwig von Hohnhorst (und vor ihr Ida Hahn-Hahn) sehr deutlich nachempfinden, wie der Wunsch der legendären Lady zustandegekommen war, die Orientreise ins Unbegrenzte auszudehnen.

Kapitel 6

Pellegrina nach Palästina

»Franzosen und Engländer bereisen und beschreiben im Durchschnitte die orientalischen Gegenden wohl zwanzigmal mehr als wir Deutsche, darum kann man auch nicht annehmen, daß derlei Beschreibungen der heil. Orte zu vervielfältigt in Original deutscher Ausgabe vorhanden sind. Auch ist das Feld so fruchtbar, daß es immer neue Sammlungen abwirft«,[1] urteilte Maria Schuber, Erzieherin an einer katholischen Mädchenschule in der Steiermark, und fügte dem Buchmarkt ihrerseits eine Sammlung von 156 Briefen hinzu, die sie während ihrer Orientreise vom Oktober 1847 bis September 1848 geschrieben hatte. »Dieses hier mit Achtung überreichte Werk als Beschreibung meiner Pilgerreise nach Jerusalem tritt ohne literarisches Musterbilde und kunstgewandte Umsicht in die Welt, daher bittet es um ein nachsichtsvolles Auffassen seiner verfolgten Absichten: die Reise nach Palästina nicht gar so beschwerlich oder beinahe unmöglich darzustellen; Land und Leute durch aufmerksame Beobachtungen bei jeder Art von Reisen näher kennen zu lernen, und im unumwundenen Glaubensbekenntnisse die Liebe zum heil. Lande zu beleben.«[2]

Dieser fromme Wunsch führte in der ersten Hälfte des 19. Jahrhunderts nur wenige christliche Pilger nach Palästina, eine Provinz des osmanischen Reiches, das ihnen eher unter dem Namen »Heiliges Land« aus der Bibel geläufig war. Dementsprechend selten waren auch, wie Maria Schuber eingangs anmerkte, schriftliche Berichte über eine der ältesten Gattungen innerhalb der dokumentarischen Reiseliteratur. Ihre Briefsammlung *Meine Pilgerreise über Rom, Griechenland und Egypten durch die Wüste nach Jerusalem und zurück* veröffentlichte Maria Schuber aus Graz im Selbstverlag 1850, zu einem sehr frühen Zeitpunkt, als Orient- und speziell Pilgerreisen noch keine Massenartikel darstellten.

Zu einer touristischen Attraktion entwickelte sich die *Reise in das gelobte Land*[3] erst in der zweiten Hälfte des 19. Jahrhunderts; und entsprechend mehrte sich auch die Zahl an Publikationen, die über eine Pilgerreise berichteten. Hinter Buchtiteln wie *Nach Kanaan*[4] oder *Aus dem Heiligen Lande*[5] konnten sich mitunter religiöse Erbauungsbüchlein verbergen, die die Reise lediglich als Darstellungsform für biblische Erzählungen imaginierten; es konnten aber auch Berichte wissenschaftlich oder missionarisch ambitionierter Kirchenleute[6] sein oder touristische Erlebnisse im religiösem Gewand. Allen unter der Rubrik »Pilgerreise« gehandelten Publikationen aber lag der Gedanke zugrunde, daß die religiöse Emotion, das Gefühl von Andacht, gesteigert werde beim tatsächlichen oder auch nur vorgestellt-realen Anblick der biblischen Stätten. »Theologische Reflexion«, kommentierten katholische Dogmatiker des 20. Jahrhunderts, sei dieser gefühlsbetonten Reisemotivation »im allgemeinen nicht günstig. Es bedarf darum der dauernden Warnung vor Wildwuchs und Entartung in diesem peripheren Frömmigkeitsbereich«.[7]

Wallfahrtspauschale

Je weiter das 19. Jahrhundert fortschritt, desto zahlreicher wurden die Reiseberichte über eine Peregrinatio ad loca sancta. Lag ihre Zahl um 1880 bereits bei mehr als fünftausend,[8] so wurde der Buchmarkt zur Jahrhundertwende regelrecht überschwemmt mit Pilgerberichten. Maßgeblich beteiligt an dieser Entwicklung war die neue Erfindung der Pauschalreisen, als deren Pionier der ebenso geschäftstüchtige wie religiöse Engländer Thomas Cook gilt.

1869 hatten sich die ersten zweiunddreißig »Damen und Herren« bei seinem Londoner Reisebüro, das bislang nur europäische Gesellschaftsreisen organisiert hatte, angemeldet für seine Art »Pilgerreise nach dem Heiligen Land«. Das Programm orientierte sich an den wichtigen biblisch-christlichen Stätten und enthielt eine auf dreißig Tage geplante Rundfahrt von Jaffa nach Bethlehem, zum Berg Tabor, dem Toten Meer und dem Jordan, dann nach Jericho über den Ölberg nach Jerusalem. Um den viktorianischen Reisenden beiderlei Geschlechts ein Höchstmaß an Annehmlichkeiten bieten zu können, konzipierte Cook das System des »beweglichen Hotels«, das nach seiner erfolgreichen Einführung von den deutschen Reisebüros übernommen wurde. Mitgeführt wurde eine umfangreiche Karawane, die aus Personal zur Reiseleitung, Bedienung und Bewachung bestand, sowie aus den nötigen Sattel- und Packpferden. Zahlreiche Lastesel waren zudem erforderlich, um die Schlafzelte samt ihrem Inventar, zu dem u.a. eiserne Feldbetten, orientalische Teppiche und Waschschüsseln gehörten, um die Küchenzelte sowie große Zelte mitzuführen, die als Speisesäle dienten.

Um das Programm innerhalb des angesetzten Zeitraums von einem Monat bewältigen zu können, war die Reisegesellschaft ständig unterwegs. Täglich wechselten die zuvor ausgesuchten und mit den örtlichen

Scheichs abgesprochenen Lagerplätze; und während die Reisegruppe »nach einem Ritt von vier bis fünf Stunden unter Olivenbäumen oder irgendwo im kühlen Schatten« rastete und ihren Lunch einnahm, baute das Personal den luxuriösen Zeltplatz auf. »Wenn wir zum verabredeten Lagerplatz kommen«, versprach Thomas Cook, »finden wir unser bewegliches Hotel schon bereit und beziehen das gleiche Zelt, mit dem gleichen Bett und Bettzeug und dem gleichen numerierten Handtuch, das wir am Morgen verließen.«[9]

An dieses neuartige Hotelsystem, ein für europäische Verhältnisse ausgesprochen ungewohntes Campieren in freier Landschaft, mußten sich distinguierte Damen und Herren erst gewöhnen. »Kann mir vielleicht eine Dame, welche die Reise nach Palästina gemacht hat, Auskunft geben, ob solche von Damen mühelos und angenehm unternommen werden kann?« lautete in den siebziger Jahren ein besorgter Leserbrief an die von Cook herausgegebene Monatsschrift *All the World Over*. Und eine entsprechende Leserzuschrift antwortete beruhigend, man brauche sich »um nichts zu kümmern« und könne sich unbesorgt der wohl organisierten Reisegesellschaft überlassen. »Vor zwei oder drei Jahren nahm ich an einer Gesellschaft teil, zu der sieben weitere Damen gehörten. Nur zwei von uns waren des Reitens kundig, obwohl wir alle einige Erfahrung im Reisen hatten. Wir traten unsere Pilgerreise nach dem Heiligen Land in Jaffa an; die Pferde waren gut. Die erste Nacht verbrachten wir im Tal von Ajalon, es war das erstemal, daß wir in einem Zelt übernachteten. Ein türkischer Teppich bedeckte den Boden; für jeden stand ein bequemes Eisenbett (drei Damen in einem Zelt) mit guten, sauberen Leintüchern und jeglichem Komfort bereit. Jeden Morgen hatten wir in unserem großen Speisesaal ein Frühstück, wie wir es besser in keinem erstklassigen Hotel haben konnten; jeden Tag ein kräftiges Picknick-Lunch.«[10]

Um diese touristische Sorglosigkeit garantieren zu können, erwirkten die Reisebüros zum einen den Schutz der türkischen Regierung, da dieser in Palästina jedoch nicht allzuviel half, bemühten sie sich zum anderen um die Zusicherung freien Geleits durch die diversen Beduinenscheichs. Diese Sicherheitskontrakte mußten von der Reisegruppe bezahlt werden, wie Bertha Vester um 1880 berichtete: »Eines der Dörfer war als das Räubernest von Ostpalästina bekannt. Die Familie des obersten Scheichs haftete persönlich für die Sicherheit der Jericho-Straße. Alle Reisenden zahlten dieser Familie ihren Obulus, worauf eines ihrer Mitglieder die Gesellschaft begleitete. Damit waren das Dorf und die Familie des Scheichs verantwortlich für die Sicherheit, und sie boten Schutz vor jeder Belästigung. Wehe aber der Gesellschaft, die ihre Gebühren nicht entrichtete!«[11]

Das Cooksche System erwies sich als ausgesprochen erfolgreich, und schon bald dehnte sich der Kundenkreis über die viktorianische Landesgrenze hinaus aus. Die stetig wachsende Teilnehmerzahl – Anfang der neunziger Jahre hatte das Reisebüro Cook bereits mehr als zwölftausend Pilger ohne nennenswerte Zwischenfälle nach und durch Palästina geführt – sorgte für die Entstehung eines Massenszenarios, wie es sonst nur von Heerlagern bekannt war: Die pauschal gebuchten Pilgerreisen nahmen die Ausmaße von wandelnden Zeltstädten an, wie sie zuletzt im Mittelalter im Orient gesichtet worden waren.[12]

Auf Palästinareisende wie zum Beispiel Sophie Christ, die ihre Landreise von Jerusalem nach Nazareth in einer kleineren Reisegruppe unternahm, wirkte der Anblick des riesigen kommerziellen Massenaufzuges wie die Karikatur eines modernen Kreuzzuges. Sie legte dieselbe Route zurück, betrachtete dieselben Sehenswürdigkeiten und übernachtete exakt nach demselben Hotelprinzip, und dennoch hatte ihre Reise einen völlig anderen Charakter. Im Spiegel der Massenhaftigkeit verlor eine Palästinareise für Sophie Christ erheblich an Reiz, und deren konkreten Anblick empfand sie nurmehr als beklagenswerte Kuriosität. So als ob ihre Art zu reisen rein gar nichts gemein habe mit jenem Cookschen Aufgebot, so als ob sie überhaupt nicht in der Rolle einer Touristin gewesen wäre, bestaunte die in einer Kleingruppe reisende Sophie Christ die in der Masse Reisenden als touristische Attraktion. 1888 berichtete sie in ihren *Orientalischen Tageblättern*:

»Kaum hatten wir unsere Zelte bezogen, als der Dragoman mit der Nachricht kam, die erwartete große französische Karawane, welche in Haifa landete, sei im Anzuge. Stehenden Fußes eilten wir an das andere Ende des Ortes, wo das große Lager aufgeschlagen war.

Die Agenten des berühmten englischen Reiseunternehmens Cook hatten die Hände voll zu thun, um allen Anforderungen des aus tausend Personen bestehenden französischen Pilgerzuges gerecht zu werden, der sich in zwei Colonnen von Yafa [Jaffa] und Haifa nach Jerusalem bewegte. Die dazu nothwendigen Saumthiere wurden von Beirut und Damascus bezogen, da in der Nähe die gehörige Zahl nicht aufzutreiben war. Vom ein- und doppelhöckeerigen Kameel bis zum Esel herab sah man die requirirten Reitthiere, zwar vielgestaltig, aber dennoch ungenügend vertreten. Fast jedes der stärkeren Thiere mußte zwei Personen tragen, die zu beiden Seiten in einem rohen Holzlattengestell hingen, das in der Eile zusammengezimmert schien. Einige hatten gute, mit englischem Sattelzeug vortrefflich ausgestattete Pferde, andere saßen auf hohen, arabischen Sätteln, mit bunt gestickter Schabrake und ihre Füße ruhten in breiten, bequemen Steigbügeln. Am übelsten aber wurde den Damen mitgespielt, die in den Holzkasten eingezwängt, wie gerädert herauskamen und kaum auf den Füßen stehen konnten. Unter den Herren und Damen befanden sich viele vornehme Personen, welche sich mit Ergebung in die Verhältnisse fügten, doch, wie man ihnen nachfühlen konnten, keineswegs damit zufrieden waren. Ein anderer Kreuzzug, wie jener es gewesen, den der von Jerusalem heimkehrende Einsiedler Peter von Amiens durch seine feurig beredten Schilderungen veranlaßt, führte sie zusammen und ließ sie die Beschwerden der Reise willig übernehmen. Nicht wie ehemals gegen die seldschuckischen Türken, schlossen sie sich en masse dem Pilgerzuge nach Palästina an ... Und wie einst die sich zusammenscharenden Kreuzfahrer als äußeres Zeichen des meinsamen Unternehmens sich ein kleines rothes Kreuz an die rechte Schulter hefteten, so waren auch hier die Betheiligten des französischen Pilgerzuges an demselben Zeichen erkennbar. Der romantische Rittergeist ihrer Vorfahren war über sie gekommen, die nüchterne Wirklichkeit aber stellte sich anders dar, und davon schienen die Franzosen durchaus nicht erbaut zu sein. Waren sie auch an Illusionen nicht arm geworden, das materielle Leben ließ viel zu wünschen übrig. In einem Compagnie-Kessel an Umfang wurde die Suppe für Alle gekocht und außer dem Wasser, das viele sich eigenhändig an der Quelle schöpften, wurde, trotz der hohen Verköstigungsgelder, ohne Zahlung kein anderer Trunk verabreicht. Zufrieden, keinen ähnlichen Anlaß zur Klage zu haben, eilten wir nach unseren Gezelten zurück.«[13]

Kurze Zeit nach Sophie Christ wurde der Pilgertransport übrigens erheblich vereinfacht, indem die Reitpferde für Herren und Holzkästen für Damen gegen Reisekutschen ausgetauscht wurden. Solche speziell gefederten und für mehr als ein Dutzend Fahrgäste ausgelegten Kutschen waren von einem Schweizer Unternehmen ursprünglich für die Alpen konstruiert worden und wurden ab 1890 eigens zum bequemen Pilgertransport nach Palästina exportiert.

Festpilger

»Es soll Pilger gegeben haben, die an der Grenze des gelobten Landes vom Pferde stiegen, um den Boden zu küssen, den die Füße Jesu betraten. Wir sind in diesem Sinne nicht als Pilger gekommen, die den Allgegenwärtigen nur am Jordan zu finden wissen. Was uns Jesus ist, steht uns fest, ganz abgesehen von allem Augenschein des heiligen Landes«, kritisierte Friedrich Naumann, der »politische Pastor« und evangelische Theologe, die gegen Ende des 19. Jahrhunderts verbreitete Begeisterung der Palästinapilger über ihr Dasein an einem biblisch-historischen Ort. Sein Grund, 1898 als einer von vielen nach Palästina zu reisen und über dieselbe Gemeinschaftsreise als einer von vielen zu schreiben,[14] lag in einer speziellen und denkwürdig-kuriosen, hauptsächlich aber für den damaligen deutschen Zeitgeist typischen Variante von Pilgertum und »peripherer Frömmigkeit«. Der evangelische Theologe gehörte nämlich zu den Hundertschaften der amtlich geladenen, protestantischen Kirchenvertreter und »Jerusalems-Pilger«, die vom deutschen Kaiser Wilhelm II. aufgefordert worden waren, mit ihm im Herbst 1898 nach Palästina zu reisen und seinem spektakulären Auftritt in der für Christen so bedeutsamen Provinz des Osmanischen Reiches beizuwohnen.

Mit großem Pomp und monatelangem Presseecho geruhte Kaiser Wilhelm II. nebst Gemahlin, für den Herbst 1898 einen Zug »evangelischer Kreuzfahrer des neunzehnten Jahrhunderts«[15] zu sammeln, um nach Palästina zu pilgern und in Jerusalem, so die offizielle Begründung, am Reformationstag die Erlöserkirche einzuweihen. Dieses von der lutherischen Kirche umgebaute Gebäude war ursprünglich ein Pilgerhospiz und Krankenhaus des Johanniterordens gewesen und Teil einer kleinen Besitzung, die der türkische Sultan zwanzig Jahre zuvor Kaiser Wilhelm I. zum Geschenk gemacht hatte.

Bereits im Vorfeld schlug das geplante pompöse Großereignis kräftige Wellen. Photographen und Hofmaler wurden ausgewählt, die den deutschen Staatsbesuch als erfolgreichen Kreuzzug in Szene setzen sollten; auch Oskar Messter, der Pionier des neuen Mediums Film, durfte die kaiserlichen Hoheiten begleiten. Die Kaiserin arbeitete sich eigens für die Pilgerreise in den Gebrauch fotographischer Apparate ein (ihre Photographien wurden anschließend auch veröffentlicht); die Reiseroute wurde beinahe täglich in den deutschen Tageszeitungen erörtert; für die Reiseteilnehmer wurde eigens ein Orden entworfen, das sogenannte Jerusalemkreuz; fromme Hofdamen stickten dem Kaiser heimlich einen »malerischen, seidenen und mit goldenen Fäden durchwirkten Umhang«, den Wilhlem II. dann auch tatsächlich trug.[16]

Während der Vorbereitungen für die Kaiserreise rüstete sich gleichzeitig »eine große Zahl von Gliedern der evangelischen Christenheit Deutschlands zur Fahrt ins heilige Land. Denn nicht allein mit seinem Gefolge wollte das Kaiserpaar den hohen Festtag in Jerusalem feiern; die Teilnahme von Vertretern der evangelischen Kirchen des Deutschen Reiches sollte der Feier noch eine besondere Bedeutung verleihen.«[17] Den offiziell geladenen protestantischen »Festpilgern« schlossen sich zudem Honoratioren und Gläubige aus allen Landesteilen an. Die imposante Gäste- und Teilnehmerliste dieses friedlichen Kreuzzuges verzeichnete etliche Hundertschaften aus allen Landesteilen, darunter auch viele Frauen, von adeligen Freifrauen über Unternehmergattinnen bis zu Gouvernanten.

Die Londoner Firma Thomas Cook & Son – aufgrund ihrer langen Erfahrung mit Zeltreisen in Palästina – erhielt einen Beratervertrag, um bei der komplexen Organisation der Fahrt Ihrer Majestäten nebst den diversen Zeltlagern mitzuhelfen, und hatte die umfangreiche Zeltausrüstung zu stellen. Zum Leiter der offiziellen Festfahrt wurde der Berliner

Reiseunternehmer Hugo Stangen ernannt. Auch Karl Stangen, Gründer des ersten deutschen Reisebüros, sowie die Firma Palmer, Kappus & Co bekamen alle Hände voll zu tun, sieben weitere Schiffe zu chartern und die Hundertschaften deutscher Pilger auf allerhöchsten Befehl zum Applaus nach Palästina zu befördern.

Auf türkischer Seite waren die Vorbereitungen nicht minder umfangreich und strebend bemüht, den deutschen Staatsgästen einen unvergeßlichen Empfang zu bereiten. Im Hafen von Haifa wurde eigens für das Großereignis eine neue Mole gebaut und in Jerusalem ein Teil der Stadtmauer niedergerissen, um den feierlichen Einzug gewährleisten zu können. Und die Engländerin Bertha Vester war wochenlang damit beschäftigt, im Auftrag der türkischen Regierung, »aus jedem Haus eines türkischen Untertanen in Jerusalem Möbel und Teppiche zu entleihen, die zur Ausschmückung des kaiserlichen Zeltes zweckmäßig erschienen.«[18]

Am 31. Oktober 1898 hielt der »Zug der Festpilger« feierlichen Einzug in Jerusalem. Augenzeuge Friedrich Naumann berichtete:

»Der Sultan der Germanen imponiert dem Morgenländer mächtig. Der Kaiser ritt mit der Kaiserin zusammen ein, später saß er meist zu Pferde, sie im vierspännigen Wagen. Die Uniformen des Kaisers wechselten, man rechnete aber immer mit dem

Abbildung 18: Der Besuch des deutschen Kaisers Wilhelm II. in Palästina, 1898.

berechtigten Wunsch des Morgenländers, etwas Glanz zu sehen. Nicht ganz ausreichend erschien die kaiserliche Begleitung beim offiziellen Einzug, später aber war alles, wie man es sich wünschen konnte, wenn man sich in die Seele des tausendköpfigen, schaulustigen Volkes versetzte: türkische Soldaten, etwas schlapp im Eindruck, türkische Militärmusik, schreiend, Wagnersche Dissonanzen überbietend, deutsche Reiter, der Kaiser, die Hofwagen, das Gefolge, darunter ... deutsche Konsistorialräte, türkische Beamte mit Fez und Orden, Johanniter, Popen, allerlei Herren, deutsche Marinemusik mit Pauken, Trompeten, Marinesoldaten mit aufgepflanztem Bajonett. Es war ein Tamtam, das in Berlin ganz so nicht möglich gewesen wäre, hier aber allein richtig war. Man erinnert sich vielleicht des Gemäldes von Gentz in der Nationalgalerie, das den Einzug des Kronprinzen Friedrich Wilhelm in Jerusalem [1869] darstellt. Derselbe blaue Himmel liegt über den blendend hellen Mauern, Minarets und weißgekleideten Türkenweibern ... Erst riefen die Deutschen da und dort mit hochgehobenen Hüten und schwebenden Tüchern hoch und hurra. Allmählich gewöhnten sich die Araber und Türken mitzurufen. Was sie gebrüllt haben, ist uns unklar geblieben, aber den Sinn verstanden wir: Es lebe Wilhelm, der Freund des Padischah!«[19]

An kritischen Stimmen gegen solche euphorischen Szenen, die dem *Untertan* Heinrich Manns würdig gewesen wären, und überhaupt gegen den imperialen Prunkzug Wilhelms II. im Orient mangelte es daheim im Deutschen Reich durchaus nicht. So faßte etwa Frank Wedekind seine Kritik in einem Spottgedicht zusammen, das in einer Palästina-Nummer der satirischen Zeitschrift *Simplicissiumus* erscheinen sollte, die aber kurzerhand beschlagnahmt wurde:

»Willkommen, Fürst, in meines Landes Grenzen,
Willkommen mit dem holden Eh'gemahl,
Mit Geistlichkeit, Lakaien, Exzellenzen
Und Polizeibeamten ohne Zahl.
Es freuen sich rings die historischen Orte
Seit vielen Wochen schon auf deine Worte,
Und es vergrößert ihre Sehnsuchtspein
Der heiße Wunsch, photographiert zu sein ...
Sei es in Seemannstracht, im Purpurkleide,
Im Rokokokostüm aus starrer Seide,
Sei es im Jagdrock oder Sportgewand,
Willkommen, teurer Fürst, im Heil'gen Land!«[20]

Gegen die im Ausland, vor allem auf englischer Seite aufkommenden Besorgnisse, die kaiserliche Pilgerreise tarne einen deutschen Drang nach Osten, betonte das Auswärtige Amt mit Nachdruck den Charakter einer privaten, allein auf religiösen Motiven beruhenden Pilgerreise. Im Inland jedoch hoffte so mancher Deutsche, darin mehr als ein persönliches religiöses Bedürfnis des Kaiserpaares entdecken zu dürfen, darunter auch Friedrich Naumann, der Gründer des Nationalsozialen Vereins. Mit Stolz verwies er, neben der Erlöserkirche für die evangelische Kirche, auf eine weitere Überlassung kaiserlichen Landbesitzes in Palästina. »Ein religiöser Akt von politischer Bedeutung war die Überlassung des Landgebietes Zönakumlum an den in Köln sitzenden Palästinaverein deutscher Katholiken. Unseres Wissens ist dies der erste Versuch, deutsche Katholiken im Orient als Deutsche zu organisieren. Bis jetzt liegt es so, daß die zahlreichen katholischen Auswanderer aus Süd- und Westdeutschland meist im Orient an vorhandene katholische Kirchen und Schulen sich anschließen und dadurch zwar katholisch bleiben, aber dem Deutschtum verloren gehen. Gelingt es, in Jerusalem, Alexandrien, Smyrna, Konstantinopel deutsche katholische Gemeinden zu bilden, so wird damit dem kirchenlichen und dem staatlichen Interesse zugleich gedient,«[21] lobte der evangelische Theologe Naumann die Überlassungen des »Sultans der Germanen«, weil er den kirchlichen Gemeinden die Rolle eines nationalen Vorpostens zuschrieb – ein Fleckchen deutscher Kolonie in religiösem Gewand.

»Kasanova« für die Pilgerin

»Seitdem der Kaiser in Jerusalem war«, berichtete zehn Jahre nach der aufsehenerregenden Festpilgerreise eine deutsche Pilgerin, »kann die Stadt nicht mehr, wie bis dahin, allabendlich zugeschlossen werden. Neben dem Jaffatore ist die Stadtmauer durchbrochen, eine breite Strasse in die Stadt hineingezogen und mit einem Brunnen verziert worden.«[22] Im »kanonischen Alter von über 50 Jahren, welches im Orient, bei der Frühreife der dortigen Frauen, diesen eine grosse Freiheit gibt«,[23] entdeckte Natalie von Uexküll kurz nach der Jahrhundertwende ihre Leidenschaft für Reisen nach Palästina. Allein im ersten Jahrzehnt brachte sie es auf neun Reisen in das Heilige Land. Obwohl Natalie von Uexküll eine recht begüterte Baronin mit Besitzungen in Hinterpommern und Berlin war, zog sie es vor, sich mit der Aura einer einfachen Pilgerin zu umgeben. Nur selten entschloß sie sich, »im Lande Jesu« auf den klassischen Dragoman zurückzugreifen, wie bei ihrer Abreise aus Bethlehem: »am Nachmittag bestellte ich mir einen Dragoman und Pferde zu meinem ersten Ritte, der mich auf den Kamm des Ölberges führte. Eine wunderbar klare, weite Aussicht. Von einer Seite das Mittelländische Meer, von der anderen der tiefe Kessel des Toten Meeres. Es ist mein erster Ritt im Herrensattel, und ich bin zufrieden mit ihm und meiner übrigen Pariser und Londoner Ausrüstung. Während des Rittes geht der Sicherheit halber ein Mann neben mir, der

Dragoman reitet nebenher, so gewöhne ich mich allmählich an diese Art zu reiten, zu der ich mich in Europa nie entschliessen würde.«[24]

In der Regel wanderte Natalie von Uexküll, eine streng gläubige Katholikin, die überdies in Breslau katholische Theologie studiert hatte, »im schlichten Kleide« mit wechselnder priesterlicher Begleitung zu den Stätten der biblischen Geschichten. Und so wie sie sich »vor trivialer, geschäftsmässiger Reisebegleitung bewahrte«,[25] mied sie auch die Unterkunft in »banalen Hotels«. Die gebürtige Estin mit dem »Privileg des Matronenalters«[26] ließ sich von einem christlichen Orden zum nächsten weiterreichen und übernachtete vorzugsweise in kirchlichen Herbergen, bei den Assumptionisten (einer katholischen Kongregation der Augustiner), Franziskanern und Dominikanern, sowie in Frauenklöstern der Schwestern »Vom guten Hirten«.

So außergewöhnlich, wie Uexküll glaubte, war dieser klösterliche Reisestil freilich nicht, wie schon allein der »Riesenbau« eines Klosters der Assumptionisten in Jerusalem belegte, das immerhin »vierhundertundfünfzig Zimmer« anzubieten hatte. »Wie eine Sturmflut bricht ab und zu eine grosse Pilgerschar, sich in einige grosse Hospize verteilend, auch hier ein; nachher stehen die Monumentalbauten christlicher Gastfreundschaft entweder ganz leer oder sind mit zwei, drei Pilgern, die einen längeren Aufenthalt vorziehen, besetzt.«[27] Nach anstrengenden Wanderungen in und um Jerusalem, Nazareth und Bethlehem, nach Besteigung des Berges Tabor und Abstechern zu den Besitzungen des deutschen Palästinavereins sah Natalie von Uexküll »in der edlen Kloster- und Pfarreigastlichkeit ein festes Bollwerk« und eine heimatlich anmutende Oase inmitten einer als unwirtlich, ja feindlich empfundenen Welt. »Oh! Ihr lieben, christlichen Herbergen, wie atmet man auf, wenn man die Satteltaschen vom Pferde nimmt und sich im Hofe auf eine Matte legen kann, bis alles von den lieben Söhnen des Heiligen Franz von Assisi zur Aufnahme bereit ist. Das Tor schliesst – ein starkes Tor; kein höhnischer Blick, kein Stein in der halbversteckten Faust, keine rohe Schadenfreude mehr. – Keine Juden, Türken, Mohammedaner schauen dem Fremden mehr unter Verwünschungen nach, kein Fluchwort, kein Bakschischgeschrei, keiner, der den Arm, das Gewand zerrt«.[28]

Am weitesten verbreitet unter allen Unterkünften, die für christliche Wallfahrer bereitstanden, waren die »Kasanova-Herbergen der Franziskaner. Wenn man aus Europa kommt«, schrieb Natalie von Uexküll im April 1905, »empfindet man sie als etwas Selbstverständliches, kaum den Ansprüchen Genügendes. Wer aber den Blick fünfzig bis hundert Jahre zurückrichtet, kann ihren Wert für den einzelnen Pilger und die Pilgerzüge besser ermessen. Freilich sind die Franziskaner viele Jahrhunderte im

Heiligen Lande, aber ihr Herbergswesen hat erst in neuerer Zeit die Ausdehnung erlangt, deren wir uns jetzt erfreuen. Bis vor hundert Jahren war man bei Reisen in Syrien auf die Chane angewiesen ... ein Markt und ein festungsartiger Zufluchtsort vor Räubern und Spitzbuben, vor der Kälte der Nacht, vor Staub und Hitze des Tages, vor Sonnenglut und Sonnenstich ... Heute noch kann man in ganz abgelegenen Gegenden Palästinas solche primitiven Nachtquartiere finden ... Der Orientale führt alles Gerät mit sich: jeden Abend packt er im Chan aus, am Morgen ein; er hat Kaf-

Abbildung 19: Die Baronin Natalie von Uexküll.

feetasse, Kohlenbecken und den Rost dazu, nebst Pfanne und Krug immer auf Reisen bei sich. Einen Sack mit Reis und eine sparsam gebrauchte Wachskerze. Eine Strohmatte und Steppdecke. Und dies alles musste einst auch der Europäer – und noch vieles andere – bei sich führen. Wie anders heute, wo die ›Kasanova‹ uns an jedem Punkte gastlich das Tor öffnet.«[29]

Reisende Frauen wußten diesen schützenden Hort christlicher Klösterunterkünfte sehr zu schätzen; die Information über die oasengleichen Herbergen der Franziskaner weiterzugeben, wurde unter Reiseschriftstellerinnen Tradition. Schon Ida Pfeiffer, die 1842 eine Pilgerfahrt nach Palästina unternahm, als ersten vorsichtigen Versuch, das Reisen als alleinstehende Frau zu erproben, empfahl diese Unterkünfte, auch zur Schonung des Geldbeutels. »Im Kloster bezahlt man weder für Kost noch Wohnung und darf sich einen ganzen Monat aufhalten. Man gibt höchstens eine freiwillige Gabe für Messen; ob man aber viel, wenig oder nichts gibt, darnach wird nicht gefragt. In diesem Punkt ist der Franziskanerorden höchst human.«[30]

Knapp fünfzig Jahre später hatte der Pilgertourismus bereits erhebliche Ausmaße angenommen, wie sich aus dem Bericht der Sophie Christ ablesen läßt. Da die billige und schützende Unterkunft offenbar stark in Anspruch genommen wurde, hatten die Ordensbrüder ihre Freigiebigkeit arg begrenzt. »Wir wurden in das Kloster der Franziskaner geführt, deren Pilgerherbergen an den meisten Orten Palästinas einen willkommenen Ersatz für die dort mangelnden Hotels bieten; jeder Reisende, welcher Nation, welchen Glaubens er sei, wird dort willkommen geheißen und drei Tage unentgeltlich verpflegt«,[31] berichtete Sophie Christ 1888 in ihrem Buch *Orientalische Tageblätter*. Aus dem »ganzen Monat« der Ida Pfeiffer waren nurmehr drei Tage Kost und Logis geworden.

Zu dem Zeitpunkt wiederum, als Natalie von Uexküll die klösterlichen Herbergen der »Kasanova« jedem »glänzenden Luxus großstädtischer, moderner Gasthäuser«[32] vorzog und nicht genug die liebenswürdige Aufnahme loben konnte, hatte sich der Vorteil dieser Gratisunterkunft offenbar herumgesprochen, zum Nachteil der reisenden Frauen. Denn seit einiger Zeit, so erzählte der zuständige deutsche Konsul Natalie von Uexküll im November 1907, kämen immer mehr rücksichtslose und randalierende Handwerksburschen »nach dem Heiligen Lande, um sich in den Kasanovas ›fechtend‹ durchzubringen«.[33] Die Ruhe der klösterlichen Oase jedenfalls war damit passé.

Die beträchtliche Größenordnung, die der Pilgertourismus um die Jahrhundertwende annahm, war bereits die zweite große Welle in der Geschichte der (angeblichen oder tatsächlichen) Pilgerreisen nach Palästina. Daran konnten erstmals auch Frauen teilnehmen, wie etwa Sophie Christ oder Natalie von Uexküll, während ihr Geschlecht von der ersten großen Reisewelle ins Heilige Land, die gut fünfhundert Jahre zurücklag, ausgeschlossen gewesen waren. Ordensschwestern war es ohnehin das gesamte Mittelalter über verboten gewesen, eine Wallfahrt nach Jerusalem zu machen; Papst Gregor XII. dehnte zu Beginn des 15. Jahrhunderts das Verbot auf das weibliche Geschlecht insgesamt aus – zum Verdruß der Reedereien, die die Wallfahrt bereits erfolgreich in den Geschäftsartikel einer Pauschalreise verwandelt hatten. Zweimal im Jahr pflegten sie von Venedig aus »spezielle Pilgertörns ins Heilige Land« zu verkaufen; nach der Landung in Jaffa wurden die Wallfahrer von Franziskanern, »denen der Sultan eine Art Tourismusmonopol für Palästina verliehen hatte, in Empfang genommen und, von einer vertraglich engagierten Wachmannschaft begleitet, direkt nach Jerusalem geführt. Dort absolvierten die Pilger gruppenweise ein von den Franziskanern festgelegtes Besichtigungsprogramm.«[34] Schon im Mittelalter kannte der Fremdenverkehr also eine systematische Organisation mit Führungen durch heilsgeschichtlich wichtige Orte, wie die Geburtskirche in Bethlehem, und auch Eintrittsgelder.

Zimmerreisen

Als Kompensation für das geschlechtsspezifische Reiseverbot leistete die schriftlich vermittelte Anschauung notdürftigen Ersatz für die mangelnde Realitätserfahrung in der Fremde. Eine der ersten solcher Lese-, Sessel- oder Zimmerreisen genannten Ersatzformen schrieb 1492 Felix Fabri. Ausdrücklich mit dem Anliegen, den Nonnen, also den einzigen seinerzeit lesekundigen Frauen, wenigstens eine Ahnung von der Reiseroute, den biblischen Stätten und erhältlichen Ablässen in Palästina zu vermitteln, verfaßte der Lesemeister des Dominikanerklosters in Ulm seine Schrift *Geistliche Pilgerfahrt oder Sionpilgerin*. Stellvertretend für seine Leserinnen, so stellte Fabri dar, sei er »selbs leiplich iber mer gezogen von Ulm gen Jerusalem«; handlich gegliedert in 208 Tagesreisen wollte er ermöglichen, seine eigene Palästinareise lesend nachzuvollziehen.[35]

Reiseersatz durch Lektüre – dieses auch Frauen verfügbare Angebot des Miterlebens aus zweiter Hand blühte erst recht im 19. Jahrhundert, als die Lesefähigkeit vom klerikalen (und auch aristokratischen) Exklusivrecht befreit und allmählich gesellschaftlicher Standard wurde. Eine typische Szene in dieser Hinsicht erlebte die sich selbst als »pellegrina« bezeichnende Erzieherin aus der Steiermark Maria Schuber, als sie zu Beginn des Jahres 1848 geschlagene vier Wochen in Kairo festsaß, weil sie von keiner Seite Unterstützung in ihrem Anliegen fand, durch die Wüste nach Jerusalem zu ziehen. »Das Fortkommen von Cairo ist wahrlich nicht so leicht. Und wenn sich Hindernisse zur Reise finden, so finden sie sich hier. Ueber alles das gibt mir P. Alberto, der Präsident des Klosters, in dem ich wohne, alle Tag Wort, als wäre meine Weiterreise eine reine Unmöglichkeit. Heute früh ließ er mich in den Salon rufen, wo er und die Oberin und ihre Vicarin an einem runden Tische saßen. Nun hatte er mich nach Belieben vor sich, um mir die Beschwerlichkeiten meines Vorhabens auszumalen. Wenn man mich hierin verzagt machen könnte, ich wüßte wahrlich nicht, sollte ich rückwärts oder vorwärts gehen. P. Alberto wiederholte unermüdet: daß ich meine Reise nur im Zimmer und auf der Karte machen könnte. Nur hätte ich P. Alberto erwiedern können, daß ich mich versichert wähne, in Wirklichkeit nach Cairo gekommen zu sein und mich da zu befinden, ohne Zimmerreise.«[36]

Vier Monate war Maria Schuber bereits auf Reisen, als sich exakt dieselben Vorbehalte und Bedenken wiederholten, die man ihr vor ihrer Abreise im heimatlichen Graz schon vorgebracht hatte. Zum zweiten Mal machte sie Bekanntschaft mit dem fürsorglich vorgetragenen Ersatzangebot, sie möge doch lieber mit dem Finger auf der Landkarte reisen und sich mit den Reiseberichten anderer begnügen (die sie im übrigen vor der Abreise hinlänglich gelesen hatte, angefangen von Chateaubriand über Lamartine bis Ida Pfeiffer). Statt die Beschwerlichkeiten einer wirklichen Reise herauszufordern und das Unmögliche zu wollen, solle sie doch den Vorteil einer Zimmerreise sehen, die Bequemlichkeit des Nachvollzugs triumphieren lassen und sich mit der passiven Rolle einer Leserin zufrieden geben, die doch durch das Lektüreangebot königlich bedient sei – oder, in den bissigen Worten des Orientreisenden Hermann Pückler-Muskau formuliert »Welcher Sultan könnte mehr fordern und bereitwilliger bedient sein« als die Leser, die sich voller Genugtuung denken können: »Habe ich nicht meine Reisenden, die für mich schwitzen und hungern, leiden und entbehren müssen und dann dennoch verpflichtet sind, mir das Erwähnenswerteste, was sie sahen, das Unterhaltendste, was ihnen begegnete, das Nützlichste, was sie lernten – im erneuten Schweiße ihres Angesichts mitzuteilen und den genauesten Bericht darüber abzustatten, ohne daß ich ein Opfer dafür zu bringen brauche, als einige Kreuzer nach der ersten besten Leihbibliothek zu senden.«[37]

Bis zum letzten Drittel des 19. Jahrhunderts, als englische und deutsche Unternehmer begannen, Fernreisen in Pauschalarrangements zu organisieren, haben sich viele Frauen mit dem Kompensationsangebot der »Zimmerreise« begnügt. Selbst Therese von Bacheracht, die immerhin durch ganz Italien bis Konstantinopel gereist war, glaubte mit ihrem »Traum« vorlieb nehmen zu müssen, »mit den frommen Pilgern, denen ich unterwegs begegnete, nach Nazareth« zu ziehen. Wehmütig stellte sie sich ihren Abschied aus der türkischen Hauptstadt als Abschied aus dem Heiligen Land vor: »Ich werfe einen letzten Blick nach dir, Jerusalem, auf die gesegnete Erde Jehovahs, nach den Cypressen des heiligen Grabes, in deren Schatten auch ich so gerne mein glühendes Herz gelabt hätte. Mein Mund stammelt den Namen, der in mir wie Glockengeläute tönt, meine Kindererinnerungen erwachen, ich sehe mich als kleines Mädchen vor der großen Bilderbibel.«[38]

Die gedankliche Vorstellung über die bereiste Wirklichkeit siegen zu lassen erschien der »pellegrina« Maria Schuber ein ausgesprochen zweifelhaftes Angebot und insbesondere zu dem Zeitpunkt, als man es ihr in Kairo unterbreitete, einigermaßen paradox, gerade weil sie sich zugute halten konnte, immerhin schon vier Monate unterwegs und bis nach Ägypten gekommen zu sein. Die Erzieherin an einer katholischen Mädchenschule hatte bereits die Erfahrung einer »glücklichen Pilgerin« gemacht und den Unterschied zwischen einer wirklichen Reise und der ihr ersatzhalber angebotenen Imaginationsform einer »Zimmerreise« kennengelernt. Abwegig erschienen Maria Schuber deshalb die Vorbehalte und Einwände, die man ihr in Kairo entgegenhielt. »Die Schwierigkeiten, die es mich kostet, hier weg zu kommen,« beklagte sie sich in einem Brief vom 5. Februar 1848 aus Kairo, »kann ich Ihnen gar nicht beschreiben; und die Unmöglichkeit, mit der man mir eine Wüstenreise vormalt, übersteigt noch jeden Begriff, den man sich etwa abschreckenderweise in unsern Ländern machen könnte. Daß ich mich jedoch, je mehr Beschwerden man mir vorstellt, desto weniger fürchte, das ist gewiß.«[39] Unerschütterlich hielt Maria Schuber an ihrem Entschluß weiterzureisen fest, auch wenn sie nicht so gut ausgestattet war wie andere Reisende. »Ich werde meinen Weg durch die Wüste noch recht gut finden, ohne eigenes Zelt und zwei bis vier Kamehle, mir genügt Eines.«

Diese Zielstrebigkeit und diese Freiheit von Selbstzweifeln hatte Maria Schuber keineswegs von Anfang an besessen. Ursprünglich hatte sie die Skepsis ihrer Umwelt durchaus geteilt und sich gefragt, ob sie überhaupt imstande wäre, die geplante Reise in die Tat umzusetzen, immerhin war sie schon im vorgerückten Alter von 63 Jahren und nicht mehr bei bester Gesundheit. Außerdem war sie völlig unerfahren in Reisedingen, war sie doch in ihrem Leben nicht weiter gekommen als bis nach Wien und kannte die modernen Verkehrsmittel der Fernreisenden nur vom Hörensagen. Vor ihrer Pilgerfahrt war sie noch nie mit den »modernen« Verkehrsmitteln gefahren, weder mit einer Eisenbahn noch mit einem Dampfschiff.

»Poor travelling« – die Philosophie des Wanderns

Die gräfliche »Reisendin« Ida Hahn-Hahn, die in Alexandrien noch Jahre später ihrer unerschütterlichen Beharrlichkeit wegen gerühmt und Maria Schuber als Vorbild in Sachen Frauenreise hingestellt wurde, hatte nicht im entferntesten damit geliebäugelt, »eine Pilgerfahrt im Sinn mittelalterlicher Frömmigkeit mit freiwilligen Entbehrungen und Kasteiungen durchwebt anzutreten.«[40] Wenn sie sich auf ihrem Ritt von Beirut nach Jaffa und Jerusalem zu frugalen Mahlzeiten und unkonventionellen Verhaltensweisen genötigt sah, dann aus rein pragmatischen Gründen, zum Beispiel um die Karawane, der sie sich angeschlossen hatte, nicht aufzuhalten. »Darum frühstückte ich auch nur mit einem Stück Brot und Ziegenkäse, und auf dem Pferd sitzend. Ich fürchte wirklich,« kokettierte Ida Hahn-Hahn Anfang November 1843 mit ihrem unkonventionellen, von den Umständen erforderten Verhalten, »daß du dich in Gedanken ein wenig meiner schämst. Trinken aus der Flasche eines arabischen Halbbanditen! essen ein Stück Brot und Käse im Sattel sitzend! Ja, Mamachen, und dazu zog ich meine Blouse gar noch aus und ritt in Hemdärmeln, weil die Hitze mich erdrückte.«[41]

Anders als Ida Gräfin Hahn-Hahn verstand sich vier Jahre später Maria Schuber in klassischem Sinn als »pellegrina« mit religiösem Eifer. 1847 nahm sie sich vor, »als Arme im Geiste zu reisen und mit dem Mindesten und Letzten, was mir vorkömmt, vorlieb zu nehmen.«[42] Dieser Entschluß kam zwar freiwillig, nicht aber rein zufällig zustande; jedenfalls spielte ihr Portemonnaie eine maßgebliche Rolle bei der Entscheidung mit, auf spartanische Art zu reisen, denn Maria Schuber verfügte von Haus aus nur über geringe finanzielle Mittel. »Meine Barschaft ist auch eben nicht sehr bedeutend, sondern nur für die nöthigsten Bedürfnisse eingerichtet.«[43]

Im Verständnis der gläubigen Katholikin allerdings paßte diese knappe Barschaft, von der sie stets fürchtete, sie könnte nicht ausreichen oder verloren gehen, hervorragend zu der Absicht, ihre Demut und Glaubensstärke durch eine Wallfahrt nach Jerusalem zu krönen. »Wenn nur lauter Reiche mit allen Bequemlichkeiten und großen Unkosten nach Palästina reisen wollten, würde es wohl noch weniger Pilgerreisen im Glauben und aus Liebe geben.«[44] Und so faßte die arme »Pilgerin aus der Steiermark« den in der Geschichte der Frauenreisen seltenen Entschluß, wirklich ganz allein und ohne jeden Komfort zu reisen. Ja, mehr noch, Maria Schuber beabsichtige eine Art von Reise, die selbst unter Pilgern, deren Schar um die Mitte des 19. Jahrhunderts noch recht gering war, nicht üblich war: Sie ging schlichtweg zu Fuß!

Strahlend vor Freude über das gewagte Experiment ihrer ersten Fußreise schrieb Maria Schuber am 13. Oktober 1847 an die »Frau Oberamtmannin«: »Ich kann es leicht berechnen, daß Sie das am meisten Wunder nimmt, wie ich so ganz allein in die Welt hinausgehe. Da aber meine Reise den höchsten Werth des Lebens enthält, nämlich die Verehrung des Heilandes, so kann ich bei der Aufopferung meines Unternehmens auch ganz sicher auf die Hilfe und den besonderen Schutz Gottes vertrauen ... nun befinde ich mich allein im fernen Lande sehr gut. Wenn mich Räuber anfielen! höre ich sie sorgsam rufen. Auch diese Furcht ist schon beseitigt. Meinen Tornister übergehängt, marschirte ich gestern wackeren Schrittes weiter, als wäre mir die Straße keineswegs fremd; da ging ein Jäger mit seinem Stutzen und seinem Pulverhorn an mir vorüber; mit einem Gesichte, das mich nicht übel an eine Räuber hätte mahnen können. Ich sah ihm ebenfalls fest in's Auge, so wie er mir, und als er vorbei war, da nahm er den ganzen Rest von Furcht, die ich etwa noch hatte, mit sich.«[45]

Nachdem Maria Schuber ihre anfänglichen Ängste einmal besiegt hatte, stellte sich ein ungekanntes Glücksgefühl bei ihr ein. Voller Emphase teilte sie einem Briefpartner ihre neue Erkenntnis mit »Das sag ich Ihnen, Herr Doctor! reisen muß man, um zu leben, und Niemand, der den Beruf dazu hat, soll sich von täuschenden Beschwerden davon abbringen lassen. Aber Fußreisen muß man machen, um die Freiheit der Natur zu genießen. Gibt es gleich Beschwerden, werden sie reichlich von den Freuden aufgewogen, die sich von selbst darbieten. Wenigstens mir geht es so.«[46] Es war also keineswegs allein die im biblischen Bild des Pilgers symbolisierte, läuternde Kraft, die Maria Schuber zu ihrer mühseligen Art der Fortbewegung veranlaßte. Per pedes nach Palästina zu kommen, enthielt für sie auch ein wichtiges Moment von Freiheit und Naturgefühl. Sie empfand das Wandern nicht nur aus christlichen, sondern auch aus naturphilosophischen und romantischen Motiven heraus als einen eigenständigen Wert.

Für Angehörige des männlichen Geschlechts war das Wandern bereits im 18. Jahrhundert zu einer vorstellbaren Möglichkeit geworden, sich körperlich zu erfahren und die Natur sinnlich anzueignen. »Die Reise ist uns an und für sich eine Lust. Wir verbringen sie keineswegs wie in einem gut verschlossenen Käfig. Wir reisen nicht in Trägheit und Geruhsamkeit wie die Frauen«, hatte Jean-Jacques Rousseau 1761 seine Romanfigur sagen lassen und diese programmatisch auf die Wanderung geschickt. Was bei dem französischen Naturphilosophen nur auf literarischem Wege geschah, wurde wenig später von dem deutschen Geistlichen Karl Philipp Moritz leibhaftig praktiziert. Mittellos und nur mit einigen Schulzeugnissen ausgestattet, wanderte er 1776 zu Fuß durch Mitteldeutschland und später auch nach England, was ihm von Goethe den Beinamen »Fußreiser« eintrug.[47] Da er selten genügend Geld für eine Kutschfahrt aufbrachte, machte Moritz – als einer der ersten freiwillig Reisenden – aus der Not eine Tugend und aus dem Wandern eine Philosophie. Er sah das Wandern als adäquates Mittel, die natürliche Umgebung mit neuen Augen sehen und sich in harmonischem Einklang mit der Natur fühlen zu können.

Die Erfahrung, daß das Wandern und »Fußreisen« auch für Männer gesellschaftlich noch längst nicht anerkannt war, mußte Moritz wiederholt machen. Man beäugte ihn mißtrauisch, gab ihm kein Zimmer im Gasthof oder ließ ihn nur durch die Hintertür hereinkommen, denn wer als Wanderer in vorromantischer Zeit in die Fremde kam, wurde nach dem Augenschein bewertet und auf einer niedrigen sozialen Stufenleiter eingeordnet, wenn er allem Anschein nach keine Mittel für eine standesgemäße Fortbewegung per Pferd oder Kutsche besaß. Wer mittellos reiste, mußte nach damaligen Begriffen ein Gaukler, Schausteller, Bettler oder Landstreicher sein, nicht aber ein Angehöriger des bürgerlichen Standes. »Da man nun glaubte, ich schliefe,« schilderte Karl Philipp Moritz eine typische Episode, »hörte ich in der Küche über mich deliberieren, was ich wohl für ein Mensch sein möge. Eine Frau nahm meine Partei, und sagte: ›I dare say, he is a well bred Gentleman‹ (ich glaube, er ist ein Mensch von gutem Stande); eine andre widerlegte sie damit, daß ich zu Fuß ginge, und sagte: ›he is a poor travelling Creature!‹ (er ist ein armes herumwanderndes Geschöpf). Von diesem ›poor travelling Creature‹ gellen mir noch die Ohren, wenn ich daran denke, denn es scheint mir alles Elend eines Menschen, der nirgends eine Heimat hat, und die Verachtung, der er ausgesetzt ist, in kurzen Worten auszudrücken.«[48]

War es Verachtung, unter der der deutsche Pionier des Wanderns litt, so war es schlechterdings undenkbar, eine Frau freiwillig auf Wanderschaft gehen zu sehen. Wenn sie sich schon unbedingt außer Haus und Landesgrenzen begeben mußte, dann gebot es das Gesetz der Schicklichkeit, sich in einem »gut verschlossenen Käfig«, wie Rousseau formulierte, transportieren zu lassen. Selbst in extrem unwegsamem Gelände wurde an dieser Passivbewegung, die im übrigen sehr kostspielig war, festgehalten. Alpine Höhen zum Beispiel durften tugendhafte Frauen nur überwinden, indem sie sich auf einem »Tragsessel« von sechs bis acht Männern transportieren ließen. In einer Sänfte »gereist« zu werden, hinterließ bei der Reisenden oft ein Gefühl der Hilflosigkeit, zumal wenn die Sänfte »die unangenehme Eigenschaft hatte, daß sie bodenlos war, weshalb also jedesmal, wenn sie die Träger niedersetzten, um auszuruhen, der arme Passagier in den Schnee zu sitzen kam«,[49] schilderte die Italienreisende Marianne Stark zu Beginn des 19. Jahrhunderts.

Vor diesem historischen Hintergrund wird verständlich, wie sonderbar und eigenwillig Maria Schubers Idee zu einer Fußreise nach Palästina auf ihre Briefpartner und zeitgenössischen Leser wirken mußte. Sich in der gesellschaftlich tolerierten Form fortzubewegen und also in eine Postkutsche verfrachten zu lassen, hielt Maria Schuber für ein Modell des Reisens, das an unmittelbarer Wirklichkeits- und Fremderfahrung nur sehr wenig über die schale Ersatzform einer Zimmerreise hinausging und im Grunde denselben Mangel an sich trug. Gleichviel, ob in der reinen Phantasie oder in der Postkutsche, beiden Modellen haftete nach Ansicht Maria Schubers der Zwang zur Passivität und das Ausgeschlossensein vom unmittelbaren Erleben von Land und Leuten an. »Wenn man so recht, im tiefsten Sitz eines Postwagens, auf einer langen Reise eingepackt sich befindet, wie in einem Koffer, dann kann man gerade so viel wissen, als einem etwa Abends, wenn man übernachtet, irgend ein Cameriere erzählt ... Reisen, mit Nutzen, um Land und Leute kennen zu lernen, und reisen, um weiter zu kommen, mit vielem Geld-Aufwande, um sagen zu können, ich war dort und da, ohne etwas davon gesehen zu haben, als die table d'hôte, bei der man speist, oder das Zimmer, in dem man schlief, das ist ein großer Unterschied.«[50]

Wie vor ihr Karl Philipp Moritz und Johann Gottfried Seume verschrieb sich Maria Schuber dem Konzept, daß das Reisen den eigenen Horizont beträchtlich erweitere, wenn die Anschauungen aktiv und unter Einsatz der Körperkraft erarbeitet werden. Dieses Lob der Fußreise gegenüber einer »Kofferreise« verwandelte zweifellos auch die Not in eine Tugend, da Maria Schuber ihren offenkundigen Geldmangel, sich der bequemeren Postkutschen bedienen zu können, als einen dem Charakter der Wallfahrt angemessenen Reisestil deuten konnte. In dieser Hinsicht hatte Maria Schuber große Ähnlichkeit mit der Wienerin Ida Pfeiffer, die sechs Jahre vor ihr durch das heilige Land gereist war, ebenfalls mit äußerst knapper Barschaft und extremer Bereitschaft zum spartanischen Reisestil. Ida Pfeiffer pflegte von sich selbst das Bild einer »einfachen Pilgerin«, selbst als sie gar nicht mehr im Heiligen Land reiste, ihrem ersten großen Reiseziel 1842, sondern in andern Ländern unterwegs war. Mit diesem Selbstbild verband Ida Pfeiffer weniger religiöse Motive als die von ihr entwickelte Kunst, mit ihren sparsamen Mitteln eine weite und langwierige Reise finanzieren zu können – woraus sie die Genugtuung bezog, ihrer Reiseleidenschaft nachgehen zu können, ohne von ihrem kargen Budget beschränkt zu werden, »mit dem Reisende wie der Fürst Pückler-Muskau oder wie Chateaubriand und Lamartine höchstens auf einer vierzehntägigen Badereise ausgekommen wären.«[51]

»Die schwarze Pilgerin auf dem Kamehle«

Maria Schubers Entscheidung für eine anspruchslose und fußlastige Pilgerreise war um die Jahrhundertmitte ausgesprochen unkonventionell; noch nicht einmal ihr Vorbild, die sparsame Ida Pfeiffer, hatte sich zu dieser Art zu reisen entschließen können. Nicht nur im Reisestil, sondern auch im Erscheinungsbild unterschieden sich die beiden Pilgerinnen deutlich voneinander. Ida Pfeiffer reiste der Gewohnheit halber in ihrer »fränkischen Tracht« und hatte sich eigens für die Reise in den Süden, entgegen der Mode im Biedermeier, einen Kurzhaarschnitt zugelegt, aus Gründen der Pflegeleichtigkeit. Im Spiegel einiger Frauen aus Palästina beschrieb sie sich am 19. Juni 1842 mit den Worten: »Sie nahmen meinen runden Strohhut und setzten ihn auf den Kopf, dann befühlten sie den Stoff meines Reisekleides; am meisten staunten sie aber über meine kurz abgeschnittenen Haare, bei deren Anblick diese armen Geschöpfe vielleicht gar dachten, die Natur habe den Europäerinnen den langen Haarwuchs versagt. Sie fragten mich pantomimisch, wie das zuginge, und jede der Frauen besah und befühlte meinen Kopf. Auch meine Magerkeit schien sie sehr zu befremden.«[52]

Maria Schuber, knapp zwanzig Jahre älter und weitaus religiöser motiviert als Ida Pfeiffer, absolvierte ihre »Reiseunternehmung nach dem Oriente«[53] in einer Kleidung, die dem Wallfahrtscharakter ihrer Reise entsprechen sollte. Sie hatte, wie sie in einem Brief vom 16. Oktober 1847 schilderte, ein klerikales Erscheinungsbild gewählt: »In der linken Hand meine schwarzlederne Reisetasche, in der Rechten mein Paraplui als Reisestock«,[54] auf dem Rücken einen Tornister, trug Maria Schuber auf der gesamten Reise ein langes schwarzes Gewand und einen »schwarzen Schleierhut«,[55] so daß sie allenthalben für eine Nonne gehalten wurde. »Man nennt mich die monache, und obschon ich widerspreche, und sage: non sona monache, so ist mir damit doch sehr gedient«,[56] schrieb sie aus Italien. Denselben Vorteil erlebte sie auch auf den Straßen Ägyptens: »Mein europäisch schwarzes Nonnenkleid mit langem Schleier dürfte hier so auffallend sein, als ein rother Fez mit blauer Quaste bei uns, dem die Leute nachschauen wie ich hier einem Kamehle, doch kümmert sich Niemand nach mir, außer wenn ich Jemanden bitte, mir den Weg zu weisen, was Jeder mit der größten Freundlichkeit zu thun bereit ist.«[57]

In ihrem Gewand einer klerikalen Laienschwester fühlte sich Maria Schuber vor aller Unbill geschützt und sicher genug, ihre Reise durch die Negev-Wüste nach Jerusalem anzutreten. Nach monatelangem Warten in Kairo fand sich endlich eine »annehmbare europäische Karawane«, die bereit war, eine »einzeln reisende Frau«[58] mitzunehmen. Auf die Tatsache allerdings, daß sie sich ausgerechnet auf einem Kamel fortbewegen sollte, war Maria Schuber nicht eingestellt. Verständlicherweise hatte sie große Scheu vor diesem so fremdartigen Fortbewegungsmittel, das selbst in der kaiserlichen Menagerie in Wien, dem ersten zoologischen Garten Europas, noch nicht zu sehen war. Um die Probe aufs Exempel zu wagen, ließ sich Maria Schuber zunächst versuchshalber ein Kamel vor die Klosterpforte bringen (sie übernachtete in Kairo bei den Schwestern zum guten Hirten). »Ich ließ mich zur Probe die Gasse auf und ab führen, wobei alle Klosterfrauen aus den Fenstern guckten, um ihre Pilgerin reisefertig, in luftiger Höhe, auf dem majestätischen Wüstenschiffe geschaukelt zu sehen. Es ging gut.«[59] Das Gefühl, auf einem Kamel zu reiten, vermittelte der beherzten Pilgerin einen »seelenfrohen Triumph, wie ein römischer Held auf seinem Triumphwagen, wenn er Alexandrien eroberte«; liebevoll taufte die einzige Frau unter zwanzig Männern ihr Kamel, das sie nun vierzehn Tage lang durch den Negev tragen sollte, auf den Namen »Herr Bruno«.

Für Maria Schuber war der Ritt auf einem Kamel Mittel zum Zweck, einzig dazu da, sie den biblischen Stätten näherzubringen. Anders Ida Pfeiffer, die im Verlauf ihrer siebenmonatigen Reise immer mehr ihre religiös motivierte Pilgerdemut verlor und dafür um so reisefreudiger wurde. Am 26. August 1842 vermerkte sie in ihrem Tagebuch, daß in ihrer bisherigen Sammlung an Reiseerlebnissen noch ein Moment fehle; sozusagen der touristischen Vollständigkeit halber vermisse sie noch das Erlebnis eines Kamelritts. »Je mehr ich sah, desto mehr wurde meine Neugierde erregt, und es drängte mich immer weiter und weiter. Beinahe in allen Formen und Arten hatte ich nun das Reisen versucht, nur eine Exkursion per Kamel blieb mir noch übrig ... Ich mietete also zwei tüchtige Kamele, eines für mich, das andere für den Diener und den Kameltreiber, und nahm nichts mit als Brot, Datteln, ein Stückchen gebratenes Fleisch und hartgesottene Eier. Auf beide Seiten des Kameles wurden Schläuche mit Wasser gepackt ... Die ersten vier, fünf Stunden gefiel mir diese Art des Reisens nicht übel. Ich hatte so viel Raum auf meinem Kamel, konnte mich bald vor, bald rückwärts setzen, hatte eine Flasche Wasser und Lebensmittel an meiner Seite, die Hitze war nicht mehr drückend, ich fühlte mich recht behaglich und sah ordentlich stolz von meinem hohen Thron herab auf alle vorüberziehenden Karawanen. Selbst die schaukelnde Bewegung des Kameles, welche manchen Reisenden dieselben Übelkeiten und Erbrechen verursacht wie auf dem Meer, schadete mir nichts. Aber nach mehreren Stunden fing ich an, das Unbequeme und höchst Beschwerliche einer solchen Reise zu fühlen. Das Schaukeln ward mir peinlich und ermüdend, da ich mich nirgends stützen oder anlehnen konnte. Das Bedürfnis des Schlafes gesellte sich auch dazu, und man kann sich vorstellen, welchen Strapazen ich mich unterzog.«[60]

Maria Schuber hingegen, »die schwarze Pilgerin auf dem Kamehle«,[61] nahm solche Unbequemlichkeiten weitaus gelassener hin, weil sie ihre Wüstenreise als notwendige Streckenüberwindung und nicht als Exkursion aus Neugierde verstand. Zwei Wochen lang ritt sie auf ihrem »Herrn Bruno«, wobei die Tagesritte auf dem Weg ins ersehnte Heilige Land zehn Stunden und mehr dauerten; und wegen der Wasserknappheit konnte sie ihre Kleider ebensowenig waschen wie ihren Körper. Maria Schuber hätte also allen Grund zur Klage gehabt, doch stellte sie Unbequemlichkeiten und Strapazen bedenkenlos hintan, einesteils weil sie sich als Pilgerin verstand, andernteils aber auch, weil sie die durchquerte Wildnis als Landschaftsvergnügen empfand. Von dem Charakter der Wüstenlandschaft, die ihr wie eine mit immer neuen Bildern bestückte Galerie vorkam, war sie sichtlich beeindruckt. »Der Sand ist hier so fein und jedes Körnchen so krystalisirt, daß er im Sonnenscheine färbigen Glanz von sich gibt. Ich konnte nicht umhin, mir ein Päckchen mitzunehmen, das dürfte einmal in der Heimat einen interessanten Streusand geben ... Wenn jedem Reisenden die Wüste so angenehm geworden wäre wie mir, so dürfte sie wohl nicht so verrufen sein. Noch hatten wir immer das schönste Wetter, den

Abbildung 20: Die Weltreisende Ida Pfeiffer auf ihrer ersten Fahrt ins Heilige Land 1842.

reinsten Sonnenschein, mondenhelle Nächte. Je näher wir unserer Station kamen, desto pittoresker wurde die Gegend, sie glich bald einer engen wild romantischen Sandgebirgsgegend, bald bot sie wieder weite Ebenen mit fernen Sandgebirgen ... Das herrlichste Grün und die großen Buschen der Blumenzwiebeln, die Reisende nach mir in ihrer Blüthe sehen werden, zeugen von fruchtbarer Belebung des Sandbodens.«[62]

Blessur durch Natur

Das Reisen im ungewohnt heißen Klima der südlichen Länder und durch extreme Landschaftsformationen wie die Wüste, überhaupt der unentwegte Aufenthalt unter freiem Himmel bedeutete für Reisende beiderlei Geschlechts bereits im Vorfeld die Notwendigkeit, sich gegen die Sonneneinstrahlung zu schützen. Grüne Augengläser und Sonnenschirme habe man den Reisenden als unabdingbare Ausrüstung empfohlen, berichtete Mark Twain den amerikanischen Zeitungen in den sechziger Jahren des 19. Jahrhunderts. Angehörige des weiblichen Geschlechts allerdings waren dem Problem, daß eine Reise in den Süden vor allem eine Fahrt in die Sonne bedeutet, nicht nur aus pragmatischen, gesundheitlichen Gründen ausgesetzt. Sie beschäftigte dieses Thema weitaus stärker als ihre männlichen Reisebegleiter, weil ihnen direkt anzusehen war, daß sie von der heimischen Binnenwelt in die orientalische Außenwelt gewechselt waren. Sie hatten das schummerig-schützende Kunstlicht ihres Wohnzimmers verlassen und waren unter das brachial-grelle Sonnenlicht der Naturlandschaft getreten – eine Veränderung, die sich alsbald physisch bemerkbar machte. Den Frauen stand – im wahrsten Sinne des Wortes – ihre Orientreise ins Gesicht geschrieben, weil sich eine gewisse Sonnenbräune schlicht und einfach nicht vermeiden ließ. Und diese direkt wahrnehmbare Veränderung am eigenen Körper stand im krassen Gegensatz zu dem herrschenden Schönheits- und Weiblichkeitsideal des 19. Jahrhunderts. Eine makellos weiße Haut galt als Symbol einer privilegierten Stellung in der Gesellschaft, wohingegen von Luft und Licht gezeichnete Hände und eine gebräunte Gesichtshaut als deutliches Signal gedeutet wurden, niedere Arbeiten verrichten zu müssen, und deshalb als Zeichen der Armut verpönt waren. Wie daheim, wo sommertags jede Frau, die es sich von ihrem gesellschaftlichen Status her leisten konnte, um ihrer vornehmen Blässe willen Hut, Handschuh und Parasol trug, sollte dem Ideal nach auch die Reise im Morgenland möglichst keine Spuren auf dem eigenen Körper hinterlassen.

Aus diesem Duell zwischen Schönheitsideal und Reisespuren ergab sich für Frauen das besondere Bedürfnis, sich in ihren Orientberichten mit der eigenen körperlichen Befindlichkeit und Wirkung zu beschäftigen, sie stellenweise geradezu indiskret in den Mittelpunkt der Wahrnehmung zu rücken. Als überzeugtes Mitglied der Aristokratie war es für eine Gräfin wie Ida Hahn-Hahn selbstverständlich, sich auch auf einer solchen Reise an diesem ungeschriebenen Gesetz idealer Schönheit zu orientieren. Während ihrer Landpartien durch Palästina und Ägypten trug sie deshalb stets einen langen Burnus und achtete auf eine Kopfbedeckung, dennoch blieb ihr trotz aller Vorsichtsmaßnahmen das sichtliche Merkmal nicht erspart, im sonnigen Orient gewesen zu sein. Am 2. Dezember 1843 schrieb sie an ihre Familie: »Ich dachte recht an Euch, was das für ein Glück ist, daß Niemand von Euch solch eine Wanderlust hat, denn Ihr würdet gar nicht Körperkraft haben, um immer gesund zu bleiben. Ich bin hier nun freilich in einem lieblichen Zustand angelangt, roth und braun im Gesicht marmorirt von Sonne und Wind, die Augen zu-, die Lippen aufgeschwollen von der scharfen Luft, die Hände rauh für ewige Zeiten.«[63]

Ein ähnlich extreme Erfahrung, welche Blessuren die sengende Sonne zu bewirken vermag, im wahrsten Sinne des Wortes ein Brandmal, trug auch die weniger aristokratisch denn klerikal orientierte Reisende Maria Schuber davon. In einem Brief vom 21. Mai 1848 aus Jerusalem berichtete sie ihrem Bruder: »Mein Gesicht und meine Hände sind aufgebrannt, nicht nur roth, sondern voller Blattern, so wie man sich am glühenden Eisen brennt, denn die Hitze am Jordan ist wirklich brennend.«[64] Waren Blessuren auf der Haut wegen der ungewohnten Sonnenintensität schon nicht zu vermeiden, so kam bei Maria Schuber noch eine Verwundung hinzu, die sie aufgrund ihrer Unwissenheit oder Unbedarftheit erleiden mußte. »Was meine Gesundheit betrifft, mit der bin ich recht zufrieden, nur mein Gesicht und meine Hände sehen aus, als wäre ich in Brennessel gefallen«, berichtete »die deutsche Pilgerin« über das Resultat einer nächtlichen Mückenplage, gegen die sie sich hätte schützen können, wenn sie mit der Vorrichtung eines Insektennetzes vertraut gewesen wäre. »Die kleinen Fliegen mit ihren feinen Stichen kommen über mich her, wie über neu gestreutes Futter. Ich wußte nicht, daß man die muschetiers am Bette herablassen müsse; das ist ein von allen Seiten geschlossener Bettvorhang, von oben bis unten, hinter dem man schläft, um von den muschi nicht zerstochen zu werden; bei Tage wird er bis oben am Bette aufgerollt, und so machten sich diese Thierchen in der ersten Nacht, als ich in Alexandrien schlief, aus meinem Gesichte so lustig, daß mir das linke Auge beinahe zugeschwollen ist.«[65]

Wohlwissend, daß die Unkenntnis der Landesbedingungen, der Witterung und klimatischen Verhältnisse sich rächen kann, hatte bereits 1777 August Ludwig Schlözer an der Göttinger Universität ein an der Praxis orientiertes »Reise-Collegio« abgehalten, um den reiselustigen Studenten nützliche Verhaltensregeln nahezubringen, denn selten, so meinte der Professor, »habe ich noch einen meiner reisenden Landsleute gesprochen, der nicht bei der Rückkunft von seiner ersten Reise gestanden hätte: ich habe Lehrgeld zalen müssen!«[66] An vernünftigen Ratschlägen, wie europäische Reisende sich auf die natürlichen Bedingungen speziell im Orient einstellen könnten, fehlte es allerdings generell bis zur Mitte des 19. Jahrhunderts, bis die ersten gedruckten Reiseführer erschienen, die über solche Umstände aufzuklären beliebten. Um so nachvollziehbarer wird die Leidenserfahrung der Maria Schuber und ihre Unkenntnis im Gebrauch eines Moskitonetzes sicher auch, wenn man bedenkt, daß die von ihr zur Vorbereitung der Reise ausgiebig konsultierten männlichen Orientberichte über solche Erfahrungen nonchalant hinwegzugehen verstanden.

Das Ideal wird real

Höhepunkt jeder Pilgerreise war der Moment, wenn Jerusalem in Sicht kam, und mit gehörigem Pathos wurde dieser Augenblick allenthalben festgehalten. Für diese Emphase war das real existierende Jerusalem sekundär, jene Stadt, die seit Jahrhunderten schon von Muslimen geprägt und bewohnt war, und die ebenso die Stadt der Juden und Muslime wie die der Christenheit war. »Ein rüstiger Fußgänger könnte vor die Mauern Jerusalems hinaustreten und in einer Stunde die ganze Stadt umwandern. Ich weiß nicht, wie ich sonst verständlich machen soll, wie klein sie ist«,[67] schrieb Mark Twain über das verglichen mit seiner historischen und religiösen Bedeutung ausgesprochen kleine Jerusalem, das im 19. Jahrhundert kaum einen Kilometer durchmaß.

Primär geprägt waren die christlichen Reisenden von dem Gefühl, durch ihre authentische Anwesenheit in Palästina einen Abglanz der biblischen Tradition zu erhaschen und damit der eigenen Person einen besonderen Status zu verleihen. Ihr Aufenthalt im Heiligen Land war ihnen von vornherein gleichbedeutend mit einer Wallfahrt; aus den Reisenden wurden mithin Pilger durch die bloße Tatsache, daß sie persönlich an legendärer Stätte weilten. »Ein ganz eigenes, nie gekanntes Gefühl erweckte es in mir, auch da zu gehen, wo Christus ging. Jeden Fleck, jedes Gebäude betrachtete ich mit doppeltem Interesse. Vielleicht, dachte ich, betrete ich dieselbe Stelle, dasselbe Haus, das einst von Jesus besucht wurde«,[68] bekannte Ida Pfeiffer 1842 ihren festen Willen, Palästina unter dem Blickwinkel zu sehen, als befände sich das Land just in demselben Zustand wie zu Lebzeiten Jesu.

Ergriffen von dem Gefühl, nach langem Weg an den Zielpunkt ihrer christlichen Andacht gelangt zu sein, war also sogar die sonst in ihren Emotionen eher zurückhaltende Ida Pfeiffer. Im Verlauf ihrer Reise hatte sie zwar längst an sich festgestellt, wie sehr sich ihre Motivation mehr und mehr verschoben hatte. Wenn es denn nicht von vornherein reine Legitimation gewesen war, so hatte sich jedenfalls mit der allmählichen Reiseerfahrung die ursprüngliche Motivation relativiert. Ihr jahrelanger Wunsch, »eine Reise in das Heilige Land zu machen«, war nicht zwingend und ausschließlich an das Pilgerziel geknüpft, sondern vor allem an das Unterwegssein. Auch wenn ihre Reise deshalb mit dem Erreichen von Jerusalem beileibe nicht zu Ende sein sollte, so empfand sie diese Station doch als außerordentlich erhebend. »Gerade als die Morgenröte anbrach, standen wir an den Mauern Jerusalems, und mir ging der schönste Morgen meines Lebens auf! Ich war so in Gedanken und Lobpreisungen versunken, daß ich nicht sah und hörte, was um mich vorging. Zu groß und mächtig war mein Gefühl, zu arm und kalt ist meine Sprache, es auszudrücken. Am 29. Mai morgens halb fünf Uhr kamen wir an das Bethlehemtor. Eine halbe Stunde mußten wir noch warten, bis das Tor aufgeschlossen wurde, dann zogen wir durch die stillen, noch unbelebten Gassen Jerusalems, der nuova casa (Pilgerhaus) zu, welche von den Franziskanern zur Aufnahme für Reich und Arm, für Lateiner (Christkatholische) und Protestanten bestimmt ist.«[69]

Anderthalb Jahre später, am zweiten November 1843, meldete Ida Hahn-Hahn mit einem Gefühl tiefer Befriedigung, »die Pilgerfahrt ist glücklich und äußerst friedlich gemacht, und die heilige Stadt gestern Nachmittag vier Uhr erreicht. Es ist ein ganz eigenes Gefühl, an dem Ort sich zu befinden, wohin früher [während der Kreuzzüge] Millionen von Menschen mit Aufopferung von Gut und Blut und Leben gestrebt haben. Um diese Befriedigung zu erlangen, mit welchen Mühsalen wurde gekämpft – und welche Entzückungen lohnten dem Pilger! Jerusalem! Jerusalem! jauchzten sie, wenn sie es von fern gewahrten, stürzten auf die Knie, dankten Gott und sangen Loblieder. Jerusalem! nun waren sie am Ziel, auf der Stätte des Heils! Unsre Zeiten sind alt und kalt geworden, unfähig solcher Extasen; dennoch ist wohl Keiner im Stande, gleichgültigen Auges Jerusalem zu betrachten; ich gewiß nicht!«[70]

Wiederum wenige Jahre später steigerte sich die tiefe Befriedigung, den für Christen bedeutsamen Magneten erreicht zu haben, in einen regelrechten Triumph. Am 3. März 1848 schwor die Pilgerin Maria Schuber, »wenn man mir Kronen und Reiche böte, und alle geistlichen und weltlichen Ehrenstellen, ich gäbe mein Hiersein, meine Reise nach Jerusalem nicht dafür. Und wenn ich sonst für gar nichts gelebt hätte, als daß ich als Pilgerin nach Jerusalem gekommen bin, es genügte mir«.[71] Als gläubige Katholikin war Maria Schuber in der Tat die einzige derjenigen, die sich aufgrund des Reiselandes gern Pilgerin nannten, deren Reiselust mit dem Erreichen Jerusalems gestillt war. Sie hatte für sich den Traum ihres Lebens erfüllt, »dieses geliebte, dieses ersehnte Ziel« erreicht, und konzentrierte sich fürderhin darauf, in Augenschein zu nehmen, was sie aus der biblischen Geschichte hinlänglich kannte. Maria Schuber tat dies sehr ausgiebig; fünf Monate lang hielt sie sich in Jerusalem und Umgebung auf, um das Heilige Grab, die Geburtsgrotte in Bethlehem, den Ort der Taufe am Jordan und hundert andere örtliche Gegebenheiten mit den ihr vertrauten Erwähnungen im Alten und Neuen Testament zu vergleichen.

Dasselbe religiöse Gefühl, daß die Innigkeit seines christlichen Glaubens durch die Anwesenheit am geographischen Ursprungsort zu beweisen meint, führte in den sechziger Jahren des 19. Jahrhunderts zur Gründung einer deutschen Kolonie in Palästina. Nicht auf königlichen Befehl und nicht durch militärische Eroberung, sondern aus christlicher Überzeugung verließen einige hundert Handwerker und Ackerbürger Württemberg und ihre protestantische Landeskirche, um sich dem Stuttgarter Theologen Christoph Hoffmann anzuschließen. Sie nannten sich »Deutsche Templer« oder auch »Templergemeinde« (die keinen Zusammenhang mit dem mittelalterlichen Templer-Ritter-Orden hatte) und wanderten 1869 nach Palästina aus. Damals bestand die türkische Provinz mehr aus verfallenen als bewohnbaren Ortschaften, es gab keine landeseigene Postverbindung, keine Eisenbahn, nur wenige und dann meist verödete Straßen. Dieses im Dornröschenschlaf brachliegende Land wieder urbar zu machen sahen die schwäbischen Templer als ihre religiöse Pflicht an, und gründeten als deutsche Untertanen in der türkischen Provinz mehrere Kolonien, zunächst in Haifa, dann auch in Jaffa und in Sarona.

Diese schwäbischen Ansiedlungen deutscher Landsleute bildete immer auch einen Anziehungspunkt für Palästinareisende, schon weil sie dort Quartier und Transportmittel finden konnten, vor allem aber, weil hier nach Ansicht der Reiseberichte ein Stück Deutschtum im Ausland gelebt wurde. »Ungemein freundlich und anheimelnd ist die Kolonie der Württemberger Templergemeinde; eine christliche Sekte, deren Grundgedanke die Vereinigung ihrer Gläubigen in Palästina ist«, schrieb Sophie Christ über ihren Besuch in Jaffa. »Mag diese tüchtigen Leute nun religiöse Begeisterung, Wanderlust oder Thatendrang nach Palästina geführt haben, sie erfüllen nach der praktischen Seite des Lebens hin jedenfalls ihren Zweck und zeigen in diesem Lande der Willkür und trägen Indolenz, was der ordnungsliebende arbeitsame Mensch zu leisten im Stande ist. Man athmet auf, aus dem orientalischen Schmutz der engen Straßen heraus in die Württembergische Kolonie mit ihren freundlichen Häusern und heimischen Einrichtungen zu kommen. Die einzelnen Familien sitzen alle, von Gemüsegärten umgeben, in ihrem eigenen Gehege: da fehlt weder die schattige Laube noch die grün angestrichene Bank vor dem Hause und das Blumenbrett mit den kräftig duftenden, buntfarbigen Nelken und der Vogel im Käfig vor den blankgeputzten Fenstern. Würde man nicht durch den südlichen Charakter der Vegetation daran erinnert, wo man sich befindet, man könnte in der That sich in ein echt deutsches Bauerndorf versetzt glauben.«[72]

Mit diesem deutschtümelnden Kompliment befand Sophie Christ sich in guter Gesellschaft, denn auch Reichskanzler Otto von Bismarck war von großem Stolz erfüllt, »wie treu und unentwegt die Mitglieder der Templergesellschaft deutsche Sitte und Gesinnung im fernen Orient bewahren.«[73] Die von Sophie Christ beschriebenen Häuschen der schwäbischen Kolonie hat zur selben Zeit übrigens einer der größten deutschen und längst vergessenen Orientmaler im Bild festgehalten, der Kunstmaler Gustav Bauernfeind aus Sulz am Neckar.[74]

Kapitel 7

Im Schatten der Pyramiden

»Ein Dichter ging am Nilesstrand/Gedankenvoll in sich gewandt/ Umrauscht vom Glanz der Sterne/Die, himmlisch leuchtend, ohne Zahl/Herniedersandten sanften Strahl/ Aus räthselhafter Ferne«, hieß es 1863 in den *Gedichten eines Touristen* von Heinrich Freiherr von Maltzan.[1] Mochte diese Bedichtung des romantischen Gestades auch nicht eben von poetischer Meisterschaft zeugen, der zeitgenössischen Leserschaft sprach sie gleichwohl aus dem Herzen, schon weil fast alles, was man vom Land der Pyramiden und des Nils zu hören bekam, die lebhafte Einbildungskraft der westlichen Phantasie inspirierte. »Als ich mich der Küste näherte, fühlte ich mich wie ein orientalischer Bräutigam, der gerade den Schleier seiner Braut lüftet und zum erstenmal die Gesichtszüge sieht, die ihn bezaubern, enttäuschen oder abstoßen können«, hatte der Brite Edward Lane in seinem berühmten Ägyptenbuch 1836 geschrieben.[2]

Diese herrschaftlich erwartungsvolle Haltung verband der Westen zwar allgemein mit dem Orient, insbesondere aber mit Ägypten, das im Verlauf des 19. Jahrhunderts zum Spielball der kolonialen Herrschaftsinteressen wurde. 1517 war Ägypten zur osmanischen Provinz geworden, und eine dem Sultan in Konstantinopel unterstellte Provinz blieb es auch das 19. Jahrhundert über, zumindest nominell. Die entscheidende Veränderung leiteten die Franzosen ein, mit der vorübergehenden Besetzung des Landes unter Napoleon, wiewohl dieser Feldzug 1798 militärisch scheiterte. Anders als die berühmte »orientalische Frage«, die die konkurrierenden westlichen Mächte an die Existenzberechtigung des Türkenreiches stellten, gaben die europäischen Großmächte im Fall Ägypten eine konkrete »Antwort«, die 1841 in der Anerkennung des unumschränkt westorientierten Mehmed Alis als erblicher Statthalter des Niltals und 1882 im Einmarsch der Briten und damit der endgültigen Herauslösung aus der osmanischen Oberhoheit mündete.

Parallel zum machtpolitischen Zugriff auf das Land am Nil, dem die ägyptischen Vizekönige, die Khediven genannt wurden, emsig zuarbeiteten, setzte eine gewissermaßen touristische Invasion ein. An diesem sprunghaften Anstieg der Orientreisen waren, in getreuer Widerspiegelung der

Abbildung 21: Engländerinnen mit Dragoman
auf dem Pylon des Tempels von Karnak. Aquarell von Max Slevogt, 1914.

politischen Machtverhältnisse, vor allem Briten und Franzosen und erst in zweiter Linie Deutsche beteiligt. Bahnbrechend im wahrsten Sinne des Wortes wirkte bereits in den vierziger Jahren des 19. Jahrhunderts Thomas Waghorn, ein englischer Kapitän, der eine wohl organisierte Überlandverbindung aus Pferdewagen und Kamelkarawanen zwischen dem Mittelmeer und dem Roten Meer schuf, womit nicht nur der vor allem Angehörige des British Empire interessierende Weg in die indische Kolonie abgekürzt wurde. Die »Raststätte auf dem Weg nach Indien«, wie der britische Politiker Lord Palmerston Ägypten taufte, verwandelte sich im Zuge von Waghorns Verkehrsverbund in ein komfortables Reiseland, mit geregeltem Postverkehr und Hotels den Nil hinunter bis zum zweiten Katarakt.

In den sechziger Jahren des 19. Jahrhunderts war diese Entwicklung schon so weit fortgeschritten, daß eine deutsche Orientreisende sich ausführlich mit der Qual der Wahl des Verkehrsmittels beschäftigen konnte. »Dampfschiff oder Barke? Dies ist die Frage, welche von den Reisenden stets lange und eingehend erwogen zu werden pflegt; auch ist es ja nicht gleichgiltig, auf welche Weise man geprellt wird. Denn daß dies auf alle Fälle geschieht, muß ich vorausschicken. Das Dampfschiff, welches allmonatlich den Nil bis zum zweiten Katarakt hinaufgeht, pflegt die Reise in zwanzig Tagen zu vollenden; diese kostet für eine Person 42 Pfund Sterling.«[3] Und weil dieser Preis der allenthalben auf ihren Geldbeutel achtenden und offenbar nicht sehr begüterten Reisenden weitaus zu hoch war, entschied sich Valeska Bolgiani im Januar des Jahres 1868 für die länger dauernde Variante einer Nilreise per Barke, »welche zu Hunderten zu diesem Zwecke gebaut bei Alt-Cairo liegen, man gebraucht zur Reise zwei bis zwei einen halben Monat«.[4]

Unter männlichem Pseudonym

Valeska Bolgiani war unter dem Namen Melanie Henriette Charlotte Caroline Valeska Müller 1830 in dem westfälischen Minden als Tochter eines preußischen Offiziers geboren worden. 1854 hatte sie in Magdeburg den um 21 Jahre älteren Gerichtsrat Karl Albert Voigtel geheiratet und nach dessen Tod einen italienischen Offizier, den sie während ihres Aufenthalts am Lago Maggiore kennengelernt hatte. Ihre *Reisebilder aus Egypten* veröffentlichte Valeska Bolgiani 1869 unter dem Obertitel *Im Lande der Pharaonen* – und zwar unter einem männlichen Pseudonym. Auf das Deckblatt ihrer Reisebeschreibung ließ sie als Verfassernamen einen gewissen Arthur Stahl drucken.

Valeska Bolgiani, geborene Müller und verwitwete Voigtel, wählte eine – zu ihrer Zeit durchaus nicht unübliche – Methode, ihre Identität zu verbergen und in die Rolle des anerkannten Geschlechts zu schlüpfen: Sie gebrauchte einen männlichen Decknamen. Diesen Weg sind vor und nach ihr viele Frauen gegangen sind, wie zum Beispiel Louise Otto, eine der führenden Vorkämpferinnen der Frauenbewegung, die ihre schriftstellerische Tätigkeit in den 40er Jahren des 19. Jahrhunderts unter dem Tarnnamen Otto Stern begann. Für dieses zaghafte Erproben auf dem wachsenden Markt der Bücher und Zeitschriften entschieden sich Frauen, wenn sie sich einerseits zwar publizistisch betätigen und an die Öffentlichkeit treten wollten, aber andererseits der offenbar unvermeidlichen Diskussion ausweichen wollten, ob dieser Grenzübertritt aus der privaten Sphäre für eine Angehörige des weiblichen Geschlechts statthaft sei. Die Entscheidung für ein männliches Pseudonym war deshalb nicht gleichbedeutend mit Zweck, die weibliche Identität zu verstecken. Oft war der Öffentlichkeit ja auch hinreichend bekannt, wer wirklich hinter dem männlichen Pseudonym steckte. Daß Arthur Stahl in Wahrheit Valeska Bolgiani war, durfte die Leserschaft ebensogut wissen, wie, um ein weiteres Beispiel zu nennen, daß die Novellen von Dettlef Stern eigentlich von »Fräulein [Dora] Strempel aus Mecklenburg« verfaßt wurden, die lange Jahre in Konstantinopel lebte.[5]

Wichtig an dieser Methode, die das literarische Ich vom weiblichen Eigen- zum männnlichen Tarnnamen wechselte, war also nicht das perfekte Versteckspiel, oft noch nicht einmal das Bemühen, es der Öffentlichkeit schwer zu machen, den Schleier des Geheimnisses zu lüften. Maßgeblich für die Wahl eines männlichen Pseudonyms war vielmehr die Entscheidung als solche, mit der ein Signal gesetzt wurde, das besagen sollte: Dieses Buch soll nicht von vornherein diskreditiert (oder auch umgekehrt nur deshalb honoriert) werden, weil es von der Hand einer Frau stammt. Wenn sie ihr literarisches Ich auf dem Titelblatt in männlicher Rolle auftreten ließen, so dachten sich Frauen wie Valeska Bolgiani, dann hätte ihr Werk schon einmal eine oft entscheidende Hürde weniger zu überwinden; der Form nach reihte sich das der Öffentlichkeit übergebene Werk vorsichtshalber ein in die Konvention, die Autoren akzeptierte, während Autorinnen mit einem grundsätzlichen Vorbehalt konfrontiert wurden.

Im Fall der Reiseschilderung Arthur Stahls hatte die Wahl eines männlichen Autorennamens erhebliche Folgen für die Darstellung ihrer Erlebnisse, denn Valeska Bolgiani vermied krampfhaft und bemüht-konsequent jeglichen Hinweis auf ihre wahre Identität. Mehr schlecht als recht versuchte sie, in die Rolle eines nüchtern registrierenden Beobachters zu schlüpfen, eine Funktion, die sie sich offenkundig nicht anders als von einem Mann ausgeübt vorstellen konnte. Was Valeska Bolgiani nach Ägypten führte, waren nicht die viel gerühmten Zeugnisse der altägyptischen Kultur, sondern ein in den wohlhabenderen Schichten geschätzter Gesundheitstourismus. Dieser hatte, begünstigt durch Waghorns verkehrstechnische Erschließung Ägyptens, ein gesamteuropäisches Leitbild in den Briefen von Lucy Duff-Gordon erhalten. Ihre *Letters from Egypt* wurden nach ihrem Tod 1865 veröffentlicht und dokumentierten die Geschichte einer englischen Lady, die sieben Jahre lang zwischen den Tempeln von Luxor gewohnt, mit den »sogenannten Barbaren« freundschaftliche Gesellschaft gepflegt und vergeblich gegen ihre Tuberkulose angekämpft hatte. Diese Geschichte wirkte rührend und exzentrisch genug, um allenthalben Aufmerksamkeit zu erregen und einen neuen Modetrend der Hautevolee hervorzurufen, demzufolge man seine angegriffene Gesundheit tunlichst am Nil kuriere. Aus dem nämlichen Grund reisten nicht nur der Prince of Wales, sondern auch Namenlose wie Valeska Bolgiani nach Ägypten, und sie taten es, wie von Lucy Duff-Gordon empfohlen, im Winter.

Im Paris des Orients

»Welch ein Klima! Es war im December wie bei uns im Mai. Alle die Orte im Süden von Europa am mittelländischen Meere, selbst Nizza, wohin man die Kranken schickt, sind kalt zu Zeiten, hier allein gibt es wirklich ewigen Frühling«,[6] begeisterte sich Valeska Bolgiani, kaum daß sie Ende des Jahres 1867 am äußersten Nordostrand des afrikanischen Kontinents angekommen und in Alexandria gelandet war. Sie wählte zunächst ein Logis am belebten Konsulatsplatz im Zentrum Alexandrias und wohnte in dem fast ausschließlich von Deutschen besuchten »Hotel de l'Oriente«, in dem auch schon Ida Hahn-Hahn übernachtet hatte. Der »Preis von 20 Francs für den Tag« erschien ihr zwar sehr hoch, »dennoch«, so riet Valeska Bolgiani, »sollte man kein anderes nehmen, denn von seinem Balkon aus übersieht man das bunte Leben, welches sich auf dem Platze concentrirt. Kameele, Wagen mit dem Vorläufer, verschleierte Frauen, die wie Todtenköpfe aussehen, Verkäufer, türkische Soldaten, den Fez und den Turban; aber auch die Cylinderhüte der europäischen Reisenden. Es muß gestanden werden, ihr Exterieur spielt hier eine traurige Figur, wie stolz sie sich auch geberden. Was ließe sich aber auch vergleichen mit den malerischen Trachten, Farben, Stoffen der Orientalen, mit den flatternden Gewändern, die das niedere Volk so prachtvoll zu drapieren weiß, daß unsere Bühnenhelden daran studiren könnten. Und nun die Bewegungen, die Grandezza, die Haltung dieser von der modernen Cultur gänzlich unbeleckten Völker.«[7]

Denselben Platz in Alexandria besuchte und beschrieb auch die Braunschweigerin Hedwig von Hohnhorst, nur lag ihr Logenplatz nicht auf dem Balkon eines Hotelzimmers, sondern zu ebener Erde. »Es gewährt uns Europäern wohl jedesmal einen besonderen Reiz«, schrieb Hohnhorst über den »schönen Consulat- oder Mehmed-Ali-Platz« in Alexandria, »dieses fremde Volk des warmen Südens in seiner eigenthümlichen Landestracht wiederzusehen; wie diese vermummten Frauen mit ihrem langen, schmalen schwarzen egyptischen Nationalschleier, von dem langen Goldringe auf der Stirn gehalten, in schwarze, blaue oder weiße lange Mäntel ganz eingehüllt, doch mit viel Grazie ihre Körbe, hochgefüllt mit Früchten, auf dem Kopfe tragen, oder ihre Kinder warten, welche rittlings auf der Schulter sitzen, am Füßchen nur festgehalten.«[8]

Dieser Blick auf orientalisch Unverfälschtes und vermeintlich Orienttypisches, wie Valeska Bolgiani und Hedwig von Hohnhorst ihn vom Logenplatz ihres Hotels oder Cafés aus zu fixieren suchten, entsprach der gängigen Haltung, die keine Zweifel an der europäischen Überlegenheit kannte. Mochte das Gesicht der Hafen- und Handelsstadt Alexandria auch eindeutig die europäische Dominanz widerspiegeln – der Wille, in Ägypten einen von Zeitlosigkeit bestimmten Orient zu erleben, entwickelte Beharrlichkeit. »Der große Consulatsplatz«, wie Hedwig von Hohnhorst mit einem Beiklang von Enttäuschung konstatieren mußte, »ist umgeben von eleganten Läden, welche die Moden und allerhand Erzeugnisse Europas hier zur Schau stellen, man könnte sich an einen der Pariser Boulevards versetzt glauben. Geht man aber in der schmalen Straße entlang, welche nach dem Hafen hinaus führt, dann befindet man sich wirklich im Oriente, hier sind die Bazare, ein pittoreskes Gewirr von primitiven Buden oder verdeckten Höfen, in denen orientalische Waaren aufgestapelt liegen und feilgeboten werden, wie z. B. Teppiche aller Art«.[9] Eine im Stadtzentrum unübersehbare Präsenz der westlichen Kultur paßte nicht in das Bild, das Reisende sich von ihren ersten Schritten an die Wiege einer längst vergangenen Kultur formten. Jenseits der Prachtstraßen und westlichen Kontore wurde die beharrliche Spurensuche nach dem mitgebrachten Klischee fündig, allerdings nur um den Preis, daß das arm- und mühselige Leben der Händler und Fellachen als »pittoreske« Kulisse gedeutet wurde.

Mit dem Skizzenbuch unterwegs

Käthe Schirmacher gehört zu den wenigen Frauen, die ein Bedürfnis verspürten, pittoreske Bilder aus der orientalischen Lebenswirklichkeit auch in wirklichen Bildern festzuhalten. Sie eroberte sich Kairo mit einem Zeichenstift. Einen Stift zum Schreiben hatte sie natürlich ebenfalls dabei, gemäß dem ungeschriebenen Gesetz unter den Reisenden, sich stichwortartig die subjektiven Eindrücke, oft sogar täglich, zu notieren und diese später eventuell zu einem ausführlichen Reisebericht auszuarbeiten. Doch mit ihrem Stift zum Zeichnen ging Käthe Schirmacher weit über diese übliche Art, den Augenblick festzuhalten, hinaus. Sie verdoppelte den Akt der Wahrnehmung und ging – sozusagen mit zweifachem Blick – durch Kairo. Einmal war ihr Flanieren, Schauen, Beobachten motiviert von der Lust an der Gegenwart. Und gleichzeitig sollte diese Wahrnehmung auch um eine methodische Ebene erweitert werden, sollte der je aktuelle, aber flüchtige Sinneseindruck möglichst noch im selben Moment ›verewigt‹ und als Bildmotiv auf dem Papier festgehalten werden.

Unentwegt war Käthe Schirmacher mit Zeichenstift und Skizzenbuch unterwegs, gelegentlich auch mit Aquarellkästchen und Pinseln für die farbige Reproduktion, und »wanderte fürbass in ein Quartier, wo ich so ziemlich das einzige Europäerwesen war«.[10] Wie kunstfertig diese Bilder waren, läßt sich mangels Überlieferung nicht mehr feststellen, wohl aber, welcher Art die Motive gewesen sein müssen, die sie des Festhaltens für wert befand. Ganz gezielt nämlich begab sie sich in abgelegenere Stadtteile, dorthin, wo die soeben mit einem Doktortitel ausgezeichnete Käthe Schirmacher vielversprechende Motive vermutete. Bestimmt war ihre Motivsuche von der Suche nach dem »originalen Leben« eines »primitiven Volkes«, und so begab sie sich in die von »Europäerwesen« gemiedenen Stadtviertel, wo »man dies Volk der Instinkte in seinen engen Strassen, engen Lädchen, seinen versteckten, winkeligen Häusern, seinen Nischen und Löchern leben und weben, wimmeln und kriechen, hocken und sitzen sieht«.[11]

Selbstverständlich sorgte das Erscheinen einer jungen europäischen Frau, die auf ihrer Expedition in den malerischen Orient ein Kleid mit seidenen Puffärmeln trug und vorzugsweise »malerisch verfallene« Gebäude skizzierte, in den Armutsvierteln Kairos für erhebliches Aufsehen. Stets war sie während des Zeichnens umringt von einem dichten Kreis Neugieriger, vor allem von Kindern, und in diesen Situationen wurde Käthe Schirmacher durchaus deutlich, daß das Sehen, Staunen, Anschauen nicht nur ihr eigenes Bedürfnis war, sondern auch das der Gegenseite. Eine »halbnackte, braune Bande« von neugierigen Kindern bestaunte sie als exotische Erscheinung, freundlich, aber verständnislos: »eine Frau, die in einem so seltsamen Kleid allein in den Strassen herumläuft, sich ein winziges, noch dazu durchsichtiges Schleierlein vor das Gesicht bindet, auf die Hände hingegen sich undurchsichtige, schwarze Hülsen zieht und alte Minarets, die jedes Kind kennt, abzeichnet – nein, solch' ein Wesen war nur zum Anstaunen da.«[12] Daß die Kinder, die Käthe Schirmacher als schmutzig und mit zerrissenen Kleidungsstücken notdürftig bedeckt beschrieb, unter ärmlichen bis elenden Verhältnissen aufwuchsen und daß in diesen Stadtvierteln weder der Kleidungsstil europäischer Damen noch der Zweck des Malens von besonderem Interesse waren, trug ihnen zwar die arrogante Einstufung unter dem Etikett »Kulturlosigkeit« ein – aber genau das machte das ägyptische Leben in den Augen Käthe Schirmachers zu einem des Malens werten Anziehungspunkt.

Das durchschnittlich elende Leben der ägyptischen Bevölkerung, das durch brachiale Landwirtschaftsreformen unter Pascha Mehmed Ali um keinen Deut besser, wohl aber für die west-

Abbildung 22:
Die Schriftstellerin Käthe Schirmacher (1865-1930).

lichen Ökonomien einträglicher geworden war – in den Augen einer Valeska Bolgiani, Hedwig von Hohnhorst oder Käthe Schirmacher bot es einen malerischen Anblick und erfüllte sie mit dem zufriedenen Gefühl, einer erwarteten bunten und pittoresken Urtümlichkeit des Orients ansichtig geworden zu sein. Die in den Attributen »pittoresk, malerisch, typisch orientalisch« manifest gewordene selbstbezogene Betrachtungsweise stieß unter den Zeitgenossen nur selten auf Kritik.

Zu den wenigen Ausnahmen gehört die erwähnte Lucy Duff-Gordon, die sich die Abende in ihrem auf Tempelruinen erbauten Haus am Nil mit der eingehenden Lektüre von Orientberichten vertrieb. Soeben habe sie, schrieb die schottische Lady am 7. Februar 1864, das Buch von Harriet Martineau gelesen. Ihre Reisebeschreibung, eine Generation zuvor verfaßt,[13] sei alles in allem recht treffend, urteilte Duff-Gordon, habe aber einen entscheidenden Mangel an sich, der allerdings weit verbreitet sei, wie nicht zuletzt die deutschen Reisenden belegen würden. »Für sie [Harriet Martineau], wie für die meisten Europäer, sind die Menschen keine wirklichen Menschen, sondern Teil einer Szenerie. Sie wußte offensichtlich nichts von ihnen und kümmerte sich auch nicht darum, und sie hatte das Gefühl der meisten englischen Reisenden, daß der Unterschied der Sitten eine Art unüberbrückbare Kluft bildet; die Wahrheit ist aber, daß ihre Gefühle und Leidenschaften dieselben sind wie die unseren. Es ist eigenartig, daß all die alten Reisebücher, die ich gelesen habe, die Einwohner fremder Länder auf einen Naturcharakter festlegen und diskriminieren ... Sind wir seit einhundert Jahren derart zivilisiert geworden, daß ausländische Menschen uns wie bloße Puppen vorkommen und nicht wie wirkliche Wesen?«[14]

Die ägyptische Hafenstadt Alexandria bildete für viele Reisende das Tor zum Orient und ihren ersten Kontakt mit dem arabischen Afrika. Wie Bolgiani und Hohnhorst, so hatten die meisten Reisenden seinerzeit große Mühe, das Erscheinungsbild dieser Stadt in ihren Horizont einzupassen, weil sie »den Orient« und nicht eine pulsierende Handelsmetropole mit einem ausgedehnten, »von Europäern bewohnten Franken-Viertel« erwarteten. »Hier erheben sich in südeuropäischem Geschmacke«, beschrieb die Mainzer Schrifstellerin Sophie Christ 1888 das Gesicht der Stadt, »palastartige Gebäude mit luxuriösen Verkaufshallen und Schaufenster mit den elegantesten Auslagen der neuesten Pariser Mode. Die mit Bäumen bepflanzte große Place Méhémet Ali – das war der Gründer der jetzt in Aegypten herrschenden Dynastie – dessen Reiterstatue sich zwischen zwei prächtigen Fontänen auf der Mitte des schönen Square's erhebt, vervollständigt den großstädtischen Eindruck. Diese plötzliche europäische Physiognomie hat im ersten Augenblick etwas Befremdendes.«[15]

Alexandria biete ein »zwitterhaftes Bild«, meinte der deutsche Ägyptologe Heinrich Brugsch, »das Gemisch des Orients mit dem Okzident hat von keiner Seite einen besonderen Sieg erringen lassen.«[16] Die Stadt gleiche allzusehr einer europäischen Stadt, um neuartig zu sein, meinte auch der amerikanische Journalist Mark Twain.[17] Eine der wenigen Reisenden, der es mühelos gelang, Alexandria trotz seines verminderten exotischen Flairs zur typisch orientalischen Sphäre zu rechnen, war die Berlinerin Louise Mühlbach. Gut ein Viertel ihrer *Reisebriefe aus Ägypten* widmete sie ihrem Aufenthalt in der ägyptischen Hafenstadt, die sie im Winter 1870 zusammen mit ihrer jüngsten Tochter Therese und einer Kammerjungfer besuchte.

»Auteur distinguée« auf Dienstreise

»Afrika! Niemals war ich auf den Gedanken gekommen, daß es für mich möglich sein könnte, den gelben Strand von Afrika zu betreten! Nie waren meine künsten Wünsche und Träume über Italien hinausgegangen, wo ich vor Jahren einst so schöne, glückliche Tage verlebt!«[18] Louise Mühlbach, die mit bürgerlichem Namen Clara Mundt hieß, gab sich in ihren *Ägyptischen Reisebriefen* (der Titel wurde erst auf Wunsch ihres Verlegers in *Reisebriefe aus Ägypten* geändert), voll jugendlichen Überschwangs, offenkundig belebt von der Vorstellung, daß ihr mit der Ankunft in Alexandria ein einmaliges Debut auf dem fremden Kontinent gegeben sei.

Zu dieser Emphase hatte der außergewöhnliche Anlaß für ihre Orientreise wesentlich beigetragen, den sie einem befreundeten General zu verdanken hatte. »Eben war Graf Lehndorf, Flügel Adjutant des Königs [Wilhelm I.] bei mir,« meldete Clara Mundt ihre persönliche Sensation am 2. März 1870 prompt ihrem Verleger, »derselbe, der mit dem Kronprinzen in Aegypten war [zu den Feierlichkeiten der Eröffnung des Suezkanals], u. denken Sie, er bringt mir von dem Khedive dem Vicekönig von Aegypten, die feierliche u. förmliche Einladung auf Kosten des Khedive nach Aegypten zu kommen u. mir Aegypten anzusehen u. die Gastfreundschaft des Khedive als auteur distinguée zu genießen, so lange es mir beliebt. Ich bin außer mir vor Vergnügen!«[19] Unverhofft war Louise Mühlbach eine Einladung verschafft worden, die sie, als Frau von bürgerlichem Stand, als hoheitlichen Akt der Erhebung in die höchsten Kreise interpretierte und als unumstößlichen Beweis der Anerkennung ihrer schriftstellerischen Fähigkeiten deutete. Sechs Tage später, »eine Viertelstunde vor Abreise nach Aegypten«, meldete sie höchst zufrieden aus Berlin: »Die Reise nach Aegypten, die Einladung des Khedive macht ungeheures Aufsehen u. man spricht in der ganzen Stadt davon. Es thut immerhin für den Autor Namen gut, ein bischen Sonnenschein auf denselben erglänzen zu lassen. Und dies ist großer Sonnenschein!«[20]

Diese für ihre Verhältnisse unerhörte Protektion machte für Clara Mundt im Alter von 56 Jahren einen Lebenstraum wahr, den sie in gehöriger Ausführlichkeit auch ihrer Leserschaft unterbreitete: »Es däuchte mir wie eine Fata-Morgana, die plötzlich vor meinen Augen aufleuchtete und an die ich nicht glauben konnte. Flüchtig nur hatte ich einmal den Wunsch geäußert, von dem Khedive auch mit einer Einladung beehrt zu werden, und edle Freunde hatten sich bemüht, den Wunsch zur Wirklichkeit zu machen, der nun zu meiner höchsten Freude erfüllt werden sollte! Kaum acht Tage später, nachdem ich die Einladung des Khedive erhalten hatte, galt es schon aufzubrechen! ... Wie im Traum war ich mit meiner Tochter auf der Eisenbahn durch Deutschland dahingejagt, wie im Traum hatte ich in Triest das große Dampfschiff ›Ceres‹ bestiegen.«[21]

Daß Clara Mundt mithin in der Gunst stand, als offizieller Gast das Land ihrer Träume bereisen zu können, schmeichelte ihr, der unter dem Pseudonym Louise Mühlbach viel gelesenen Berliner Schrifstellerin. Unermüdlich hatte sie ihr Leben dem Verfassen von Erzählungen und Romanen gewidmet und sich mit ihrer ausgesprochen blühenden Phantasie und einem plaudernden Ton einen Namen gemacht. Zudem war sie für ihren Fleiß bekannt, mit dem sie es auf angeblich 290 Titel gebracht haben soll. Schon in ihren Jugendjahren hatte Clara Mundt, die Tochter des Oberbürgermeisters Müller aus Neubrandenburg, begonnen, Erzählstoffe zu ersinnen und sich in literarischer Darstellung zu üben. Mit grenzenlosem Fleiß und liebevoller Hingabe hatte sie sich den Ruhm einer Erfolgsautorin erarbeitet, deren Werke in fast allen zeitgenössischen Leihbibliotheken standen. Meisterhaft beherrschte sie die Kunst, kolportagehafte Romane in barocker Handlungsfülle zu entwerfen und der romantischen Liebe zu huldigen, die freilich erst am Ende einer langwierigen Verwicklung von List und Tücke siegte – dann, wenn die Kindervertauschungen aufgedeckt waren, die Flucht der Liebenden zur heimlichen Trauung geführt hatte, die Scheintoten erwacht und alle Niedertracht von den Schicksalsfäden der phantasiebegabten Verfasserin geknebelt waren.

Mit Meisterschaft hatte sich Clara Mundt auch in das in der zweiten Hälfte des Jahrhunderts so populäre Genre des historischen Romans hineingedacht, das sie mit der atemberaubenden Welt ihrer durchaus kurzweiligen Hintertreppenromane geschickt zu verknüpfen wußte, gleichviel ob es sich um Friedrich den Großen oder den französischen Imperator handelte. Ihre Werke wurden in Frankreich, England und Amerika ebenso gelesen wie in ihrem geliebten Preußen, und so glaubte sie auch während ihrer Ägyptenreise zufrieden feststellen zu dürfen, daß ihr Name in dieser Weltgegend keine unbekannte Größe sei.[22]

Der Stolz auf ihr Renommee war sicher nicht völlig unbegründet; hinter der besonderen Ehre allerdings, als Staatsgast eingeladen worden zu sein, verbarg sich eine durchaus nicht selbstlose Erwartung der ägyptischen Regierung an die Schrifstellerin. »Der Khedive hat mich eingeladen, das Land kennen zu lernen u. er hofft, daß ich nachher ein Buch schreibe, über das neu erstandene Aegypten u. namentlich über seinen Großvater Mohammed Ali – der König, unser König Wilhelm, ließ mir gestern durch seinen Adjutanten Grafen Lehndorf sagen, er freue sich schon jetzt auf Mohammed Ali.«[23] Mit anderen Worten: Clara Mundt, bzw. ihr Alter ego Louise Mühlbach, war in ihrer unübersehbar erfolgreichen und vielfach erprobten Art gefragt, einen historischen Roman zu verfassen, diesmal also über den Vater des modernen Ägypten und den berühmten Reformer, der das Land am Nil in den vierziger Jahren des 19. Jahrhunderts zu einem dienstbaren Faktor der westlichen Politik gemacht hatte. Naheliegend der Hintergedanke, daß Louise Mühlbach die großzügige Einladung des Vizekönigs Ismail Paschas mit einer großzügigen Darstellung quittieren und die Verwestlichung und Loslösung Ägyptens von der Türkei, wie Großvater Mehmed und Enkel Ismail sie leisteten, in ein schmeichelhaftes Licht rücken werde – eine Dienstleistung, die auch aus preußischer Sicht gern gesehen und als kleines Dankeschön für die erwiesene Hochachtung betrachtet wurde, daß Ismail 1869 zur Einweihung des Suezkanals den Kronprinzen und die Prinzen von Oranien und Hessen als Gäste empfangen hatte.

Louise Mühlbachs Ägyptenreise war also von vornherein, wiewohl dieser Sachverhalt in ihren Reisebriefen nirgends erwähnt wird, eine Dienstreise. Und sie erfullte diese ihre Pflicht gewissenhaft, indem sie im Frühjahr 1870 für drei Monate das Land bereiste und Material sammelte sowie im November desselben Jahres noch einmal, auf sechs Monate, nach Kairo reiste, um an dem erwarteten Roman zu schreiben.[24] Da Louise Mühlbach auf die Einnahmen aus ihrer schriftstellerischen Tätigkeit angewiesen war und da sie ihren Lebensunterhalt mit ihren Büchern, trotz deren hohen Verbreitungsgrades, nur mit Mühe bestreiten konnte, war sie von Anfang an darauf bedacht, aus ihrem Auftritt in Ägypten bare Münze herauszuholen: zum einen, indem sie den Aufenthalt als Studienobjekt zu nutzen und als Vorstufe für den Ägyptenroman zu behandeln gedachte, zum anderen, indem sie auch diese erste Annäherung in ein verkäufliches Produkt verwandelte. Ihre *Reisebriefe aus Aegypten* brachte sie schon vor Antritt der Reise am 8. März 1870 in der Wiener *Tagespresse* unter, einer Neugründung des Verlegers und Schrifstellers Moritz Gans von Ludassy.

Dieser habe sie, so berichtete sie später, »posttäglich mit Anforderungen nach diesen versprochenen Reiseberichten bombardirt.«[25]

Geschäftstüchtig sah Louise Mühlbach voraus, daß sich ihre Reisebriefe auch in Buchform gut verkaufen lassen würden. Unmittelbar nach dem Zeitungsdruck, drängte sie ihren Verleger Hermann Costenoble in Jena nach ihrer Rückkehr, »müssen die Briefe sofort als Buch erscheinen, alle Welt wartet darauf, u. da von meiner Reise überall viel die Rede gewesen u. da man überall neugierig ist davon zu erfahren, so werden diese Briefe, die übrigens frisch aus den ersten Eindrücken heraus geschrieben sind, viel Anklang finden.«[26] Um zwei Bände daraus machen zu können, bat sie ihren Verleger, einen »recht weitläufigen Druck u. starkes Papier« zu wählen.[27] Dieser Aufforderung kam Hermann Costenoble nach, indem er 1871 Louise Mühlbachs Reisebriefe mit dürftigen 19 Zeilen je Seite, aber dafür in zwei Bänden veröffentlichte, was wiederum der Autorin die Gelegenheit gab, sich in der notorischen »Schlacht der Wechselschulden« mit 300 Talern zu behaupten. Ein in Samt gebundenes Prachtexemplar schickte sie an den ägyptischen Herrscher. »Es wird Ismail sehr freuen«,[28] versicherte sie ihrem Verleger.

Die Nadeln der Kleopatra

Im Gegenzug für die schmeichelhafte Einladung war Louise Mühlbach während ihrer Reise fest gewillt, das Land der Pharaonen von seiner besten Seite zu erleben, respektive brieflich zu präsentieren. »Nur Erlebtes, selbst Gesehnes erzählt uns die Verfasserin in diesen Reisebriefen u. was sie dorten gesehen u. erlebt, ist so fremdländisch eigenthümlich u. seltsam! Der ganze Zauber des Orients thut sich vor uns auf, u. alle die Mysterien desselben umgaukeln uns bei dieser Lecture«, formulierte Louise Mühlbach für die Verlagsankündigung nach ihrer Rückkehr.

Ihre erste Reisestation jedoch war in dieses Konzept nur schwer einzugliedern, da das Alexandria des Jahres 1870 nur wenig Anschauungsmaterial für seine historische Dimension bot. Mochte die Stadt auch de facto so gut wie keine archäologischen Sehenswürdigkeiten und realen Hinterlassenschaften ihrer bewegten Geschichte zu bieten haben, so machte Louise Mühlbach diesen Mangel wett, indem sie ihre Phantasie walten ließ und einen imaginären Rundblick auf das Panorama der Zeitläufte warf. »So war ich denn wirklich in Aegypten, dem geweihten Boden der Geschichte, in Aegypten, dem Lande der Pharaonen, dem Lande der Bibel! In Aegypten, wohin die Juden geflüchtet, wo Joseph beim Pharao Aufnahme gefunden und der Frau des Potiphar eine so traurige Berühmtheit verliehen! In Aegypten, wohin Maria mit ihrem beklagenswerthen Manne Joseph und dem Christuskinde flüchtete!«[29] Zu sehen gab es von all dieser bedeutungsschweren Größe also nichts, wie die um Worte nie verlegene Schriftstellerin freimütig gestand.

Mit dem ihr eigenen Sinn für dramatisch aufbereitete Geschichte – schließlich war sie quasi auf Dienstreise und hatte die Vorbereitung eines historischen Unterhaltungsromans über Ägypten im Visier – widmete sich Louise Mühlbach dem einzigen wirklich mit eigenen Augen wahrnehmbaren Monument Alexandrias: »Hinter dem Platze der Consuln, auf wüster einsamer Stätte liegen jetzt noch zwei Säulen. Halb vom Sande vergraben die eine, frei und schlank steht die andere neben ihr: das sind die Nadeln der Kleopatra, die letzten Ueberbleibsel ihrer Pracht und Herrlichkeit; zwei Säulen von dem Grabmale, welches sie sich nahe dem Tempel der Isis erbaut hatte. Dorthin hatte Kleopatra ihre Schätze, ihr Gold, ihr Silber, ihre Edelsteine, Perlen, Elfenbein und Spezereien bringen lassen. Dorthin begab sie sich mit zweien ihrer vertrauten Kammerfrauen, dort wollte sie sich mit ihren Schätzen durch den Feuertod retten vor jeglicher Niederlage und Demüthigung. Aber der siegreiche Octavian [der spätere Kaiser Augustus] wußte das zu verhindern und ließ sie bewachen, damit sie sich nicht den Tod geben könne. Sie fand ihn dennoch, unter Blumen verborgen war die Schlange, die ihr den Tod brachte.

In dem Grabmale, das sie sich selbst erbaut, ward Kleopatra mit köstlichem Gepränge beerdigt. Die zwei Säulen hier im Sande, die Nadeln der Kleopatra, bezeichnen allein die Stelle einstiger Pracht und Herrlichkeit.«[30]

Die beiden Obelisken aus der Zeit Thutmosis III. zu kennen und sie als Zeugnisse des 15. Jahrhunderts vor Christus würdigen zu können, gehörte zum bildungsbürgerlichen Ritual der Zeit, in der Louise Mühlbach lebte. Schon oft waren die beiden Säulen auf Zeichnungen, Daguerrotypien und Photographien abgebildet worden, so daß Louise Mühlbach die optische Kenntnis der Obelisken bei ihren Lesern unterstellen und sich die Freiheit nehmen konnte, die Beschreibung ihrer Besichtigung mit einem dramatischen Akzent zu würzen und sich auf das Ende der »Königin der Könige« im Jahr 30 vor Christus zu konzentrieren.

Jagd nach den Antiken

Zum ersten Mal skizziert und als Kupferstich gedruckt worden waren die beiden Nadeln der Kleopatra auf Weisung Napoleons. 1798 hatte dieser auf seinem Ägyptenfeldzug ein riesiges Heer an Wissenschaftlern mitgenommen, mit dem expliziten Auftrag, die Terra incognita am Nil samt ihrer zahllosen Kulturdenkmäler zu registrieren, zu erforschen, abzubilden und einzuordnen. Als Resultat hatte das gelehrte Pariser Gefolge zu Beginn des 19. Jahrhunderts das imposante Gemeinschaftswerk von 26 Text- und 12 Bildbänden mit Kupfertafeln vorgelegt und damit den Grundstein für die Wissenschaft der Ägyptologie gelegt.[31] Als kurz darauf noch Jean François Champollion die Hieroglyphen entzifferte, setzte zum einen eine rege Forschertätigkeit ein, zu der unter anderem auch der preußische König seinen Teil beitragen wollte, indem er 1842 eine wissenschaftliche Expedition an den Nil entsandte. Zum anderen wurden die neuen Wissenschaftsdisziplinen der Ägyptologie und Archäologie als sozusagen semi-kolonialer Aufruf verstanden, der altägyptischen Zeugnisse nicht nur geistig habhaft zu werden. Das Land am Nil wurde in einen riesigen Steinbruch verwandelt. Was auch immer sich an Relikten der uralten Kultur abtransportieren ließ, ob Säulen, Papyrusrollen, Wandreliefs, antike Steinquader, Mumien oder Grabbeigaben, wurde nach Europa verfrachtet. Richard Lepsius, Leiter der preußischen Ägyptenexpedition, sandte zum Beispiel 15 000 Objekte, darunter Obelisken und Statuen, nach Berlin und sorgte damit für den Grundstock des von ihm geleiteten Ägyptischen Museums.

Die Jagd nach Antiken blieb keineswegs den Wissenschaftlern vorbehalten, sondern wurde Reisenden zum sportlichen Ereignis und Geschäftstüchtigen zum schwunghaften Handelsobjekt. »Es giebt in Alexandrien«, berichtete Louise Mühlbach in ungewohnt sozialkritischer Manier, »speculative Kaufleute, welche eine ganze Schaar von Beduinen dazu angeworben haben, daß sie in der Wüste in Ober-Aegypten Tag für Tag im Sande wühlen, um Scarabäen, Ringe und andere kleine Schmucksachen zu suchen, die sie dann für geringen Lohn an den Kaufherrn ausliefern, welcher sie mit ungeheurem Gewinne wieder verkauft an die Reisenden.«[32] Und diese waren für gewöhnlich nicht von Fachkenntnis getrübt, sondern von dem Wunsch beseelt, es den nationalen Museen gleichzutun und ihrerseits ein privates Zeugnis der Antike zu erhaschen. Unbedarfte Reisende waren eben deshalb auch anfällig für Täuschungen.

Eine in dieser Hinsicht typische Szene ist bei Arthur Stahl, dem Pseudonym für Valeska Bolgiani, nachzulesen, die von einem Besuch bei einem deutschen Buchhändler in Ägypten folgendes schildert: Da dieser ihre Buchwünsche nicht erfüllen konnte, »ermannte er sich zu einem Coup, um die Ehre des Hauses zu retten und sagte: ›Ne, aber ich habe Antiken.‹ Nach diesen Worten holte er tief Athem und kramte hervor, was er hatte. ›Ist diese Sphynx echt?‹ ›Diese Sphynx? Ne, gerade die ist von Birmingham.‹ Und nun bestätigte sich mir auf die lächerlichste Weise, was ich schon längst wußte, nämlich, daß die Engländer hier einen ausgedehnten Handel mit Antiken treiben und daß unter hundert Bronzen und geschnittenen Steinen, welche man sieht, vielleicht zwei echt sind.«[33]

Was Wunder, daß die westliche Sucht nach altägyptischen Relikten die berühmteste alexandrinische Sehenwürdigkeit, die Nadeln der Kleopatra, nicht verschonte. Ida Hahn-Hahn konnte 1844 noch über das Denkmal aus der Pharaonenzeit berichten: »Sehr deteriorirt [beschädigt] von den Stürmen der Zeit liegt der eine Obelisk am Boden; der andre steht unangetastet neben ihm«.[34] Auch Louise Mühlbach konnte anno 1870 noch »die letzten Ueberbleibsel« der »schönsten Königin« besichtigen. Hedwig von Hohnhorst mußte dagegen zu Beginn der achtziger Jahre bedauernd feststellen, daß die zwanzig Meter langen Steinzeugen der Antike aus Alexandria zur Ehre westlicher Staaten bereits abtransportiert worden waren. »Wir suchten den prächtigen Meeresstrand auf, aber der sonst so viel besuchte Ort, wo ich die berühmte Nadel der Cleopatra, den großen Obelisk, noch gesehen, war jetzt verödet, derselbe ist von der alten in die neue Welt befördert worden und steht in Newyork [heute in dessen Central Park] jetzt aufgerichtet.«[35] Die zweite der berühmten Nadeln aus rosafarbenem Granit war bereits zwei Jahre zuvor 1878 mit gewaltigem technischen Aufwand und den hohen Transportkosten von 100 000 Pfund nach London verfrachtet worden.

Zwischen Alexandria und Kairo

Um den Weg durch das Nildelta und die Strecke Alexandria-Kairo zurückzulegen, benötigte Ida Hahn-Hahn 1844 noch zwölf beschwerliche Reisetage. Bereits zu ihrer Zeit, so berichtete sie, war vom Bau einer Eisenbahn die Rede, doch es sollte noch einige Zeit vergehen, bis Reisende wie Sophie Christ in einen »Wagen III. Classe« einsteigen und dort in aller Gemütsruhe eine »westphälische Wurst« verzehren konnten.[36] Von dem zweifelhaften Genuß der zweifellos verbesserten Infrastruktur – immerhin schrumpfte die Distanz Alexandria-Kairo auf wenige Stunden – berichtete Valeska Bolgiani 1869: »Die Wagen kommen den italienischen an Eleganz bei weitem nicht gleich und sind verdorben durch den Staub, den sie vorzüglich im Sommer stets aufzufangen haben, auch die Locomotiven würden mit ihrem schmutzbedeckten Aussehen und ohne allen blitzenden Messingschmuck die Augen eines deutschen Maschinisten schwer beleidigen. Aber gefahren wird gut und der europäische Reisende bereite sich vor, auf der vierstündigen Fahrt die neuesten und seltsamsten Eindrücke zu haben.«[37]

Vom Zugabteil aus besehen zog das Panorama des fruchtbaren Nildeltas mit Baumwollpflanzungen, Reisfeldern und Zuckerrohrplantagen vorbei. Gemächlich und mit vielen Haltestellen ging die Fahrt voran, von deren Existenz die Reisenden seit den fünfziger Jahren profitieren konnten – wie auch die Einheimischen längs der Schwellen. »Die Bewohner der Städte und Dörfer zu beiden Seiten des Weges haben sich leicht an das neue Schauspiel der Eisenbahn gewöhnt, besonders so weit es ihren Vortheil betrifft, denn sie bringen alles Erdenkliche den Reisenden zum Verkauf. Wasser in den antiken Amphoren, die sie mit so vieler Grazie auf dem Kopfe tragen, Kuchen, Zuckerrohr, dessen Mark ausgesogen wird, gekochte Eier, eine Art eßbares Getreide, gequollenen Mais und Apfelsinen ... mit den Apfelsinen hat es eine besondere Bewandtniß, oder vielmehr mit ihren Verkäuferinnen. Es sind junge, oft sehr hübsche, unverschleierte Mädchen, deren es in dieser volkreichen Stadt achttausend geben soll, welche Zahl allerdings unglaublich klingt und wie eine Demonstration der Frauen in diesem Lande gegen den Schleier überhaupt aussehen könnte.«[38]

Daß die Verkäuferinnen längs der Eisenbahnlinie unverschleiert waren, erschien Valeska Bolgiani nicht einfach anmutig, sondern geradezu sensationell im Vergleich zu den verschleierten Frauen, die sie bislang gesehen und »wie wandelnde Todtenköpfe« empfunden hatte. Sie interpretierte dieses Bild als ein erstes Indiz für den ihrer Meinung nach anstehenden Wandel der orientalischen Frauenrolle. Mit vorsichtigem Optimismus fügte sie ein weiteres Signal hinzu, das sie während ihrer Zugfahrt wahrnehmen konnte: »Auch zu reisen beginnen die Damen in Egypten; sie haben also den ersten Schritt gethan, um aus der Gefangenschaft des Harems ihre geistigen Fühlhörner hinauszustrecken in die lebendige Welt. – Aber mit welchem Apparat reist die Frau eines Pascha! Zwei ganze Wagen erster Classe unseres Zuges waren mit dichten Holzläden geschlossen und aus dieser mysteriösen Finsterniß steigen nur von Zeit zu Zeit zwei Ungeheuer, zwei Eunuchen des türkischen Harems. Es ist nicht möglich, sich etwas abschreckend Widerlicheres vorzustellen, als diese Wächter, denn sie sind von einer Mißbildung des Gesichtes und des Körperbaues, welche das Auge auf den ersten Blick befremdet. Dazu kommt noch ihr, für europäische Begriffe lächerliches Costüm, gerade, weil es zu europäisch ist. Schwarze Pantalon's und ein schwarzer Oberrock, alles schlotternd auf den Gliedern, dazu der Fez, eine schreiende Sammtweste und ein Behang von goldenen Ketten und Berlok's [zierlicher Schmuckanhänger], der die Lachmuskeln unwiderstehlich reizt.«[39]

Unwille, Entsetzen, Überheblichkeit, der Lächerlichkeit preisgeben – dieselbe Reaktion auf die islamische Einrichtung von Harem und Schleier, wie Ida Hahn-Hahn sie in dem türkischen Teil des osmanischen Reiches paradigmatisch vorgeführt hatte, wiederholte Valeska Bolgiani eine Generation später im arabischem Teil desselben Reiches.

Die Vertreibung der Langeweile

Gegen solch harsche Verurteilungen des orientalischen Systems war Louise Mühlbach gefeit, die ein Jahr nach Bolgiani dieselbe Route nach Kairo in derselben Eisenbahn nahm. Da sie auf Einladung des Khediven reiste, war sie fest gewillt, ihren Gastgeber nicht mit kritischen Worten zu enttäuschen, sondern das erwartete »Wunderland« gehörig zu bewundern.

»Der Beamte, welcher auf Befehl des Vicekönigs für mich in Alexandrien zu sorgen gehabt, begleitete uns zum Bahnhof. Alles war für uns geordnet und geebnet; da gab es keine Plackereien irgend einer Art, wie sie sonst keinem Reisenden erspart sind. Die Gastfreundschaft des Vicekönigs ist so großartig und nobel, wie man sie bei uns in Europa nicht kennt ... Auf dem Bahnhofe ging es gerade so zu, wie bei uns in Europa auf den Bahnhöfen. Drängen und Schieben der Menschen, hastiges Herbeirollen der kleinen Wagen mit den Koffern und Effecten, Schreien der Beamten, die freilich hier aus schwarzen und braunen Leuten bestehen, Hineindrängen in die Waggons, deren erste Klasse hier kaum mit dem Comfort unserer zweiten Klasse eingerichtet ist. Endlich hat man seine Plätze eingenommen, endlich geht es vorwärts ... Nach und nach fängt die ganze Scenerie an sich immer mehr zu verändern. Bei jedem Aufenthaltsorte tritt das orientalische Leben näher an uns heran; braune und schwarze Leute in ihren eigenthümlichen verschiedenartigen Trachten kommen herbei, die europäische Kleidung verschwindet mehr und mehr, und in Tanta, wo längerer Halt gemacht wird und wo die Bahn, welche von Suez kommt, sich mit der nach Kairo gehenden vereinigt, ist schon ein buntes Gewühl von Arabern, Türken, Persern, Beduinen und Fellahs, die alle herbeiströmen, um in die Waggons dritter Klasse, wo die Leute wie Pakete neben- und übereinander geschachtelt liegen, stehen und hocken, ihre Plätze einnehmen. – Ich ergötzte mich, während wir weiter dahinfuhren, mit dem Gedanken: wenn plötzlich dieser Zug, auf welchem wir fuhren, statt in Kairo in Berlin anlangte und alle diese wunderbaren, seltsamen Gestalten aus den Waggons strömte, was die Berliner wohl dazu sagen und wie sie schreien und staunen würden?«[40]

Wenn ihr der Ausblick aus dem Abteil zu langweilig erschien, behalf sich Louise Mühlbach notfalls mit einem Schuß Vorstellungsvermögen, denn nichts lag ihr ferner als Langeweile. Vergleichbar ist diese Methode des Zeitvertreibs, die einer fehlenden Aufregung mit den Mitteln der Phantasie nachhilft, mit dem neuartigen Phänomen der Reiselektüre, das sich in der zweiten Jahrhunderthälfte kulturell etablierte. So wie sich Louise Mühlbach gedanklich emanzipierte, indem sie ihren Blick vom Abteilfenster auf eine imaginäre Vorstellungswelt umlenkte, so diente auch die Reiselektüre der Kompensation. Dieser Lesestoff wurde eigens für die Eisenbahnreise gekauft, und war oft sowohl nach seinem Umfang wie auch nach seinem Inhalt abgestimmt auf den Zweck, die Leerstelle während der Fahrt zu überbrücken. Der Blick richtete sich auf das Buch, um für den Blick aus dem Abteilfenster zu entschädigen. Die Monotonie der Eisenbahnreise, das im wahrsten Sinne des Wortes »zügige« Durchfahren der Landschaft, fand ihr Gegenstück mithin in einer gedruckten Ersatzlandschaft.

Mit den Eisenbahnen wurde die Kultur der Reiselektüre etabliert; um die Jahrhundertmitte wurden deshalb Bahnhofsbuchhandlungen gegründet, um eine Ersatzperspektive für den Verlust an konkreter Wahrnehmung anzubieten. Als Lesestoff beliebt waren Unterhaltungsromane (wie sie unter anderem auch Louise Mühlbach schrieb), schon weil ihre Lektüre das Abschweifen und den prüfenden Blick gestattete, ob die durchreiste Landschaft immer noch monoton sei. Paradoxerweise bestand ein Großteil des Lesestoffes, der für den faden und flüchtigen Landschaftseindruck aus dem Abteilfenster entschädigen sollte, seinerseits aus Reiseführern und Reiseliteratur.[41] In dieser Entwicklung verdoppelte sich das Reisen gleichsam, war doch die klassische »Lehnstuhlreise«[42] (die per Lektüre mit einem fremden Autor auf Reisen ging) selbst mobil geworden (indem die Lektüre während der Reise stattfand).

»Und was das Reisen anbetrifft, so wird durch die Eisenbahnen gewissermaßen alles Reisen aufhören,« orakelte der Berliner Journalist Theodor Mundt. Er hielt bereits 1838, als das neue Verkehrsmittel soeben Einzug hielt, die Reiseromantik und »den Unterwegsgenuß der Natur« für verloren.[43] Seine Frau Clara Mundt teilte diese Auffassung ganz und gar nicht. Als sie Jahrzehnte später die Ebene des Nildeltas durchfuhr, fühlte sie sich selbst in Aufbruchstimmung und gewissermaßen als persönlichen Gegenbeweis, daß weder »alles Reisen« noch der »Unterwegsgenuß« aufgehört hatte. Ihr Bedürfnis nach Romantik motivierte Clara Mundt zu der lebhaften Einbildung, sich die Turbulenzen vorzustellen, wenn ihr Zug Flügel bekäme und nicht in Kairo, sondern in Berlin ankäme. In Gedanken nahm sie damit schon die Reiselektüre vorweg, die sie über ihre Ägyptenreise schreiben wollte. Sie war routinierte Unterhaltungsschriftstellerin genug, um ihre Eisenbahnfahrt von Alexandria nach Kairo bereits im Geiste als Manuskript ablaufen zu lassen und sich in der Hauptrolle einer ihrer Erzählungen zu sehen.

In ihrer Rolle als Louise Mühlbach wußte Clara Mundt sehr genau, was sie ihrem Publikum vor allen Dingen bieten mußte, um ihre Popularität zu erhalten: leicht lesbare Kost, unverdrossenes Plaudern, am besten hier und da verquickt mit »einer allerliebsten kleinen Anekdote«, gelungene Unterhaltung eben. Dieses Metier beherrschte Louise Mühlbach zweifellos souverän genug, um auch den neuesten Klatsch aus Diplomatenkreisen einer weitschweifigen Wiedergabe für wert zu befinden, vorausgesetzt, er war amüsant genug, wie etwa das folgende Beispiel:

»Ein Eisenbahnzug ging von Alexandrien nach Kairo, ganz voll und besetzt, eine lange Reihe von Wagen. Es war ein Courierzug, und er brauste in unaufhaltsamer Eile dahin. Bereits war man eine Stunde gefahren, als der Zug auf einmal stille stand. Alle Leute schauten ängstlich aus den Fenstern, weil sie meinten, es sei ein Unglück geschehen. Indessen blieb alles ruhig, man bemerkte nur, daß der Zug eine rückgängige Bewegung machte. Diese Bewegung ward immer schneller, und zu ihrem großen Erstaunen und zum Aerger vieler Kaufleute, die wichtige Geschäfte in Kairo hatten, ging der Train immer weiter und weiter rückwärts. Endlich hielt er im Bahnhofe in Alexandrien an, und nun sah man einen Kawassen mit langem goldknöpfigen Stabe heran eilen. Ihm folgte ein kleiner Herr im schwarzen Frack. Der braune Inspector der Eisenbahn stürzte herbei, öffnete ein Coupé erster Klasse, der kleine Herr sprang hinein, das Zeichen ward gegeben, und fort dampfte der Zug zum zweiten Male gen Kairo. Und was war nun die Erklärung des ganzen Vorfalles? Diese war ganz einfach: daß der preußische Generalconsul, der den Zug verfehlt hatte, sehr eilig nach Kairo mußte und daher darauf antrug, daß man den Zug zurückrufe. Es war also auch geschehen, zum höchsten Aerger der Kaufleute, die dadurch Zeit und Geld verloren, zur höchsten Genugthuung der preußischen Unterthanen, die sich des Ansehens freuten, welches der Generalconsul des preußischen Staates, oder vielmehr jetzt de la confédération de l'Allemagne du Nord in Aegypten einnimmt.«[44]

Louise Mühlbach hatte sich von dieser kuriosen Rückwärtsfahrt lediglich erzählen lassen. Valeska Bolgiani hingegen konnte ein Jahr zuvor Augenzeugin sein und den wichtigen Grund verstehen, aus dem heraus es der »kleine Herr im schwarzen Frack« so ungeheuer eilig hatte. Bolgiani konnte nämlich von der Terrasse des »British Hotel« in Kairo aus die »officielle Empfangs-Ceremonie« miterleben, »welche der Vicekönig dem General-Consul der ›Conföderation des Nordens‹, Herrn von Teremin, zu Theil werden ließ. Schon seit Jahren preußischer Consul in Egypten, war er jetzt zu dieser neuen Würde ernannt und von Alexandria, wo er wohnt, zur Vorstellung nach Cairo gekommen. Der Vicekönig schenkt zu diesem Act ein Pferd, einen goldstrotzenden Sattel und einen Degen, welche letztere Gegenstände in einem Salon des Hotels ausgestellt lagen.«[45]

Shepheards Hotel

Im Unterschied zu Alexandria erfüllte ein Aufenthalt in Kairo die Erwartungen der Reisenden des 19. Jahrhunderts. Bereits Ida Hahn-Hahn hielt die Residenz, die in ihrer politischen Bedeutung als Regierungssitz des Vizekönigs mit Konstantinopel vergleichbar war, für den Inbegriff des Orients. In einem Brief an ihre Freundin vom 6. Dezember 1843 schrieb sie voller Begeisterung: »Cairo, und nur Cairo ist in meinen Augen die ächt orientalische Stadt, mit ihren Formen und Anlagen an die Bilder aus Tausend und einer Nacht erinnernd, und mit ihrer Architektur ganz geboren vom arabischen Genius. Ihre Moscheen, ihre Grabmäler, ihre Fontänen« erschienen ihr nur mit der maurischen Alhambra im spanischen Granada vergleichbar.[46] Ganz anders als in der türkischen Metropole, die sie trotz ihrer Schaulust eher verdrießlich gestimmt hatte, fühlte sich Ida Hahn-Hahn von der Stadt am Nil ausgesprochen angeregt. »In Cairo macht es mir wahrhaft Vergnügen in der Stadt zu circuliren, weil ich mich nicht durchzukämpfen brauche und überall etwas Hübsches sehe, die Bauart der Häuser, die eleganten Minaretts, die allerniedlichsten Brunnenhäuser, hie und da eine Palme, ein Orangenbaum im Hof der Moscheen ... – von dem Menschengewühl gar nicht zu reden, das die Ohren dröhnen und die Augen flimmern macht, und doch so wesentlich zur Umgebung gehört, daß einem die unbesuchten und einsamen Straßen lange so gut nicht gefallen. Und ist man der bunten Bilder müde, so reitet man hinaus nach Fostat, nach Boulak, nach Schubra, und hat da die Fülle tropischer Vegetation – und den Nil.«[47]

In ihrem Berliner Salon hatte Clara Mundt sich diese überschwengliche Schilderung ihrer Jugendfreundin Ida Hahn-Hahn bereits in den vierziger Jahren ausführlich erzählen lassen. Als sie dann gegen Ende ihres Lebens selbst die Gelegenheit erhielt, die sagenumwobene Metropole mit eigenen Augen zu sehen, hatte sie zwar durchaus dieselben Empfindungen, und konnte sie auch weitgehend dieselbe Szenerie sehen, aber die Perspektive ihrer Wahrnehmung war keineswegs dieselbe. Während Ida Hahn-Hahn noch, wenn sie der »bunten Bilder müde« war, einen Ausflug in die Landschaft plante, konnte sich Clara Mundt bzw. Louise Mühlbach auf einfachere Art erholen, sie brauchte lediglich in ihr Hotel zurückzukehren. Für sie lag die nötige Phase körperlicher Erholung also im Binnenraum des Hotels, jenseits der Kairoer Straßenwelt. Diese Trennung zwischen Innen- und Außenraum empfand Louise Mühlbach aber nicht als Minderung ihres Erlebnisvermögens, weil sie den orientalischen Bilderreigen ja vom Hotelfenster aus betrachten konnte. »Die Sicherheit im Rücken, das Abenteuer vor Augen, kann sich der Blick durchs Fenster, aus dem schützenden Interieur hinaus an das Unbekannte verlieren, ohne den Verlust der Orientierung, also den Verlust des festen Standpunktes zu riskieren.«[48] Das Hotelzimmer hatte sich gewissermaßen in eine Zimmerloge verwandelt, ebenso bequem wie geborgen. In den Mittagsstunden, so schilderte Louise Mühlbach, hielt sie »in süßer Beschaulichkeit« Siesta und konnte doch gleichzeitig das Kairoer Straßenleben wie in Platons Höhlengleichnis schemenhaft vorbeidefilieren lassen, wenn sie einen Blick aus dem Hotelfenster warf.

»Recht wonnig war mir zu Muthe, wie ich da auf meinem prächtigen bequemen Bette lag und durch die Jalousien, die ich halb geöffnet hatte, das wogende Leben der Straße wie in einer Camera obscura an mir vorübergleiten ließ. Da schrieen die Eseljungen noch lauter als ihre Esel, da keuchten und kreischten die Kameele, die mit Latten und Brettern belastet in ganzen Zügen vorüberzogen, da kamen in prächtigen Carrossen die Damen des Harims vorüber, ihnen voraus jagten die Sais [sogenannte Vorläufer, die den Weg frei zu halten hatten], und an beiden Seiten der Kutschen die häßlichen fetten Eunuchen in ihren europäischen Gewändern. Da sangen und quieckten die Musikanten der Straße, und dazwischen ließ sich zuweilen die dünne Stimme eines Bettelkindes vernehmen, das am Hotel stand und das braune Händchen irgend einem Fremden entgegenstreckte und um ›Bakschihsch‹ (Almosen) bat.«[49]

Das Hotel, welches Louise Mühlbach ein derart kinogleiches Fenster zur Welt bot, war das berühmte »Shepheard«, das im 19. Jahrhundert in legendärem Ruf stand, schon weil das weitläufige Gebäude, ursprünglich ein Harem, dem französischen Imperator Napoleon als Hauptquartier gedient hatte, dann aber auch und vor allem, weil es bereits zur Zeit Mühlbachs eine unvergleichlich luxuriöse Oase für westliche Orientreisende bildete, mit französischen Köchen und Schweizer Zimmermädchen. »Hotel Sheppard ist der erste und bedeutendste Gasthof in Kairo, und die beiden Wirthe desselben, Herr Zech und Herr Groß, verstehen es, englischen Comfort mit französischer Eleganz und deutscher Gemüthlichkeit zu vereinen«,[50] lobte Louise Mühlbach 1870 ihre noble Unterkunft. »Im Hotel waren für uns drei schöne Zimmer bereit und ich nahm mit innigem Behagen nach der heißen Reise von denselben Besitz.« Sie nutzte die Gunst der Stunde, genauer gesagt die der ägyptischen Regierung, und richtete sich mit ihrer Tochter und Kammerzofe in dem Luxushotel häuslich ein. Während ihrer Studienreise waren es immerhin sechs Wochen; ein halbes Jahr später kehrte sie in das Hotel zurück, um sich dem Ägyptenroman zu widmen, und blieb geschlagene sechs Monate.

Dieses Verhalten seiner »berühmten schriftstellernden Landsmännin, einer wohlbeleibten Dame, die etwa in der Mitte der Fünfziger stand und an ihren Armbändern mehrere große goldne Medaillen für Kunst und Wissenschaft zur Schau trug«, hielt Heinrich Brugsch für eine unziemliche, wenn nicht unverschämte Interpretation der orientalischen Gastfreundschaft. Als der ehemalige Professor für Ägyptologie in Göttingen seinen Dienst als Beamter des ägyptischen Vizekönigs antrat (er sollte in Kairo eine Schule für Ägyptologie aufbauen), erzählte man ihm am Kairoer Hof von »Madame Mulbaque«, der »deutschen George Sand«, die allerhöchste Protektion genieße. Verärgert und wohl nicht neidlos schrieb Heinrich Brugsch: »und sie traf richtig ein mit Sack und Pack und in Begleitung ihrer ›rehäugigen‹ Tochter und der dazugehörigen Dienerschaft, um auf Vizekönigliche Kosten in dem ersten Hotel Kairos ihren sechsmonatlichen Aufenthalt zu nehmen«.[51]

Neben all seinem Komfort hatte das Luxushotel, außerhalb der alten Stadtmauern am Esbekiyah-Boulevard gelegen, eine für verwöhnte Orientreisende interessante Kombination von städtischem Treiben und ländlicher Beschaulichkeit zu bieten; längs der Fassade verlief nämlich eine belebte Durchgangsstraße, die in staubigem Gewühl für pulsierendes Leben und orientalisches Flair sorgte, während der Rest des Hotels von einem großen Garten umgeben war, dessen Anlage und tropische Vegetation eine Oase der Ruhe bieten konnte.

»Unsere Zimmer liegen zur ebenen Erde«, und eben deshalb konnte Louise Mühlbach ihre Siestas in ein Fern-Seh-Erlebnis verwandeln, »und sowie ich aus der Thür meines Salons hinaustrete auf den Flur, umgiebt mich sogleich das orientalische Leben. Da sitzen neben der Thür zwei braune Portiers in dunkelrothem Kaftan, den Turban auf dem Kopf. Durch die offene Hausthür trete ich hinaus auf einen weiten Altan [Balkon], der mich hinblicken läßt auf einen großen prächtigen Platz, die Esbekieh, den größten Platz in Kairo ... Dem Altan des Hotels Sheppard gegenüber wühlt, arbeitet, rauscht und kreischt das lustigste Leben: Jenseits der Straße, die am Hotel sich hinzieht, haben sich die Miethwagen und die Esel mit ihren Treibern aufgestellt, und sobald einer der Gäste des Hotels sich auf dem Altan sehen läßt, stürzen diese Leute, halb bekleidet, mit den nackten Füßen heran zu dem Altan und beschwören mit blitzenden Augen den Fremden, ihren Wagen oder ihren Esel zu nehmen«.[52]

Die beträchtliche Armut der ägyptischen Bevölkerung auf der einen und der Reichtum der westlichen Reisenden auf der anderen Seite, am Haupteingang des legendären Hotels trafen sie aufeinander in Hör- und Sichtweite, nur eine Schwelle und doch Welten voneinander entfernt. Der Balkon, aus dessen Perspektive Louise Mühlbach ihr soziales Gegenüber betrachtete, wurde nachmals zum gerühmtesten Logenplatz für europäische Reisende. Gegen Ende des Jahrhunderts wurde er in eine riesige

Veranda umgebaut, mit gestreiften Markisen und bequemen Korbsesseln, die der einheimischen Bevölkerung dank der Bewachung durch »braune Portiers« nicht zugänglich war. Von diesem exquisiten Standort aus geruhten die Reisenden, wie schon Louise Mühlbach sagte, »das lustigste Leben« der Kutscher und Eseltreiber zu betrachten, nur daß sie auf der ausgebauten Veranda gleichzeitig beschaulich an einem Drink nippen konnten.

Das »Shepheard« war nicht das einzige Luxushotel in Kairo, aber es war das einzige, das sich aufgrund seiner Tradition und seiner Lage zu einem Mythos entwickelte. 1841 als bescheidene Pension eröffnet, verkörperte das Gebäude geradezu den Fortschritt des Orienttourismus; allenthalben wurde das Hotel an- und umgebaut, weil die Zahl der Ägyptenreisenden stetig anstieg. 1873, also drei Jahre nach Louise Mühlbachs Aufenthalt, berichtete ihre berühmte britische Kollegin Amelia Edwards, »hier versammeln sich täglich zwei- bis dreihundert Personen ... Es gibt hier Kranke auf der Suche nach Genesung, Künstler auf der Suche nach Motiven, Sportbegeisterte, die Krokodile jagen wollen, Staatsmänner auf Urlaub, Sonderkorrespondenten, die auf neuesten Gesellschaftsklatsch aus sind, Sammler, die Mumien und Papyri zu finden hoffen, Wissenschaftler ... und Müßiggänger, die ihrer Reiselust frönen«.[53]

Um die Jahrhundertwende hatte sich aufgrund der stetig steigenden Nachfrage das Angebot an noblen Hotels erheblich erweitert. Neben dem »Shepheard« als dem ersten Haus am Platze gab es direkt daneben das »Eden Palace«, etwas weiter entfernt das »Ghezireh Palace«, ein ehemaliger Khedivenpalast am Ufer des Nils, und als das einzige deutsche Hotel in Kairo das »Bristol«, das sich seiner deutschen Bedienung rühmte. In diesem stieg auch Mechthild Lichnowsky ab, eine niederbayerische Grafentochter und weltläufige Diplomatengattin. Ihre Reiseschilderung aus dem ersten Jahrzehnt des neuen Jahrhunderts skizziert auf brillant scharfsichtige Weise, wie das Leben der europäischen Welt in den Hotels der ägyptischen Metropole um sich selbst kreiste. In ihrem Reisebuch *Götter, Könige und Tiere in Aegypten* schrieb Mechthild Lichnowsky mit charmant satirischen Untertönen:

»Die Hotels in Kairo sind eines so gut wie das andere. In der Halle, wo siebenzüngige Portiere wie Ptah und Amon thronen, fällt mir eine Verdoppelung allen Personals auf. Zwei Türöffner in theatralen Gewändern, vier Direktoren, vier Liftboys, ein Dutzend Schwarzer und ebensoviele Dragomans lungern da herum. Im Speisesaal gibt es nur neunstellige Menüs, ein Heer von deutschen Kellnern und arabischen, weißgekleideten Jünglingen. Der europäische Diener sieht mit Verachtung auf den arabischen herab ... In jedem Hotelzimmer ist auf einer Tafel, wenn auch nicht wörtlich zu lesen: ›Liebe Herrschaften, alle Montage, Dienstage, Mittwoche, Donnerstage, Freitage, Samstage und Sonntage ist in einem der Hotels

Ball. Bitte hinzukommen; diese Bälle sind alle ohne Ausnahme furchtbar, aber sie bringen uns das nötige Geld, was trotz der Räuberpreise der Zimmer in ungenügender Menge fließt.

Die Spekulation liegt auf der Hand. Sie beruht darauf, daß der Fremde, der den Orient bereist und aus dessen Dummheit schon manches Vermögen gemacht wurde, in seinem Herzen gar zu gerne einiges von dem ihm geläufigen Begriff ›Orientalische Pracht‹ vor seinen Augen verwirklicht sehen möchte. Das ist ein ganz runder, farbiger, saftiger Begriff, etwas vage, aber immerhin. Dann kommt der Begriff der ›Schönen Fremden‹ hinzu, Russin, Französin, Amerikanerin, Engländerin vermischt mit Vollmond, Palmen, Parfüm, Reichtum, Diamanten.

Die Frau, die sich das sinnig in der Nähe des Waschtischs angebrachte Täfelchen ansieht, erwägt ihre Möglichkeiten zu glänzen, exotischen Bewunderern zu begegnen. Der Zimmerkellner rühmt das jeweilige Ballfest des Tages und Hotels, namentlich wenn es sich um ein Kostümfest handelt. Die Begriffe Odalisken, Harim, Perlenketten, gestickte Schuhe, Schleier, Augen folgen sich wie auf einem Kinofilm, so verlockend, daß nur wenige widerstehen können.«[54]

Bakschisch für einen »Bismarck-Esel«

Während Ägypten und der Orient von der Gesellschaft der Reisenden in eine Ansammlung jederzeit abrufbarer Stereotypen verwandelt wurden, die man innerhalb der eigenen Kreise stichwortartig zirkulieren ließ, blieb vor den Hotels das verzweifelte Bemühen der Einheimischen bestehen, sich ihren Lebensunterhalt sichern und bei den reichen Herrschaften als dienstbare Geister verdingen zu müssen. »Geht man über eine Strasse, so ruft jeder Kutscher: ›Carriage, lady?‹ und jeder Eseljunge: ›Want a ride, Sir?‹«, beschwerte sich 1895 Käthe Schirmacher über den allenthalben spürbaren Versuch einer kleinen Geschäftsanbahnung auf den Kairoer Straßen. Der Gedanke, hinter diesen beflissenen Dienstangeboten könnte sich im Vergleich zu ihrem eigenen Status als Fernreisende, die zumindest für die Dauer ihrer Reise der Notwendigkeit des Geldverdienens sichtlich enthoben war, die schiere Armut verbergen, lag dieser Beschwerde allerdings nicht zugrunde.

Käthe Schirmacher, die um die Jahrhundertwende zunächst in der Frauenbewegung aktiv für Gleichberechtigung und Wahlrecht eintrat, dann auf Frauentagungen nationalistisch gegen eine Bedrohung aus dem Osten agitierte und schließlich als reichsdeutsche Patriotin für die Kriegsanleihen warb, hatte sich im Winter des Jahres 1894/95 eine Reise nach Ägypten gegönnt, zur Belohnung für den Erwerb ihres Doktortitels, eine den Frauen ihrer Zeit selten vergönnte Ehre. In einem Artikel für die renommierte *Frankfurter Zeitung* stellte sie das Land, das seit 1882 unter britischem Protektorat stand, als ein »wohlverwaltetes Reisegebiet der Firma

Abbildung 23: Das Mena-Hotel bei den Pyramiden von Giseh. Fotographie von J. Pascal Sebah, um 1880.

Thomas Cook«[55] dar. Heftig beklagte sie sich über die »poesielosen« Engländer, »die das banalste Touristentum einschleppen, und alles verbädeckernd, den feinen, exotischen Eindruck, der sich in unserer Seele bilden wollte, wie Glas zerbrechen.«[56]

Unüberhörbar war diese Darstellung Käthe Schirmachers, lange vor ihrem Einschwenken auf den nationalistischen Flügel, von einem deutschen Nationalgefühl getragen – und erkauft mit der Fiktion, daß die Grenzlinie zwischen feinsinnigen Einzelreisenden und barbarischen Touristenfluten exakt zwischen den jeweiligen Herkunfsländern Deutschland und England verlaufen würde. Geflissentlich verschwieg Käthe Schirmacher denn auch die Existenz deutscher Reisebüros und die Präsenz deutscher Touristen, und gleichfalls beabsichtigte sie zu überhören, daß sich die zahlreichen Dienstangebote auf den Straßen Kairos keineswegs nur an das englische Publikum wandten. Schon 1870 jedenfalls schilderte Louise Mühlbach: »Da ist ein brauner junger Mensch im blauen Gewande, das bis an die Kniee reicht, den Kopf mit der kleinen, eng anliegenden braunen Mütze bekleidet, wie sie die Eseltreiber tragen. Er gesticuliert lebhaft mit den Armen und schreit immerfort: ›Madama! Nehmen meinen Esel! Gut Esel! Berliner Esel! Bismarck-Esel!‹«[57]

Dieselbe Szenerie, aber mit deutlich nationalem Pathos, schilderte wenig später auch Adolf Ebeling. Getragen von dem kolonialen Interesse, dem mit der Reichsgründung eine reelle Perspektive geboten schien, übersteigerte Ebeling dieselbe Szenerie, die Louise Mühlbach nur aus atmosphärischen Gründen interessiert hatte, und deutete sie als kurioses, aber bezeichnendes Zeichen deutscher Geltung. Er schrieb in seinem Reisebuch *Bilder aus Kairo*: »Nur der gewaltigen politischen Machtstellung Deutschlands in jüngster Zeit ist es zu danken, daß man sich jetzt in Aegypten auch der deutschen Sprache zuwendet, was von oben her sehr begünstigt wird ... Was Wunder, daß auch die Kairiner Eseljungen davon Wind bekommen haben und in ihrer Weise der neuen Strömung Rechnung tragen, in dem sie den Deutschen ihre Esel mit folgenden drolligen Zurufen anbieten: ›Gute Bismarck-Esel, Herr Baron! Gute Kaiser-Esel!‹«[58]

Im Unterschied zur politischen Deutung eines Adolf Ebeling beließen es die reisenden Frauen meist bei einer Gefühlsreaktion. Auf die Tatsache, daß sich die Bevölkerung ihres Reiselandes nicht immer mit der ihr zugedachten Statistenrolle begnügte und auf malerische Weise die Kulisse belebte, sondern sich gelegentlich auch, radebrechend oder gestikulierend, direkt bemerkbar machte, reagierten sie entweder amüsiert oder ernsthaft verärgert, ersparten sich aber jede weiter Auseinandersetzung mit dem für sie höchst neuen Phänomen. Das Betteln der Kinder um Bakschisch, und die mehr oder minder raffinierten Arten und Weisen der Erwachsenen, sich dasselbe durch eine Dienstleistung berechtigterweise zu erwerben, erschien ihnen gleichwohl immer wieder einer ausführlichen Schilderung wert – nicht zuletzt deshalb, weil sie in dem Phänomen der Bakschisch-Kultur einen Wesenszug der orientalischen Menschennatur bewiesen glaubten. Logischerweise fanden sich diejenigen, die sich Hoffnung auf ein redlich erarbeitetes Entgelt und vielleicht auf ein zusätzliches Trinkgeld machten, dort am zahlreichsten ein, wo auch die Reisenden in Scharen hinkamen. Zum klassischen Besichtigungsprogramm gehörten in Ägypten natürlich, damals noch vor den Toren Kairos, die Kolossalbauten der Pyramiden von Giseh.

»De Kingses tombs«

Auf welche Größenordnung die Scharen derer, die die altägyptischen Königsgräber besichtigen wollten, bereits um die Jahrhundertwende angewachsen war, hat Mechthild Lichnowsky in ihrem Ägyptenreisebuch mit einem eindrucksvoll impressionistischen Wortgemälde festgehalten:

»Staubwolken sind vor uns auf dem Weg. Darin sind Fremde. Teils rollen sie im viersitzigen Wagen für Handlungsreisende oder halbdutzendweise im Einspänner, teils springen sie auf haushohen Sätteln, die ein schmales Eselchen umspannen. Schwarze Brillen, zu kleine Tropenhelme mit rückwärts wehenden Läppchen sieht man aus der weißen Kalksteinwolke vorüberblitzen. Damen in Schleiern kommen uns entgegen mit bedrückter Miene. Freilich, dunkle Seidenblusen, schwarze Jettketten, Wollröcke, Schaftstiefel, unzählige Kämme unter Hüten, denen man die Unfähigkeit der Hutnadeln ansieht, Gürtel, Korsetts, Handschuhe, Baedeker, Mundvorrats- und andere Taschen, Sonnenschirme, dazu die Zügel bilden einen erdrückenden Verantwortungskomplex, aber sie scheinen sich alle in guter Stimmung zu befinden und denken, man merkt nicht, wie erhitzt und müde sie sind.

Wir gehen nach biban-el Muluk und Der-el-bachri; etliche Touristen überholen wir, andere kommen uns von dort entgegen. Der Wind hebt den Damen Hut und Rock, und die Hand, die sich so gerne am Zügel festgehalten hätte, muß die Rockwellen bekämpfen, während der Wind, glücklich, der Aufsicht entronnen zu sein, mit den gefälligen Hutkrämpen und Haareinlagen spielt. – ›De Kingses tombs‹, wie die englisch geschulten Führer die Königsgräber nennen, kommen nicht zur Ruhe. Mir bangt es um ihre schöne Intaktheit. Täglich in der Saison wird den strengen Bergen dieses Lärmen, dieses Geschrei, um die braven Tiere zum Laufen aufzumuntern, vorgemacht.«[59]

Als Mechthild Lichnowsky diese Zeilen schrieb, hatte der Pyramidentourismus vorläufig seinen Höchststand erreicht, auch wenn er in seinen Dimensionen nicht mit denen des modernen Massentourismus vergleichbar war.

In den 40er Jahren des 19. Jahrhunderts stellte ein Ausflug nach den Pyramiden von Giseh hingegen ein vergleichsweise seltenes Ereignis dar. Diesen Seltenheitswert kostete Ida Hahn-Hahn gebührlich aus, indem sie am 13. Dezember 1843 aus Kairo an ihren Bruder schrieb: »Gestern, Fratello, war ich auf der Pyramide des Cheops. Wenn das keine interessante Partie ist, so weiß ich es nicht!«[60] Doch diese interessante Partie, der Höhepunkt jeder Ägytenreise, wurde ihr nicht wenig verleidet durch die Präsenz der Einheimischen, die sich in irgendeiner Art behilflich erweisen wollten und im Gegenzug auf Trinkgeld hofften. »Wenigstens eine halbe Stunde vor unsrer Ankunft sprangen zwei Beduinen in weißen Mänteln mit Flinten bewaffnet vom Grabenrand auf, wo sie vielleicht die Nacht geschlafen hatten, und liefen mit uns. Dann kamen Andre, und noch Andre! auch Fellahs verließen ihre Felder und gesellten sich zu uns, und die ganze Companie von wenigstens zwanzig Mann begehrte für die Ersteigung der großen Pyramide in unsre Dienste zu treten.«[61]

Fünf Mann, so machten die Beduinen der Fremden klar, seien unabdingbar, wenn sie die Pyramide auf ihren meterhohen Quadern bezwingen wollte: »zwei und zwei abwechselnd, um mich an den Armen zu halten und zu ziehen, und der fünfte, um mich beim Heruntersteigen von den höchsten Stufen zu heben.« Dieses Prozedere, die Cheops-Pyramide mit ihrer Höhe von 146 Metern zu besteigen, fiel durchaus zur Zufriedenheit der Auftraggeberin aus; eventuelle Verdachtsmomente, sie könnte bei dieser Art Handreichung von Beduine zu Beduine das Gebot der weiblichen Schicklichkeit übertreten haben, wollte Ida Hahn-Hahn umsichtigerweise erst gar nicht aufkommen lassen. Sie hatte der Einfachheit halber Rock gegen Hose getauscht, ein Kleidungsstück, das ihr mehr Bewegungsfreiheit verschaffte, und das ihr zugleich das beschwingte Gefühl eines kleinen Lausbuben vermittelte. »Ich trug, wie sich von selbst versteht, mein habit de gamin«, versicherte sie kokett ihrem Bruder.

»Ohne die Hülfe der Beduinen, die auch ganz allgemein angenommen wird, mögte es wol sehr schwierig, und abwärts auch gefährlich sein für Personen, die am Schwindel leiden [ein Risiko, das Hahn-Hahn nicht fürchtete, da sie

Abbildung 24: Europäische Touristen am Eingang zur Cheopspyramide, um 1900.

kurzsichtig war]; aber mit ihr ist man so sicher, als würde man von einer Maschine gewunden.«[62] Hochgehievt von den Beduinen, fühlte Ida Hahn-Hahn sich »da oben ganz feierlich zu Muth. Auf dem höchsten Gebäude der Welt – da saß ich! und welch ein Gebäude!«[63] Während die Reisende ihren luftigen Standort auf der Spitze des altägyptischen Königsgrabs zum Anlaß nahm, über die Zivilisationsleistungen des Altertums und den Wettstreit des Cheops mit der Ewigkeit zu sinnieren, machten sich ihre hilfreichen Begleiter auf prosaische Weise bemerkbar, wie Ida Hahn-Hahn unwillig registrierte.

»Sie marterten uns wegen des Bakschisch, und hätten sie es bekommen, so würden sie nicht zufrieden gewesen sein und uns um mehr gemartert haben. Das ist ein scheußlicher Charakterzug des Arabers und des Türken! seine Gedanken, Wünsche, Träume, Handlungen, Gespräche, seine ganze Seele dreht sich dem Fremden gegenüber um Bakschisch, d.h. um Geld, welches er nicht verdient hat; denn das was einen Piaster werth ist, soll der Fremde mit zehn, mit zwanzig bezahlen. Stundenlang sprachen unsre Kameltreiber in der Wüste zusammen von Bakschisch. Das Wort gellt mir förmlich in den Ohren! nun vollends da oben! wie blutsaugende Mücken, die immer verjagt, immer wiederkehren, ließen sie sich nur momentan zur Ruhe verweisen. Ein Messer um die Namen einzukratzen – dies Vergnügen mußte ich mir als ächter gamin, ich glaube zum ersten Mal in meinem Leben machen – war unten beim Dragoman vergessen worden. Ein Beduine sprang sogleich dienstfertig hinab und wieder herauf, wollte das Messer aber erst nach dem Versprechen eines Extra-Bakschisches herausgeben.«[64]

Daß sie in Hosen steckte, machte nicht nur die Besteigung der Pyramiden leichter, sondern eröffnete Ida Hahn-Hahn den Hauch kaum gekannter Freiheit und nie praktizierter Frechheit. Es verschaffte ihr ein Vergnügen eigener Art, den »gamin« zu spielen. Sie wollte nicht bloß so aussehen wie ein Lausbub, sondern auch so handeln, und zum ersten Mal in ihrem Leben einen Streich spielen. Daß es vielleicht keine gute Idee sein könnte, dieses Rollenspiel ausgerechnet an einem historischen Monument auszuprobieren kam ihr dabei gar nicht in den Sinn, und so kratzte auch Ida Hahn-Hahn ihren Namen in die Pyramiden.

Hieroglyphen der Moderne

Für die Mühsal der Besteigung – sie habe übrigens gehörigen Muskelkater von dem unentwegten Hochziehen gehabt, gestand Ida Hahn-Hahn hinterher ihrem Bruder – pflegten sich eigentlich alle Reisenden ihres Jahrhunderts zu belohnen, indem sie sich auf den jahrtausendealten Monumenten höchstpersönlich verewigten und ihren Namen in die Steinquader, möglichst auf der Spitze der Pyramide, einritzten.

Eine einsame Ausnahme von diesem grassierenden Begehren bildet Valeska Bolgiani. Mochte sie auch zu ihrer Zeit weitgehend allein auf weiter Flur stehen mit ihrer Auffassung von touristischen Unsitten, mutig trat sie dem verbreiteten Gebaren entgegen, das die westlichen Reisenden auf und in den Pyramiden an den Tag legten. Über ihren Ausflug zu Beginn des Jahres 1869 schrieb sie:

»Am Fuße der großen Pyramide regt sich ein buntes Leben. Beduinen, Reisende, Dragomans, Pferde und Esel, Knaben mit Wasserkrügen, Verkäufer von Mumien = Statuetten, Steinen und Scarabeen. Eines der Opfer der ›Fünf Minuten‹ – der kürzesten Zeit, in welcher die Pyramide erstiegen werden kann – wurde eben von vier Arabern hinaufgeschleppt, während Andere bereits von der gewaltigen Anstrengung ausruhten. – Wir gelangten zum Eingang der großen Pyramide, erschöpft von der Hitze, mit welcher uns die afrikanische Sonne hier – am vierten Januar – empfing ... Ueber dem Eingang der Pyramide, welcher von jenen zwei, oft beschriebenen, halbtriangelförmigen Steinen gekrönt ist, befindet sich keine hieroglyphische Inschrift aus alter Zeit, wohl aber ist er besudelt von Narrenhänden, überdeckt mit Namen von Reisenden. Wenn diese wohlfeile und kindische Art, sich zu verewigen, überall lächerlich erscheint, so ist sie hier geradezu widerwärtig. Nicht minder die Geschmacklosigkeit der Engländer, von ihnen neu entdeckten Grabkammern und Gängen ihre eignen oder die Namen berühmter Engländer beizulegen. – Wie viel größeres Recht, dies zu thun, hätte Herr von Mariette, der sich um die Alterthumsforschung in Egypten so sehr verdient gemacht hat; aber als ein Mann von Geschmack würde er sich wohl hüten, zum Beispiel den Tempel von Denderah Mariette-Tempel zu nennen, oder die Sphynx, welcher er die gewaltigen Tatzen vom Sande frei gemacht hat, Mariette-Sphynx. Niemand aber schützt uns vor: Campbel's, Byse's und Lady Arbuthnot's ›Chamber's‹, nämlich kleine Grabkammern in den Pyramiden.«[65]

Mit Kopfschütteln, ja mehr noch mit angewidertem Gefühl reagierte Valeska Bolgiani auf das Bild eingeritzter Namen (unter denen sich auch die Inschrift von Ida Hahn-Hahn befand), auf die bleibenden Relikte einer längst vergangenen Reisegegenwart. Zum ersten Mal in der Geschichte der Reiseliteratur wagte es überhaupt ein Autor, diese verbreitete Manie touristischer Geltungssucht kritisch und mit deutlichen Worten anzusprechen – wobei vielleicht nicht unerheblich sein dürfte, daß dieser Autor in Wahrheit eine Autorin war.

Picknick an den Pyramiden

Aufgeschlossen für historisches Pathos, hatte Valeska Bolgiani ein Kapitel ihrer Reisebilder aus Ägypten mit den Worten begonnen: »›Vierzig Jahrhunderte schauen auf Euch von der Höhe der Pyramiden‹, sagte Napoleon seiner versammelten Armee am Tage der Schlacht, und heute wiederholt der Beduine, welcher dort lagert, dem Reisenden seine Worte«.[66] Wie lange vor ihr schon Ida Hahn-Hahn, so sah sich auch Bolgiani mit der für sie verdrießlichen Tatsache konfrontiert, daß die Schaustätte der Pyramiden zugleich ein Ort für die Beduinen war, sich als dienstbare Geister für den unvermeidlichen Aufstieg zu verdingen.

In dem Verhältnis zwischen den Reisenden und den Einheimischen war in der Zwischenzeit eine Neuerung eingetreten und hatte offenbar eine juristische Grundlage erhalten, denn, so berichtete Valeska Bolgiani 1869, »dieser Uebelstand und dieses gewisse Recht der Beduinen, den Reisenden zu molestiren [belästigen], ist eingetreten, seit ein Engländer so thöricht gewesen ist, von der Pyramide des Cheops herunterzufallen und den Hals zu brechen. Das Gouvernement hat verordnet, daß es keinem Reisenden ferner erlaubt sein soll, ohne ihre Begleitung weder in, noch auf die Pyramiden zu steigen, natürlich aber ohne irgend eine Taxe festzusetzen, welche sie in ihren Forderungen nicht überschreiten dürfen, die nun um so exorbitanter sind, als sich stets ein Dutzend betheiligen, wo e i n Führer völlig genügend wäre.«[67]

Diese vermeintliche Belästigung war kontinuierlich Gegenstand der Klage, hat aber selbstredend keinen der Orientreisenden jemals an der ausgiebigen Besichtigung der altägyptischen Stätten wirklich gehindert. Neben der sportlichen Attraktion, die Pyramiden höchstpersönlich zu besteigen – die englische Schriftstellin Harriet Martinau soll zu diesem Zweck eigens einen Stuhl mitgebracht haben – war schon die pure Anwesenheit vor Ort ein Zweck für sich. Und dieses Dasein im Schatten der Pyramiden übte auf die meisten Orientreisenden einen so starken Reiz aus, daß es gelegentlich die Qualität eines privaten Sieges über die erhabene Geschichtlichkeit annahm. Jedenfalls bildete sich im Verlauf des 19. Jahrhunderts eine regelrechte Tradition heraus, sich an den altehrwürdigen historischen Stätten geradezu häuslich einzurichten und nonchalant mit dem berühmten Ort zu verfahren.

Dieser bedenkenlose Umgang mit historischen Sehenswürdigkeiten, der den Pharaonen-Grabmälern ein jähes Erwachen aus jahrtausendelanger Ungestörtheit bescherte, verdankte sich keineswegs einer typisch touristischen Ignoranz, sondern entsprach dem Verhalten, das bereits die ersten wissenschaftlichen Expeditionen ungescholten vorexerziert hatten. So be-

Abbildung 25: Eine Dame vor der Sphinx und der Pyramide des Chephren, Ägypten um 1900.

richtete etwa Richard Lepsius, der Leiter der preußischen Ägypten-Expedition und nachmaliger Gründer des Berliner Museums, am 16. Oktober 1842 von einem »einfachen Frühstück, das wir, um uns zur Besteigung der größten Pyramide zu stärken, in einer der alten Grabkammern, die vor etwa fünftausend Jahren hier in den Fels gehauen wurden und jetzt von einigen Beduinen bewohnt werden, sogleich einnahmen. Unterdessen war auch ein geräumiges, buntverziertes Zelt angekommen, das ich in Kairo gemietet hatte. Ich ließ es an der Nordseite der Pyramide aufschlagen und die große preußische Königsflagge, den schwarzen Adler mit goldenem Zepter, Krone und blauem Schwerte auf weißem Grunde, vor der Tür des Zeltes aufpflanzen.«[68] Als besonderes Schauspiel hatte Lepsius sich für den Weihnachtsabend einfallen lassen, ein großes Feuer auf dem Gipfel der höchsten Pyramide anzünden zu lassen. »Die Flamme erleuchtete prächtig die beiden andern Pyramiden sowie das ganze Gräberfeld und schien weit über das Tal nach Kairo hinüber. Das war eine Weihnachtspyramide!«[69]

1869 machte Ägypten in der westlichen Welt Schlagzeilen, als nach zehn

Jahren Bauzeit das Werk der Pariser »Compagnie universelle du canal maritime du Suez« fertiggestellt war, womit sich der vor allem für den britischen Handel wichtige Weg nach Indien um 40 Prozent verkürzte. Zu dieser Zeit war der brachiale Umgang mit den altägyptischen Zeugnissen, wie ihn die preußische Expedition noch gepflegt hatte, auf kritische Gegenstimmen gestoßen. Die Meinung jedenfalls, man könne nicht alles und jedes bedenkenlos abtransportieren in die Zentren der imperialen Welt und das uralte Kulturland Ägypten leerräumen, hatte die orienterfahrene Engländerin Amelia Edwards vehement vertreten. Sie unterstützte die Aktivitäten des Franzosen François Auguste Mariette, der ein ägyptisches Museum in Ägypten aufbaute und das Kairoer Museum gründete. 1882, zeitgleich mit dem Einmarsch der Briten in Ägypten, war Amelia Edwards Mitbegründerin der Ägyptischen Forschungsgesellschaft, die sich auf würdevolle Art den Zeugnissen untergegangener Kulturen widmen wollte.

Um dieselbe Zeit war es allerdings durchaus immer noch üblich, sich im Schatten der Pyramiden wie im heimischen Garten aufzuführen und der aus Großbritannien stammenden Mode des Picknicks zu huldigen. An diesem Brauch nahm auch Valeska Boligiani teil, als sie »im Angesichte der Sphynx« den kleinen Tempel des Osiris besichtigte, nicht ohne Zweifel an der Berechtigung dieser für westliche Reisende so typischen Handlung. In ihrem achten Kapitel, das sie unter den Titel »Ein Frühstück im Tempel des Osiris« stellte, zeigte sich Valeska Bolgiani als Ausnahmeerscheinung ihrer Zeit, da sie zwar dasselbe tat wie alle anderen, aber diese Tat immerhin als beinahe gotteslästerlich empfand.

»Die Wände und Colonnaden des Tempels sind aus riesigen Blöcken rothen Granits gefügt, so unversehrt erhalten und so glänzend poliert, als wären sie erst jetzt aus äthiopischen Steinbrüchen hierher geschafft und gemeißelt. Wir suchten vor der glühenden Januarsonne hier Schatten zum Ausruhen und die viertausendjährigen Mauern des Tempels gewährten ihn gütig. Auf einem Granitblock in der Mitte desselben, vielleicht einst den Opfertisch darstellend, wurde das Frühstück ausgepackt, aber ich gestehe, ich sah es mit Grauen. Wird nicht die Riesenhand des beleidigten Gottes hineingreifen und von dieser geweihten Stelle, wo einst das Opferblut der Stiere rauchte, uns hinwegfegen, nebst unsern Hühnchen, Eiern und englischem Ale? Bei jedem Hühnerflügel sah ich beängstigt nach Oben, wo der klare Himmel über uns wie ein ewig offnes Auge blaute.«[70]

Kapitel 8

Per Expreß in den Orient: Reisen in die Türkei um 1890

Zwischen der ersten Hälfte des 19. Jahrhunderts und dessen Spätphase lag eine beträchtliche Spanne an soziokulturellen Veränderungen: die Gründung des Deutschen Reiches, dessen Wandlung vom Agrar- zum Industriestaat, die Ausbildung einer bourgeoisen Gründerzeitkultur, die Organisierung von Arbeitern und Frauen in proletarisch-sozialistischen und bürgerlichen Bewegungen usw. All diese nationalen, ökonomischen und kulturellen Veränderungen bildeten nunmehr den Hintergrund, den die deutschen Reisenden auf ihrem Weg in den Orient mitnahmen.

Um 1840 hatte eine Reise in den Orient, wie Ida Hahn-Hahn, Maria Belli und Therese von Bacheracht sie unternommen und beschrieben hatten, noch einen sehr exklusiven Charakter besessen. Diese Ausnahmeerscheinung speiste sich zum einen aus der Tatsache, daß eine Fernreise an und für sich ausgesprochen teuer sowie sehr zeitaufwendig und deshalb auch nur den wenigen Begüterten vergönnt gewesen war. Zum anderen, und dies kam erschwerend speziell für das weibliche Geschlecht hinzu, verfügten selbst wohlsituierte Damen der Gesellschaft selten über eigene Einkünfte; nur wenige Frauen waren daran gewöhnt, autonom Entscheidungen zu treffen und für die Kosten z. B. eben einer exklusiven Orientreise selbst aufzukommen. Wenn also überhaupt einmal eine Frau von Deutschland in die Türkei reiste, dann bürgte dieses Faktum für Exklusivität und sorgte ungeachtet der konkreten Verlaufsformen für Aufsehen. Eine Konsequenz dieser gesellschaftlichen Sonderstellung war unter anderem die Tatsache, daß ihre schriftliche Dokumentation nach dem Geschmack von Verlegern und Leserschaft gar nicht ausführlich genug geraten konnte.

Um 1890 hätte es ein weitschweifiges Werk wie das von Ida Hahn-Hahn, die ihre *Orientalischen Briefe* 1844 auf mehr als eintausend Seiten ausführte, schwer gehabt auf dem deutschen Markt – allerdings nicht etwa deshalb, weil das öffentliche Interesse an dem Reiseziel Orient erlahmt gewesen wäre, sondern weil im Gegenteil nichts so häufig zum Gegenstand einer Reisebeschreibung wurde wie der Orient. »Wie und was soll man erzählen?« lautete die typische Redewendung, gebraucht von

Reisenden, die sich zwar keine besondere literarische Originalität zutrauten, die aber auch nicht einfach »eine Wiederholung aus den Reisebüchern von Meyer und Bädeker« abliefern wollten.[1] Das Resultat dieser Selbsteinschätzung: Die einzelnen Reisebeschreibungen magerten auf einen relativ spärlichen Umfang von meist knapp einhundert Seiten ab und nahmen den Charakter von kurzen Notizen zwecks Gedächtnisstütze an – während gleichzeitig die Gesamtzahl jener Bücher und Zeitschriftenartikel, die sich Konstantinopel und dem kleinasiatischen Raum widmeten, ins unüberschaubare anschwoll. Unverändert wirkte offenbar der Mythos, der sich um das Reiseziel Orient rankte; unverändert wurde die *Tausendundeine Nacht*-Erwartung an das Osmanische Reich und vor allem an Konstantinopel gerichtet – eine Stadt, die im deutschen Verständnis als Symbol orientalischer Fremdheit galt.

Mitnichten ausgestorben war gegen Ende des 19. Jahrhunderts der sentimentale Ritus, den die Reisenden bei ihrer Annäherung an die Exotik verheißende Metropole zelebrierten. So war z.B. Bernhardine Schulze-Smidt fest davon überzeugt, daß eine Schiffsreise buchen müsse, wer Konstantinopel adäquat bereisen wolle. Im April 1891 näherte sich Bernhardine Schulze-Smidt, 45 Jahre alt und Schriftstellerin aus Bremen, der türkischen Hauptstadt auf dem klassischen Seeweg – und war fest gewillt, die Erhabenheit des Augen-Blicks durch nichts beeinträchtigt zu sehen: »Am Zehnten früh. Grauer Himmel über einem grauen Meere, eisige Kälte, so daß ich mich schaudernd in meinen Pelz hülle. Und dennoch – die Wunderstadt liegt vor mir, so bezaubernd schön, daß mir bei ihrem überwältigenden Anblick die Thränen in die Augen treten und mein Herz sich zitternd zusammenzieht. Schildern? Unmöglich scheint's in diesem Augenblicke des ersten Grußes. Die Nadeln der zahllosen Minarets, die Kuppeln der erhabenen Hagia Sophia ... das hügelanstrebende Häusermeer, halb europäisch, halb bizarr-orientalisch, das Ganze so fremd für mein Auge, daß mich große Ehrfurcht überkommt.«[2]

Diese zeitlos wirkende Standardformel täuscht darüber hinweg, wieviel sich seit den ersten beschriebenen Annäherungsversuchen in der Zeit um 1840 verändert hatte, sowohl für die Reisenden und deren mentale und faktische Startbedingungen als auch im Profil der »Wunderstadt«.

Der Wind aus den Segeln

Unter dem bescheidenen Titel *Konstantinopel* waren im letzten Jahrzehnt des 19. Jahrhunderts gleich drei Reisejournale von Frauen auf dem Buchmarkt präsent. Die Autorinnen stammten aus geographisch recht entgegengesetzten Gegenden, aus Bremen, Berlin und Tübingen, urteilten auch, wie sich noch zeigen wird, von ausgesprochen konträren Standpunkten aus. Gemeinsam aber war ihnen, abgesehen von ihrer bürgerlichen Herkunft, die prägnante Konzentration auf ein Reiseziel. Ganz anders als Ida Pfeiffer und Ida Hahn-Hahn fünfzig Jahre zuvor galt ihnen Konstantinopel nicht als vorläufige Station und eigentlich als Ausgangspunkt für eine ausgedehnte Erkundung orientalischer Gefilde, sondern als Ziel- und Höhepunkt ihrer Reise.

Diese bemerkenswerte Eingrenzung und Beschränkung auf die türkische Hauptstadt kam nicht von ungefähr, hatten doch die »Approchen Konstantinopels« mit weniger Hindernissen zu rechnen als ein halbes Jahrhundert zuvor, wie sich denn auch allgemein die Absicht, orientalische Städte zu bereisen, beträchtlich einfacher bewerkstelligen ließ. Der Faktor der Unberechenbarkeit war erheblich gesunken – die Frage, ob die finanziellen Mittel für den geplanten Reiseverlauf ausreichen würden, ließ sich in den ausführlichen Reisehandbüchern bequem nachschlagen. Vorbei war die Zeit, da nur vage Informationen zu erhalten waren, was zu Beginn des Jahrhunderts nicht selten zu dem Resultat geführt hatte, daß die Reisekosten eine komplette Erbschaft oder mehrere Jahresgehälter verschlungen hatten.[3] Vorbei war auch die Zeit, da naturbedingte Widrigkeiten erheblichen Einfluß auf den Reiseverlauf nahmen, allen voran der Wind, der mitunter zu stürmisch in die Segel blies oder, noch schlimmer, schlichtweg ausblieb. Schon Chateaubriand hatte während seines Aufenthalts in Ägypten weitaus mehr Zeit damit verbracht, im Hafen von Alexandria auf eine günstige Brise zu warten, als Kairo zu besichtigen. Ein ähnliches Schicksal hatte auch die einfache Pilgerin aus Graz, Maria Schuber, erlitten, die 1848 ebenfalls in Ägypten wochenlang festsaß, weil ihr die möglichen Schiffspassagen zu teuer und die erschwinglichen Überfahrten unmöglich waren – mangels Wind.

Das Phänomen, daß die frühen Orientreisen sichtlich länger dauerten als vergleichbare Projekte gegen Ende des 19. Jahrhunderts, ist also zu einem Gutteil gar nicht auf eine damals ausgeprägtere Genußfähigkeit und gewollte Gemächlichkeit zurückzuführen, wie die romantische Kritik am aufkommenden Tourismus meinte,[4] sondern auf eine unwillkommene und gewissermaßen außerplanmäßige Verzögerung des Reiseverlaufs durch die Naturbedingungen. Diese Unberechenbarkeit wurde mehr und mehr ins Reich der Vergangenheit verwiesen, der Naturgewalt im buchstäblichen Sinn der Wind aus den Segeln genommen wurde: Dampfschiffe prägten mehr und mehr die Art des Reisens und reduzierten den Zeit- und Geldaufwand erheblich. Zunächst als regelmäßige Zubringer für die postalische Kommunikation eingerichtet, wurden sie rasch auch für die

Personenbeförderung genutzt. Die Österreichische Lloyd unterhielt bereits um 1840 die Linien Triest-Smyrna-Konstantinopel und Piräus-Alexandria. Fünfzig Jahre später ließen sich sämtliche Reiseziele in den Anrainergebieten des Mittelmeeres problemlos auch von deutschen Häfen aus erreichen. Die Norddeutsche Lloyd in Bremen unterhielt einen wöchentlichen Linienverkehr; billigere Frachtdampfer mit Passagierbeförderung bot die Deutsche Levante-Linie in Hamburg an.

Die Nutzung der Dampfkraft beschränkte sich nicht auf einen berechenbaren Schiffsverkehr, sondern brachte auch eine Revolution auf dem Landwege mit sich: Eine der augenfälligsten Neuerungen vor allem für Reisende nach Konstantinopel war die Tatsache, daß sich die türkische Hauptstadt nunmehr auf einfache Art und gewissermaßen in Windeseile mit der Eisenbahn erreichen ließ – für deren Bau etliche Teile der historischen Umfassungsmauer des Sultanspalastes abgerissen worden waren. Eine Fahrt von Berlin nach Konstantinopel dauerte rund sechzig Stunden; wer davon noch zehn Stunden einsparen wollte, der wählte den Expreßzug. Man mußte allerdings extrem begütert sein, um sich diese schnellste aller damals möglichen Verbindungen leisten zu können.

In Karlsruhe, Ulm und München hielt der legendäre, mit Mahagoni getäfelte und allem erdenklichen Luxus ausgestattete Zug namens »Orient-Expreß«, der am 4. Oktober 1883 seine »Jungfernfahrt« angetreten hatte. Doch erst fünf Jahre später wurde die Teilstrecke nach Serbien fertiggestellt: Am 12. August 1888 kam zum ersten Mal ein durchgehender Zug aus Westeuropa in Konstantinopel an. Wenige Monate später – am Zielort war noch nicht einmal »das neue Bahnhofsgebäude im maurischen Styl« fertiggestellt – benutzte eine Reisende namens Rosa von Förster die neue Verkehrsverbindung, deren sensationelles Eiltempo von vielen als Sieg über die Trägheit empfunden wurde. Rasch konnte der Raum durcheilt werden, wenn er auch nur auf vorgegebener Strecke durchmessen werden konnte; auf gleichsam technische Weise hatte Europa eine Verbindung mit dem Zentrum des jahrhundertelang als exotisch-orientalisch-fremd empfundenen Türkenreiches hergestellt. Konstantinopel lag am Endpunkt dieser Dampfroß-Verbindung und wurde damit zum kalkulierbaren Zielpunkt.

Das Fahrtende im europäischen Streckennetz war allerdings vorläufiger Natur, denn zielstrebig arbeitete die Wilhelminische Orientpolitik darauf hin, sich Kleinasien und möglichst auch Mesopotamien als Einflußsphäre zu sichern. Ihren Anfang nahm diese Strategie 1889 mit der Gründung eines Konsortiums unter Leitung der Deutschen Bank, der Societé du Chemin de fer Ottoman d'Anatolie, die die Konzession erhielt, mit Schienen und Schwellen aus Deutschland eine Eisenbahn von Konstantinopel nach

Aleppo, also quer durch das anatolische Plateau zu bauen und zu betreiben. Diese Anatolische Bahn – bis Dezember 1892 war auch die Strecke bis Angora [Ankara] fertiggestellt – bildete einen Teilabschnitt innerhalb eines Großprojektes, das den Eisenbahnverbund von der Nordsee bis zum Persischen Golf ausdehnen wollte.[5] Dieses ökonomisch und technisch wichtige Vorhaben des Kaiserreiches war zugleich ein Politikum ersten Ranges unter den europäischen Konkurrenten. 1903 erwarben die Deutschen endgültig die Konzession, mit der nach Anatolien auch Mesopotamien per Schienenstrang angeschlossen werden und seinen Endpunkt in Bagdad finden sollte (was durch den Ausbruch des Ersten Weltkrieges verhindert wurde). Als Symbol für den Expansionswillen des Kaiserreiches ging dieser ›Anschluß‹ Vorderasiens unter dem Namen »Bagdadbahn« in die Geschichte ein.[6] Wie wichtig dieses Projekt genommen wurde, läßt sich unter anderem daran ablesen, daß das Auswärtige Amt, im Unterschied etwa zu Berichten aus Marokko und Tunesien, sämtliche Reiseberichte über die Türkei und Vorderasien minutiös sammelte und auswertete.

Zu dem Zeitpunkt, als Rosa von Förster in die mental ferne (vom kulturgeschichtlichen Horizont aus gesehen) und doch schon nahe (von der Reisedauer her betrachtet) Hauptstadt fuhr, kam die Existenz des Schienenstranges Berlin-Konstantinopel noch einer Sensation gleich, und so wundert nicht, daß sie ihren Reisebericht mit der Mitteilung begann: »Fahrplanmäßig langte ich des Morgens um 8 Uhr, im April 1889 aus Berlin in Constantinopel an. Die Reise hatte mich nicht übermüdet ... Die fremden Länder und Nationen hatten mich sehr interessirt: Ungarn, Serbien, Bulgarien, und mit dem malerisch am Fuße des Balkan gelegenen Sofia, Rumelien mit Adrianopel, wie klang das alles so wild und fremd! Und zuletzt ging es an dem dunkelblauen Marmarameer entlang, und ehe wir's uns versahen, waren wir angelangt.«[7]

Dort freilich, wo Rosa von Förster angelangt war, hatte sich ebenfalls etliches verändert. Zum einen war die Zahl der Pensionen und Hotels in Pera, dem traditionellen Europäer- und Diplomatenviertel, erheblich angewachsen – darunter nicht zuletzt das nachmals legendäre »Pera Palace«, das um 1890 von derselben Gesellschaft gebaut wurde, die auch den Orient-Expreß betrieb. Diese Koinzidenz war durchaus nicht zufälliger Natur; man wollte den begüterten Orientreisenden am Ziel- und Endpunkt ihrer Fahrt gewissermaßen ein stationäres Pendant zu jenem Komfort anbieten können, mit dem man den Orient-Expreß zu einer Oase splendiden Luxus ausgestaltet hatte.

Verändert hatte sich in Pera auch der oft beschriebene, mühevolle Anstieg. Wo die Frankfurterin Maria Belli um 1840 noch ihre Körperkraft einsetzen mußte, um auf dem Weg zu ihrer Unterkunft den Höhenunterschied von rund 60 Metern zu überwinden, konnte Rosa von Förster fünfzig Jahre später bequem mit »einer unterirdischen Eisenbahn« fahren, 1875 »von französischen Ingenieuren angelegt, um die ansteigenden Straßen zu vermeiden.«[8] Die Erfindung der Zahnradbahn schuf ein weiteres Verkehrsmittel, das die Art der Fortbewegung und damit auch der Wahrnehmung entscheidend modifizierte. Die technische Aufstiegshilfe führte, wie Rosa von Förster aus Konstantinopel berichtet hatte, unter dem berühmten Aussichtspunkt des Galataturms hindurch und überwand zwar nur die kurze Distanz von 612 Metern, diese allerdings weist mit bis zu 26 Prozent eine erhebliche Steigung auf. Sie konnte also trotz ihrer Streckenkürze als erhebliche Verkehrserleichtung gelten. Im Unterschied zur Bergbahn wurde die vertikale Stadtbahn, vergleichbare Projekte gab es überirdisch auch in Luzern und Lissabon, nicht ausschließlich wegen der Reisenden gebaut. Angelegt wurde sie aus Gründen einer verbesserten Infrastruktur, mit der nicht zuletzt der türkische Staat beweisen wollte, daß der im Konzert der mächtigen Nationen herrschende Unterton falsch sei, demzufolge der »kranke Mann am Bosporus« den Anschluß an den Fortschritt der Zivilisation verpaßt habe.

Nachhaltig verändert hatte sich das viel gerühmte und auf unzähligen Panoramen gemalte Stadtbild Konstantinopels durch die Eisenbahnlinie und durch neue Bauwerke. Aber auch die gesamte Hafenansicht – die dort üblichen Kaiks, schmale, wackelige Holzboote, waren ja für Reisende früherer Tage ein wesentliches Erlebnis gewesen[9] – hatte viel von ihrem als exotisch empfundenen Flair eingebüßt. Längst waren in und um Konstantinopel herum die Fährverbindungen auf rauchende Dampfboote umgestellt worden – zum Erstaunen der Reisenden, die sich hier unvermutet mit dem wundersam rasanten Fortschritt der Technik konfrontiert sahen.

So leitete zum Beispiel Mathilde Weber, die aus Tübingen angereist war, ihre Schilderung eines Ausfluges in das zu Kleinasien zählende Stadtviertel Skutari (türkisch Üsküdar) mit der verblüffenden Feststellung ein, wie nah nunmehr der Orient gerückt sei – so sehr, daß sich im mitteleuropäischen Bewußtsein die kuriose Vorstellung herausbildete, als sei die Verkürzung der Reisezeit auch eine Verkürzung des Raumes, als sei der Orient gewissermaßen auf einen geographischen Punkt zusammengeschrumpft.

Mit bewundernswerter Naivität fragten sich die daheimbleibenden Schwaben, warum ihre Landsmännin, wo sie doch schon nach Konstantinopel wollte, nicht auch einen Blick auf Jerusalem werfe, das damit in völliger Unkenntnis der Entfernungen quasi in unmittelbarer Nachbarschaft angesiedelt wurde. Mathilde Weber notierte 1892 in ihrem Tagebuch:

»›Ein Tag in Asien‹, wie fremdartig das klingt! – und doch bedarf der Dampfer nur 1/2 Stunde, um uns von Europa hinüberzuführen. – Hätte ich diesen Abschnitt überschrieben: ›Von Schwaben nach Asien‹, wie weltreisend hätte das geklungen. Manche haben schon vor meiner Abreise gefragt: ›Warum gehen Sie nicht vollends nach Jerusalem?‹ Nun werden sie sagen: ›Ei, Sie waren sogar in Asien, so nahe beim heiligen Grab und sind nicht dahin gereist.‹ – Ach, es ist ja nur Kleinasien, nur Scutari, nur der Berg Bulgurlu, das gehört ja alles zu Konstantinopel. – Aber sonderbar, ich sagte mir das auch, und doch brachte es eine andere Stimmung in mir hervor, als wir auf des Berges Gipfel standen und nach Asien hineinsahen ... Was läßt sich doch mit den heutigen Reisemitteln erreichen!«[10]

Die neuen Verkehrsmittel ermöglichten eine ganz neue Form der Wahrnehmung, versetzten in einen offenbar faszierenden Rausch der Geschwindigkeit, und so wundert nicht, daß diese Revolution gegen Ende des 19. Jahrhunderts immer wieder ausführlich zum Thema der Reisejournale gemacht und hervorgehoben wurde, wie sehr sich die Bedingungen des Reisens durch die technische Entwicklung verändert hätten. Meist mündete solch ein Rückblick in der Meinung, die neue, raschere und einfachere Reisebedingung sei dem unabänderlichen Lauf der Zeit zuzuschreiben. So sinnierte auch Mathilde Weber, die im vorgerückten Alter von 61 Jahren ihre erste Fernreise unternommen hatte, über das ungewohnte und beinahe wundersam-märchenhafte Tempo der Moderne:

»Jede Zeit hat ihre besonderen Reisemoden. Noch kaum vor sechzig Jahren nahmen die Familien auf Wochen einen Reisekutscher und fuhren langsam und behaglich zusammen in die Welt hinein. Man legte dabei keine großen Strecken zurück, hatte aber vielen Genuß davon und lernte die bereisten Gegenden gründlich kennen. Wir durchsausen jetzt in kürzester Zeit mit dem Schnellzug riesige Strecken, ohne daß es uns möglich würde, die rasch wechselnden Bilder alle genau und dauernd in uns aufzunehmen. Manchmal möchte man den Reisenden von heute zurufen: ›Willst Du immer weiter schweifen? sieh, das Gute liegt so nah.‹ Aber gegen den Zeitgeist kämpfen ist ein Kampf gegen Windmühlen. Es hat auch einen unbestrittenen verführerischen Reiz durch die wunderbaren Verkehrsmittel der Gegenwart immer weitere Fernen und unbekannte Länder und Völker schauen zu können. – Möchte es doch die Älteren unter uns, die wir noch den Beginn der Eisenbahnen miterlebten, manchmal dünken, als ob die Kinderheitsmärchen Wahrheit geworden wären. Dort drehte der Besitzer des Zauberringes, ehe er sich zum Schlafen niederlegte, dreimal an seinem Ringe, und wünschte sich dabei, in einer entfernten Stadt wieder zu erwachen. Ist nicht dem heutigen Geschlecht in Wirklichkeit ähnliches geboten?«[11]

Meist findet dieses Sinnieren über die neue Reisekultur in den einleitenden Passagen der Berichte statt. Einmal angelangt an ihrem Reiseziel, war der Vergleich mit vergangenen Zeiten und historisch überkommenen Verhältnissen hingegen kein Thema mehr. Die reisenden Frauen um 1890 richteten ihr Augenmerk ausschließlich auf die Gegenwart – die sich wiederum sehr verschieden, ja, diametral entgegengesetzt interpretieren ließ, wie sich im folgenden zeigen wird.

Ein »deutsches Landeskind«

Die Berlinerin Rosa von Förster, die ihr »Büchelchen« von rund einhundert Seiten 1893 unter dem Titel *Constantinopel. Reise-Erinnerungen* veröffentlicht hatte – ihre Biographie ist nicht überliefert –, hob im Vorwort ausdrücklich hervor, daß ihr »Erinnerungsblatt nicht ohne nationale Bedeutung« sei, »weil ich dort den Besuch Kaiser Wilhelms II. erlebte, der Constantinopel ›einen paradiesischen Aufenthalt‹ nannte.« Dieses Faktum herauszustellen, war der Autorin die wesentliche Triebkraft ihrer Veröffentlichung, und in dieser Hinsicht stellt die Publikation der Rosa von Förster einen Sonderfall innerhalb der Frauenreiseliteratur dar, denn die zweifelhafte Ehre einer Hofberichterstattung über die zwei gewichtig inszenierten Orientfahrten Wilhelms II. wollten sonst nur männliche Augenzeugen für sich beanspruchen. Mit akribischer Hingabe richtete Rosa von Förster ihr Augenmerk auf alles, was deutsche Präsenz im türkischen Stadtbild signalisierte. »Deutsche Flaggen wehten fröhlich in der klaren Luft« am Bosporus; mit geübten Auge für die nationalen Insignien erkannte sie sofort das Schiff »Loreley«, das »für die deutsche Botschaft bei Tophane stationirt ist«; und voller Stolz registrierte sie in Pera, das sich mittlerweile zum europäischen Viertel mit vielen Gründerzeitvillen entwickelt hatte, das »Deutsche Botschaftspalais, dessen Adler mit ausgebreiteten Schwingen weithin sichtbar sind.«[12]

Was sich in diesen Nationalflaggen symbolisierte, war die Tatsache, daß Deutschland nach der Reichsgründung eine veritable Größe im Konzert der imperialen Mächte darstellte und seine gewachsene Stärke als Machtfaktor unter anderem auch für eine Intensivierung der Beziehungen zum Osmanischen Reich nutzte, vor allem in Form von Militärhilfe. »Das neue, das deutsche Element in der Orientpolitik verdient unsere ganze Aufmerksamkeit«, hatte es 1877 in einer diplomatischen Note des britischen Außenministeriums geheißen. Rund zehn Jahre später begann diese Warnung ihren spekulativen Wert zu verlieren und an Realitätsnähe zu gewinnen. Tatsache ist jedenfalls, daß in den 80er Jahren des 19. Jahrhunderts, unter der Leitung von Freiherr Colmar von der Goltz, Hunderte von schweren Kanonen der Firma Krupp von Hamburg nach Konstantinopel verschifft und die meisten Teile der türkischen Infanterie mit deutschen Mauser-Gewehren ausgerüstet worden waren.[13]

Selbst wenn die reisenden Frauen von dieser militärischen ›Entwicklungshilfe‹ gewußt haben sollten, so zogen sie es doch vor, sich »friedlichen Reiseerinnerungen« hinzugeben. Bernhardine Smidt, die Bremer Senatorentochter, tat dies sogar demonstrativ, indem sie ihrer Reisebeschreibung einen betont positiven Sinn beizulegen beabsichtigte. »Wem es Freude macht, nur noch einmal mit mir zu wandern, zu schauen und zu beobachten, der ist zwanglos dazu aufgefordert mit diesen Zeilen. Freilich ins Rädergetriebe der Politik wagen wir uns nicht hinein, und den Schattenseiten weichen wir aus. Wir freuen uns des sonnengoldenen Frühlings in paradisiescher Natur.«[14] Die Schattenseiten ignorieren wollte auch Rosa von Förster, die sich anderthalb Jahre vor Bernhardine Schulze-Smidt in der türkischen Hauptstadt aufhielt, aber der Politik überhaupt fernzubleiben entsprach nicht ihrer Absicht, schließlich war ihr ja die erste Kaiserreise in den Orient überhaupt der Anlaß für die Veröffentlichung ihrer Reiseerinnerungen gewesen.

Mehr als ein dreiviertel Jahr hielt sich Rosa von Förster in Konstantinopel auf, vermutlich aus beruflichen Gründen. Es spricht viel dafür, daß sie, die des Englischen und Französischen mächtig und in Adels- und Botschafterkreisen bekannt war, als Gouvernante gearbeitet hat. Die Ausübung dieses Frauenberufes brachte eine widersprüchliche und oft wohl auch bittere Erfahrung mit sich: Eine Frau in der Dienststellung einer Gouvernante durfte den Reichtum von nahem sehen, genießen aber durften ihn andere.

Diese Erfahrung machte auch Rosa von Förster, als sie zum Tee bei »Fr. v. Radowitz« nach Therapia am Bosporus eingeladen war und das dort gepflegte Dolce vita am Sommersitz der deutschen Botschaft kennenlernen durfte. Die Frau des deutschen Botschafters empfing im standesgemäß gestalteten Ambiente des herrschaftlichen Parks: »Unter schattigen Bäumen war ein großer Teppich ausgebreitet, in dessen Mitte ein Tisch stand, umgeben von Sesseln und Stühlen. Zur Seite war ein Buffet aufgestellt, an welchem zwei Diener walteten, um jedem Gast eine Erfrischung zu reichen. Auf einem Rasenplatze spielten junge Damen mit mehreren Herren lawn tennis.«[15] Überhaupt in diesem Ambiente für eine kurze Weile zu Gast gewesen zu sein, verbuchte Rosa von Förster schon als Triumph, und unterließ es demgemäß auch nicht, ihrer Leserschaft mitzuteilen, daß der deutsche Botschafter sie »mit verbindlichen Worten« gegrüßt habe. Vom Repräsentanten der deutschen Nation huldvoll zur

Kenntnis genommen zu werden, war ihr offenbar sehr wichtig, wie überhaupt ihr monatelanger Aufenthalt in der türkischen Metropole sehr von dem Bestreben geprägt war, die Luft der deutschen Landsmannschaft zu atmen.

Ihr »Büchlein« verzeichnet minutiös solche gelegentlichen Höhepunkte wie den Tee-Nachmittag im Park der deutschen Botschaft, oder einen Abend am »Blüthner-Flügel im Salon« bzw. den Versuch, »die Kapelle eines bayerischen Regiments concertiren zu hören«.[16] Die obligaten Exkursionen zu den Sehenswürdigkeiten Konstantinopels und Umgebung fanden zwar statt, wurden aber von Rosa von Förster, wohlwissend, daß ihre zeitgenössische Leserschaft sich darüber auch andernorts hinreichend informieren konnte, kaum einer ausführlichen Beschreibung für wert befunden. Das klassische Motiv der Stadtansicht von Konstantinopel, so meinte die Autorin zurecht, kannten die Berliner ja ohnehin schon von dem dort ausgestellten Panorama.[17]

Sofern Rosa von Förster allerdings glaubte, aus den eigenen Anschauungen könnten andere etwas lernen, sah sie durchaus einen Sinn in der Wieder- und Weitergabe ihrer konkreten Erfahrungen – deren Fehlentscheidungen eingeschlossen. So war sie zum Beispiel der Einladung zu einer griechischen Hochzeit gefolgt, ohne sich zuvor um die Kleiderordnung zu kümmern. Freimütig gestand sie das Resultat: »Alle meine traditionellen Vorstellungen wurden über den Haufen geworfen. Ich war die einzige, die eine Schleppe trug, alle übrigen Damen, wohl über fünfzig, waren in kurzen Kleidern, zum Theil baumwollenen Sommerstoffen erschienen und im Hut.«[18]

Einen etwas weniger eitlen und eher nützlicheren Anschauungsunterricht nahm Rosa von Förster bereits auf einem ihrer ersten Stadtrundgänge. »Die hohe Pforte habe ich nun auch gesehen. Es ist dies der Eingang zu dem Hofe des Regierungsgebäudes. Das hohe Thor trägt eine Inschrift in goldenen Schriftzeichen. Als Kind war mir diese Bezeichnung für die türkische Regierung stets räthselhaft. So lösen sich zuweilen Unklarheiten durch Anschauung.«[19] Neben dem Bildungseffekt lag Rosa von Förster auch daran, auf scheinbar Nebensächliches hinzuweisen, daß sich im Alltag als sperriges Kommunikationsproblem erweisen könnte. Dies betraf natürlich zu allererst die verbale Verständigung mit den Einheimischen: »Ohne wenigstens geläufig französisch zu sprechen, möchte ich Niemandem rathen, einen längeren Aufenthalt in Constantinopel zu nehmen, man ist trotzdem noch sehr unbeholfen ohne Kenntniß der Landessprachen.« Doch das alltägliche Leben in der Türkei kannte noch andere unvermutete Hindernisse für die Reisenden, die zu bewältigen Rosa von Förster sich redlich Mühe gab.

»Auch mit der Stundentabelle habe ich große Schwierigkeiten, obgleich täglich im ›Levant Herald‹ eine Vergleichungstabelle erscheint und von mir studirt wird. Da die Osmanen die Stunden von Sonnenuntergang auf- und abwärts zählen, so muß man täglich seine Uhr stellen, selbst wenn sie auf türkische Zeit eingerichtet ist durch doppelte Zeiger. Für die ›fränkische Uhr‹ – die unsrige – giebt es keine Normaluhr, so daß es in der That schwierig ist, die Stunden in Uebereinstimmung zu bringen. Die Abfahrt der Schiffe richtet sich natürlich nach der türkischen Uhr ... man muß also über diesen Zeitpunkt auf die Minute unterrichtet sein, um nicht zu spät auf der Abgangsstation sich einzufinden.«[20]

Mit ihrem Aufenthalt in der türkischen Hauptstadt war Rosa von Förster sichtlich zufrieden; ausdrücklich betonte sie, nie einen Anlaß zur Klage gehabt zu haben. Auch wenn sie die *Reise-Erinnerungen* erst drei Jahre nach ihrer Rückkehr abgefaßt hatte, schwang selbst noch in der zeitlichen Distanz ein Gefühl reiner Begeisterung mit über den »leuchtenden südlichen Sternhimmel«, den Duft der Clematis, das milde Klima etc. »Auch der Deutsche Kaiser empfand diesen Zauber und schickte eine begeisterte Depesche an Bismarck, Constantinopel als einen paradiesischen Aufenthalt bezeichnend.«[21]

»Eine Patriotin am Bosporus«

Als unzweifelhaften Höhepunkt ihres Aufenthaltes in Konstantinopel markierte Rosa von Förster den zweiten November 1889, jenen Tag, an dem ihr Aufenthalt in der Türkei zufällig mit einem für die deutsch-türkischen Beziehungen sehr wichtigen Termin zufassenfiel: dem ersten Staatsbesuch Kaiser Wilhelms II. bei Sultan Abdülhamit II., der von 1876 bis 1909 das Osmanische Reich regierte. Ein zweiter, noch weitaus demonstrativerer Staatsbesuch, der dem Ausland unter anderem auch die Macht der deutschen Marine vorführen sollte, fand 1898 zum Auftakt der bereits zitierten Palästinareise statt.[22]

Der historische Tag, »wo zwei Kaiserhände/ Fest besiegelten der Freundschaft Bund/ Dieser Tag bleibt wichtig ohne Ende/ Allen Völkern auf dem Erdenrund«, wurde in einer Tageszeitung, die in Konstantinopel explizit für die europäische Kolonie erschien, ausführlich gewürdigt. »Heil Dir, Kaiser Wilhelm, dein Erscheinen/ In der viel besung'nen Halbmondstadt,/ Bleibt ein Weltereigniß allen Nationen/ Wie die Chronik noch keins vor sich hat.«[23] – hieß es in einem Gedicht, das Rosa von Förster aus der Ausgabe des *Levant Herald* vom 2. November 1889 zitierte und welches »eine Patriotin am Bosporus« verfaßt hatte.

Mit einer ähnlichen Emphase wie später Friedrich Naumann, der 1898 den Einzug des Kaisers in Palästina während seiner zweiten Orientreise schilderte, rang auch Rosa von Förster nach Worten für das nach ihrem Empfinden eigentlich unbeschreibliche Gefühl:

»Endlich ertönten die Signalschüsse: Er war da! Mein Herz schlug ihm entgegen! Im hellsten Sonnenschein war er gelandet und an den Marmorstufen von Dolma Bagtsche von Sr. Majestät dem Sultan empfangen worden. Viele treue Landeskinder der Colonie und die deutsche Schule waren ihm entgegen gefahren ... Von Minute zu Minute wuchs die Spannung, die Truppen standen wie angewurzelt, nicht ein Laut war hörbar – langsam im Schritt nahten die Kaiserlichen Wagen. Im ersten fuhr die Kaiserin mit dem Sultan, im zweiten der Kaiser mit dem Prinzen Heinrich. Die Truppen präsentirten das Gewehr. Kein Hurrahrufen, keine Musik, nur lautloses, ehrfurchtsvolles Schweigen. – Ich war vorgetreten und stand dicht am Wege, etwas mußte ich thun, rufen konnte und durfte ich nicht. Da bewegte ich grüßend das Tuch, mit dem ich meine Thränen der Begeisterung getrocknet. Ein gütiges Lächeln glitt über die Züge des Kaisers; erkannte er in mir ein deutsches Landeskind inmitten der türkischen Soldateska? Ich glaube es fast.«[24]

Vergleichbar dem Zittern und Zagen eines typisch deutschen Untertanen, dessen höchstes Glück die Ansicht seiner repräsentablen Herrschaften bildet, wie Heinrich Mann es später in seinem sozialkritischen Roman anschaulich entwickelt hat, rastete auch Rosa von Förster in diesen Stunden der Anwesenheit des deutschen Kaiserpaares im Ausland nicht. Bestens informiert über die einzelnen Stationen des Staatsbesuches, suchte sie sogleich die nächste Gelegenheit, um ihm ihre Referenz erweisen zu können. In diesem Fall erwies es sich geradezu als unschlagbarer Vorteil, nicht in der heimischen Residenz, sondern im fern gelegenen Ausland zu sein. Rosa von Förster am nämlichen Tage: »Dann fuhr ich bis Dolma Baghtsche und stieg gerade aus, als die Kaiserlichen Herrschaften von der deutschen Botschaft heruntergefahren kamen, um das Palais zu besichtigen. Ich kam in erster Linie zu stehen, weil ich im letzten Moment ausstieg, machte Front und die grande révérance de cour, worauf beide Majestäten mich huldvollst grüßten. Ich sah ihnen in der That in die Augen, was mir in Berlin nie möglich gewesen ist, und war die einzige, welche in dieser Weise ihre Ehrfurcht und Ergebenheit bezeugte, um mich her tiefes Schweigen und Unbeweglichkeit. – Auf dem großen Platze wurde, als ich vorüberging, mit den Truppen das Hurrahrufen geübt.«[25]

Mit unverhohlen deutschnationalem Pathos reihte sich Rosa von Förster in den seinerzeit virulenten Hurra-Patriotismus. Sie integrierte sich, ungeachtet der Tatsache, daß diese nahezu offensive Haltung von Frauen am allerwenigsten erwartet wurde, in das Bild eines idealen Untertanen, dessen höchstes Glück darin besteht, einen Blick auf seine Herrschaften werfen zu dürfen. »Die meisten Deutschen der wilhelminischen Ära«, schrieb der Kulturhistoriker Egon Friedell, »waren nichts als Taschenausgaben, verkleinerte Kopien, Miniaturdrucke Kaiser Wilhelms«.[26] Auch Frauen wie Rosa von Förster wollten diese Leistung offenbar gern aus eigenem Antrieb erbringen.

In der deutschen Kolonie

Was ihr den Aufenthalt besonders angenehm machte, war, wie Rosa von Förster unablässig und mit Nachdruck hervorhob, die Bedeutung der deutschen Kolonie in Konstantinopel. Diese hatte sich von Jahrzehnt zu Jahrzehnt zahlenmäßig erheblich verstärkt; gegen Ende des 19. Jahrhunderts waren es also nicht mehr nur Franzosen und Engländer, die das Bewußtsein eines heimatlich-trauten Zusammenhalts inmitten des fremden und zweifelhaften Orients ostentativ kultivierten, sondern auch Deutsche, die sich, getreu ihrem heimatlichen Brauch, in Vereinen jeder Art zusammenfanden.

Die Anwesenheit von Landsleuten und die Bildung einer soziokulturellen Enklave vermittelten Rosa von Förster das Gefühl von Heimatlichkeit in der Fremde. Ja, mehr noch: Die Tatsache, daß es in Konstantinopel deutsche Vereine wie die »Teutonia« gab und sogar eigens für die Angehörigen der deutschen Kolonie gegründete soziale Einrichtungen, erfüllte Rosa von Förster mit großer Zufriedenheit, weil sie darin nur einen weiteren, institutionellen Beweis für die positive Qualität alles Deutschtums zu entdecken gewillt war.

»Die deutsche Schule in Constantinopel feierte in diesen Tagen ihr Sommerfest. Es wird dazu eine Sammlung innerhalb der deutschen Kolonie veranstaltet. Ein großer Lokaldampfer mit Flaggen, Fähnchen und Blumen geschmückt, führt die Schule nach Therapia; ich hörte, an meinem Fenster stehend, ihren fröhlichen Gesang und sah wehende Taschentücher. Nachdem man dem deutschen Botschafter eine Huldigung dargebracht und ›Hoch Kaiser Wilhelm! Hoch! Hoch!‹ über den Bosporus erklungen ist, werden Spiele und Verloosungen veranstaltet. Spät am Abend fuhren wir an dem heimkehrenden Schiffe vorüber und ›Ich weiß nicht, was soll es bedeuten‹ klang es zu uns herüber, dies Sehnsuchtslied, welches die Deutschen singen, wenn sie am fröhlichsten sind. – Auch ein deutsches Hospital mit Kaiserswerther Schwestern befindet sich in Constantinopel. Man hat zu demselben das größe Vertrauen.«[27]

Ungetrübt freute sich Rosa von Förster an dem Vorhandensein der Deutschen im Ausland. Gleichviel ob Schule, Krankenhaus oder bayerische Militärmusik, sie genoß das Heimatliche inmitten der Fremde, wie es programmatisch schon in dem Buch *Der Orient und seine culturgeschichtliche Bedeutung* ausgeführt worden war. Diese Schrift war von einem Autor mit dem blumigen Namen Ritter von Zerboni di Sposetti verfaßt und unter anderem als Anhang an den Reisebericht von Valeska Bolgiani geheftet worden; sie sollte, wie es im Verlagsprospekt seinerzeit hieß, besonders die Rolle hervorheben, »welche das deutsche Element als Culturträger dort spielt« – zum einen, indem dieses Deutsche allüberall zugegen sei: Daß »auch die Deutschen sich rührig hervorgethan«, daß »es in den großherrlichen Palästen allerhand Bedienstete deutscher Nation« gebe, daß »in Constantinopel noch kein Deutscher elend zu Grunde gegangen oder gar Hungers gestorben« sei, sondern hier im Gegenteil als kaiserliche Hoftischler, Sattler und Wagenfabrikanten »ein colossales Vermögen erworben«[28] hätten.

Zum anderen hatte sich die Schrift, eine der wenigen kulturgeschichtlichen Arbeiten über das deutsch-türkische Verhältnis, bemüht, das Bild einer harmonischen und sich wechselseitig unterstützenden »friedlichen Colonie« zu entwerfen. Hier gebe es »keine starren Aristokraten oder ein hungerndes Proletariat«, sondern eine vor allem auf Industrie, Gewerbe und Handwerk gründende Gemeinschaft. »Diese Colonie« bilde, »aller inneren Differenzen ungeachtet, eine in sich einige Familie. Jeder zugereiste Fremde findet denn auch in ihr sogleich einen Mittelpunct, wo er sich in seinem Elemente bewegt, sich wie in seiner Heimat fühlt.«[29] Wer einen guten Empfehlungsbrief mitbringe, der finde jederzeit eine komfortable und im Vergleich zu den Hotelpreisen wohlfeile Unterkunft in der deutschen Kolonie.

Auf solche nützlichen Empfehlungsbriefe konnte Bernhardine Schulze-Smidt, wie sie voller Stolz ausführte, verzichten. Sie hatte das Glück, sich sechs Wochen lang in der türkischen Hauptstadt aufhalten zu können, ohne den klassischen Mustern der Reisewelt entsprechen zu müssen, die die Welt in zahlende oder arbeitende Reisende einteilte. Bernhardine Schulze, geborene Smidt, wußte, daß sie zu einer dritten und eher seltenen Spezies gehörte. In einem Kapitel ihres Reisebuches *Constantinopel*, das die Überschrift »Erstes Genießen« trägt, schrieb sie:

»Nun also: heimisch in Constantinopel für Wochen. Ich habe mich in das dortige Leben, das öffentliche und intime, Dank allerhand liebenswürdiger Verkettungen, auf eine Weise einfügen dürfen, die dem Gros der Orientreisenden fremd bleibt. Ich gehöre weder unter die glücklichen Sclaven einer Massenexpedition mit ihren Bärenführern, noch ging ich als

Abbildung 26: Eine Haremsdame mit Wasserpfeife.
Fotografie, Kairo um 1875.

Gouvernante zu irgend einem mehr oder minder zahlungsfähigen Großen, um deutsche Gelehrsamkeit in die verschwiegenen Harems zu tragen ... Ich lebe auch in keinem der internationalen Hotels der großen Perastraße und ihrer Seitengassen und habe keine Empfehlungsbriefe in der umfangreichen Colonie meiner deutschen Landsleute abzugeben.«[30]

Bernhardine Schulze-Smidt, eine noch recht junge und lebenslustige Witwe, »folgte der Einladung in ein levantinisches Haus, das Haus eines Mannes, dem der Ehrentitel ›Excellenz‹ nicht nur amtlich zukam.« Sie wohnte also privat, wie Rosa von Förster auch, aber ohne deren Dienstverpflichtungen erfüllen zu müssen. Sie lebte zwar, wie alle anderen Reisenden auch, im Stadtviertel Pera, aber sie war nicht eingemeindet in die deutsche Kolonie, sondern zu Gast bei einer wohlhabenden und hochstehenden einheimischen Familie. Ihr Gastgeber trug den Titel eines Pascha, eine Bezeichnung, die den Beamten vom höchsten Rang vorbehalten war. Ihre Beziehung zu diesem Pascha und seiner Familie hat Bernhardine Schulze-Smidt nicht weiter ausgeführt; unbeantwortet ließ sie auch, warum sie ihr Reisebuch »Seiner Excellenz dem Kaiserlich Deutschen Botschafter in Madrid, Herrn J. von Radowitz« gewidmet hat. Daß sie in Konstantinopel – entgegen ihrer Selbsteinschätzung als »einfache Reisende«[31] – vom politischen Rang ihres Gastgebers profitierte, erhellt die Einladung zum »behaglichen Gabelfrühstück zu Acht am rosengeschmückten Tische unseres gastfreien, deutschen Botschafters«.[32] Die Bremerin genoß also, wie ehedem Lady Mary Montagu, eine privilegierte Stellung unter den Reisenden. Dieser exklusive Status erlaubte ihr die Illusion, sich spielerisch in eine völlig andere Lebenswelt hinzuversetzten, sich für die Dauer von sechs Wochen »als alte Orientalin« zu fühlen und mithin so zu tun, als ob sie ihr Leben schon immer in Konstantinopel verbracht hätte.[33]

Aus dieser Phantasie heraus lebte Bernhardine Schulze-Smidt ohne touristische Hast. Kurz vor ihrer Rückreise Mitte Mai 1891 gestand sie denn auch: »Mit ganzer Seele, vom Morgen- bis zum Abendroth, habe ich wahrlich die Tage des Genusses ausgekostet, die sich nun mächtig ihrem Ende entgegenneigen. Freilich bin ich auf meine einfache und ziemlich leichtherzige Manier damit fertig geworden und stelle mir damit vor ernsten Leuten vielleicht ein erschreckendes Armuthszeugniß aus. Unerhört wenig habe ich nach geschichtlichen Zahlen, politischen Mißständen, geselligen Krebsschäden und der Schlechtigkkeit des Menschen im Allgemeinen und Besonderen gegraben, um die pesthauchenden Uebel des Orients ans Tageslicht zu fördern, wie es Kesnin Bey und Paul de Regla gethan haben ... Ich habe auch weder im Piccolo-Campo [Kleiner Türkischer Friedhof in Pera] noch im Taksim-Garten [Endpunkt der Grande Rue de Pera] mit den geputzten Perotinnen gesessen, gegähnt, gelästert, Limonade genippt und mäßige Musik gehört, habe keines der Concerte von allerhand Fixsternen und Satelliten in glänzenden Botschaftshotels mitgemacht, keinen interessanten Harem officiell und nach dem Ausfrage- und Ausschmückungssystem besucht, Niemanden ›interviewt‹. – Handel und Finanzen, Militär- und Beamtenwirthschaft, die Einflüsse abendländischer Cultur auf das Quodlibet des ottomanischen Völkergemisches, dies Alles ist mir schleierhaft geblieben.«[34]

Bernhardine Schulze-Smidt erteilte hiermit überraschenderweise dem gelehrsam-bildungsbürgerlichen Reisen eine radikale Absage. Zu dieser selbstbewußten und offenbar nicht von anerkannten Vorbildern geprägten Art des Reisens bekannte sie sich wohlgemerkt im Jahr 1891 – zu einer Zeit also, in der Frauen weitgehend von jeder Teilhabe an höherer Bildung ausgeschlossen waren. Die naheliegende Frage, »was in aller Welt« sie denn jenseits aller Gelehrsamkeit sechs Wochen lang in der türkischen Residenzstadt gemacht habe, nahm Bernhardine Schulze-Smidt vorweg mit den Worten »ich antworte sonder Scheu: ›Nichts!‹«.[35] Ganz so müßig, wie sie selbst darstellte, verliefen ihre Tage am Bosporus denn doch nicht, dafür sorgten schon ihre Gastgeber, die es sich als Ehre anrechneten, sie wenigstens mit den Hauptsehenswürdigkeiten der Stadt bekannt zu machen.

»In gewählter Gesellschaft«

Was in Konstantinopel als sehenswert galt, war in einigen Teilen noch dasselbe wie fünfzig Jahre zuvor: die panoramatische Aussicht vom Galataturm auf das Goldene Horn und die Silhouette der Minarette, die Blaue (Sultan-Ahmet-)Moschee, das Hippodrom, die Sülemaniye-Moschee. Im Aussehen verbessert hatte sich die Hagia Sofia, denn die vor Jahrhunderten zur Moschee umgebaute christliche Kirche war 1847 von zwei Schweizern restauriert worden, im Auftrag des Sultans (der gleichzeitig geistliches Oberhaupt der Mohammedaner war). Die Besucherin aus Bremen nahm das berühmteste Bauwerk Konstantinopels 1891 folgendermaßen wahr:

»Matten und Teppiche dämpfen den Tritt, das Sonnenlicht durchfluthet blendend die ungeheure unbeschreiblich herrliche Kirche, fängt sich im Halbrund der mächtigen Kuppel, bestrahlt die Riesenlettern aus dem Koran ... Stumm durchwandeln wir die imposanten Gänge und doch, das Gefühl der Andacht, das mich sonst in jedem Tempel der Anbetung überkommt, will sich nicht einstellen: die Furcht schleicht mir nach und packt mich mit immer fühlbarerer Hand. Welch' sonderbares Gemisch von Männern – (denn ich bin die einzige Frau unter ihnen). Lauter Exaltirte, die ihren Leib mit Fäusten kasteien, wilde Bestien, aus dem Käfig entsprungen, Fanatiker. Betend knien sie in den Ecken. Ein Neger, von Schweiß überströmt, schlägt sich winselnd wider Brust und Angesicht. Soldaten, bis zum Leibe entblößt ... und ganze Schaaren begeisterter Hörer hocken um die Priester, die den Koran auslegen und die Segnungen des Ramasan preisen ... Ich stehe neben dem Pascha, auf den langen Goldstock meines hellgrünen Pariser Sonnenschirmes gestützt, den man mir als besonders wohltuend gegen den Sonnenbrand des Orients empfohlen hat. Ich Thörin, die des Propheten heilige Farbe mit meinen fluchwürdigen Christenhänden in die geweihteste alle Moscheen trägt! ... Ich vermag meinen Blick nicht von einem dieser predigenden Zeloten im maigrünen Turban abzuwenden. Merkwürdig: immer drohender fixirt er mich und meinen Schirm, immer schriller ruft er, – spricht er denn speciell zu mir? Nun wenden sich zwei oder drei Zuhörer um, und mich treffen Blicke: – – –!

Plötzlich tritt ein Imam leise hinter den Pascha und bedeutet uns, ihm zu folgen. Der Pascha schrickt zusammen, er versteht nicht gleich. Ich aber verstehe: ›Laß dir meine Worte keinen Zorn schaffen, o Pascha-Efendi, siehe, es ist gegen das Gesetz heute, an diesem geheiligten Tage, die Moschee zu betreten ohne einen Erlaubnisschein: ein ›Teskeré‹. Verlasse uns, Pascha-Efendi, und nimm die Hanum-Efendi mit dir, denn das Volk würde sie in Stücke reißen, wenn sie bliebe und des Propheten Farbe in Händen hielte.«[36]

Was die Torheit anbetraf, sich mit der nach muslimischem Glauben heiligen Farbe auszustatten, hätte Bernhardine Schulze-Smidt bereits von Therese von Bacheracht lernen können, die ein halbes Jahrhundert zuvor eine ähnliche Szene erlebt hatte. Allerdings hatte jene Vorläuferin den Fehler begangen, sich mit einem grünen Schleier auf der Straße zu zeigen, während die Bremerin mit ihrem grünen Sonnenschirm das Sakrileg beging, an einem Feiertag den großen Gebetsraum der Hagia Sofia zu betreten – unwissend, daß grün eine den Muslimen heilige Farbe, aber wohlwissend, daß das Betreten der Moschee ihrem Geschlecht nur über ein separates Frauenabteil erlaubt war. Dieses Verhalten zeugt einerseits von einem recht selbstbewußten Auftreten, enthält aber andererseits auch eine gewisse Portion Dreistigkeit im Umgang mit den fremden Spielregeln des Landes.

Nicht Mut noch Geld, sondern gute Beziehungen waren nötig, um die zweite große historische Sehenswürdigkeit Konstantinopels betreten zu können: den Topkapi-Serail, jahrhundertealter Regierungssitz und Residenz der Osmanen. Nur wenigen Reisenden war es in der langen Geschichte dieser verbotenen Stadt vergönnt gewesen, den für seine innenarchitektonischen Künste gerühmten Sultanspalast sehen zu dürfen, wie z.B. der englischen Diplomatengattin Lady Montagu. 1853 sollte sich dies ändern, denn in jenem Jahr zog das Osmanische Herrscherhaus mit seinem gesamten Haushalt, der aus immerhin 5000 Bediensteten bestand, in einen neuen Palast an den Ufern des Bosporus um. Der Harem, soweit er für die Bedürfnisse des Sultans relevant war, machte den Umzug selbstredend mit; die ältlichen Konkubinen und deren Dienerinnen blieben im Topkapi, der damit eine Art Alterssitz für Haremsdamen wurde (bis zur Abschaffung des Haremswesens durch die Jungtürken 1909). Diese Räumlichkeiten waren deshalb zwar nach wie vor nicht frei zugänglich, da bewohnt, insgesamt gesehen aber war der Topkapi-Serail, der aus einer Vielzahl niedriger Einzelgebäude besteht, welche auf einem parkähnlichen Gelände verstreut sind, keine völlig unnahbare Festung mehr.

Wiewohl der Topkapi seine staatspolitische Bedeutung verloren hatte, achtete die türkische Seite sehr darauf, die Besucherzahlen zu beschränken. »In sehr ausgewählter Gesellschaft« befand sich Bernhardine Schulze-Smidt, als sie 1891 die Erlaubnis erhielt, die osmanische Schatzkammer, die unbewohnten Haremsgemächer, die kaiserliche Bibliothek und den Park besichtigen zu dürfen. Wie »sehr ausgewählt« diese Besuchergruppe gewesen sein muß, läßt sich in Anbetracht des folgenden Reisehandbuches ermessen: »Zur Besichtigung des Äußern Seraihofs und der Antiken-Museen ist eine Erlaubnis nicht nötig. Dagegen ist es sehr schwer, Zutritt zu den innern Höfen und Gärten ... zu erhalten. Die Erlaubnis dazu wird direkt vom Oberzeremonienmeister des Sultans erteilt (man erkundige sich beim Konsulat). Die Besucher, denen es gelingt, eine solche Erlaubnis zu erhalten, werden als Gäste des Sultans behandelt und von einem seiner Adjutanten begleitet ... Der einzelne Tourist wird unter diesen Umständen gewöhnlich auf den Besuch der innern Höfe des Serais und des Schatzhauses verzichten müssen.«[37] Nicht so die von höchster Protektion geleitete Bernhardine Schulze-Smidt.

Mit der selten erteilten Erlaubnis zum Serailbesuch war auch ein Gang durch den pompösen Kaiserpalast am Bosporus-Ufer verbunden, der bereits von Rosa von Förster erwähnte Dolmabahce-Palast. Der Nachfolger des Topkapi war 1853 im »neuen türkischen Renaissancestil«[38] erbaut worden, hatte den größten Thronsaal Europas und war ein gigantomanisches Denkmal osmanischer Geltungssucht. Auf Bernhardine Schulze-Smidt machte der Palast folgenden Eindruck: »Das Schloß ist imposant, seine Lage ideal, sein Luxus raffinirt, mir aber viel zu europäisch mit seinen Bildern, Pariser Möbeln und Bequemlichkeiten. Die Bäder wieder entzückend hübsch und wohlig, der riesige Thronsaal zum Erblinden gleißend und blendend. Gold, Marmor, hochstrebende Säulen, und darüber Goldgallerien für Musiker und Zuschauer, und eine Kuppel, die den orientalischen Geschmack Ach und Weh schreien läßt.«[39] Die Bremerin hatte gewiß nicht übertrieben, denn für den größten aller Sultanspaläste – seine Fassade ist mehr als einen halben Kilometer lang, seine Gemächer werden auf rund dreihundert gezählt – waren vierzehn Tonnen Gold und vierzig Tonnen Silber verbaut worden.

Dieser zur Schau gestellte Prunk stand allerdings im krassen Gegensatz zur politökonomischen Grundlage des »kranken Mannes am Bosporus«, dessen Sultanat im Ränkespiel der imperialistischen Mächte gern als Konkursmasse verhandelt wurde. Wenn der Reisebericht der Bremerin auch bewußt unpolitisch sein wollte – wie hauchdünn die Decke war, die die Verfügung über Pracht und Herrlichkeit demonstrieren sollte, entging ihrem Blick nicht: »Gerade mir vor Augen steht des Sultans Thron ... Eben zieht ein Diener den verhüllenden Schleier hinweg, und wir sehen die großen Edelsteine der Lehnen im Golde blitzen und das Gold der Kissenstickerei, des Fußteppichs, mit echten Perlen untermischt. Welche Wunderwerke der Webekunst und der Nadel! Als ich den Blick hebe, schaue ich durchs Fenster über Gartengebüsch hinweg ein ödes Feld, am Berghange mit armseligen Hütten bebaut. Da spielen zerlumpte Kinder und schleichen räudige Straßenhunde hin und wieder. Ein schneidender Gegensatz zu der flimmernden Herrlichkeit hier drinnen.«[40]

Innen die Schatzkammer, außen die »armen Unterthanen«

Auch Mathilde Weber, welche im Juni 1891 in Konstantinopel eintraf, nur knapp drei Wochen nach Bernhardine Schulze-Smidt übrigens, fiel der drastische Kontrast von arm und reich deutlich auf. In Deutschland war sie als Vertreterin der Frauenbewegung bekannt und hatte mehrere Werke veröffentlicht, in denen sie für die Frauen- und Mädchenbildung eintrat. Darunter befanden sich Schriften wie *Die Mission der Hausfrau, Die hauswirtschaftliche Ausbildung und Erziehung der Mädchen der weniger bemittelten Stände* und ein *Leitfaden für junge Dienstmädchen in besseren Häusern.*

In der chronologischen Gesamtschau wurde die Reihe ihrer Publikationen von zwei Reisewerken eingerahmt, von dem Erstlingswerk *Reisebriefe einer schwäbischen Kleinstädterin*, 1877, und ihrem Spätwerk von 1892 *Durch Griechenland nach Konstantinopel. Eine Gesellschaftsreise in 35 Tagen.* Auf dem Titelblatt stand mit riesigen Lettern ›Konstantinopel‹ zu lesen, schräg über die Seite hinweg, mit fetten Balken und ziseliertem Dekor, wie eine überdimensionierte Banderole im Druckbild hervorgehoben. Wenige Monate nach der Veröffentlichung des Buches erschien, noch im selben Jahr 1892 und zur großen Verblüffung der Verfasserin, in ihrem Tübinger Verlag bereits eine zweite Auflage.

Verglichen mit dem beharrlichen Bemühen der Bernhardine Schulze-Smidt, die sozialen Probleme hintan zu stellen und den durchaus bemerkten »schneidenden Gegensatz zur flimmernden Herrlichkeit« möglichst zu übersehen, bilden die »kleine Reiseskizzen«, wie Mathilde Weber ihr Werk im Vorwort charakterisierte, einen erfrischend kritischen Gegenpol.

Schon im Vorfeld ihrer beachtlich umfangreichen Reisevorbereitungen per Lektüre hatte sie ein großes Unbehagen über die türkische Herrschaft beschlichen: »Liest man zur Vorbereitung zu einer türkischen Reise gründlich osmanische Geschichte, so erstarrt man über die blutigen Greuelthaten, welche dieselbe ausweist. Als Beispiel möchte ich nur die That den Lesern in das Gedächtnis rufen – das lebendige Begraben von 4000 gefangenen feindlichen Reitern in Kleinasien, wie die Blendung eines ganzen Regimentes!«[41] Derart vorgebildet, betrat Mathilde Weber die ehemalige Schaltzentrale des osmanischen Imperiums, den Topkapi-Serail, mit einem gewissen Schauder und eigentlich gegen ihre Überzeugung.

»Drei riesige Eunuchen standen in dem Hof; ebenso harrte dort der Direktor der Schatzkammer mit einer Anzahl (30-40) schwarz gekleideter Schatzkammerwächter auf uns; mit einer gewissen Feierlichkeit ließ er sich von einem Diener den großen Schlüssel in das Schloß stecken und öffnete die geheimnisvollen Räume, in welchen nun vor unseren profanen Christenaugen die fabelhaften, orientalischen Schätze in Wirklichkeit ausgebreitet lagen, wie sie uns in den Märchen von ›Tausend und Eine Nacht‹ geschildert werden. – Weder in Wien noch in dem berühmten grünen Gewölbe in Dresden sieht man so viele Edelsteine angesammelt ... Wie viele Millionen liegen hier nutzlos aufgespeichert, während die armen Unterthanen bis auf das Blut ausgepreßt werden, um zu der unsinnigsten Verschwendung immer wieder Geld zu schaffen.«[42]

Empörend ungerecht empfand Mathilde Weber das Herrschaftsgebaren, und es spricht für ihren überaus sozialkritischen Geist, daß sie sich nicht nur dieser Klassenfrage und ihren fatalen Wirkungen widmete, sondern auch den weit verbreiteten Fehler vermied, aus Geschichten und Berichten von »blutigen Greuelthaten« und zügelloser Bereicherung auf den Volkscharakter zu schließen und türkenfeindliche Vorurteile zu verbreiten.[43]

Mathilde Weber war eine empfindsame Seele und besaß einen kritischen Geist, und so wollte wenig Begeisterung bei ihr aufkommen angesichts der aufgebahrten osmanischen Kronjuwelen, die zu bewundern als touristische Attraktion nahezu Pflichtprogramm war. Um so heftiger empfand sie Mitleid beim Anblick der »armen Unterthanen« – einem nachhaltigen Eindruck, dem sie im Stadtbild Konstantinopels schlechterdings nicht entgehen konnte. »Vor dem Eingangsthor, wie vor allen Moscheen, kauerten einige von den weiblichen Straßengespenstern ärmster Sorte, um zu betteln.«[44]

Abbildung 27: Mathilde Weber-Walz (1829-1901), eine der führenden Frauen der ersten Frauenbewegung.

Auf der Galata-Brücke

Besonders deutlich fielen Mathilde Weber die sozialen Gegensätze ins Auge, als sie, wie in jedem Reisehandbuch empfohlen, die neue Galata-Brücke betrat. Die eiserne Brücke über das Goldene Horn war 1877 neben die alte Holzbrücke von 1845 gebaut und mit dieser in Teilstücken verbunden worden. Diese Seitenbrücken dienten den Dampfschiffen als Landungsstellen und waren »mit Holzbaracken, in denen sich Kaffeebuden, Kuchenbäcker, Fruchthändler u. dgl. eingenistet haben, überfüllt. (Die Konzession zum Bau einer neuen Brücke ist in deutschen Händen und soll in zwei Jahren vollendet sein.)«,[45] hieß es in *Meyers Reisebuch* über die Türkei aus dem Jahr 1908.

Als Mathilde Weber die Galata-Brücke 1891 aufsuchte, war das Bauwerk zwar schon mehr als ein Dutzend Jahre alt, aber unter den Namen »Neue Brücke« galt es als eine der Hauptsehenswürdigkeiten, nicht ihrer Eisenkonstruktion wegen, sondern der Aussichten und vor allem des quirligen Lebens wegen, das sich auf diesem 450 Meter langen Verbindungsweg zwischen Galata und Stambul abspielte. »Je am Eingang der Brücke stehen zwei weißgekleidete türkische Brückenwächter, welchen man etwa drei Pfennig Brückengeld bezahlen muß. Es bildet dies eine wesentliche Einnahme für den Sultan. Ein Beweis für die Last seiner Schulden ist, daß diese Steuer bereits auf zwanzig Jahre an Juden verpfändet sein soll«.[46]

Sie war von diesem Ort ausgesprochen fasziniert. »Ja, die Galatabrücke ist eine Welt für sich. Hier eine freie halbe Stunde zu stehen und das Hin- und Herwogen der Menschen, das Anlanden und Ausladen der Schiffe zu sehen, das machte mir immer neues Vergnügen, seit ich den Mut gefunden hatte, allein dorthin den Weg zu suchen.«[47]

Ihre Faszination von diesem begehbaren Schauspiel wollte sie auch ihrer Leserschaft vermitteln, so daß sie der Galata-Brücke ein gesamtes Kapitel ihres Reiseberichtes widmete. »Manche werden fragen: ›Was? ein eignes Kapitel für eine Brücke!‹ – Wer aber selbst darauf gestanden und von dort hinaus auf drei Meere und drei Städte und zwei Weltteile geschaut hat, der wird mit mir übereinstimmen, daß das keine gewöhnliche Brücke ist – einfach ein Uebergang von einem Ufer zum andern. Dieses Brücke ist eine kleine Welt für sich, auf der man täglich spazieren gehen kann, ohne daß man es je genug bekommt.«[48]

In dieser »kleinen Welt« gab es einfache »Haremsdamen, deren bunte Mäntel wie kleine Segel im Winde blähen«, und ebenso Vornehme, die »man an den auch bei schönstem Wetter geschlossenen Wagen erkennen« konnte. »Um so mehr elegante europäische Damen, Gesandten- oder Offiziers- und Kaufmannsfrauen saßen in offenen Landauern nachlässig und vornehm zurückgelehnt, darunter waren einige große Schönheiten, besonders konnte ich einmal die schwedische Gesandthin beobachten, welche vor einem Laden nahe der Brücke halten ließ, um sich eine Menge Artikel zur Ansicht aus dem Putzgeschäft an den Wagen bringen zu lassen.«[49] Das »Menschen- und Völkergewühl, das stets hier auf- und abflutet«, war für Mathilde Weber ein beeindruckendes Schauspiel, ganz so, wie es die Reisehandbücher versprochen hatten.

Von dieser überbordenden Lebenfülle auf der Galata-Brücke hatte Mathilde Weber bereits vor ihrer Reise, als »Lehnstuhlreisende« gewissermaßen, ausführlich gelesen. Durch den zeitgenössischen italienischen Schriftsteller Edmondo De Amicis hatte sie, von dessen Buch *Constantinopoli* (2 Bände, die in der Übersetzung von Agnes Buchard 1882 in Rostock erschienen waren) nachhaltig beeindruckt, den Entschluß zu ihrer Türkeireise gefaßt. Ad personam an dem Ort, mit dem sie sich geistig längst vor ihrer Reise vertraut gemacht hatte, nahm Mathilde Weber die Gelegenheit wahr, ihre eigenen Anschauungen mit der gelesenen Vorlage zu vergleichen und deren Wahrheitsgehalt zu überprüfen.

»Amicis widmet in seinem berühmten Buch über Konstantinopel, das bei uns in Deutschland mit wahrer Begeisterung gelesen wird, auch ein Kapitel der Galatabrücke. Ich selbst gehörte zu seinen größten Verehrern. Seine Apotheose von der Meeresstadt bestimmte mich vollends, diese Reise zu unternehmen, und ich werde ihm stets dankbar sein, daß ich dadurch den Mut zu diesem Unternehmen fand. Aber das gestehe ich – jetzt, seit ich selbst dort war, ist es mir nicht mehr möglich, diese allzu kühnen Phantasien wieder zu lesen. Soll es denn dem Dichter gestattet sein, auch bei Beschreibungen bestimmter Gegenstände so sehr die Wahrheit poetisch umschreiben zu dürfen. Daß er z. B. einen Sonnenuntergang auf der Galatabrücke schildert, als ob in diesem Augenblick auf 10 000 Minarets, aus 10 000 Kehlen der Ruf ertönen würde: ›Allah ist groß.‹ Und doch sind in Konstantinopel, wie uns der gut unterrichtete Führer versicherte, nicht ein Tausend Minarets.«[50]

Es waren gewiß nicht nur die neuntausend in dichterischer Freiheit erfundenen Minarets, die Mathilde Weber zu ihrer Korrektur der gelesenen Vorgabe veranlaßten, sondern es war vor allem ihr ernüchternder Befund, wieviel dem für seine sentimentalen Schilderungen berühmten Reiseschriftsteller vom wirklichen Leben entgangen war. Mathilde Weber jedenfalls war offen genug, mit realistischem Blick und eigenständigem Urteil, die Kehrseite dieser die Neugierde fesselnden Brückenwelt zu sehen. Die Faszination vom Schauplatz Galata-Brücke, eine Art Miniatur der sozialen Gegensätze enthielt bei ihr auch die betrübliche Begegnung mit »Zerlumptheit und Schmutz, struppige alte Männer und unförmlich herumwackelnde Weiber in zerrissenen Strümpfen und Schuhen ... die schauerlichsten Hautkranken, Krüppel und Mißgeburten sind hier dauernd stationiert, und ist dieser Mitleid erregende traurige Anlick die einzige Schattenseite dieses sonst so angenehmen Spazierganges.«[51]

Mathilde Weber, geborene Walz, zum Zeitpunkt ihrer Reise 61 Jahre alt und seit 1869 aktives Mitglied des Allgemeinen Deutschen Frauenvereins (ADF), war nicht so leicht zu bestechen, selbst wenn sie mit vorgefaßten Erwartungen an »die Märchenstadt, die Königin des Ostens« reiste. Die soziale Verelendung entging ihrem kritischen Blick nicht, so wie sie sich auch in ihrer Heimatstadt Tübingen, an deren Universität ihr Mann Land- und Forstwirtschaft gelehrt hatte, nicht hatte blenden lassen durch ihren behaglichen Status einer wohlsituierten Professorengattin. Daheim hatte sie zahlreiche karitative Einrichtungen gegründet, darunter Frauenarbeitsschulen; daheim war sie für ihr soziales Engagement bekannt, für ihre Sorge um die Armenpflege und ihre Forderung einer vernünftigen Mädchenbildung; daheim war sie seit dreißig Jahren auf dem sogenannten gemäßigten Flügel der Frauenbewegung aktiv – aber wie sollte sie sich verhalten angesichts der vielen Armen auf der Galata-Brücke und überhaupt in Konstantinopel, die ihr Mitleid errregten? Diese Frage verunsicherte die sonst so resolute Mathilde Weber, weil ihr hier in der Fremde das gewohnte Gefühl genommen war, mit helfender Hand tätig werden zu können. Sie sah sich zum ersten Mal in der Rolle einer Reisenden, drastisch konfrontiert mit Armut, Elend und Krankheit, der die Hände gebunden waren. Sie fühlte sich hilflos. Sie suchte Rat.

»Anfangs konnte ich nicht widerstehen, kleine Kupfermünzen auszuteilen, bis unser guter Bürgermeister sagte: ›Liebe Frau Weber, früher ging es mir auch so wie Ihnen, daß ich auf Reisen, wo ich selbst dem Vergnügen lebte, gerne auch jeden Unglücklichen beschenkt habe. Aber ich kam doch zu der Ueberzeugung, daß man besser zu Hause einer bekannten armen Familie eine Reisesteuer giebt als in der Fremde, wo man Heuchelei nicht von Wahrheit unterscheiden kann. Hier besonders möchte ich nicht mit einem Pfennig die Schlaffheit der Regierung in Armensachen unterstützen.‹ Wo das Geld so unsinnig verschwendet wird, könnte man statt dessen viel rationeller für die wirklich Armen sorgen. – Die Ermahnung wirkte, und ich gieng von da an mit abgewendetem Kopfe an den vielen ausgestreckten Händen vorbei, denn das Geben wuchs allerdings zu einer erheblichen Reisesteuer an und wird nicht immer richtig angebracht gewesen sein.«[52]

Die »Schnellreise-Unternehmung« von der Stange

Als Mathilde Weber sich zu ihrer Reise entschloß, war sie knapp ein Jahr im Witwenstand. Der Tod ihres Mannes bedeutete für sie nicht nur den tragischen Verlust eines geliebten Menschen, mit dem sie 38 Jahre lang ihr Leben geteilt hatte, er bedeutete auch einen radikalen Bruch mit der gewohnten Rolle als Partnerin, die sich in Reisedingen stets auf ihren Ehemann und dessen Umsicht verlassen hatte. Durch den Rollenwechsel von der Ehefrau zur Alleinstehenden sah sich Mathilde Weber vor eine völlig neue Situation gestellt, auf sich allein und ihre Entscheidungen verwiesen. Diese Anforderung erschien ihr nicht unmöglich zu bewältigen, aber beunruhigend, und so wählte sie – wohl auch, weil sie in ihrem Alter nur bedingt Experimentierfreude verspürte – einen professionellen Reiseveranstalter. Um sich ihren jahrzehntelang gemeinsam mit ihrem Mann gehegten Lebenstraum in vorgerücktem Alter doch noch erfüllen zu können, meldete sie sich 1891 bei der 103. Gesellschaftsreise des Berliner Reisebüros von Karl Stangen an, eine 35 Tage währende und, wie sie immer wieder betont, bestens organisierte Vergnügungsreise.

Solche »Schnellreise-Unternehmungen« begannen sich in Deutschland erst allmählich durchzusetzen, auf alle Fälle waren sie noch keine allgemein akzeptierte Reiseform. Dies geht schon aus dem beredten Bemühen hervor, mit dem Mathilde Weber für »das Unternehmen von Gesellschaftsreisen, ein äußerst zeitgemäßes Beginnen« wirbt und dessen Vorzüge herausstreicht. »Es überwiegen bei dieser Art des Reisens entschieden für Einzelne, besonders uns dem weiblichen Geschlecht, die Lichtseiten die Schattenseiten, vornehmlich in fremden Ländern, wo man nicht einmal die Straßenschilde lesen kann. – Ist man doch allen Prellereien, Quälereien, Sprach- und Nahrungssorgen, allem Hotelsuchen, Herbeischaffen von Fahrgelegenheiten, Zeiteinteilen für die Sehenswürdigkeiten u.s.w. überhoben.«[53]

Ein Gutteil der Motivation, ihre Erfahrungen in schriftlicher Form zu verallgemeinern, bezog Mathilde Weber gerade aus dem Anliegen, anderen Frauen die Pauschalreise als adäquate Form zu empfehlen. Ihre kleine Schrift von einhundert Seiten habe »hauptsächlich den Zweck, denjenigen, welche eine ähnliche Sehnsucht nach Griechenland und Konstantinopel haben, aber die Reise wegen der Schwierigkeiten seither für unausführbar hielten, diese treffliche Art des Hinkommens zu empfehlen. Hat man seine 1.300 Mark eingezahlt, so ist man 35 Tage der Gast von Herrn Stangen, und hat lediglich für nichts anderes zu sorgen, als in möglichst heiterer Stimmung die reichen Reise=Eindrücke auf sich wirken zu lassen.«[54]

Die Skepsis gegenüber den Pauschalreisen im allgemeinen und einer Teilnahme von alleinstehenden Frauen im besonderen muß um die Jahrhundertwende virulent gewesen sein. Noch 1913 sah sich die vor allem beim weiblichen Publikum geschätzte Zeitschrift *Gartenlaube* zu einer ausgreifenden Werbung für das Prinzip der Gesellschaftsreise bemüßigt: »Es gibt noch immer eine große Anzahl alleinstehender Frauen, Witwen und unverheirateter Damen, die an keinen Beruf gebunden, von keinen persönlichen Pflichten gefesselt sind und dennoch in einem engen, sie nicht befriedigenden, wie von hypnotischen Linien abgeschlossenen Kreis leben, den zu durchbrechen sie einfach nicht den Mut haben ... Die Mittel sind vorhanden, jedoch die ›Freundin‹ fehlt, der man sich anschließen könnte oder möchte. Auch beherrscht man nicht alle Sprachen und bei Gott nicht die Routine, die für Auslandsreisen erforderlich ist. Woher soll man die auch haben? Man reiste früher mit dem Gatten, mit den Eltern – oder man reiste überhaupt nicht.« Für dieses Dilemma wußte die populäre Zeitschrift eine Lösung anzubieten: »Bereits eine ganze große Anzahl alleinstehender Damen haben freilich schon den hier ins Auge gefaßten Ausweg gefunden und sich den Gesellschaftsreisen angeschlossen, deren Prinzip hier empfohlen werden soll.«[55]

Wenn auch die Anzahl nicht ganz so groß gewesen sein kann, wie die *Gartenlaube* behauptete (sonst wäre die eindringliche Werbung wohl überflüssig gewesen), Mathilde Weber jedenfalls machte von diesem neuartigen Angebot schon 1891 gern Gebrauch – und stellte sich damit gewissermaßen doppelt ins Abseits: einesteils, weil sie als Frau in »von deutschen Frauen nur vereinzelt besuchten Gegenden« zu reisen wagte und diese, »durch das Auge einer Schwäbin gesehen«, auch noch beschreiben wollte; andernteils, weil sie als Reisende an einer Veranstaltung teilnahm, die von gebildeten Zeitgenossen als unziemliches Durcheilen und damit als Deformation der Reise durch den Tourismus angesehen wurde.

Im Gegensatz zum ersten Teil teilte Mathilde Weber den letztgenanten Vorbehalt ein Stück weit. Mitunter mokierte sie sich selbst über die »Programmarbeit des Schauens«, die in einen rigiden Tagesablauf eingebunden war. Auch wenn ihrer Meinung nach die beschriebenen Vorzüge den Preis rechtfertigten, den sie mit der Unterwerfung unter den Ablaufplan zahlen mußte, sah sie sich doch allenthalben genötigt zu betonen, daß zwischen ihrer Rolle als Touristin und der einer folgsamen Angehörigen der »gebildeten Stände« keineswegs ein Widerspruch bestehe. Redlich mühte Mathilde Weber sich ab, den Verdacht zu zerstreuen, demzufolge speziell ihre Art von Reise keinesfalls bilden könne, und rechtfertigte sich mit den defensiven Argumenten, besser auf diese Weise als gar nicht, außerdem habe sie sich qua Lektüre im vorhinein schon gründlich gebildet:

»Manche meiner Freunde, die sich zuerst über meinen Reiseplan so sehr verwunderten, als wenn ich in den Mond reisen wollte, hielten mir auch noch entgegen: ›Wie? in 35 Tagen wollen Sie eine solche Reise machen, zu der man, wenn man Gewinn haben will, eben so viele Wochen oder Monate nehmen muß?‹ ›Ja, das ist wohl schön und gut‹, entgegnete ich, ›für diejenigen, die Zeit und Geld genug dazu haben. Aber nach meiner Ansicht ist es stets ein Fehler (und ich teile da die Meinung vieler moderner Sozial=Politiker), wenn das unerreichbar Bessere ein Hindernis sein sollte für das erreichbar Gute! – Es wäre natürlich unmöglich, in der kurzen Zeit von fünf Wochen alle die großen und mächtigen Eindrücke in sich aufzunehmen, ohne eine lange und gründliche Vorbereitung dazu. Es bildet aber schon selbst bei unserm Geschlecht ein Teil der Erziehung durch den Geschichts= und Geographieunterricht und die Litteratur eine Art von Vorbereitung zu einer verständnisvolen Reise nach Italien [dorthin war Mathilde Weber vierzehn Jahre zuvor mit ihrem Mann gereist] und Griechenland; auch mit dem uns fremdartigen Konstantinopel beschäftigt sich vielfach unsere Phantasie, angeregt durch manche in den Orient verlegte Erzählungen und Märchen. – Hat man nun durch geeignete Vorstudien so zu sagen alles schon mit dem geistigen Auge erfaßt und sich mit dem Sehenswerthen vertraut gemacht, so kann man die riesigen Eindrücke eher bewältigen, auch wenn sie sich in den engen Rahmen weniger Wochen zusammendrängen.«[56]

Eine »Reiserepublik«

Während Rosa von Förster in ihrer Reisedarstellung stets nur den patriotisch getrübten Blick auf das deutsche Element in Konstantinopel walten ließ, war Mathilde Weber von hurra rufender Kaisertreue und Fähnchen schwenkendem Untertanengeist weit entfernt. Schon das Bild, das sie von ihrer Reisegruppe zeichnet, spricht Bände. Fünfzehn Teilnehmer zählte die 103. Stangen-Reise, darunter drei Frauen, eine mit ihrem Ehemann Reisende aus dem Rheinland, Mathilde Weber und eine weitere, mit ihr befreundete Professorengattin, die sich in letzter Sekunde und ihr zuliebe zu der Fahrt entschlossen hatte. Ihre Reisegruppe nahm Mathilde Weber zunächst prüfend in Augenschein, wie auch alle anderen dies beim ersten Kennenlernen taten, schließlich mußte man ja »fünf lange Wochen in enger Zusammengehörigkeit leben«. Im schriftlichen Rückblick dann kam sie zu der Überzeugung, diese kleine Gesellschaft sei eine ideale Miniatur staatlicher Ordnung gewesen, ein Musterbild, in dem Gleichheit und wechselseitiger Respekt das Zusammenleben prägen. »Keine sozialen Stellungen, Familienrücksichten oder Vorurteile schützen oder schaden uns hier ... Niemand fragt hier nach unsern Kirchturmsinteressen, nach unserer Stellung im heimischen Erdenwinkel. Es gilt, einzig durch seine Persönlichkeit sich Achtung und Liebe in dieser kleinen Reiserepublik zu erwerben.«[57]

Nicht blindlings ergeben wie Rosa von Förster, sondern mit bewußter Überzeugung war Mathilde Weber von patriotischem Geist beseelt. Sie selbst hatte 1870/71 als Vorsteherin eines Sanitätsvereins einen aktiven Beitrag zum Deutsch-Französischen Krieg leisten wollen, an dessen Ende die Gründung des Deutschen Reiches stand. Ihre Reisegesellschaft betrachtete sie unter dem Gesichtspunkt der Landsmannschaft als Musterbild einer »Reiserepublik«. Ihre Landsleute, stellte Mathilde Weber fest, stammten zwar alle aus verschiedenen Gegenden, von Berlin über Sachsen bis Bayern und Schwaben, aber eben diese Verschiedenheit könne sich in der gemeinsamen nationalen Identität aufgehoben fühlen. Man spricht dieselbe Muttersprache, man hat dasselbe Vaterland – das fünfzehn-köpfige Spiegelbild der zu einem Reich vereinigten deutschen Länder. »Ein gemeinsames Gefühl, ein durch dieses Reise in fremde Länder noch gesteigerter Patriotismus verband uns alle. – Nie waren wohl in der Heimat so viele Deutsche beisammen, ohne Kritik auszuüben. Unter uns fand man aber alles gut, was in Deutschland geschah.«[58]

Die letzte Bemerkung enthält durchaus einen Anflug von Selbstironie, denn bei allem Stolz auf die errungene nationale Identität war Mathilde Weber doch kritischen Geistes genug, um den gesellschaftlichen Verhältnissen in ihrer Heimat keinen Blankoscheck auszustellen. Dies hätte auch schlecht gepaßt zu einer Frau, die ihre christliche Nächstenliebe jahrzehntelang in sozialpolitisches Engagement überführt hat. Als Mitglied des Allgemeinen Deutschen Frauenvereins, dessen zentrale Forderung der Zugang von Frauen zu Bildung und Beruf war, hatte Mathilde Weber sich besonders für den hauswirtschaftlichen Unterricht engagiert, eine sozialpolitisch motivierte Aufgabe, die den veränderten Lebensverhältnissen in der industrialisierten Gesellschaft Rechnung tragen und Mädchen aus den Unterschichten eine eigenständige Existenzgrundlage verschaffen wollte. Schon aus diesem Anliegen heraus war Mathilde Weber wenig geneigt, »alles gut zu finden, was in Deutschland geschah.«

Kein Harem für 20 Mark

Mathilde Weber bezog vor, während und nach ihrer Reise deutlich Position zum Thema Frau – ein in der Geschichte der Frauenreiseliteratur seltener Fall, der sich in dieser Konstanz, die Biographie durchgängig prägend, sonst eigentlich nur noch bei Lady Mary Montagu findet. Bald zwei Jahrhunderte trennen die beiden Frauen, von den konkreten Lebensbedingungen ganz zu schweigen, und doch stehen sie sich verblüffend nah, mit ihrer Forderung nach Frauenbildung, aber auch in der Auffassung, daß »wir Frauen den Orient weniger durch eine rosa gefärbte Brille sehen, und deshalb vielleicht unparteiischer berichten können.«[59]

Aus eigener Erfahrung freilich konnte Mathilde Weber wenig über das Leben der türkischen Frauen beitragen, denen sie ein eigenes, das sechste Kapitel ihrer Reiseschrift widmete. Eingespannt in ein Besichtigungsprogramm, lagen persönliche interkulturelle Begegnungen nicht gerade im Umkreis ihrer Möglichkeiten. Ein Besuch im Harem, dem klassischen Wallfahrtsort für die weiblichen Reisenden, wurde wohl erwogen, aber – was Mathilde Weber im Nachhinein bereute – abgelehnt. »Wir Frauen hätten sehr gewünscht, auch intelligente und schöne Alttürkinnen zu sehen und sprechen zu hören. Der Führer erklärte, wenn jede von uns 20 Mark opfere für verschiedene Trinkgelder, so wäre es möglich, daß wir mit seiner Frau in den Harem eines Paschas gelangen könnten. Der Konsul und Herr Stangen rieten uns aber entschieden ab, denn ein um Geld zu sehender Harem sei nur künstlich hergerichtet, um den Fremden Geld abzuschwindeln.«[60]

Auch spontan Kontakt zu türkischen Frauen aufzunehmen bereitete Mathilde Weber Schwierigkeiten. Bei den wenigen Gelegenheiten, die es gegeben hätte, beschränkte sie sich meist mit eigenartiger Scheu auf ihre touristische Aufgabe: das Sehen und Zuschauen. Und bedauerte anschließend diese Selbstbeschränkung. Bei dem obligaten Ausflug an die »süßen Wasser Asiens« wäre eine solche Möglichkeit zur Begegnung gewesen, aber »all die eingemummten, verschleierten Wesen«, die »wie eine eingeschüchterte Schafherde« lagerten, flößten ihrer Betrachterin Mathilde Weber ein beklemmendes Gefühl ein. »So sah ich sie oft sitzen, nie spazieren gehen, außer auf der Galata-Brücke. Das Wasserfahren ist ihr höchstes Vergnügen. Auf jedem Schiffe haben diese armen, gesellschaftlich Ausgestoßenen hinter einem Vorhang ihren eigenen, abgeschlossenen Raum; leider erfuhr ich zu spät, daß wir Frauen uns auch hätten zu ihnen setzen dürfen.«[61]

Wiewohl hier ihr Bedürfnis durchschimmert, über den touristischen Schatten zu springen und den vorgegebenen Radius zu überschreiten, gebrach es Mathilde Weber offenbar doch an Mut, von sich aus aktiv zu werden. So hatte sie in Konstantinopel nur ein einziges Mal eine persönliche Begegnung mit einer Türkin, im Frauenabteil einer Pferdebahn.

»Da saß eine ältere Türkin, offenbar eine wohlhabendere Bürgersfrau. Sie hatte den häßlichen braunen Schleier, der nach neuestem Gesetz sogar die Augen verbirgt, zurückgeschlagen und zeigte ein intelligentes Gesicht mit hübschen braunen Augen. Sie sah nicht unzufrieden aus und hatte, wie sie alle häufig thun, die Schuhe ausgezogen und die Füße auf den Sitz gezogen, verzehrte mit Behagen Weißbrot und Käse ... [sie holte] ein Kästchen hervor mit einer ganzen Einrichtung zum Cigarettenrauchen; sie drehte dieselben mit großer Gewandheit; und mit einem freundlichen Winken ihrer schönen Augen bot sie uns auch welche an. Sie sprach fortwährend auf das lebhafteste und freundlichste mit Frau Professor H. B. [ihre Freundin] und mir, natürlich verstanden wir kein Wort und drückten mit Zeichen unser Bedauern aus; beim Gehen schüttelte sie uns herzlich die Hand.«[62]

Dieser Szene maß Mathilde Weber Seltenheitswert bei, zurecht, denn für solche intimen Erlebnisse ließ die touristische »Programmarbeit des Schauens« wenig Raum. Meist war sie verwiesen auf die Rolle einer reinen Zuschauerin, und eine gefühlvoll tastende Suche nach Verstehen war darin nicht vorgesehen. Einbegriffen in die Hauptrolle des Besichtigens war hingegen die Versuchung, sich wie in einem menschlichen Zoo zu verhalten, für dessen Völkerschau die Stangen-Reisenden 1300 Mark Eintritt bezahlt hatten. Selbst der Vorkämpferin der Frauenbewegung gelang es mitunter nicht, sich von dieser überheblichen Haltung zu befreien. Mit der Konsequenz, daß Mathilde Weber zwar wahrlich empört war über »all die armen, eingemummten, verschleierten Wesen« – ihnen zugleich aber das Kompliment aussprach, der Betrachterin einen hohen Unterhaltungs- und Bildungswert vergönnt zu haben: »Es war ein interessanter Nachmittag, eine reiche Gelegenheit zu Völkerstudien«.[63]

In der Frage der türkischen Frauenrolle konnte Mathilde Weber keine Perspektiven verschieben, zur Frage der islamischen Geschlechtertrennung und der Sitte von Harem und Schleier konnte sie nichts beitragen – jedenfalls nichts, was über das herrschende Orientbild hinausgegangen wäre oder dieses korrigiert hätte. Sieht man einmal von der in Kunst und Literatur gepflegten Zusatzvariante der Erotisierung ab, der sich keine der reisenden Frauen jemals angeschlossen hat, so herrschte im europäischen Blickwinkel seit Beginn des 19. Jahrhunderts die Ansicht, daß der Orient ein negatives Gegenbild zu fortschrittlichen Zivilisation darstelle, und nichts dies besser beweise als die demütigende Rolle der Orientalinnen.[64] Dieser Auffassung schloß sich auch Mathilde Weber an, wenn sie die klassische Frage nach der türkischen Frauenrolle in klassischer Schlichtheit beantwortete: als eklatanten Fall von Freiheitsmangel. Die Vorkämpferin der deutschen Frauenbewegung im Wortlaut: »Ist es nicht unbegreiflich grausam, eine solche unnatürliche Sitte, eine solche Freiheitsbeschränkung der einen Hälfte der Gesellschaft ... Die armen, armen Kinder! wo bleibt da das Familienglück, wo eine gemütliche Häuslichkeit? ... Die Frauenabteilung erkennt man schon von außen an den mit Holzstäbchen vergitterten Fenstern, denn nicht einmal den Anblick des Himmels dürfen diese armen Weiber voll und frei genießen.«[65] – womit Mathilde Weber nur das gängige Orientbild bestätigt hätte.

Philippika gegen »westeuropäische Türken«

Mut zu abweichenden Ansichten fand Mathilde Weber immer dann, wenn sie sich auf vertrautem Gebiet befand. Vor Ort gab ihr diese behaglichere Sicherheit die »Reiserepublik«, in der sie bemerkenswert beherzt auftrat und jeder vermuteten frauenfeindlichen Äußerung entgegentrat. So schalt sie wiederholt einen mitreisenden bayerischen Assessor, weil er »noch etwas türkische Ansichten hegte über die Unterwürfigkeit der Frauen«.[66] Die störrische Beharrlichkeit, mit der ihre männlichen Reisebegleiter jene Frauenrolle einforderten, gegen die sie seit Jahrzehnten anzukämpfen versuchte, störte die angeblich so lautere Harmonie der Reisegruppe offenbar erheblich.

Eine regelrechte Philippika gegen jene »westeuropäischen Türken«, die, wie der erwähnte Bayer, von Gleichberechtigung der Frau nichts wissen wollten, formulierte Mathilde Weber in ihrem sechsten, speziell der Frauenfrage gewidmeten Kapitel. Ihr Reisebuch ist damit eines der wenigen Dokumente, in dem konsequent und positiv bejahend ein frauenspezifischer Standpunkt waltet – womit ausnahmsweise einmal jene Erwartung erfüllt wurde, die (spätestens seit Heinrich von Kleist)[67] aus männlicher Sicht prinzipiell und meist fälschlicherweise jeder Frau unterstellt wurde, wenn sie Interesse für eine Orientreise bekundete: nämlich in erster Linie an der Emanzipation der Frau interessiert zu sein.

»Manche meiner Freunde neckten mich vor meiner Abreise, ich wolle gewiß nur im Interesse der türkischen Frauenfrage nach Konstantinopel reisen. Ich entgegnete: ›So lange wir immer noch in Deutschland, das an der Spitze der Civilisation zu stehen glaubt, vergeblich um Lern- und Erwerbsfreiheit, gleiche soziale und gesetzliche Rechte für unser Geschlecht bitten müßten, so lange hätten wir noch keine Berechtigung, uns so hoch über jene unglücklichen Opfer einer mehr äußerlich barbarischen Sitte zu erheben, daß wir für die Verbesserung ihrer Lage unsere Kraft einsetzen könnten.‹ – Wäre es nicht vielleicht im Gegenteil den Aermsten zu wünschen, daß so lange, bis ihnen durch die nicht ausbleibende Reformierung der dortigen Sitten und Gesetze geholfen wird, sie nicht vorher schon zu viel vom Baume der Erkenntnis kosteten. Das heißt: daß sie nicht durch Umschauhalten und Nachdenken zur vollen Erkenntnis ihrer unwürdigen Stellung kommen, sich absolut nur als ein Spielzeug und Vergnügungsobjekt der Männer betrachten zu müssen. Denn ehe sie die Macht dazu haben, sich daraus zu befreien, so lange ist ihre Blindheit ein Glück für sie.

– Möchten doch wir deutsche Vorkämpferinnen der Frauenbewegung selbst zuweilen wie die Kassandra wünschen: ›Meine Blindheit gieb mir wieder und den fröhlich dunklen Sinn!‹ Denn eine Mitwirkung an der deutschen Frauenfrage ist oft leider eine Sisyphusarbeit. Und in vielen Dingen sind manche von uns nicht viel besser daran, als die verschleierten und eingesperrten Türkinnen. Sind wir denn nicht, wenn auch nicht körperlich, so doch vielfach noch geistig eingesperrt und ›verschleiert‹? – Enthüllen wir je einmal vor einem echten Philister oder westeuropäischen Türken unser innerstes Denken und selbständiges Urteilen über Welt und Menschen, so ist er beinahe ebenso entsetzt über unser Emanzipiertsein, als wenn einem Alttürken seine Frau in dem Gewühl der Galata-Brücke unverschleiert begegnen würde.«[68]

Gegen veraltete Sitten, ungerechte Beschränkungen und Vorurteile anzugehen und den Frauen letztlich zu einer »ehrenvollen socialen und rechtlichen Stellung« im Deutschen Reich zu verhelfen, so verstand Mathilde Weber die Frauenfrage. Und wenn sie sich auch beklagte über die »westeuropäischen Türken« und die »Sisyphusarbeit«, jene von der Anerkennung ihres »Emanzipiertseins« zu überzeugen, so war sie doch, recht betrachtet, ganz zufrieden mit dem erreichten Stand der deutschen Frauenbewegung des Jahres 1892. Sie mußte nur den Blickwinkel etwas ändern.

Diese Verschiebung der Perspektive ergab sich für Mathilde Weber quasi reisebedingt, denn einmal im Orient, einmal im Vergleich mit den Verschleierten, die sie herzlichst dauerten und mit denen sie um nichts in der Welt hätte tauschen mögen, und schon fiel die Bilanz positiver aus: »So niederschlagend manche Erfahrung und Beobachtung in der deutschen Frauenfrage zuweilen wirkt, so zeigte mir doch ... diese Orientreise, wie viel wir allmählig errungen haben gegenüber diesen geknecheten, vegetierenden Frauen. Das tiefste Mitleid mit ihnen verbitterte mir oft den Genuß, mich in der wunderbarsten Stadt Europas umsehen zu dürfen.«[69]

Die »Stunde der Befreiung«

Gemütliche Stunden hingegen gab es für Mathilde Weber in Gesprächen nicht mit, aber über die Rolle der türkischen Frauen. Derart rigide war das Programm des Reiseveranstalters Karl Stangen denn doch nicht, daß sie nicht Zeit gefunden hätte, »von der bekannten Schriftstellerin Dettlef Stern (Fräulein Strempel aus Mecklenburg) und der beliebten Aerztin Fräulein Siebold sowohl besucht als eingeladen« zu werden.[70] Auf diesen

Treffen erkundigte sich Mathilde Weber mit lebhaftem Interesse nach den Erfahrungen und politischen Einschätzungen der »Fräulein«, die beide in der deutschen Kolonie Konstantinopels lebten und aufgrund ihres Berufes – die eine unterrichtete in einem Harem Französisch, die andere praktizierte als Frauenärztin – Zugang zu jenem Frauenleben hatten, das ihr als Touristin verschlossen blieb.

Beide Frauen hätten, so berichtete Mathilde Weber, die Erfahrung gemacht, »daß seit dem durch die neuen Eisenbahnen lebhafter gewordenen Zuzug von freier lebenden Ausländerinnen bei den intelligenteren Haremsdamen immer mehr ein Verständnis für ihre demütigende Lage erwache, so daß sie sich tief unglücklich fühlen. Besonders wachse auch die Erkenntnis ihrer großen Unwissenheit gegen über den fremden Frauen. Dadurch bemächtige sich ihrer ein zunehmendes Lern- und Thätigkeitsbedürfnis. – Das ist ein gutes Zeichen, wenn sie den Müßiggang satt bekommen.«[71] Als deutliche Anzeichen für einen allmählichen Wandel der Verhältnisse verwiesen die beiden Gewährsfrauen offenbar auf die nationale Erneuerungsbewegung der Jungtürken, denn Mathilde Weber meinte, »nur die Reformtürken können sich entschließen, ihre Frau – und sie haben längst nur eine ebenso wie die armen Türken, mitarbeiten und den Einkauf besorgen zu lassen.«[72]

Diesen Beobachtungen entnahm Mathilde Weber die tröstliche Zuversicht, daß der Stand, den die deutsche Frauenbewegung erreicht habe, bald auch für die türkischen Frauen Wirklichkeit werde. Sie ergänzte ihre Diagnose gesellschaftlicher Unterdrückung um die optimistische Prognose: »Doch auch ihre Stunde der Befreiung naht.«[73] Eigentlich war es eher ihre diffuse Hoffnung, mit der Mathilde Weber ihre Überzeugung aussprach, daß es nur eine Frage der Zeit sein könne, bis der Harem der Vergangenheit angehore, das Schleiertragen untersagt statt gesetzlich gefordert, bis die monogame Ehe, eine allgemeine Schulbildung für Mädchen und die berufliche Mitarbeit der Frauen durchgesetzt sei. Sie konnte nicht ahnen, wie hellsichtig diese Prognose sich noch erweisen sollte.

Knapp zwanzig Jahre nach Mathilde Webers Reise in den Orient entwickelte sich die jungtürkische Reformbewegung tatsächlich zu einem politischen Faktor und versuchte 1908 eine Revolution, an der auch ein Mann teilnahm, der das Gesicht der Türkei im 20. Jahrhundert und die Rolle der türkischen Frauen grundlegend verändern sollte: Kemal Mustafa Pascha, besser bekannt unter dem Namen Kemal Atatürk – zu deutsch »Vater der Türken«. Nach dem Zusammenbruch des Osmanischen Reiches (1918) kämpfte er für einen Nationalstaat und die Trennung von Staat und Islam; 1923 rief er die türkische Republik aus, für deren Aufbau er, nach abendländischem Muster, die Gleichstellung der Frau forderte, mit der Begründung: »Wenn ein Gesellschaftskörper sich begnügt, die modernen Bedürfnisse nur eines seiner Geschlechter zu befriedigen, so bleibt er zu mehr als die Hälfte notleidend.«[74] Diese Beförderung der Frauenfrage aus Gründen der Staatsräson hat Mathilde Weber nicht mehr erlebt, aber es ist unwahrschcinlich, daß sie dagegen Einwände erhoben hätte.

Kapitel 9

Reiseerinnerungen – Dokumente einer Grenzverschiebung

In dem erhebenden Gefühl, eine beträchtliche Distanz zurückgelegt und ihre Reise gemeistert zu haben – und dies, entgegen allen Prognosen ihrer wohlmeinenden Zeitgenossen, ohne lebensgefährliche Abenteuer –, schlugen die reisenden Frauen das letzte Kapitel ihrer Reiseschilderung auf. Die wenigsten taten dies mit einer so ungetrübten Vorfreude wie die fromme Pilgerin Maria Schuber, die in ihrem letzten Brief von 1848 schrieb: »Nun geht's der Heimreise zu. Wenige Tage noch, und ich kann Allen, die sich meiner freundlich erinnern, meinen Pilgergruß aus Jerusalem überbringen«.[1]

Noch seltener als ungetrübte Vorfreude war der exaltierte Überschwang, mit dem sich die Schauspielerin Elsa von Schabelsky wieder in den Armen Europas wußte. Als befände sie sich auf dem Theater und müßte soeben die dramatische Schlußszene spielen, hoffte die Schauspielerin auf das Ende eines miserablen Stückes, das von lauter Entsagung gehandelt und in dem sie eine höchst undankbare Rolle gespielt hatte: »Mit einem Seufzer der Erleichtung« landete sie auf der iberischen Halbinsel. »Jawohl – der Erleichterung. Denn ich hatte kaum den Fuss auf das schöne Pflaster gestellt, als sämtliche Bequemlichkeiten unseres alten prosaischen Europas mir in den Sinn kamen. Die Romantik ist ja eine schöne Sache, – aber unbequem und ermüdend bleibt sie doch. Hier in Gibraltar – auf weichem Polster einer Droschke sitzend, durch saubere, gepflasterte Strassen rollend, merkte ich, wie furchtbar müde ich geworden war von all dem Nomadenleben. Jeder Blick zeigte mir angenehme Dinge, die uns Europäern so vertraut sind, dass man sie erst dann merkt, wenn sie längere Zeit gefehlt haben.«[2]

Die meisten Frauen blickten eher widerwillig der Tatsache ins Auge, daß die Stunde des Abschieds schlug und die Route heimwärts ging. Ein letztes Mal widmeten sie sich in aller Ruhe ihrer »Schreibe= und Reisestimmung«[3] – und nicht nur Ida Hahn-Hahn beschlich dabei ein unbehagliches Gefühl, wie sie ihrer Freudin am 2. März 1844 aus Kairo gestand: »Dies ist der letzte Brief aus Egypten. Siehe da! ich ertappe mich bei diesem Wort auf einem kleinen wehmütigen Gefühl.«[4]

Wehmütig fiel der Blick zurück, weil die Stunde der Abreise einen Schlußstrich zu setzen drohte unter einen kurzen, aber intensiv erlebten Lebensabschnitt. In der Rückschau wurde die eigene Tat, die oft so schwierig durchzusetzen gewesen war, als persönliche Leistung empfunden. In die Wehmut mischte sich Stolz auf das bewiesene Vermögen, der vertrauten Kultur wirklich (und nicht nur in Wunschträumen) den Rücken gekehrt und sich den üblichen Alltagsritualen für eine geraume Weile entzogen zu haben. Darin lag das Erhebende des Gefühls, und es hatte sein Maß am jeweils eigenen Horizont. Mochte der Mut gelegentlich auch »nur« zu einer Gesellschaftsreise und »nur« bis an den Bosporus gereicht haben, gemessen am gewohnten Lebensgang stellte sich die zurückgelegte Reise durch Raum und Zeit als außergewöhnliches Ereignis für die eigene Person dar. Eine subjektive Entgrenzung hatte stattgefunden, die im Vergleich zu den sonstigen Lebensumständen als Ausnahmezustand empfunden und als solcher in die eigene Biographie eingeordnet wurde.

»Der übers Meer fährt, sagt zwar Horaz, verändert nur den Himmelsstrich, nicht sich selbst. Aber«, so wandte der Philosoph Ernst Bloch ein, »er verändert wenigstens den Himmelsstrich: im einfachen Fall ist das eine Umstellung der Kulissen, im bedeutenderen erwächst aus dem veränderten Bewußtseinsinhalt eine veränderte Bewußtseinslage«.[5] Von ihrer persönlichen Warte aus haben alle der hier vorgestellten Frauen diese Möglichkeit der Veränderung erfahren. In ihren Augen glich oft schon der Kulissenwechsel einer unerläßlichen subjektiven Bereicherung, der sich subtil in ihre Persönlichkeit eingeschrieben hatte. Insofern hatte sich der Horizont tatsächlich zeitweilig in andere Dimensionen verschoben.

Die Rückreise bildete eine Sollbruchstelle im Lebenslauf, war gewollt, geplant, gebucht – und doch nur widerwillig akzeptiert. Die Wehmut richtete ihren Blick nicht nur auf das Vergangene, sondern nahm auch die Heimkehr vorweg. Nur widerwillig ordnete sie sich dem Wissen unter, daß das soeben erworbene Lebensgefühl sich nicht bruchlos von der Reise in den Kontext des Alltags und des europäischen Kulturkreises überführen ließe. Nichts deutete die bevorstehende Zäsur in der eigenen Biographie stärker an als die Rückfahrkarte, die man in der Hand hielt.

Mit einer Ausführlichkeit und gelegentlich auch rührseligen Sentimentalität, wie vergleichbare Reiseberichte von Männern selten zu enden pflegten, setzten sich die weiblichen Reisenden mit der nahenden Abreise auseinander. Auch ein kurzer Blick auf den Stadtplan oder die Landkarte genügte, um die Stimmung einzutrüben, und das deprimierende Gefühl zu vermitteln, man habe mehr versäumt als gesehen. Die Vorstellung heimzureisen löste unter diesem Gesichtspunkt wenig Vorfreude aus und wurde ganz im Gegenteil als drastischer Widerspruch zur Intensität empfunden, mit der man soeben begonnen hatte, sich einen kleinen Teil des großen Defizits anzueignen. So bilanzierte Mathilde Weber: »Wenn man zur Rückerinnerung den Plan von Konstantinopel übersieht, so erschrickt man, nur den kleinsten Teil davon gesehen zu haben.«[6]

Mit dem ihr eigenen Sinn für Dramatisierung faßte Louise Mühlbach die Rückkehr als regelrechte Zumutung, ja als einen Akt der Entsagung auf: »Heimkehren mußte ich aus dem Wunderlande Aegypten, obwohl ich die ganze Herrlichkeit desselben noch nicht geschaut, obwohl ich Ober-Aegypten noch nicht gesehen! ... Ich muß für diesmal dem Glück entsagen, die ›Zauberinsel‹ zu sehen und in den Tempeln von Karnak mein Haupt zu beugen«.[7]

Der private Orient

Als einzige der hier vorgestellten reisenden Frauen hatte Louise Mühlbach allerdings das Glück, noch im selben Jahr in ihr »Wunderland« zurückkehren zu dürfen. Sie hatte also eigentlich wenig Grund zu Wehmut, konnte sie sich doch nur wenige Monate später »zurückkehren nach dem Wunderlande Aegypten, um mein Herz ganz mit den Schönheiten desselben zu erfüllen! Ich getröste mich der künftigen Tage, die da kommen werden!«[8] Die beinahe bruchlose Fortführung der »glücklichen Tage« in Ägypten war ihrem Beruf als Romanschrifstellerin zu verdanken. Um den historischen Roman über die ägyptischen Regenten verfassen zu können, verlegte Louise Mühlbach noch im selben Jahr ihren Schreibtisch von Berlin nach Kairo, gewissermaßen an die Inspirationsquelle und den geplanten Handlungsort ihres Romans.

Alle anderen Frauen waren tatsächlich mit dem ernüchternden Datum konfrontiert, sich für lange Zeit, wenn nicht auf Nimmerwiedersehen, von den besuchten Städten und Stätten verabschieden zu müssen. Eben darin lag die Wehmut, und dieses Gefühl wollte bewältigt sein, wenn es nicht vollends in Trauer umschlagen sollte. Eine häufig angewandte Methode bestand darin, sich selbst eine Zukunftsoption zu verschaffen. Was im Fall von Louise Mühlbach als reale Aussicht bestand, ließ sich schließlich auch als reines, aber trostreiches Gedankenspiel durchführen. Das Ende der Reise wurde gewissermaßen umdefiniert, aus dem Bruch wurde eine lediglich vorläufige Unterbrechung. Der drohende Verlust ließ sich mit dem tröstlichen Gedanken abmildern, irgendwann könne die Reise doch wiederholt und bruchlos in die Zukunft verlängert werden – selbst wenn diese Vorstellung aller Wahrscheinlichkeit widersprach. So schrieb Mathilde Weber Juli 1891: »Noch einmal die Landreise in drei Tagen mit dem Blitzzug dorthin zu machen, das würde mir das größte Vergnügen bereiten. – So unwahrscheinlich es dazu kommt, so winkte ich doch bei der letzten Fahrt über die geliebte Galatabrücke nach allen Himmelsrichtungen der schönsten Stadt der Erde ein Lebewohl auf Wiedersehen!«[9]

Stand der Beschluß zur Rückreise einmal fest, wurden viele Frauen von der unumstößlichen Gewißheit erfaßt, daß sie ihre Rolle rückwärts denken mußten, und daß ihre Heimkehr einen gelinden »Kulturschock« in umgekehrter Richtung bei ihnen auslösen würde. Von einem Tag auf den andern würden sie wieder, wie Mathilde Weber, den kleinstädtischen Geist Tübingens atmen müssen, oder, wie Maria Belli aus Frankfurt, Einladungen für eine Abendgesellschaft in einen gediegenen Bürgerhaushalt schreiben. Sie würden in ihre verwaiste Wohnung zurückkehren und der Erwartung begegnen, daß sie ihre jeweiligen Rollen in adeligen oder bürgerlichen Kreisen, als Baronin, Erzieherin, Hausfrau, Tochter, Mutter usw. einfach wieder aufnehmen – als ob nichts gewesen wäre, als ob sie nie die Rolle einer Reisenden übernommen hätten. So schrieb Marie von Schwartz im Rückblick auf ihre viermonatige Reise: »Mir war zu Muthe, wie einem Knaben, welcher nach genossenen Ferien dem heimatlichen Hause ›Lebewohl‹ sagt, um sich dem Schuljoch wieder zu unterwerfen. Ach ja! das wild tobende, oft aufgeregte und änstigende Meer, die öden Steppen der berberischen Küste, die waren in kurzer Zeit eine mir theure Heimat geworden, und mir däuchte, eine innere Stimme lispele mir grausam zu: ›schwer wird der Zwang des kleinlichen, sogenannten Civilisationslebens nach der eben geschmeckten Freiheit auf dich drücken.‹«[10]

Für die reisenden Frauen war mit dem Genuß eines privaten Freiraums in gewisser Weise doch noch wahr geworden, was man dem Orient seit *Tausendundeine Nacht* zuschrieb, sein wundersamer Märchencharakter. Aus dieser subjektiven Perspektive resultiert das Paradox, daß die Reiseberichte von Frauen die Besonderheit an sich haben, gleichzeitig ein negatives und ein positives Orientbild zu geben.

In der Gesamtbilanz wurde der Orient hauptsächlich deswegen positiv verbucht, weil er als privater Schauplatz des besonderen, des als außergewöhnlich empfundenen Lebensabschnitts gedient hatte. Das negative Orientbild hingegen war quasi öffentlicher Natur, gehörte zum Allgemeingut des 19. Jahrhunderts. Auf diesem Gebiet haben die Frauen keine Grenzverschiebung vorgenommen, noch nicht einmal die Vertreterinnen des fortschrittlichen Flügels der Frauenbewegung, wie zum Beispiel Mathilde Weber. Mochten sie auch gegen den unzivilisierten, barbarischen, müßiggängerischen Orient gesagt haben, was sie wollten – in der Stunde der Abreise ließen die weiblichen Reisenden ihren privaten Orient siegen. Während ganz Europa dem Osmanischen Reich Unfreiheit attestierte, hatten die Frauen ausgerechnet diesen Raum als Freiraum erlebt, und genau so wollten sie den Orient in Erinnerung behalten.

Der Mitnahme-Orient

Verbreitet war das Bedürfnis, etwas mitzunehmen von der Reise und auf diese Weise ein Bruchstück des subjektiven Ausnahmezustandes, einen Hauch des privaten Orient-Abenteuers hinüberzuretten in den bevorstehenden glanzlosen Alltag. Als ein solches Bindeglied zwischen Reise und Alltag, zwischen Vergangenheit und Gegenwart, zwischen Orient und Europa dienten die eigenen Briefe. Oft wurden die Adressaten sogar ausdrücklich aufgefordert, das kostbare Gut verständig zu bewahren, bis es die Absenderin zurückfordern und zu einem Reisejournal binden lassen würde.[11]

Spätestens wenn die Schiffspassage gebucht und die Rückfahrkarte gekauft war, sahen die Reisenden sich nach Dingen um, die dem Vergessen entgegenarbeiten könnten, nach einer im wörtlichen Sinne spürbaren Erinnerung, nach einem Souvenir. Als solches mußte es unter anderem transportabel sein, also nicht sperrig, und ins Gepäck passen, also nicht ungebührlich schwer. Besonders beliebt waren deshalb antike Münzen oder »echte Ushabti, jene kleinen, den Mumien mitgegebenen Thonfiguren«[12] – oft vermeintlich echt antik, aber auf alle Fälle handlich zu transportieren. Noch häufiger wurden orientalische Kleidungsstücke mitgenommen. So brachte Käthe Schirmacher ihrem Großvater einen roten, echt orientalischen Fez mit, wie ihn die Männer des Osmanenreiches zu tragen pflegten. Für sich selbst kauften die weiblichen Reisenden vorzugsweise Schals und Schleier: zum einen, weil ein Souvenir soweit wie möglich die Welt repräsentieren sollte, aus der man zurückgekehrt war, also landestypisch sein mußte; und zum anderen, weil sich mit diesen Kleidungsstücken in besonderem Maße die orientalische Frauenwelt verband. Natürlich hätten auch Haremsgitter diesen Zweck erfüllt, – und das Schriftstellerehepaar Karl und Klara May ließ tatsächlich einen unhandlichen Holzparavent nach Dresden verfrachten, der ihnen als Haremsartikel verkauft worden war –, meist aber kam dieses Souvenir wegen der ungelösten Transportfrage nicht in Betracht.

In den Mitbringseln sollte sich die fremde Kultur spiegeln, ein Hauch vom typischen Orient vergegenständlicht sein. Gelegentlich sagte die Andenken-Auswahl allerdings mehr über die Besitzerin als über das Land aus. So brachte Natalie von Uexküll gleich »einen ganzen Sack Rosenkränze«[13] aus Palästina mit. Ähnlich mit Devotionalien beladen war auch

Maria Schuber, die Mühe hatte, ihre Andenken an ihre Fuß- und Pilgerreise heil nach Haus zu bringen. Kurz vor ihrer Ankunft in Graz wanderte sie »mit frohem Sinn durch die beiderseits mit Frucht beladenen Fluren, auf belebter Straße der heitern Hüttenbewohner. Auf einmal vermisse ich meinen Jordanstock; koste es was es wolle, dachte ich, meinen Stock zu suchen, den ich schon so weit hierher bringe, zähle ich keine Schritte. Ich kehrte um, frage alle Leute, begegne einer Botenfrau, die gerne mit mir sprach, und sich im Finden glücklich pries«,[14] und den gesuchten Stock auch tatsächlich fand. Aus solchen kleinen Abenteuern spricht die große persönliche Wertschätzung von Gegenständen, die ein Stück der weiten Reise symbolisieren.

Manche Andenken mußten noch nicht einmal käuflich erworben werden, um der Erinnerung zu dienen. So packte Maria Schuber in der Wüste etwas Sand ein, dessen Kristalle sie unter dem gleißenden Licht hatte wunderbar funkeln sehen.[15] Noch auf der Rückreise mußte sie zu ihrem Leidwesen die Erfahrung machen, daß ihr wertvolles Andenken in den Augen anderer vollkommen sinn- und wertlos wirkte. Tief verletzt fühlte sie sich von dem Verhalten der Zollbeamten an der österreichischen Grenze, die »eine anmaßliche Reisetaschen=Visitation« durchführten: »... sollen die zartesten Gefühle der höchst undelikaten Durchsuchung und Nichtachtung des Eigenthums ... unterliegen? In Triest machte man mir mit meinem armen Pilgerkorb von Palmblättern und einer Schachtel mit Rosenkränzen Aufsehens und Zeitaufenthalt ... Dann lachte man über die Spielereien, als man den Korb bis auf den Grund durchgrub, und mein kostbarer Wüstensand aus seinem Säckchen rollte.«[16]

Auch bei Maria Belli sorgte der Gang durch den Zoll für Aufregung. In ihrem Fall war aber der Gegenstand, den die Beamten aus dem Koffer beförderten, gekauft, und zwar nicht nur wegen seines persönlichen Erinnerungswertes: »... ein türkischer Weiberanzug, um meinen Angehörigen ein getreues Bild geben zu können, wie eigentlich die Türkinnen im Harem gekleidet sind.«[17] Am Zoll löste ihr Kofferinhalt auf beiden Seiten Erstaunen und Unverständnis aus: bei Maria Belli, weil sie doch nur ein harmloses Souvenir eingepackt hatte, das sie zuhause vorzeigen wollte, und bei den Zollbeamten, weil ihnen dieses Anliegen noch nicht untergekommen und einigermaßen verdächtig vorkam. Die komplizierte Situation wechselseitigen Befremdens fand dank der Hilfe eines Mitreisenden eine verblüffende Lösung: »Wegen meiner türkischen Damenkleidung machte man auf der Douane einige Schwierigkeiten; Herr R. aber ... bemerkte dort, daß ich denn doch wohl meine Kleider brauche, worauf die Douaniers fragten: ›ob ich denn eine Türkin sei?‹ Da dies bejaht wurde, ließ man meine Sachen ohne Weiteres passiren.«[18]

Camera obscura

Um den Daheimgebliebenen eine möglichst anschauliche Vorstellung von der Reise vermitteln zu können, war das Bedürfnis verbreitet, die Reiseerlebnisse auch bildhaft vermitteln zu können. Schon Johann Gottfried Herder wünschte sich ein entsprechendes Medium: »Es wäre schön, wenn ich jetzt durch eine Zauberruthe alle bisher gegebnen unbestimmten Wortbeschreibungen in Gemählde verwandeln könnte«.[19] Ansatzweise ermöglichte im 18. Jahrhundert die Camera obscura, ein Vorläufer des Photoapparates, Landschaftsbilder originalgetreu zu reproduzieren. Eine populäre Ausdrucksform dieser technischen Zeichenhilfe war das Panorama oder, im Format kleiner, das Cosmorama.

Solche handgemalten Stadt- und Landansichten – dem Geschmack der Zeit gemäß auf den Orient konzentriert – waren einem breiteren Publikum zugänglich und ein geschätztes Medium, das geeignet war, eine konkrete Vorstellung zu vermitteln. Und es erschien dem sprachlichen Reisebild weit überlegen – so jedenfalls empfand Maria Schuber das Kairo-Bild des bekannten Kunstmalers Hubert Sattler,[20] das sie im heimatlichen Graz gesehen und kurze Zeit später mit der Wirklichkeit vergleichen konnte. In ihrem Brief aus »Cairo, den 7. Jänner 1848« schrieb sie: »Durch Herrn Sattler, der hier noch im frischen Andenken steht, doppelt an sie erinnert, sende ich Ihnen meine Grüße zu, überzeugt, daß Ihre freundliche Theilnahme, mich in Cairo zu wissen, mir meinen Triumph feiern hilft. Gestern besah ich vom Castell aus die ungeheuere große Stadt mit ihren flachen Steindächern und ihrer üppig grünen, durch fünffache Ernte gesegnete, mit fruchtlosen Sandebenen abwechselnde Umgebung ... Man zeigte mir mehrere Puncte, die Sattler von hier aus für sein Cosmorama aufgenommen hat. Das Vergnügen, dieses Cosmorama in seiner Naturpracht und vollen Werthe zu überschauen, überbietet weit jeden Versuch von Darstellung und Mittheilung.«[21]

Während Schausteller noch mit Panoramen, Cosmoramen, Diaramen usw. durch Europa zogen, kündigte sich bereits die Weiterentwicklung der Camera obscura an, die Photographie. Fasziniert von dieser mechanischen Abbildungstechnik berichtete Alexander von Humboldt 1838 von der Revolution der dokumentierten Wahrnehmung: »Gegenstände, die sich selbst in unnachahmlicher Treue mahlen; Licht, gezwungen durch chemische Kunst, in wenigen Minuten, bleibende Spuren zu lassen. Betrug, Nachhelfen mit Pinselstrichen ist aber gar nicht denkbar. Die Bilder haben ganz den unnachahmlichen Naturcharakter, den die Natur nur selbst hat aufdrücken können.«[22]

Erstaunlicherweise zeigten sich die reisenden Frauen des 19. Jahrhunderts recht verschlossen gegenüber diesem Medium. Eine Frau wie die Frankfurter Malerin Louise von Panhuys hatte im 18. Jahrhundert keine Wahl gehabt, sie mußte zeichnen, wenn sie ihre Reisebilder vermitteln wollte.[23] Aber noch ein Jahrhundert später verhielten sich die reisenden Frauen so, als ob die Bildkultur auf dem Stand des Goethe-Zeitalters verblieben wäre. Als ob es keine Alternative gegeben hätte zur manuellen Verfertigung von Bildern, sprachlich und eigenhändig gezeichnet bzw. gemalt, blieb ihnen das neue Medium fremd – mit Ausnahme von Ida Pfeiffer.

Durch den positiven Verlauf ihrer ersten Reise (ins Heilige Land) fühlte sich Ida Pfeiffer zu weiterem Reisen ermutigt, so daß sie schon zweieinhalb Jahre später, 1845, »nach dem skandinavischen Norden und der Insel Island« aufbrach. Bemerkenswert an dieser Reise ist vor allem ihr Pioniergeist, als erste Frau auf die Idee zu kommen, einen Fotoapparat mitzunehmen. Das photographische Verfahren, das Ida Pfeiffer erlernt hatte,[24] hieß Daguerreotypie, benannt nach dem französischen Maler und Erfinder Louis Jacques Daguerre. Nur sechs Jahre, nachdem dieser die sensationelle Technik 1839 in Paris vorgestellt hatte, und nur vier Jahre, nachdem 1841 das erste Buch erschienen war, dessen Bilder auf photographischen Vorlagen beruhten (bezeichnenderweise handelte es sich dabei um Reisebilder!),[25] kaufte sich Ida Pfeiffer eine der teuren und seltenen Fotoausrüstungen. Sie versuchte erstmals, Reisebilder in Form von Lichtbildern mitzubringen – der Versuch ist gescheitert. Offenbar enttäuscht von den Tücken, die die Anwendung des neuen, technisch nicht ausgereiften Mediums zu einem gewagten, unsicheren Unternehmen machten, ließ Ida Pfeiffer keinen zweiten Versuch folgen.[26]

Abgesehen von dieser Ausnahme hat es unter den weiblichen Reisenden keine Ansätze gegeben zu photographieren. Eine durchaus verblüffende Enthaltsamkeit, wenn man bedenkt, daß die Lust an Orientbildern ja sonst sehr ausgeprägt war. Andererseits aber wird dieses Verhalten um so erklärlicher, wenn man nicht nur die technischen Schwierigkeiten bedenkt, sondern auch die kulturelle Distanz in Betracht zieht, die mit dem Fotoapparat dokumentiert wurde – im doppelten Sinne des Wortes: Die Lichtbildaufnahmen dokumentierten, zumindest der Intention nach, fremde Länder und Kulturen. Und der dazu nötige Apparat dokumentierte den Kulturkreis, der dieses Instrument entwickelt hatte. Im Akt des Aufnehmens selbst – gleichgültig, ob die Bilder gelangen oder, wie bei Ida Pfeiffer, nicht – entstand eine sichtbare und allen Beteiligten deutliche Unterscheidung. Der Apparat erzeugte eine Trennlinie zwischen den Reisenden auf der einen Seite (die ein hölzernes Gerät und sich dahinter aufstellten, um durch die Linse zu blicken), und Einheimischen auf der anderen Seite (die zwar keine Verfügungsgewalt über den Apparat hatten, ihm

Abbildung 28: Familie B.-Solingen im Orient, 1906.

aber als Motiv zur Verfügung stehen sollten). Diese Grenze zwischen Subjekt und Objekt verlief lange Zeit parallel zu der zwischen Europa und dem Orient. Wer einen photographischen Apparat aufstellte, mitten in Konstantinopel oder vor den Pyramiden, der kam eindeutig aus der westlichen Kultur. Dies galt selbst gegen Ende des Jahrhunderts noch, als es in allen Anrainerstaaten des Mittelmeeres längst Berufsphotographen gab, Europäer, denen Einheimische bestenfalls zuarbeiten durften.

Gelegentlich bekamen europäische Reisende unangenehm zu spüren, daß ihre gefeierte Kulturerrungenschaft in den Augen der islamischen Bevölkerung sehr befremdlich wirkte. So wird von einem Photographen namens Payer 1863 berichtet, daß ein aufgebrachter »egyptischer Mob seine Blasebalg-Camera als einen verfluchten Cholerakasten zerschlug«.[27] Und von einem anderen Deutschen, der 1889 seine Kamera in Konstantinopel vor einer Moschee postierte, wird erzählt: »Er gerieth durch den Fanatismus des Volkes in Lebensgefahr, wurde arretirt und des Landes verwiesen.«[28] Solche Erfahrungsberichte waren nicht eben zur Nachahmung angetan, und so beschränkten sich die reisenden Frauen des 19. Jahrhunderts auf zwei Varianten, vorzeigbare Bilder aus dem Orient mit nach Hause zu bringen: eine manuelle und eine mechanische.

Manuelles und mechanisches Orientbild

Das Skizzieren malerischer Kulissen war eine klassische Form, die anwenden zu können zum Erziehungsprogramm der »Tochter aus gutem Hause« gehörte. Und so ging nicht nur eine Käthe Schirmacher mit ihren Zeicheninstrumenten spazieren,[29] sondern auch Sophie Christ, Sophie Döhner und später auch Marie von Bunsen.[30] Für die traditionelle Art, eigenhändig Reisebilder zu malen, sprach zunächst einmal der Akt der »Aufnahme« selbst. Der Vorgang des Malens bot eine Zeit der Muße, eine meditative Stimmung, ein Verinnerlichen des Motivs. Sophie Döhner hielt diese Atmosphäre mit den Worten fest: »Dann folgten noch ein paar schöne, ruhige, fleißige Tage; ich malte allein in den stillen Tempeln und versenkte mich im Geist in die ferne Vergangenheit ...«[31]

Häufig war die Motivsuche auf archaische Preziosen gerichtet, auf Moscheen, Tempel, und Landschaften. Mitunter aber wurde der Blick auch von »lebenden Bildern« gefesselt, wie der Reisebericht Sophie Döhners aus Hamburg ebenfalls verrät. Sie beschrieb 1894 eine Kairoer Hauptstraße: »Ich saß eines Morgens dort auf einem erhöhten Tritt vor einem Barbierladen und suchte das Bild des schachbrettartig roth und weiß bemalten, imposanten Gebäudes mit dem graciösen Minaret und das bunte Marktgetriebe davor festzuhalten, und vor meinen Augen entwickelten sich wie in einem Kaleidoskop die verschiedensten Szenen. Bald war es ein Leichenzug ... Dann wieder erscholl Militärmusik, englische bag-pipes, und ein Regiment ... britischer Soldaten füllte die enge Gasse, auf der sich zum Glück gerade kein hochbeladenes Kameel befand, das nicht auszuweichen versteht. Manchmal stockt aber doch der Verkehr, einem umherziehenden Händler wird seine Karre oder sein tragbares Tischchen mit Spritzkuchen und Süßigkeiten umgestoßen ... Neben mir steht ein Fellachenmädchen mit einem entsetzlichen baby, dem die Augen von Fliegen fast verklebt sind, ein allgemeines ägyptisches Uebel; zu Füßen wälzt sich ein halbverrückter Neger, der abwechselnd heult und grinst; dicht daneben erzürnen sich Zwei beim Ausnehmen eines Kalbskopfes, alle Augenblick rennt der Barbiergehülfe aus seinem Laden, um zu sehen, ob er nicht noch etwas mehr Backschisch aus mir herauspressen kann. Man muß die Kunst sehr lieben, um bei solcher Umgebung Stand zu halten!«[32]

Auch wenn Sophie Döhner die Bedingungen, unter denen sie sich zeichnerisch betätigte, als schwierig und eher hinderlich empfand, so spricht aus ihrer Schilderung doch deutlich heraus, wie sie mit ihren Augen »flanieren« ging, wieviel Zeit und Muße sie mit dem Straßenbild verbrachte.

Diese manuelle und individuelle Art, sich im wörtlichen Sinne »ein Bild zu machen«, schlug gegen Ende des 19. Jahrhunderts nicht mehr synchron zum Takt der Zeit, hatte doch mit dem Medium der Photographie das, wie Walter Benjamin es nannte, »Zeitalter der technischen Reproduzierbarkeit«[33] begonnen. Um sich die Erinnerung an die Fremde und ihre ethnischen Besonderheiten zu bewahren, bedurfte es nicht mehr zwingend eines eigenhändigen Bilddokumentes. Ansichten von den Pyramiden, von Tempeln am Nil, vom Panorama Konstantinopels usw. waren nunmehr in beliebig vervielfältigter, mechanischer Serienfertigung zu haben, einfach und auf die Schnelle verfügbar.

Als eine der ersten Frauen machte Hedwig von Hohnhorst ausgiebig von diesem modernen Angebot Gebrauch: In Beirut »besuchte ich das Atelier des Signor Dumas, des italienischen Photographen; derselbe hat eine interesssante Auswahl von Ansichten der vielen berühmten Orte und Landschaften Syriens und Palästinas, sowie der verschiedenen Landestrachten und Costüme, ich vervollständigte meine Sammlung unter anderem auch mit einer Ansicht der Cedern des Libanon, deren Aufnahme sehr gelungen schien. Herr Dumas war erst gestern von seiner Reise dahin zurückgekehrt.«[34] Hedwig von Hohnhorst hielt damit Dokumente auch ihrer Reise in Händen. Mochte sie auch ein anderer zu einem anderen Zeitpunkt in anonymem Kundendienst aufgenommen haben, so waren sie in den Augen der Käuferin doch authentische Reproduktionen. Der unschätzbare Vorteil solcher Lichtbilder, wie Hedwig von Hohnhorst sehr wohl sah, lag darin, daß die käuflichen »Ansichten« eine Entsprechung in der Wirklichkeit hatten; emanzipiert vom zeichnerischen Geschick, sahen die Zedern wirklich wie Zedern aus.

Diese Realitätsnähe wurde allerdings dann erheblich beeinträchtigt, wenn nicht Landschaften, sondern Menschen photographiert wurden. Vorzugsweise abgelichtet wurden fremde Menschen, denen man die Ferne ansah, die dunkelhaarig und dunkelhäutig waren, die andere Kleidung und anderen Kopfschmuck trugen als die mitteleuropäische Menschheit. Als Fotomotive waren sie für die angereisten Photographen interessant, nicht aus ethnographischen Beweggründen, sondern wegen ihres »exotischen« Aussehens, über das die potentiellen Käufer der Lichtbilder staunten. Es war eine gewissermaßen »imaginäre Ethnographie«[35] wie die Reiseschilderungen auch, die am europäischen Wunschbild vom Orient orientiert waren. Lebensnahe Wiedergabe der fremden Kulturen war nicht beabsichtigt – und, was häufig vergessen wird, auch nur bedingt machbar. Der technische Stand der zeitgenössischen Lichtbildkunst verlangte noch »unmöglich« lange Belichtungszeiten, so daß die Menschen in »Landestrachten und Costümen« möglichst regungslos vor der Kamera posieren mußten, wenn die Aufnahme nicht verwackeln sollte. Die Einheimischen wurden aus diesem Grund aus ihrer natürlichen Umgebung herausgelöst und in der künstlichen Welt von Fotostudios »auf die Platte« gebannt. »Schnappschüsse« waren noch nicht möglich, damit auch keine lebhafte Dynamik, wie Sophie Döhner sie mit dem Zeichenstift einzufangen suchte. Statt dessen war ein ausdrucksloses, geduldiges Verharren vor der Kamera verlangt, möglichst ohne Mienenspiel.

In dieser Art statischer Photographie, die sich seit ihrer Erfindung vorzugsweise auf den Orient richtete, wurde im Grunde das prinzipielle Verhältnis, das Reisende zu Einheimischen einnahmen, »dingfest« gemacht. Nunmehr konnte man dasselbe Fremdenbild gegenständlich in Händen halten (und als Ansichtsfoto kaufen), auf das man während der Orientreise ohnehin meist verpflichtet war, auf die äußere Distanz und auf das reine Anschauen. Elisabeth Craven hatte diese Reduktion auf das Optische schon ein Jahrhundert zuvor mit den Worten festgehalten: »... ein Volk, womit man keinen Umgang hat, ist für Ausländer eine Nation von Bildsäulen, ausser daß die Leute reiten, gehen und in Böten fahren.«[36] Vor dem Kameraobjektiv erfuhren diese »Bildsäulen« noch eine weitere Reduktion, insofern sich die Leute nicht einmal bewegen durften. Das photographische ›Menschenbild‹ – dessen Aufnahmeverfahren von den Betroffenen als umständlich und unnatürlich empfunden wurde – war einerseits ein wirklichkeitsgetreues Abbild, kein Gemälde der Phantasie, und andererseits doch nur ein Zerrbild, weil die Abgebildeten zu ausdruckslosen Kostümträgern verfremdet wurden. Für die Braunschweigerin, die sich in dem erwähnten Beiruter Fotostudio selbst in Maronitentracht aufnehmen ließ, bedeutete diese Verpflichtung auf statisches Posieren sogar

Abbildung 29: Marie von Bunsen (1860-1941)
in ägyptischer Tracht.

eine doppelt befremdliche Verwandlung. Hatte Hedwig von Hohnhorst sich schon zum Zweck der Aufnahme als Libanesin verkleidet, so mußte sich während der Aufnahme zudem noch in eine Statue verwandeln.

Aus der notgedrungen statischen Position erklärt sich die zeittypische Bildästhetik der Positur, die um die Dimension einer gewollten Selbststilisierung erweitert wurde. So verkleidete sich Marie von Bunsen – sie reiste 1882 auf Einladung ihrer Tante nach Ägypten – in einem Kairoer Fotostudio als Ägypterin und stand Modell für den Akt der photographischen »Verewigung«. Um die gewünschte Bildwirkung einer ägyptischen Frauenstatue zu dokumentieren, posierte die 22jährige in wallendem Gewand und mit gezierten Fingern, in der rechten Hand einen Palmenzweig, in der linken ein kleines Basttablett mit Bambuskästchen.[37] Um die Jahrhundertwende wurde die plüschige und gezierte Atmosphäre der Studios um Freilichtaufnahmen ergänzt. Ein beliebtes Motive der Orientphotographie bestand darin, Reisende vor oder auf den Pyramiden abzulichten.

Die Reise »klüglich an den Mann« bringen

Die Reise in einem Tagebuch oder Album festgehalten zu haben, war ein wichtiges Dokument der eigenen Person. In den Augen anderer mußte es nicht unbedingt dieselbe Wertschätzung erfahren, wie ja schon die Zollbeamten in ihrem rigorosen Umgang mit den geschätzten Souvenirs gezeigt hatten. Das Bedürfnis, sich mit ihrer biographischen Ausnahmeerfahrung an das Licht der Öffentlichkeit zu begeben, entwickelten deshalb längst nicht alle reisenden Frauen. Einige wenige verfügten auf diesem Gebiet schon über hinreichende Erfahrung und hatten die Publikation im voraus geplant, wie etwa Louise Mühlbach. Andere mußten zu diesem Schritt erst durch wohlmeinende Bekannte überredet und ermuntert werden. Dies war vor allem bei Frauen der Fall, die noch nie ein Buch geschrieben hatten, wie Therese von Bacheracht und die beiden österreichischen Pilgerinnen Maria Schuber und Ida Pfeiffer. Letztere konnte sogar einen regelrechten Bestseller plazieren. Und niemand war erstaunter als sie selbst, daß ihre »Sammlung von Notizen, die ich anspruchslos niederschrieb, um mich immer an das Geschehene zu erinnern, … den Weg in die große Welt finden würde.«[38] Vier Auflagen zu Lebzeiten und eine Übersetzung in sieben Sprachen schufen Ida Pfeiffer die finanziellen Voraussetzungen für weitere Reisen.

»Nach der Reise muß man wissen, seine gesehenen und erkannte Sachen klüglich an den Mann zu bringen«,[39] lautete ein Ratschlag von Johann Zedler aus dem frühen 18. Jahrhundert. Dieser Devise versuchten im Prinzip alle der hier vorgestellten Frauen zu folgen, indem sie in der einen oder anderen Form an die Öffentlichkeit getreten sind. Was sich auf dieser Bühne abspielte, war allerdings von sehr unterschiedlichem Erfolg. Anerkennung und Wertschätzung erfuhr die schriftlich dokumentierte Reise nämlich immer dann, wenn das Gesehene und Erkannte gerade nicht »an den Mann« gebracht wurde, sondern an die Frau, die Leserin. Sie war die Hauptkonsumentin belletristischer »Leichtgewichte«, als solche jedenfalls wurden die Reiseberichte von Frauen in der zeitgenössischen Literaturkritik eingeordnet.[40] Wer, wie Mathilde Weber oder Sophie Döhner, das Reisejournal explizit mit dem Anliegen geschrieben hatte, die Leserinnen aufzumuntern, es ihnen gleich zu tun, hatte sich »klüglich« entschieden und sein Publikum gefunden. Weniger Anerkennung als erwartet stellte sich dann ein, wenn der Adressatenkreis weiter gezogen wurde und der Blick auch auf namhafte Zeitgenossen fiel. So mußte Ida Hahn-Hahn enttäuscht feststellen, daß ihre *Orientalischen Briefe* zwar Leserinnen fanden, daß ihr aber die Literaturkritik keinen bedeutenden Rang als Schriftstellerin zubilligte.

Sehr disparate Erfahrungen machten auch diejenigen, die auf die schriftliche Abfassung ihrer Reiseberichte keinen sonderlichen Wert legten. Maria Belli zum Beispiel hatte sich unterwegs insbesondere mit botanischen Besonderheiten befaßt. Mit Hingabe sammelte sie Samen von exotischen Frucht- und Gemüsepflanzen, deren Existenz in ihren Breitengraden unbekannt war und die sie »in Frankfurt zu cultiviren gedenke«.[41] Und so brachte sie 1845 süßliche Melonen aus Syrien mit und eine Sorte, deren Namen Maria Belli nicht kannte, aber beschreiben konnte: »... sie hat die Form einer großen Gurke, und ist von der Farbe des Rothkrautes; diese soll abgekocht und mit Fleisch gefüllt, alsdann gebacken, recht gut sein.«[42] Die Samen einer solchen Aubergine brachte Maria Belli dem Senckenberg-Museum in Frankfurt mit. Auch Hedwig von Hohnhorst sammelte im Libanon Knollen und Samen, vor allem aber Abbildungen und echte Teile von landestypischen Trachten, die sie nach eigenem Bekunden dem Braunschweiger Museum überließ. Beide Frauen aber mußten enttäuscht erfahren, daß ihre wertvollen »Souvenirs« zwar dankend entgegengenommen wurden, ihre persönliche Leistung aber in keinster Weise gewürdigt wurde.

Auf der Reise Naturkundliches aller Art zu sammeln und diese Fundstücke einem Museum zu übergeben, gehörte zum Stil des 19. Jahrhunderts und war Ausdruck des herrschenden Wissenschaftsverständnisses. Mit enzyklopädischem Universalinteresse wollte man die Welt erfassen und ihrer habhaft werden, indem man sie in unendlichen Einzelteilchen anhäufte, feinsäuberlich systematisierte und akribisch registrierte. Den allerorten gegründeten Naturkundemuseen zuzuarbeiten war somit kein privates Vergnügen, sondern eine Dienstleistung für die Wissenschaft. Diesen Dienst leistete Ida Pfeiffer, indem sie dem Wiener Naturalienkabinett 2500 zoologische Sammlungsstücke überbrachte.[43] Und diesen Dienst leistete Pauline Helfer, als sie dem Böhmischen Museum ein Herbarium und seltene Insekten stiftete.[44]

Beiden Frauen widerfuhr zu später Stunde, aber noch zu Lebzeiten die Würdigung ihrer Zubringerdienste für die Naturwissenschaften. So schrieb der Naturforscher Alexander von Humboldt ein Empfehlungsschreiben, mit dem er »Frau Ida Pfeiffer einen kleinen Beweis meiner hohen und respektvollen Achtung zu geben« wünschte.[45] Und so wurde »Gräfin Pauline Nostiz-Rieneck, in erster Ehe mit dem Naturforscher Helfer vermält, den sie auf seinen Forschungsreisen in Asien begleitete, ... für ihre Verdienste um die Wissenschaft von der kaiserl. königl. geologischen Reichsanstalt in Wien zum Ehrenmitgliede ernannt.«[46]

(K)Ein weiblicher Columbus

Vollends enttäuscht wurde ausgerechnet jene Frau, die als Ahnfrau in die Annalen der Reisekultur einging. Mary Montagu nämlich mußte die bittere Erfahrung machen, daß sich für ihre im Orient erworbenen Kenntnisse über die Pockenschutzimpfung niemand interessierte.[47] Sie konnte noch so sehr darauf verweisen, daß man in der Türkei langjährige und beste Erfahrungen mit der Methode gemacht hatte, daß sie selbst geimpft worden war, und daß sie gelernt hatte, auch andere zu impfen – bei den englischen Ärzten stieß sie mit ihrem begründeten Versprechen, es gäbe ein probate Vorsorge gegen die Pockenseuche, auf taube Ohren. Selbst ein ausführlicher Artikel in einer medizinischen Fachzeitschrift konnte ihr nicht dazu verhelfen, das zu erreichen, was ihr von der Reise am wichtigsten war: ihre Erkenntnis weiterzugeben und diese Impfung einzuführen. Auch wenn ihr diese Leistung irrtümlich oft zugeschrieben wurde, wie etwa im *Brockhaus* von 1878, konnte Mary Montagu ihre Erkenntnis nicht »an den Mann« bringen. Lediglich an ihren eigenen Kindern konnte sie die in der Türkei erlernte Impfung durchsetzen.

Gegen Ende des 19. Jahrhunderts mehrten sich – vor dem Hintergrund einer erstarkenden Frauenbewegung – die Versuche, die *Leistungen der deutschen Frau*[48] auf wissenschaftlichem Gebiet herauszustreichen. Sogar die populäre Familienzeitschrift *Gartenlaube*, nicht gerade ein Publikationsorgan der Frauenbewegung, gab sich aufgeschlossen und stellte 1880 in einer Artikelserie »Frauen als Entdeckungsreisende und Geographen«

vor. Darin hieß es unter anderem: »Neue Fragen, die der Frauenemancipation, sind der Gegenstand mehr oder minder lebhafter Erörterung geworden. Man streitet darüber, ob die Frauen wirklich so viel physische und geistige Kraft haben, um den Männern ebenbürtig zur Seite gestellt zu werden – ob sie das Recht haben, sich aus den Schätzen der Wissenschaft und Kunst so viel anzueignen, wie ihnen ihre Fassungskraft gestattet ... – und ob sie das Recht haben, dies Capital zum Gemeinwohl beliebig zu verwerthen. Man braucht kein schwärmerischer Frauenlob zu sein, man braucht die angeblich brennende Frauenfrage nicht schüren zu wollen, wenn man behauptet, daß es Frauen giebt, deren Geist stark, deren Wille kühn, deren Charakter fest genug ist, um auch den schwierigsten Problemen wissenschaftlicher Forschung nahe zu treten und sich ihnen nachhaltig und erfolgreich zu widmen.«[49] Mit ihrem Anliegen, nach blinden Flecken auf der Landkarte historischer Leistungen zu fahnden und nach einem weiblichen Columbus oder Humboldt zu suchen, tat sich die *Gartenlaube* schwer. Verständlicherweise, denn woher hätten »Frauen als Entdeckungsreisende und Geographen« kommen sollen, wenn sie noch nicht einmal Unterricht in Navigation und Kompaßlesen nehmen durften?

Auch Elise Oelsner mied diese naheliegende Frage und mühte sich statt dessen, mit einem historischen Gesamtüberblick *Die Leistungen der deutschen Frau in den letzten vierhundert Jahren. Auf wissenschaftlichem Gebiete* (so ihr Buchtitel) herauszustreichen, worunter sie – eine absolute Rarität – auch »Reiseschilderungen« rechnete. Getragen war diese Sammlung von Frauenbiographien von dem Anliegen, einen Gegenbeweis anzutreten und der Geschichtswissenschaft gewissermaßen Unterschlagung nachzuweisen. Verbunden war damit auch der feste Glaube, sie müsse nur gezielt vergessene Leistungen aufzählen, um das Frauenbild der Zeitgenossen aus seiner Schieflage zu bringen und die spärlichen Zeugnisse weiblicher Pioniertaten aufzubessern. Elise Oelsner versuchte mit diesem redlichen Bemühen um Gleichstellung in gewisser Hinsicht eine Quadratur des Kreises – weil die Meßlatte dessen, was als »Leistung der deutschen Frau« anerkannt war und was nicht, sehr hoch lag, und zwar genau in der Höhe, wo die wenigen wirklich maßgeblichen Männer sie hingehängt hatten. Elise Oelsner führte aus vier Jahrhunderten bedeutende historische Leistungen an, womit sie gewissermaßen ein »Museum weiblicher Vorbilder und Heldinnen«[50] errichtete. Wie bemüht die akribische Fahndung nach »vergessenen« Heldinnen war, wie sehr sie sich an den herrschenden Normen der Überlieferung orientierte, dokumentierte die erwähnte Artikelserie aus der *Gartenlaube* mit der Auswahl ihrer Frauenportraits. Auf beinahe komische Art, aber in getreuer Widerspiegelung der Verhältnisse und dem ihnen geschuldeten Mangel an Beweisen, stellte die Zeitschrift unter dem irritierenden Titel »Frauen als Entdeckungsreisende und Geographen« vor: »Mistreß Atkinson's sibirische Hochzeitsreise«[51] und »Lady Barker, Leben einer Hausfrau in Südafrika«.[52]

Zu solch aberwitzigen Gegenbeweisen verstieg sich Elise Oelsner nicht. Sie gestand die Wahrheit durchaus ein, daß sich der Geschichte der Frauenreisen nur wenig Beiträge entlocken ließen, die ähnlich spektakulär wie die Entdeckung Amerikas oder der Nilquellen gewesen wären (dort war ungefähr der Olymp historischer Leistungen angesiedelt). »Eine Fülle des Thatsächlichen«, schrieb Oelsner über die weiblichen Reiseschilderungen, »ist jedenfalls in ihnen niedergelegt, und sollten sie nicht, der Mehrzahl nach, zur Vermehrung unserer geographischen Kenntnisse beigetragen haben, die Ethnographie und Culturgeschichte haben sicher ihre Vorteile davon gehabt.«[53]

Reisende Frauen fanden ihr Refugium nicht freiwillig in der Kulturgeschichte, aber immerhin dort wollte man ihnen einen Platz zugestehen. Die Begründung, mit der diese Einhegung den Frauen überlassen wurde, war allerdings meist nichts anderes als eine Fortsetzung der alten Vorurteile mit anderen Mitteln. Fortgeschrieben wurde die biologistische Naturdefinition aus dem Zeitalter der Aufklärung, derzufolge mit dem Geschlechtsunterschied eine Haltung zur Welt »natürlicherweise« verbunden sei. Das alte Muster »männlich = rational, weiblich = emotional« war gegen Ende des 19. Jahrhunderts keineswegs überholt, sondern lediglich um ein »Zugeständnis« erweitert. Nunmehr durften auch Frauen mit ihren Reiseaufzeichnungen unbeschadet an die Öffentlichkeit treten.

Das den Frauen zugeschriebene Un-Vermögen zu Gelehrsamkeit und gedanklicher Systematik wurde um das zweifelhafte Kompliment ergänzt, dieser Mangel sei ein beachtliches Vermögen. »Man mag im allgemeinen gegen weibliche Autoren und ihre Bücher eines gewissen Vorurtheiles sich nicht erwehren können, wenn sie Land und Leute schildern, sind sie auf dem Platze und behaupten ihr Recht ... die scharfe Beobachtungsgabe der Frau, ihre Unbefangenheit gegenüber Dingen, welche der Mann von dem Gesichtspunkte seines doctrinären Systems nicht unverfälscht zu sehen vermag und ihre Aufmerksamkeit auf scheinbare Kleinigkeiten, welche der Mann ganz unbeobachtet läßt, geben ihren Schilderungen einen eigenen Reiz und besonderen Werth.«[54] Zumindest die letzte Behauptung dürfte unbestritten sein, denn wo sonst, wenn nicht in weiblichen Reiseschilderungen, hätte man so ausgiebig lesen können von An- und Abreise, von Teestunden und Sonnenbränden, von Bakschischgeschrei und Andenken, von Pilgerhospizen und eleganten Hotels, von Inneneinrichtungen, Koch- und Eßgewohnheiten, Bekleidung, Besuchsritualen usw. usw.? Lauter »scheinbare Kleinigkeiten« von einem Alltag in der Fremde, denen im

Wissenschaftsverständnis der Jahrhundertmitte noch jeder Wert abgesprochen war.

»Nur mit Julius Cäsar«, hatte es damals mit herber Ironie geheißen, könne man die »unerschrockene Reisendinn« vergleichen, die »ein lebendiges Muster geistiger und phyischer Beweglichkeit, ja eine Satire auf Langsamkeit und unbeholfenes Wesen deutscher Gelehrtenwelt«[55] sei. Fünfzig Jahre nach dieser unmäßigen Übertreibung – die nur zu dem Zweck konstruiert wurde, um die Reisende an dem Maßstab scheitern zu lassen – war die Berichterstattung über Land und Leute, die Schilderung alltäglicher Ereignisse, der »Beobachtungsgabe der Frau« überlassen: Ein Zugeständnis, das sich die hier vorgestellten reisenden Frauen mit ihren Veröffentlichungen »erschrieben« hatten.

»Für fünfzig Pfennig« in den Harem

Kaum besaßen die Frauen einen Raum, in dem sie sich öffentlich bewegen durften, kaum hatten sie Platz genommen in der Kulturgeschichte, kaum hatten sie ihren »typisch weiblichen« Blick auf »scheinbare Kleinigkeiten« gerichtet, »je nach der Vorbildung und Beobachtungsgabe der Schildernden«[56] unterschiedlich – schon drohte der Gegenstand zu verschwinden, dem sie diesen Raum verdankten – genauer gesagt: ihre vergleichsweise privilegierte Stellung als Augenzeugin im Orient.

Mit ihrem Vorzug, als Angehörige des weiblichen Geschlechts Zugang zum orientalischen Frauenleben und zum legendären Ort des Harems zu haben, standen die Reiseschilderungen von Frauen in dem Ruf, über eine Art Geheimwissen zu verfügen. Und da wäre keine Reisende gewesen, die diesem Ruf nicht gerecht werden wollte, die sich nicht befugt gefühlt hätte, als quasi Betroffene über das orientalische Frauenleben und die Haremskultur zu sprechen. Daß man aus diesem »berufenen Mund« keine gründlich erforschte Erkenntnis der türkischen oder arabischen Ehe- und Familienstrukturen erwarten durfte, dieser Meinung waren schon die meisten weiblichen Reisenden selbst – was aber an ihrer Rolle als exklusive Augenzeugin, die Neues aus dem Mythenreich mitzuteilen habe, nichts änderte. Solange nicht, wie der Harem noch dort lag, wo er hingehörte.

Ihre kulturgeschichtliche Ausnahmeposition, die ihnen qua Geschlecht einen exklusiven Platz innerhalb des Genres »orientalische Reiseschilderungen« gesichert hatte, bekam unerwartet Konkurrenz von einer ganz neuen Art Augenschein. Dem anonymen Publikum, dessen Bedürfnis nach orientalischem Flair ganz offenkundig vorhanden war, wurde nunmehr direkt Gelegenheit gegeben, den Orient mit eigenen Augen zu sehen und mit dem eigenen Körper zu begehen. Der Orient – besser gesagt, einige seiner Elemente, die im mitteleuropäischen Bewußtsein zum abrufbaren Klischee geworden waren – wurde nach Deutschland importiert. Der Harem lag nunmehr in Hamburg, Frankfurt und Berlin. Völkerschau nannte sich diese Art Orientbild, die Carl Hagenbeck 1874 erfunden hatte. Für fünfzig Pfennig Eintritt konnte das staunende Publikum in seinen Tierpark (sic!) gehen und sich einbilden, eine Orientreise in zwei Stunden gemacht zu haben.

Carl Hagenbeck und seine bald aufkommenden Nachahmer inszenierten diese Illusion einer Reise in ferne Zonen als publikumswirksame Kolonialware. Die Tiere, Zelte, Kochgerätschaften, alles, so betonten die Aussteller, sei echt, importiert aus der wirklichen Ferne in den real künstlichen Hamburger Tierpark-Orient. Auch die Darsteller, so die hauseigene Werbung, seien keineswegs verkleidete Hamburger oder Braunschweiger, sondern echte Türken oder Araber.[57] Wie populär diese Völkerschauen wurden, zeigt sich schon um 1880 daran, daß allmählich die Autorinnen selbst begannen, sich auf dieses Medienereignis zu berufen, wenn sie ihre Reise schildern wollten. So beschrieb Hedwig von Hohnhorst eine Handelsstraße nach Beirut mit den Worten: »... stattlich gekleidete schöne Türken auf prachtvollen arabischen Pferden, Erscheinungen, wie sie wohl Renz in seinem Circus bei uns zeigt, bewunderte ich in ihrer pompösen malerischen Tracht hier in ihrem Vaterlande«.[58]

Artistische Kunststücke wurden von den ausgestellten Orientalen nicht verlangt; ihre körperliche Anwesenheit war die Sensation. Und beharrlich andauernd rührte die Tagespresse die Werbetrommel für diese »lebenden Bilder«. Als Höhepunkt solcher Völkerschau-Szenarien wurden verbucht: 150 Beduinen auf echtem Wüstensand, gezeigt während der Ägyptischen Ausstellung in Hamburg, Frankfurt und Berlin 1890; »Vorführung eines ächt arabischen Harems«,[59] der 1896 in Tunesien eingekauft und im Berliner Passage-Panopticum gezeigt wurde. Als krönender Höhepunkt des importierten Orients zeigte Carl Hagenbecks Tierpark schließlich eine seiner größten Völkerschauen unter dem Titel »Am Nil«. Geboten wurde ein illusionierender Rundgang im Gelände, mit aufwendigen Kulissenbauten und 59 Männern, 13 Frauen und 18 Kindern, zu diesem Zweck aus Ägypten importiert. Gezeigt wurden folgende Szenen: »Orientalischer Bazar – Derwische – Arabische Stadt – Dragoman – Altägyptisches Felsengrab – Zelt eines Scheichs – Frauen-Zelt – Panorama der Pyramiden – Kamelreiten.«[60] Waren das nicht exakt dieselben Szenen gewesen, derer sich auch die reisenden Frauen am Nil angenommen hatten? Das pittoreske Alltagsleben, das ominöse »Frauen-Zelt«, die kleidsamen Petitessen der fremden Welt, die Kulissen des exotischen Klischees?

Der begehbare Harem für jedermann, der importierte Orient, war eine volkstümliche Attraktion im Zeitalter des Kolonialismus. In diesem populären Spektakel spiegelte sich der zeittypische Wunsch nach hegemonialer Aneignung fremder Kulturen. Nicht einmal ein Hauch war übriggeblieben von jener weltoffenen Geisteshaltung eines Goethe, der die orientalische Kultur ebenbürtig geschätzt hatte: »Wollen wir an diesen Produktionen der herrlichsten Geister teilnehmen, so müssen wir uns orientalisieren, der Orient wird nicht zu uns herüberkommen«.[61] Im ausgehenden 19. Jahrhundert war der Orient herübergekommen, auf triviale Art, als gleichsam koloniale Trophäe.

Von den Zeitgenossen wurde die Völkerschau – Ironie der Geschichte – sogar als wichtiger Beitrag zur Kulturgeschichte und Ethnographie anerkannt. Die vorzugsweise den Frauen zugesprochene Kunst, eine kurzweilige und lebendige Anschauung von der Fremde zu geben, rangierte damit in den Augen der Völkerkundler auf gleicher Ebene wie Hagenbecks exotischer Menschen-Zoo. Die soeben entstandene Wissenschaft von der Ethnologie schrieb also gewissermaßen einen fiktiven Wettbewerb um die beste Lieferung diskriminierender Klischees aus, in dem diejenigen, die immerhin Authentizität vorzuweisen hatten, schlecht abschnitten: Orientalische Bilder und Szenen, hieß es 1891 in einer Fachausstellung für Länder- und Völkerkunde, »sind im Grossen und Ganzen nur theils durch langathmige und doch nicht das Wesen der Natur erfassende Reisebeschreibungen, theils durch mehr oder minder gute Illustrationen bekannt, bei denen die Phantasie des Lesers schliesslich den Hauptheil zu tun hat. – Um nun einem Jeden die Möglichkeit zu bieten, sich ein wirklich naturgetreues und lebenswahres Bild von dem Thier- und Menschenleben jener fernen Zonen machen zu können, ist die gegenwärtige Ausstellung arrangirt.«[62]

Der Mythos lebt weiter

Ihren besonderen Stellenwert verloren die Frauenreisen in den Orient, als im Frühjahr 1909 der Harem des Sultans abgeschafft wurde. Dieser Schritt war ein Resultat der jungtürkischen Revolution und gab ein unmißverständliches Signal vom Ende einer Ära, die Jahrhunderte überspannt hatte, vom Ende des Osmanischen Reiches.[63] Noch vor den politischen Umbrüchen diesseits und jenseits des Mittelmeers wurde die exklusive Rolle als Augenzeugin orientalischen Frauenlebens aufgehoben, nicht von einem Tag auf den Tag, aber stetig. Wo es jedenfalls offiziell keinen Harem mehr zu besichtigen gab, konnte eine Reisende wenig Ehre mit seiner Beschreibung einlegen. Spätestens 1926, als die Türkische Republik die sogenannte »Einehe« gesetzlich durchsetzte, war ihre Aura zunichte, eine Frauenreise in den Orient käme im wörtlichen Sinne dem Lüften eines Schleiers gleich. Daß das Institut der Geschlechtertrennung offiziell weiterhin Bestand hatte in anderen islamischen und in den arabischen Ländern, änderte an diesem Ende eines frauenspezifischen Privilegs wenig.

Bereits 1892 hatte Mathilde Weber aus Konstantinopel (das bald seinen türkischen Namen Istanbul trug) eine weise Vorausahnung mit der Empfehlung an ihre Leserinnen verknüpft: »... eilen müssen alle, welche noch den Reiz des Fremdartigen genießen wollen, denn es geht mit Riesenschritten – wenigstens äußerlich – auch der langweiligen, eintönigen Gleichheit entgegen, die man allmählich selbst in dem entferntesten Winkel Europas findet ... Wenn auch die heute noch auf den Straßen wandelnden formlosen ›verschleierten‹ Frauen kein ästhetischer Anblick sind, so wird doch einst mit ihrem Verschwinden ein gewisser geheimnisvoller Reiz wegfallen, der sich auch an die Harems knüpft. – Meist war nach meiner Rückkehr die erste Frage: ›Sind Sie auch in einem Harem gewesen?‹«[64] Diese Frage entfiel künftig, und mit ihr die besondere Rolle der reisenden Augenzeugin – nicht aber der »gewisse geheimnisvolle Reiz«. Ganz im Gegenteil.

»Als der Osten ins Kaufhaus des Westens aufgenommen war«,[65] wie Karl Kraus 1916 bissig glossierte, als es jedenfalls keine »Haremsdamen« mehr gab in der modernen Türkei unter Kemal Atatürk, lebte das deutsche Orientbild als reiner Mythos weiter. Doch wer glaubt, mit der Verlagerung des Orients ins Reich der Phantasie, in die Welt der Mythen und Märchen, sei die Möglichkeit entfallen, das Wunschbild Orient tatsächlich auch auffinden zu wollen, der irrt. Die Idee, die Rolle einer Reisenden zu benutzen, um ein »gewisses Geheimnis« höchstpersönlich zu lüften, war weiterhin populär, wie die letzte Geschichte zeigen wird. In deren Mittelpunkt steht eine Frau, die sich mit dem seltenen Beruf einer orientalischen Märchenerzählerin in die Literaturgeschichte eingeschrieben hat.[66]

Seit 1916 schrieb und veröffentlichte Elsa Sophie von Kamphoevener »alttürkische« Märchen; während des Zweiten Weltkriegs diente sie als »Kamerad Märchen« und wurde zur Truppenbetreuung bei der Luftwaffe eingesetzt, um von dem Märchenorient zu erzählen, der von reichen Scheichs, Haremsfrauen und Meisterdieben bevölkert war. Den Höhepunkt ihrer Popularität erreichte sie in den 50er Jahren, als sie eigene Sendungen im Bayerischen Rundfunk hatte und ihr Buch *An Nachtfeuern der Karawan-Serail* ein Bestseller wurde.

Es klingt wie eine Ironie der Geschichte, daß Elsa Sophia von Kamphoevener ausgerechnet ihre Rolle der Märchenerzählerin aus einer wirklichen Orientreise abgeleitet hat. Wie all die in diesem Buch vorgestellten Reiseschriftstellerinnen vor ihr, so hat auch sie sich darauf berufen, wirklich vor Ort gewesen und den Orient (zumindest Konstantinopel) aus eigener Anschauung erlebt zu haben. Mit Fug und Recht konnte sie sich auf einen biographisch außergewöhnlichen Lebensabschnitt berufen, denn Elsa Sophie von Kamphoevener, 1878 in Hameln an der Weser geboren, wuchs nachweislich am Bosporus auf, wo ihr Vater als preußischer Militär in Diensten des Sultans stand. Ihre Kindheit und Jugend verbrachte sie also wirklich in der Türkei, über die zu urteilen sie sich als Expertin berufen fühlte,[67] und die ihr fortan als Handlungsort ihrer Märchen gewärtig blieb.

Diese Märchen seien keineswegs von ihr erfunden oder von anderen abgeschrieben – was aber wohl der Fall war[68] –, sie seien vielmehr das Resultat eigener Reisen durch die Türkei, pflegte Elsa Sophia von Kamphoevener von sich und dem Ursprung ihres Erzählstoffes zu verbreiten. 1893, im Alter von fünfzehn Jahren, habe sie mit Erlaubnis ihres Vaters begonnen, das weite Hinterland Konstantinopels zu bereisen, und sich zu diesem Zweck ein »erschröckliches Geheimnis«[69] zugelegt.

»Das war so: Viele Jahre lang ritt, begleitet von zuverlässigen Dienern, ein abenteuerlustiges Mädchen, das ein leidenschaftlicher Reiter war, in Knabenkleidung durch Anatolien. Die Knabenkleidung war eine Sicherheitsmaßnahme und auch zum Reiten erforderlich, sonst nichts; entsprechende Körperlänge machte sie durchaus glaubhaft. – Oftmals nun verbrachte man die Nacht im Karawanserail, diesem Schutzplatz für Herden, Reiter, Getier aller Art und ihre Hirten. Begleitet wurden diese nomadisierenden Hirten fast immer von Erzählern, die dem wandernden Volk die langen Tage der Beschwernis vertrieben und nachts mit ihnen am Feuer saßen ... wieder und wieder hörte man den berühmtesten aller Erzähler, Fehim. Und dann ergab es sich, daß er einmal zu mir als dem ›Sohn‹ des Paschas sagte: ›Bey Effendim, du kennst meine Geschichten, ich weiß es; tue mir die Güte an, erzähle statt meiner, denn ich bin heute sehr müde.‹ Das geschah. Und wiederholte sich. Und so kam es dann, nach Jahren, daß Fehim jenen in seine Gilde aufnahm, den er für einen Jüngling hielt, und auf diese Art unwissentlich ein Unikum schuf: einen vollgültigen türkischen Märchenerzähler, der eine europäische Frau ist.«[70]

Dieses weibliche »Unikum« in Knabenkleidung sei niemand anderes als sie selbst gewesen, behauptete Elsa Sophia von Kamphoevener von sich. Eine fürwahr abenteuerliche Selbstdarstellung, die das klassische Bild vom märchenhaften Orient gleich wörtlich nahm und für den eigenen Lebenslauf vereinnahmte. Auch wenn sich die abenteuerliche Jugendreise durch nichts beweisen ließ und nach den Gesetzen der Wahrscheinlichkeit eher unwahrscheinlich ist,[71] von der Öffentlichkeit wurde sie gern für bare

Münze genommen – und wird noch heute bedenkenlos als biographische Wahrheit in Nachschlagewerken der deutschen Literatur verbreitet.[72]

Wo eine abenteuerliche Biographie aufhört und das reine Märchen beginnt, ist eine Frage, die das Genre der Reiseerzählungen selbst immer wieder aufgeworfen hat. Hatte nicht schon Mary Montagu diese Gratwanderung zwischen Dichtung und Wahrheit unternommen? »Wir Reisende sind schlimm daran: sagen wir nichts, als was vor uns gesagt ist, dann sind wir dumm und haben nichts bemerkt; sagen wir irgend etwas Neues, dann lacht man uns aus, hält uns für Märchenkrämer und Romanschmiede«, hatte es im 18. Jahrhundert in den ersten Reisebriefen einer Frau aus dem Orient geheißen. War Mary Montagu die Premiere vorbehalten gewesen, hinter den Schleier der orientalischen Frauenwelt geblickt und als erste Christin von einem Harem berichtet zu haben, so stellte sich Elsa Sophia von Kamphoevener dieser ebenbürtig zur Seite und beanspruchte nichts weniger als eine Pioniertat in umgekehrter Richtung. Sie habe als erste westliche Frau hinter den Schleier der orientalischen Männerwelt geblickt und dieser ein »Geheimwissen« entlockt: »In einer Welt, in der es scheinbar keine Frauen gab, [waren] auch die Märchen allein für Männer bestimmt ... Von diesem Blickpunkt aus betrachtet, bedeutet es gewiß eine ausgesuchte feine Rache der Geschehnisse, daß eine Frau in Männerkleidung die Märchen erlauschen durfte!«[73]

Nach mehr als zweihundert Jahren hatte sich mit Elsa Sophia von Kamphoevener der Kreis geschlossen. Unangefochten von allen politischen und kulturellen Veränderungen, nutzte sie die Geschichte von ihrem autobiographischen Jugendabenteuer, um sich als Märchenerzählerin mit dem Hauch von Authentizität zu umgeben. Womit einerseits das westliche Orientbild genau dort angekommen war, wo es Anfang des 18. Jahrhunderts begonnen hatte: im Reich der Mythen. Und womit andererseits die zweifelnde Frage aufgeworfen war, wie sie an jede unglaubliche Reiseerzählung gerichtet wurde: »getürkt« oder nicht?

Biographien der Reiseschriftstellerinnen

Bacheracht, Therese von

* 4.7.1804 in Stuttgart
† 16.9.1852 Cilacap/Java

Als Tochter des wissenschaftlich hochgebildeten Staatsrats und russischen Gesandten Heinrich von Struve erhielt sie eine sorgfältige Ausbildung und verkehrte früh in den ersten Gesellschaftskreisen Hamburgs. Zeitgenossen beschrieben sie als große und viel umworbene Schönheit. Sie heiratete 1825 den russischen Gesandtschaftssekretär und Generalkonsul Robert von Bacheracht. Mit ihm lebte sie über 20 Jahre in Hamburg, zeitweilig auch in Petersburg und unternahm große Reisen nach Rußland, Italien und in den Orient. 1849 wurde die Ehe, die als unglücklich galt, getrennt, danach heiratete Therese einen Verwandten, den niederländischen Oberst Heinrich Freiherr von Lützow. Mit ihm kam sie 1850 nach Java, sie starb 1852 auf einer Reise nach dem nordwestlichen Teil der Insel. Beerdigt wurde sie in Tjelatjab an der Südküste Javas. Auf Anregung des Schriftstellers Karl Gutzkow, mit dem sie eine Liebesfreundschaft verband, schrieb sie unter dem Pseudonym »Therese« ihr erstes Buch *Briefe aus dem Süden* (1841). Danach folgten weitere Reisebeschreibungen, feuilletonistische Beiträge u. a. für die *Pariser Blätter*, Romane und Novellen.

Belli, Maria

* 30.4.1788 in Frankfurt
† 1.2.1883 in Frankfurt

Maria Belli entstammte der angesehenen und wohlhabenden Hugenottenfamilie Gontard, die seit 1686 in Frankfurt ansässig war. Sie erhielt gemeinsam mit ihren Brüdern Privatunterricht in Geschichte, Religion, in der französischen Sprache, in Musik, Gesang und der bildenden Kunst. Schon als junges Mädchen soll sie durch ihre Schönheit und Klugheit Aufsehen erregt haben. Die Verlobung mit Karl von Türckheim kam gegen den Willen der beiden jungen Leute nicht zustande. 1810 heiratete sie den Bankier Johann Peter Josef Belli vom Comer See; 1810 wurde ihr erstes, 1811 ihr zweites Kind geboren. Maria Belli unternahm ausgedehnte Reisen, über die sie in verschiedenen

Zeitschriften berichtete. 1845 reiste sie nach Konstantinopel, wie sie ausführlich in *Meine Reise nach Konstantinopel im Jahre 1845* beschrieb. 1859 starb Josef Belli. 1872 veröffentlichte sie ihre *Lebenserinnerungen.* Bekannt wurde Maria Belli auch als Chronistin ihrer Heimatstadt Frankfurt. Unter dem Titel *Leben in Frankfurt* (1850/51, 10 Bände) gab sie eine umfangreiche Sammlung von Auszügen aus dem *Frankfurter Intelligenzblatt* aus den Jahren 1722-1821 heraus, die vielfach für die Schilderung der Frankfurter Zustände im 18. Jahrhundert, insbesondere in der Goethe-Literatur, zitiert wurde.

Bunsen, Marie von

* 17. 1. 1860 in London
† 28. 6. 1941 in Berlin

Marie von Bunsen war die Tochter des preußischen Politikers Georg von Bunsen (1824-1896) und die Enkelin des mit Friedrich Wilhelm IV. von Preußen befreundeten Diplomaten und Gelehrten Christian Freiherr von Bunsen. Sie besuchte die höhere Töchterschule in Berlin und erhielt Privatunterricht, sie unternahm wiederholt ausgedehnte Reisen nach Italien, Ägypten, Asien und in die Vereinigten Staaten von Amerika. Bekannt wurde sie als Erzählerin, Reiseschriftstellerin und Malerin, u. a. mit ihren Veröffentlichungen *Im Ruderboot durch Deutschland* (1929) und *Im fernen Osten* (1934). 1929 veröffentlichte sie ihre Lebenserinnerungen *Die Welt, in der ich lebte. Erinnerungen aus glücklichen Jahren 1860-1912.*

Christ, Sophie

* 9. 9. 1836 in Mainz
† 23. 4. 1931 in Mainz

Die Tochter des Geschäftsführers der fürstbischöflichen Buchdruckerei wurde im Kloster der Englischen Fräulein zu Mainz erzogen. Nach dem Tod des Vaters ging sie zur Bühne, u. a. hatte sie ein Engagement am Stadttheater in Hamburg. Auf Anregung Robert Hellers, Redakteur der *Hamburger Nachrichten*, wurde sie auch schriftstellerisch tätig, sie schrieb für die Feuilletons verschiedener Zeitschriften. 1871 verließ sie die Bühne und ging zurück nach Mainz. Dort war sie als Sekratärin der Gräfin Ida Hahn-Hahn (bis zu deren Tod) tätig. 1882 unternahm sie eine Reise nach Ägypten und Palästina und veröffentlichte ihre Reiseerlebnisse unter dem Titel *Orientalische Tageblätter* (1888).

Craven, Elisabeth, Markgräfin von Anspach-Bayreuth

* 17.12.1750 in Springs-Gardens/England
† 13.1.1828 in Neapel

Die jüngste Tochter des vierten Earl of Berkeley vermählte sich 1767 mit William Earl of Craven; mit ihm hatte sie sieben Kinder. Sie stand im Mittelpunkt der vornehmen Adelskreise Londons, war literarisch produktiv und schrieb Theaterkomödien, die viel beachtet wurden. Bekannt wurden mehrere Affären, so mit Horace Walpole und dem französischen Gesandten Comte de Guines. Nach vierzehnjähriger Verbindung wurde die Ehe mit Lord Craven aufgelöst. Sie verließ 1783 England, besuchte Frankreich, residierte zwei Jahre lang in Paris, lernte dort den Markgrafen Christian Friedrich Carl Alexander von Anspach-Bayreuth kennen und unternahm 1785 und 1786 ausgedehnte Reisen durch Frankreich, Italien, Österreich, Polen, Rußland, die Türkei und Griechenland. 1787 besuchte sie die Krim und Konstantinopel. Ihre Reisebeschreibung *A Journey through the Crimea to Constantinopel* wurde 1789 veröffentlicht. Danach resisiderte sie als Geliebte des Markgrafen am Hof von Anspach, gründete dort eine literarische Akademie und ein Theater. Nach dem Tod von Lord Craven 1791 heiratete sie den Markgrafen von Anspach. Dieser überließ sein Land dem König von Preußen gegen eine Leibrente, um mit seiner Gemahlin nach England zurückzukehren, wo er in der Nähe von Hammersmith ein Schloß kaufte. 1793 wurde die Markgräfin von Kaiser Franz II. zur Reichsfürstin von Berkeley ernannt. Sie erhoffte sich davon den Zutritt zum englischen Hof, der ihr jedoch weiterhin verwehrt wurde. 1806 starb der Markgraf auf seinem Landgut bei Brokshire. Danach lebte sie teils in England, teils in Neapel.

Döhner, Sophie Cornelia Frederike

* am 27.8.1844 in Hamburg
† am 12.2.1933 in Hamburg

Sophie Döhner wurde geboren als Tochter des hanseatischen Kaufmanns Döhner und seiner Ehefrau, einer geborenen Hube. Nach dem Tod des Vaters (1888) erfolgte die testamentarische Gründung der »Döhner-Hube-Stiftung«, der Sophie bis zu ihrem Tod vorstand. Sophie Döhner blieb ledig und widmete sich in Hamburg der freien Wohfahrtspflege. Sie war Mitglied im Kirchenvorstand und gründete die Hamburger Ortsgruppe des evangelischen Frauenbundes. Nach der Inflation, in der sie ihr Vermögen verlor, erhielt sie vom Hamburger Senat eine kleine Unterstützung. Gegen Ende ihres Lebens wohnte sie selbst in einem von ihr gestifteten Altersheim. Als einzige Veröffentlichung bekannt ist ihr Reisetagebuch (1895) *Weltreise einer Hamburgerin 1893-1894*.

Förster, Rosa von

Rosa von Förster unternahm 1889 als ledige Frau eine Reise nach Konstantinopel; ihre Reiseerinnerungen veröffentlichte sie 1893 in Berlin unter dem Titel *Constantinopel. Reise-Erinnerungen.*

Gerstdorf, Baronin von

Die Tochter des Dr. A. D. Mordtmann, Ehefrau des Baron Albert von Gerstdorf, Oberst im türkischen Militärdienst, Militär- und Civilkommandant von Deir (Syrien) schrieb ein Tagebuch ihrer Reise von Aleppo nach Deir (1864). Das Tagebuch wurde von ihrem Vater mit wissenschaftlichen Anmerkungen ergänzt und in den damals bedeutenden *Mittheilungen aus Justus Perthes Geographischer Anstalt* (1865) veröffentlicht.

Hahn-Hahn, Ida (Marie Louise Friederike Gustave), Gräfin von

* 22. 6. 1805 in Tressow/Mecklenburg
† 12. 1. 1880 in Mainz

Ida war die Tochter des »Theatergrafen« Karl Friedrich Graf von Hahn, der mit seiner Leidenschaft für das Theater die Familie an den Rand des ökonomischen Ruins brachte. Die Mutter erzog die Kinder allein und lebte mit ihnen in bescheidenen Verhältnissen. Ida heiratete 1826 auf Wunsch der Familie ihren Vetter, den begüterten Grafen Friedrich Adolf von Hahn-Basedow. Die Ehe wurde nach der Geburt einer (geisteskranken) Tochter 1829 wieder gelöst. Das Vermögen, das ihr mit der Scheidung zuteil wurde, ermöglichte Ida erstmals eine finanziell unabhängige Stellung. Sie lebte seit 1826 viele Jahre mit Adolf Baron von Bystram in freier Ehe. Mit Bystram hatte sie einen Sohn (* 1830), den sie in Pflege gab. 1836 begann sie ein Liebesverhältnis mit Heinrich Simon, dem späteren Reichsregenten, sie lehnte jedoch eine Heirat mit ihm ab. Sie machte mit Bystram mehrere größere Reisen: 1835-36 in die Schweiz, 1837 Österreich, 1838-39 Italien und Sizilien, 1840-41 Italien, Frankreich, Spanien, 1842 Schweden, 1843 in den Orient. Sie schrieb Gedichte, Romane, veröffentlichte ihre Reiseerlebnisse und reüssierte zur Modeschriftstellerin der vornehmen Damenwelt. 1851 erschienen 21 Bände ihrer *Gesammelten Schriften.* Nach den Ereignissen der Revolution von 1848 und erschüttert durch den Tod ihres Freundes Bystram konvertierte sie 1850 in Berlin zum Katholizismus. Sie siedelte von Berlin nach Mainz über und gründete dort 1854 ein Kloster »Vom guten Hirten«, dem sie sich selbst aber nicht anschloß. Bis zu ihrem Tod lebte sie unabhängig und engagierte sich mit ihren literarischen Werken und Vermögen für die katholische Kirche. Ihre gesammelten Werke nach der Konversion füllen 45 Bände. Die bekanntesten Reisebeschreibungen sind, außer den *Erinnerungen aus und an Frankreich* (2 Bde., Berlin 1842), die *Orientalischen Briefe* (3 Bde., Berlin 1844).

Hohnhorst, Hedwig (Johanna Caroline Henriette), Baronin von

* 3.7.1831 in Gandersheim
† 21.10.1894 in Braunschweig

Die Tochter des Gutsbesitzers und Beamten Wilhelm von Campen verlebte ihre Jugend auf dem Gut Hirschberg im Harz. Sie heiratete 1851 Baron Adolf von Hohnhorst, Generaladjutant und Kammerherr des Herzogs Wilhelm von Braunschweig; beide machten größere Reisen ins Ausland. 1862 wurde ihr Mann von Herzog Wilhelm vom Oberstleutnant zum Oberst der Kavallerie befördert; 1870 starb Adolf von Hohnhorst. 1888-1892 zog Hedwig in Braunschweig mehrfach um. 1884 veröffentlichte sie ihre *Reisebilder aus dem Libanon.*

Kamphoevener, Elsa Sophia von

* 14.6.1878 Hameln
† 4.8.1963 Traunstein (Oberbayern)

Die Tochter des preußischen Generalleutnants und osmanischen Marschalls Louis von Kamphoevener-Pascha kam im Alter von drei Jahren nach Konstantinopel, wo ihr Vater mit der Reorganisation der türkischen Armee beauftragt war. Dort erhielt sie Privatunterricht und erlernte neun Fremdsprachen. Ihre Biographen berichten, daß sie als Mann verkleidet das osmanische Reich zu Pferd durchstreift und an Lagefeuern der Beduinen orientalischen Märchenerzählern gelauscht habe. Angeblich hat Fehim Bey sie in die Gilde der Märchenerzähler aufgenommen, die es verbot, die Märchen aufzuschreiben. Nach 40 Jahren kehrte Elsa von Kamphoevener nach Deutschland zurück und arbeitete 10 Jahre lang bei der Filmgesellschaft Ufa-Tobis als Dramaturgin. Berühmt wurde sie als Märchenerzählerin: Sie erzählte ihre Märchen über den Rundfunk, aber auch vor Frontsoldaten während des 2. Weltkrieges, was ihr den Namen »Kamerad Märchen« einbrachte. Erst im Alter begann sie, die Märchen aufzuschreiben. *An den Nachtfeuern der Karawan-Serail. Türkische Nomadenmärchen* (2 Bde., 1956) wurde zu einem großen Erfolg.

Lichnowsky, Mechthild, Fürstin

* 8.3.1879 auf Schloß Schönburg/Niederbayern
† 4.6.1958 in London

Die Urenkelin der Kaiserin Maria Theresia, Tochter des Grafen von und zu Arco-Zinneberg wurde in einer Klosterschule erzogen. Sie verlobte sich mit dem Militärattache an der englischen Gesandtschaft in München Ralph Harding Peto, heiratete auf Wunsch der Familie aber 1904 den Fürsten Lichnowsky, mit dem sie eine Tochter und zwei Söhne hatte. Nach der Berufung ihres Mannes zum deutschen Botschafter lebte sie in London; 1912 erschien als ihre erste Veröffentlichung das viel beachtete Reisebuch über Ägypten *Götter, Könige und Tiere in Aegypten* (1913), danach folgten Gedichte, Dramen, Romane und Essays. 1915 schloß sie Bekanntschaft mit Karl Kraus. Nach dem Ersten Weltkrieg sollten wechselnde Aufenthalte in Berlin, der Tschechoslowakei, Frankreich und München folgen. 1928 starb Fürst Lichnowsky. 1937 heiratete sie ihren früheren Verlobten R. H. Peto († 1945). Während des Nationalsozialismus wurde sie, obwohl britische Staatsbürgerin, daran gehindert, aus Deutschland auszureisen. Als entschlossene Gegnerin des Regimes verzichtete sie auf Publikationen. 1945 aus Schlesien vertrieben, lebte sie seitdem in London. 1953 erhielt sie den Preis für Dichtung der Gesellschaft zur Förderung des deutschen Schrifttums, 1954 den Kunstpreis für Literatur der Stadt München.

Montagu, Lady Mary Wortley

* 26. 5. 1689 in Thoresby/Nottinghamshire
† 21. 8. 1762 in London

Lady Mary Pierrepont wurde als älteste Tochter des fünften Earl of Kingston geboren. Gemeinsam mit ihrem Bruder erhielt sie Unterricht in Latein, Griechisch und Französisch. Sie vermählte sich 1712 mit dem wohlhabenden Edward Wortley Montagu. 1715 wurde ihr Sohn Edward geboren. Sie lebte von 1716-1718 in Konstantinopel, wo ihr Mann als britischer Gesandter akkreditiert war; sie erlernte die Landessprache, interessierte sich für die orientalische Dichtung und unterrichtete sich über die in der Türkei längst gebräuchliche Pockenschutzimpfung. Als ihr Mann aus Konstantinopel abberufen wurde, kehrte sie über Italien und Frankreich nach London zurück. Dort versammelte sie einen Kreis geistreicher Schriftsteller um sich, so auch Alexander Pope, mit dem sie zunächst eng befreundet war. Pope zerfiel später mit ihr und richtete heftige Angriffe gegen sie. 1738 trennte sie sich von ihrem Mann, verließ England, lebte aus gesundheitlichen Gründen zweiundzwanzig Jahre lang in Italien sowie Frankreich und ging nach dem Tod ihres Mannes 1761 nach England zurück, wo sie ein Jahr später starb. Ihr Sohn Edward führte ein ausschweifendes und abenteuerliches Leben, bereiste den Orient und lebte nach orientalischen Sitten. Nach ihrem Tod wurden ihre Gedichte und Briefe *The Letters and other Works of the Lady Mary Wortley M.* veröffentlicht; die erste unvollständige Ausgabe in 3 Bänden erschien 1763 in London; die erste rechtmäßige Ausgabe erschien 1803 in 6 Bänden. Die *Briefe aus dem Orient* zählen heute zur Weltliteratur.

Mundt, Clara (Pseudonym Louise Mühlbach)

* 5.1.1814 in Neubrandenburg
† 26.9.1873 in Berlin

Die bekannte Schriftstellerin wurde als Tochter des Oberbürgermeisters Müller in der Provinzialstadt Neubrandenburg unkonventionell erzogen und früh in die Musik und Literatur eingeführt. Erste Reisen in die Schweiz und Italien vertieften ihre Begeisterung für die Literatur. Sie sandte ihre literarischen Versuche an den Schriftsteller Theodor Mundt (1808-1861), von dessen Werken sie begeistert war, führte mit ihm einen Briefwechsel und heiratete ihn 1839. Sie lebte zunächst in Breslau, wo Theodor Mundt als Universitätsprofessor für Literaturgeschichte tätig war und ging dann mit ihm nach Berlin. Clara Mundt war schriftstellerisch außerordentlich produktiv und erfolgreich. Unter ihrem Pseudonym Louise Mühlbach schrieb sie in ihren 59 Lebensjahren 290 Romane. Von Berlin aus unternahm sie mehrere größere Reisen, in den letzten Lebensjahren auch nach Ägypten. Nach ihrer Rückkehr aus Ägypten wurde sie 1873 von einem schweren Leberleiden befallen, an dem sie noch im selben Jahr starb. Ihre *Reisebriefe aus Ägypten* erschienen 1871.

Nostitz, Pauline, Gräfin von

* 1801 in Berlin
† 9.7.1881 in Bad Egart b. Meran

Die geborene Baronin des Granges, der Vater war franz.-deutscher Abstammung, die Mutter eine geborene von Bülow, wuchs auf einem Rittergut in der Lausitz auf. Sie heiratete am 24.6.1834 den Arzt und Naturforscher Dr. Helfer. 1834 erfolgte ein Umzug nach Prag, 1835 die Übersiedelung nach Smyrna (Kleinasien), wo sich Helfer als praktischer Arzt niederließ. 1835-1842 unternahm sie mit Helfer mehrere große Forschungsreisen nach Syrien, Persien und Indien. In Indien erhielt Helfer eine Anstellung als Naturforscher bei der ostindischen Kompagnie und gründete 1838 eine Kaffee- und Kokosplantage in Mergui (Indien). 1840 reiste Helfer ohne seine Frau zu den Andamaneninseln. Bei dem Landungsversuch wurde er von einem giftigen Pfeil tödlich getroffen. Pauline versuchte nach dem Tod Helfers mit Unterstützung der ostindischen Kompagnie die Leitung der Pflanzung fortzuführen. Aufgrund der Fallierung des Bankhauses verlor sie ihr Vermögen. 1844 ging sie eine zweite Ehe mit dem Grafen Joseph Dittmar von Nostitz-Rieneck ein, sie ließ sich mit ihm zunächst in Prag, später in Wien nieder, 1852 erfolgte der Erwerb des Gutes Schöndorf in Ungarn. Aus klimatischen Gründen siedelten sie 1869 in die Schweiz über, 1871 starb Nostitz. 1873 veröffentlichte Pauline Nostitz mit Hilfe von Aufzeichnungen das Reisewerk Helfers unter dem Titel 1844 *Johann Wilhelm Helfers Reisen in Vorderasien und Indien.* 1877 erscheint der zweite Teil mit einem Anhang: *Meine Erlebnisse und Erinnerung nach Helfers Tod.*

Pfeiffer, Ida

* 14.10.1797 in Wien
† 27.10.1858 in Wien

Ida Reyer heiratete am 1.5.1820 gegen ihren eigentlichen Wunsch den Advokaten Dr. Pfeiffer. Die Ehe war unglücklich, die Familie verarmte trotz des beträchtlichen väterlichen Erbes, das Ida in die Ehe eingebracht hatte. 1835 (nach dem Tod der Mutter) siedelte sie von Lemberg nach Wien über und vollzog damit die Trennung von ihrem Mann. Nach der Erziehung ihrer beiden Söhne unternahm Ida Pfeiffer mehrere große Reisen. Die erste Reise 1842 führte sie nach Palästina und Ägypten, 1845 reiste sie nach Skandinavien und Island, 1846-48 bereiste sie Brasilien, Chile, Tahiti, China, Vorderindien, Persien, Kleinasien und Griechenland. Unterstützt von der Österreichischen Regierung machte sie 1851-1855 eine zweite Weltreise. Die von ihr gesammelten Naturalien und ethnographischen Gegenstände gelangten größtenteils in das britische Museum und in das kaiserlichen Naturalienkabinett in Wien. Auf Anregung Alexander von Humboldts wurde sie zum Ehrenmitglied der Berliner Geographischen Gesellschaft ernannt, vom König von Preußen erhielt sie die goldene Medaille für Wissenschaft und Kunst. Ende 1856 schiffte sie sich erneut nach Madagaskar ein. Dort wurde sie gefangen genommen und des Landes verwiesen. Den Strapazen dieser ihrer letzten Reise erlag sie am 27.10.1858 in Wien. Ihre Reisen hat Ida Pfeiffer ausführlich dokumentiert: *Reise einer Wienerin in das Heilige Land* (1845), *Reise nach dem skandinavischen Norden und der Insel Island* (1846), *Eine Frauenfahrt um die Welt* (1850), *Meine zweite Weltfahrt* (1856), *Reise nach Madagaskar* (1861)

Schabelsky, Elisabeth (Elsa) Alexandrowna von (Pseudonym P. Lorenz, Egor Schugoy)

* 18.4.1860 in Stubky/Südrußland
† ?

Elsa von Schabelsky wurde am adeligen Frauengymnasium von Charkow erzogen und bildete (auf Wunsch des Großfürsten Konstantin Nikolajewitsch) ihre Stimme am Konservatorium in Paris aus. Nach dem Verlust ihrer Stimme nahm sie Schauspielunterricht und spielte auf verschiedenen Bühnen in Frankreich, Rußland (1876-1883), Österreich und Deutschland. Das Berliner Residenztheater, an dem sie seit 1890 engagiert war, mußte sie wegen persönlicher Differenzen mit Paul Lindau 1891 verlassen. Seitdem wirkte sie als dramatische Schriftstellerin. Seit 1902 lebte sie in St. Petersburg. Sie veröffentlichte u.a. ihre Reisekizzen aus Marokko, *Harem und Moschee* (1896).

Schirmacher, Käthe

* 6.8.1865 in Danzig
† 18.11.1930 in Meran

Die Tochter eines Danziger Kaufmanns machte ihr Examen als Lehrerin und studierte an der Sorbonne von 1885-1887 romanische Sprachen. Ihre erste Anstellung als Oberlehrerin in Liverpool mußte sie wegen einer Erkrankung der Stimmbänder aufgeben. Mit ersten schriftstellerischen und publizistischen Arbeiten überrückte sie die lange Zeit bis zur Genesung. 1893 setzte sie ihr Studium in Zürich fort, wo sie als eine der ersten Frauen 1895 promovierte. Nach der Promotion reiste sie als Ehrengast der Levantelinie auf einem Frachtdampfer von Antwerpen nach Alexandrien (Ägypten), wo sie bei einer befreundeten Familie zu Gast war. Nach der Reise (im Sommer 1895) ging Käthe Schirmacher für vier Jahre nach Paris, um dort im Auftrag des Verlegers Reisland eine populärwissenschaftliche Biographie über Voltaire zu schreiben. 1896 erschienen ihre *Reisebilder* und 1897 *Aus aller Herren Länder. Gesammelte Studien und Aufsätze*, die sich neben Reiseberichten und literarischen Studien vor allem mit der sozialen Frage und der Frauenfrage befaßten. Vortragsreisen (im Dienst der internationalen abolitionistischen Vereinigung) und die Teilnahme an internationalen Frauenkrongressen führten sie von 1900-1904 in fast alle europäischen Länder. Käthe Schirmacher war zunächst eine führende Vertreterin der radikalen Frauenbewegung; 1899 Mitbegründerin des »Verbandes fortschrittlicher Frauenvereine« und des »Weltbundes für Frauenstimmrecht« (1902). Ab 1904 wandte sie sich dem konservativen Nationalismus zu; sie trat für die deutsche Ostmarkpolitik ein. Während des ersten Weltkriegs war sie Mitglied der »Fortschrittlichen Volkspartei«, 1919 deutsch-nationale Abgeordnete für Westpreußen in der Nationalversammlung. Sie veröffentlichte zahlreiche Schriften zur Geschichte der Frauenbewegung, darunter *Die Suffragetten* (1912). Käthe Schirmacher gehört zu den wenigen Frauen, die von ihrer publizistischen und schriftstellerischen Arbeit leben konnten. Sie starb während einer Reise nach Meran.

Schuber, Maria

Maria Schuber lebte in Graz (Österreich), wo sie als Erzieherin tätig war; sie war sehr gläubig und unternahm 1847-1848 zu Fuß eine Pilgerreise über Rom, Griechenland, Ägypten nach Jerusalem. Ihre Reisebriefe veröffentlichte sie in einem Verlag der Mechitaristen in Wien unter dem Titel *Meine Pilgerreise* (1851). Sie verfaßte außerdem noch ein Gebetbuch *Maria! Die heilige Jungfrau* (1852).

Schulze-Smidt, Bernhardine (Pseudonym E. Oswald)

* 19.8.1846 auf Gut Dungen bei Bremen
† 17.2.1920 Bremen

Bernhardine war die älteste Tochter des Senators Smidt und verlebte, so die Chronisten, im Kreis einer großen Familie eine reiche und glückliche Jugend; im Mittelpunkt der Familie stand der alte Bürgermeister Johann Smidt, der Gründer Bremerhavens. 1869 heiratete sie den Regierungsrat Schulze. Nach dem Tod ihres Mannes (1886) wohnte sie einige Jahre in München, nahm später ihren Wohnsitz in Bremen. Sie schrieb Novellen und Erzählungen u. a. auch einen Reisebericht *Constantinopel. Friedliche Reiseerinnerungen,* der 1897 veröffentlicht wurde.

Schwartz, Marie Esperance von (Pseudonym Melena Elpis)

* 8.11.1818 in Southgate (England)
† 20.4.1899 in Ermatingen (Schweiz)

Geboren als Tochter des in London ansässigen Hamburger Bankiers Brandt wurde Marie in Genf und Rom erzogen. Maßgeblich für ihre Ausbildung war eine Verwandte ihrer Mutter, die als Erzieherin der weimarischen Prinzessinen bekannte Esperance Sylvestre. Marie galt als hochbegabt und beherrschte acht Sprachen. Sie heiratete mit 15 Jahren einen Vetter, der nach einem Jahr Selbstmord beging. Die junge Witwe ging nach Rom, wo ihr Salon zum Mittelpunkt der dortigen Aristrokratie und Künstlerwelt reüssierte. 1842 heiratete sie den Hamburger Bankier Ferdinand von Schwartz (1813-1883). Mit ihm unternahm sie weite Reisen nach Griechenland, in die Türkei und nach Nordafrika. Die Ehe war ebenfalls unglücklich und wurde 1852 gerichtlich aufgelöst. 1849 hatte sie in Rom Garibaldi kennengelernt, mit dem sie seit dieser Zeit eine enge freundschaftliche Beziehung verband. Sie erzog seine Kinder, leistete ihm durch ihren persönlichen Einfluß politische Dienste, zwei Mal soll sie Garibaldi das Leben gerettet haben. In seiner Gefangenschaft war sie ihm eine treue Pflegerin. Als Dank schenkte Garibaldi ihr ein Manuskript seiner Memoiren. 1865 ging Marie von Schwartz (wegen des ihrer Gesundheit zuträglichen Klimas) nach Kreta, wo sie bis 1896 lebte, literarisch tätig war und sich sozial engagierte; sie gründete Krankenhäuser, Asyle, Schulen und übersetze deutsche Schulbücher ins Neugriechische. Sie engagierte sich außerdem auf dem Gebiet des Tierschutzes. Nach Aufgabe ihres Wohnsitzes auf Kreta lebte sie in der Schweiz. Die Beschreibung ihrer Reise nach Nordafrika, *Blätter aus dem africanischen Reisetagebuch einer Dame* (2 Bde., 1849) war ihre erste literarische Veröffentlichung.

Voigtel-Bolgiani, Valeska (Melanie Henriette Charlotte Caroline) (Pseudonym Arthur Stahl)

* 26.3.1830 Minden, Westfalen
† 2.10.1876 Mailand

Valeska Müller, einzige Tochter eines höheren preußischen Stabsoffiziers, heiratete 1854 in Magdeburg den Juristen Karl Albert Voigtel (* 1809); nach dem Tod ihres Mannes (1868) lebte sie auf der Isola Bella, Lago Maggiore und übersetzte ihre literarischen Werke ins Italienische. 1874 heirate sie den italienischen Offizier Bolgiani, der in der Mailander Garnison stationiert war. Sie veröffentlichte etliche Romane und Reiseberichte, u.a. *Spanien. Reiseblätter* (1866) und *Im Lande der Pharaonen – Reisebilder aus Ägypten* (1869). Sie starb 1876 im Irrenhaus zu Mailand.

Uexküll, Natalie, Baronin von

Natalie von Harder heiratete den Groß-Rittmeister Jacob Baron von Uexküll. In der Zeit von 1905 bis 1912 unternahm sie – vielfach in Begleitung ihres Sohnes – ausgedehnte Reisen in den Orient. Sie verkehrte in den höchsten diplomatischen und kirchlichen Kreisen; ihr Hauptinteresse galt dem religiösen Leben im Orient. Über ihre Erlebnisse im Orient berichtete sie in dem Buch *Ägypten Palästina Syrien. Orientbriefe einer deutschen Frau*, das 1925 in Lugano veröffentlicht wurde.

Weber, Mathilde

* 16.8.1829 in Ellwangen
† 22.6.1901 in Tübingen

Die Tochter des Ökonomierats Gustav Walz besuchte die höhere Töchterschule in Ellwangen. 1852 heiratete sie Dr. Heinrich Weber, der 1854 zum Professor für Land- und Forstwirtschaft an der Universität Tübingen ernannt wurde. Die Ehe blieb kinderlos. 1869 schloß sie sich dem Allgemeinen Deutschen Frauenverein (ADF) an, in dessen Vorstand sie 1887 gewählt wurde. Sie war dreißig Jahre lang in der deutschen Frauenbewegung aktiv, deren gemäßigtem Flügel sie zugerechnet wird. Sie war in zahlreichen Vereinen in leitender Position tätig; zudem entwickelte sie eine rege Vortragstätigkeit und verfaßte zahlreiche Publikationen zur Frauenfrage. Ihre aufsehenerregende Schrift *Ärztinnen für Frauenkrankheiten, eine ethische und sanitäre Notwendigkeit* (1888) legte der ADF seiner Petition an den Reichstag um die Zulassung der Frauen zum Medizinstudium bei. 1894 gründete Mathilde Weber den »Verein für Hausbeamtinnen«, der in ganz Deutschland Verbreitung fand. Sie befürwortete den Eintritt der Frauen in die städtische Armenpflege, gründete in Tübingen zahlreiche karitative Einrichtungen, Kindergärten und Frauenarbeitsschulen; 1889 erhielt sie den württembergischen Olgaorden. Nach dem Tod ihres Mannes 1890 unternahm sie eine größere Reise nach Konstantinopel. Ihr Reisebericht *Durch Griechenland nach Konstantinopel* erschien 1891.

Anmerkungen

1. *Grenzbestimmungen: das Reise-, Frauen- und Orientbild des 19. Jahrhunderts*

1 Hahn-Hahn 1851, S. 41.

2 Daß es überhaupt schon Vorarbeiten gibt zum Thema Frauenreisen, ist der Frauenforschung zu verdanken; genannt seien in diesem Kontext Elke Frederiksen 1989, S. 104-122; Potts 1988; Pelz in: Argument-Sonderband AS 172, S. 205-218.

3 Vgl. Leed 1993, S. 22.

4 Enzensberger 1973, S. 186.

5 Leed 1993, S. 236 – Leed spricht in diesem Zusammenhang von einer »Gleichsetzung von Maskulinität mit Bewegung und Feminität mit Seßhaftigkeit«, womit allerdings die historische Entwicklung der Reisekultur und der damit verbundene Begriffswandel, was unter Reise zu verstehen sei, ausgeklammert wird.

6 Zitiert nach *Frankfurter Allgemeine Zeitung*, Magazin, Heft 447, vom 23.9.1988, S. 26.

7 Wolff 1975, S. 554 (Reprint von 1736).

8 Bernard 1808, Bd. 1, S. 46.

9 Rousseau 1980, S. 825.

10 Bloch 1973, S. 430.

11 Rahel Varnhagen, Brief vom 2.4.1793, zitiert nach Möhrmann 1977, S. 30.

12 Posselt 1795, Bd. I, S. 733.

13 Michelis [2]1872, S. 238 f.

14 Nipperdey 1983, S. 120.

15 Ebd., S. 120.

16 Ewald 1804, S. 41.

17 Nipperdey 1983, S. 120.

18 Frevert 1986, S. 65; vgl. auch Hausen 1976, S. 363-393.

19 Goethe zitiert nach Buch 1991, S. 39.

20 Zitiert nach *Frankfurter Allgemeine Zeitung* vom 6.5.1970.

21 Zitiert nach Stewart 1978, S. 135 f.

22 Sophie von LaRoche, Brief an Elise zu Solms-Laubach vom 14.9.1783, in: dies. [2]1985.

23 Ebd., Brief vom 9.5.1784.

24 Schopenhauer 1987 (Nachdruck der Ausgabe von 1831), S. 104.

25 Lewald 1989, S. 259.

26 Ockenfuß 1984, S. 128.

27 Schnitzler 1971, S. 52.

28 Kohl 1989, S. 360. »Der Begriff Orient ist rein politisch-kulturell, veränderlich und schwankend«, hieß es dementsprechend, wenn auch leicht verschlüsselt, in *Meyers Lexikon*, Bd. 8, Leipzig (8. Aufl.) 1940, S. 687.

29 Sternberger 1981, S. 73.

30 Zitiert nach Ammann 1989, S. 169.

31 Sternberger 1981, S. 72.

32 Vgl. Butazzi o. J. (1986), S. 275.

33 Bloch 1973, S. 439 ff.
34 Die Kunst- und Literaturwissenschaft, aber auch Soziologie sprechen in diesem Kontext mitunter von »Orientalismus« (nicht: »Orientalistik«, womit die Islamwissenschaften gemeint sind), seit der amerikanische Literaturwissenschaftler Edward Said 1981 seine Thesen auch hierzulande publik gemacht hat. Sein Begriffsverständnis von Orientalismus hat allerdings mehr für Verwirrung als Klärung gesorgt. Um dem nicht weiter Vorschub zu leisten, wird im folgenden von Orientbildern oder Orientmode gesprochen – schon um eindeutig zu kennzeichnen, daß Ausdrucksformen des gesellschaftlichen Bewußtseins gemeint sind und nicht fachwissenschaftliche Diskurse.
35 *Berliner Abendblätter,* No. 36 vom 12. 2. 1811 (Reprint mit Nachwort von Helmut Sembdner, Darmstadt 1973).
36 Vgl. das *Freie Blatt* (Berlin) vom 3. 6. 1873 und die *Schlesische Zeitung* vom 5. 6. 1873.
37 Said 1981, S. 12.
38 Boveri 1938, S. 172.
39 Vgl. Rodinson 1991, S. 78.
40 Das berühmte Wort geht auf den russischen Zar Nikolaus I. zurück.
41 Rodinson 1991, S. 78
42 Buch 1991, S. 13 f.
43 Zu den namhaften Vertretern dieser Idee, die eine deutsche Besiedlung Kleinasiens propagierten, gehörten vor der Reichsgründung etwa der Nationalökonom Wilhelm Roscher und der Archäologe Ludwig Roß.
44 Vgl. *Brockhaus Conversations-Lexikon* [13]1882-1887 (Art. »Osmanisches Reich«).
45 Naumann [7]1909, S. 147.
46 Ebd.
47 Vgl. Kochwasser 1974, S. 294-349.
48 Oelsner 1894, S. 158.
49 Vgl. Tekinay 1981, S. 47-49.
50 Gnüg/Möhrmann 1989, S. XII.
51 Zitiert nach Frederiksen 1989, S. 105.
52 Schwarz 1791, S. 17.
53 Heine 1966, S. 322.
54 Vgl. Middleton 1965; vgl. auch Allen 1980.
55 Simmel 1983, S. 219.
56 Vgl. Gnüg/Möhrmann 1989.
57 Vgl. Wülfing 1980, S. 181.
58 Goethe 1988, S. 349.
59 Zur Briefkultur des 18. Jahrhunderts vgl. Becker-Cantarino 1989.
60 Vgl. Haacke 1952, S. 149.
61 Ebel 1962, S. 60.
62 Stewart 1978, S. 78.

2. *Fernweh nach dem Orient: die Kunst der Abreise*

1 Tristan 1983b, S. 27.
2 Bloch 1973, Bd. 1, S. 430.
3 Pfeiffer 1980 (1844).
4 In: *Unterhaltungen am häuslichen Herd*, Nr. 15, 1856, S. 236 f.
5 Pfeiffer 1980, S. 9.
6 Schuber 1850, S. 4.
7 Ebd., S. 5.
8 Ebd., S. 4.
9 Ebd., S. 9.
10 Nostitz 1873, S. 9.
11 Ebd.
12 Ebd., S. 9 f.
13 Ebd., S. 10.

14 Vgl. *Allgemeine Deutsche Biographie*, Bd. XI, 1875-1912; vgl. auch Embacher 1882.
15 Nostitz 1873, S. 10f.
16 Ebd., S. 13f.
17 Freya Stark, zitiert nach Russell 1987, S. 13.
18 Belli 1846, Vorwort.
19 Döhner 1895, Vorwort.
20 Vgl. Felden 1993, S. 41.
21 Möhrmann 1977, S. 68.
22 Paul Lindau wurde später Autor des ersten deutschen Kunstfilms.
23 Schabelsky 1896, S. 1f.
24 Mühlbach 1871, S. 1f.
25 Ebd., S. 3-5.
26 Theodor Mundt, zitiert nach Wolf Wülfing: *Junges Deutschland*, München 1978, S. 21.
27 Bacheracht 1841, S. 162. – *Die Briefe aus dem Süden* entstanden auf Anregung des Schriftstellers Karl Gutzkow, mit dem Therese von Bacheracht eng befreundet war; sie wurden unter dem Pseudonym *Therese* veröffentlicht, herausgegeben von F. K. von Strombeck. Vgl. auch T. v. B., Karl Gutzkow: *Unveröffentlichte Briefe*, hg. von Vordtriede 1971.
28 Bacheracht 1841, S. 193.
29 Ebd., S. 124f.
30 Ebd., S. 162.
31 Ebd., S. 205.
32 Ebd., S. 105.
33 Ebd., S. 112.
34 Ebd., S. 127f.
35 Ebd., Vorwort S. III-VI (vom Herausgeber der *Briefe* verfaßt).
36 Therese von Bacheracht veröffentlichte in den 40er Jahren – unter ihrem Namen – noch zwei Romane, »welche besonders bei den Frauen eine ungemein günstige Aufnahme fanden«. Lewald 1989, Bd. 3, S. 246.
37 Ebd., S. 245f.
38 Bacheracht 1841, S. 205f.
39 Ebd., S. 212-215.
40 Ebd., S. 223.
41 Ebd., S. 227.
42 Ebd., S. 228.
43 Ebd., S. 235.

3. *Die »Approchen Konstantinopels« – Annäherungen an die türkische Hauptstadt um* 1840

1 Hahn-Hahn 1851, S. 190.
2 Ebd.
3 Ebd., S. 128f.
4 Ebd., S. 130.
5 Brunner 1833, S. 84.
6 Bacheracht 1841, S. 250f.
7 Belli 1846, S. 100f.
8 Zu seinem zweifelhaften Ruhm hatte in Deutschland vor allem seine semi-authentische Reiseerzählung *Semilasso in Afrika* beigetragen. Vgl. Pückler-Muskau 1836.
9 *Fürst Pücklers orientalische Reisen. Aus den abenteuerlichen Berichten des weltkundigen Fürsten Hermann von Pückler-Muskau*, Hamburg 1963, S. 422.
10 Bacheracht 1841, S. 252.
11 Ebd., S. 108.
12 Belli 1846, S. 134.
13 Bacheracht 1841, S. 252.
14 Belli 1846, S. 105f.
15 Bacheracht 1841, S. 255f.
16 Belli 1846, S. 114.

17 Ebd.
18 Hahn-Hahn 1851, S. 130ff.
19 *Handbuch für Reisende in den Orient*, 1846.
20 Belli 1846, S. 133.
21 Moltke 1893, S. 21.
22 Grundsätzlich war die Trennung nach Männer- und Frauenabteilen den Reisenden durchaus vertraut, aus den christlichen Kirchen zum Beispiel.
23 Hahn-Hahn 1851, S. 195. – Die Reisende war übrigens, auch wenn das Zitat die gegenteilige Erwartung erweckt, in Begleitung ihres langjährigen Gefährten Lord Bystram.
24 Bacheracht, 1841, S. 265.
25 Twain [3]1968, S. 267f.
26 Belli 1846, S. 131f.
27 Ebd., S. 132f.
28 Hahn-Hahn 1851, S. 195.
29 Ebd.
30 Ebd., S. 197.
31 Belli 1846, S. 172f.
32 Ebd., S. 175.
33 Jahn 1828, S. 162.
34 Belli 1846, S. 152.
35 Hahn-Hahn 1851, S. 209.
36 Belli 1846, S. 137.
37 Bacheracht 1841, S. 260ff.
38 Hahn-Hahn 1851, S. 87f.
39 Prokesch-Osten 1956, S. 117f.
40 Hahn-Hahn 1851, S. 173.
41 Ebd., S. 56.
42 Ebd., S. 173ff.
43 *Conversations-Lexicon*, Bd. 9, [2]1817, S. 151.
44 Brief vom 9. Februar 1836, in: Moltke 1893, S. 33f.
45 Belli 1846, S. 119ff.
46 Twain [3]1968, S. 281.

4. *»An den süßen Wassern Asiens« den Schleier lüften*

1 Hahn-Hahn 1851, 1. Teil, S. 136ff.
2 Belli 1846, S. 144.
3 Hahn-Hahn 1851, Teil 1, S. 160ff.
4 Belli, 1846, S. 142f.
5 Ebd., S. 149f.
6 *Pouqueville's Reise*, 1805, Bd. 2, S. 72ff.
7 *Meyers Reisebücher*, [7]1908, S. 20.
8 Zitiert nach: Bei den Kismet-Knöppen, in: Kraus 1916, S. 79.
9 Hahn-Hahn 1851, 1. Teil, S. 150.
10 Ebd., S. 260.
11 Irma Bühler: Vorwort, in: Montagu 1991, S. 7-12, hier S. 11.
12 Montagu 1991, S. 77.
13 Ebd., S. 112.
14 Ebd., S. 163.
15 Ebd.
16 Ebd., S. 115.
17 Vorrede der Dame Mary Astell (1724), in: Montagu 1991, S. 14f.
18 Montagu 1991, S. 96f.
19 *Brockhaus Konversationslexikon*, 19. Aufl., Bd. 15, Mannheim 1991, S. 70f.
20 Syndram 1989, S. 327.
21 Montesquieu 1988.
22 Zur Haremsdarstellung Montesquieus vgl. Opitz 1991.
23 Montague 1927, S. 81ff.
24 Ebd., S. 83.
25 Ebd., S. 109ff.
26 Ebd., S. 112.
27 Ebd.
28 Ebd.
29 Ebd., S. 113f.
30 Vgl. Moulin/Chuvin 1987, S. 19.
31 Vgl. die Beschreibung der türki-

schen Strafe im Vergleich zu englischen Perückenträgern.
32 Montagu 1991, S. 115.
33 Ebd., S. 196.
34 Ebd., S. 112 f.
35 Vgl. Sievernich/Budde 1989, S. 815 und S. 816.
36 Montagu 1991, S. 199.
37 Ebd., S. 179.
38 Michelsen 1981.
39 Rodinson 1991, S. 57.
40 Killy 1990, Bd. 8, S. 10759.
41 Craven 1789, S. 187.
42 Ebd., S. 178.
43 Ebd., S. 179.
44 Ebd., S. 178.
45 Montagu 1991, S. 115 f.
46 Exakt dasselbe Deutungsmuster findet sich interessanterweise zu Beginn des 19. Jahrhunderts bei Flora Tristan wieder, die über die Sitte der Verschleierung in der peruanischen Hauptstadt Lima berichtete. Vgl. Tristan 1983a, Bd. II.
47 Vgl. Sagaster 1989, S. 117 ff.
48 Hahn-Hahn 1851, 1. Teil, S. 284.
49 »Comtesse Ida«, referiert von ihrer Jugendfreundin Louise Mühlbach alias Klara Mundt, zitiert nach Ebersberger 1902, S. 139. Dort findet sich auch eine ausführliche Schilderung der Familienverhältnisse und des Lebensweges von Ida Hahn-Hahn.
50 Hahn-Hahn 1851, 1. Teil, S. 294.
51 Ebd., S. 295.
52 Ebd., S. 195.
53 Ebd., S. 310.
54 Ebd., S. 149.
55 Dies., 2. Teil, S. 74.
56 Dies., 1. Teil, S. 263 f.
57 Ebd., S. 275.
58 Pfeiffer 1980, S. 195.
59 Hahn-Hahn 1851, 1. Teil, S. 291 f.
60 Helmuth von Moltke: Spaziergang durch Konstantinopel, Brief vom 4. Januar 1836, zitiert nach Diederichs 1994, S. 17.
61 Belli 1846, S. 176 ff.
62 Ebd., S. 189.
63 Ebd., S. 187.
64 Vgl. Sagaster 1989, S. 66.
65 Vgl. ebd., S. 72.
66 *Meyers Reisebücher*, 7 1908, S. 297.
67 Gost 1993, S. 257.

5. *Im Schatten des Großherren durch die osmanische Provinz*

1 Seiff 1875, S. 359.
2 Ebd., S. 365.
3 Busch 1860, S. III.
4 Hahn-Hahn 1851, 2. Teil, S. 2 f.
5 Ebd., S. 3.
6 Frevert 1986, S. 74.
7 Vgl. Wülfing 1989 – nahezu absurd wirkt in diesem Zusammenhang die Überschrift eines Artikels von Gerd Oberembt: Feministin der Biedermeierzeit. Ida Hahn-Hahn zum 100. Todestag, *Mainzer Allgemeine Zeitung* vom 12. 1. 1980.
8 Fallmerayer 1861, S. 67.
9 Ebd., S. 59.
10 Montagu 1991, S. 131.
11 Hahn-Hahn 1851, 1. Teil, S. 301.
12 *Handbuch für Reisende in den Orient*, 1846, S. 6.
13 Nostitz 1873, Teil 1, S. 67 f.
14 *Brockhaus*, 15. Bd., Leipzig 14 1903, S. 552 (fast gleichlautend in der 12. Aufl.).

15 Pfeiffer 1980, S. 82.
16 Zitiert nach Elsemarie Maletzke: »Unten gegabelt«. Hosen, weiblich – eine Kulturgeschichte der frechsten Zügellosigkeiten, in: *Die Zeit*, Nr. 2 vom 6. 1. 1995, S. 57.
17 Pfeiffer 1980, S. 83.
18 Vgl. Singer 1974, S. 233.
19 Ebd., S. 236.
20 Pfeiffer 1980, S. 211 ff.
21 Ebd., S. 215.
22 Ebd., S. 231.
23 Ebd., S. 223.
24 Ebd., S. 220.
25 Ebd., S. 232 f.
26 Ebd., S. 236.
27 Gerstdorf 1865, S. 52.
28 Ebd., S. 52, auch die folgenden Zitate von S. 52.
29 Ebd., S. 52 f.
30 Ebd., S. 53 f.
31 Ebd., S. 92.
32 Ebd., S. 54.
33 Ebd.
34 Ebd., S. 90.
35 Ebd., S. 91.
36 Ebd., S. 94.
37 Vgl. die Akte »Hohnhorst, ein altes Beamten- und Offiziersgeschlecht«, im Braunschweiger Stadtarchiv.
38 Hahn-Hahn 1851, 2. Teil, S. 2.
39 Hohnhorst 1884, S. 33 f.
40 Ebd., S. 51.
41 Said Ruete 1896/97, S. 238 f.
42 Busch 1860, S. IV.
43 Hohnhorst 1884, S. 50.
44 Ebd., Vorwort.
45 Ebd., S. 52.
46 Ebd., S. 56 f.
47 Ebd., S. 70.
48 Ebd., S. 201.
49 Ebd., S. 253.
50 Schwartz 1849, 1. Teil, S. 411.
51 Hohnhorst 1884, S. 71 f.
52 Ebd., S. 68.
53 Ebd., S. 254.
54 Ebd., S. 35.
55 Ebd., S. 36.
56 Hahn-Hahn 1851, 2. Teil, S. 7 f.
57 Hohnhorst 1884, S. 37.
58 Ebd., S. 66.
59 Said Ruete 1896/97, S. 239.
60 Hohnhorst 1884, S. 77.
61 Ebd., S. 111.
62 Ebd., S. 104.
63 Ebd., S. 108 f.
64 Ebd., S. 209 f. Eine fast gleichlautende Charakterisierung findet sich in der 12.-14. Auflage des *Brockhaus*, Stichwort »Stanhope«.
65 Vorwort zu Lamartines Reisebeschreibung im *Pfennig-Magazin*, Nr. 398 vom 14. November 1840, S. 366-367, S. 366.
66 Alphonse Lamartine, in: *Pfennig-Magazin*, S. 366-367; Vgl. auch Lamartine 1840.
67 Ebd., S. 367; Vgl. zu Lady Hester Stanhope auch: Haslip 1953 und Heneine 1983.
68 Düringsfeld 1900, S. 254.
69 Ebd., S. 257.
70 Hahn-Hahn 1851, 2. Teil, S. 99.
71 Düringsfeld 1900, S. 254.
72 Hohnhorst 1884, S. 217 – Vgl. auch Hahn-Hahn 1851, 2. Teil, S. 93: »Hier begreife ich das Gefühl, welches die Lady Esther Stanhope der Heimat entfremdete und für immer entzog.«

6. *Pellegrina nach Palästina*

1 Schuber 1850, S. VI.
2 Ebd., S. VII.
3 Schulz 1852.
4 Vogel 1885.
5 Tischendorf 1862.
6 So entdeckte der protestantische Theologe Tischendorf im Katharinenkloster auf der Halbinsel Sinai den *Codex Sinaiticus*, eine der ältesten griechischen Bibelhandschriften.
7 Höfer, Josef und Karl Rahner (Hg.): *Lexikon für Theologie und Kirche*, Bd. 10, Freiburg 1966.
8 Vgl. Polkehn 1986, S. 17.
9 Zitiert nach Pudney 1955, S. 187.
10 Zitiert nach ebd., S. 185.
11 Zitiert nach ebd., S. 184.
12 Vgl. Wolf 1989. Zur literarischen Tradition vgl. Wolf-Crome 1978.
13 Christ 1888, S. 246f.
14 Zeitgleich erschien z.B. von dem Kölner Ludwig Schneller, Stifter des Syrischen Waisenhauses in Jerusalem, *Die Kaiserfahrt durch's heilige Land* (1899), »gewidmet dem Kölner Vorstand und dem Kuratorium des Syrischen Waisenhauses in Jerusalem, den teuern Mitarbeitern an der evangelischen Mission im Heiligen Lande« – und *Reisebriefe aus Palästina* (1898) von Hermann von Soden, Pfarrer in Dresden und Professor der evangelischen Theologie in Berlin.
15 *Das deutsche Kaiserpaar im Heiligen Lande*, Berlin 1899, S. 19.
16 Vgl. Kampen 1968, S. 406, Fußnote 233.
17 *Das deutsche Kaiserpaar*, 1899, S. 17.
18 Zitiert nach Pudney 1955, S. 194.
19 Naumann 1909, S. 74f.
20 Zitiert nach Kampen 1968, S. 137f.
21 Naumann 1909, S. 72.
22 Uexküll (1925), S. 42.
23 Ebd., S. 142.
24 Ebd., S. 40.
25 Ebd., S. 86.
26 Ebd., S. 199.
27 Ebd., S. 35.
28 Ebd., S. 60.
29 Ebd., S. 59f.
30 Pfeiffer 1980, S. 217.
31 Christ 1888, S. 69.
32 Uexküll (1925), S. 55.
33 Ebd., S. 168.
34 Wolf 1989, S. 92.
35 Teilausgabe in Röhricht/Meisner 1880, S. 278-296, hier S. 283.
36 Schuber 1850, S. 240f.
37 Pückler-Muskau 1985, S. 335.
38 Bacheracht 1841, S. 249f.
39 Schuber 1850, S. 245.
40 Hahn-Hahn 1851, 1. Teil, S. 283.
41 Ebd., 2. Teil, S. 169.
42 Schuber 1850, S. 39.
43 Ebd.
44 Ebd., S. 241.
45 Ebd., S. 43.
46 Ebd., S. 50.
47 In Anspielung an den Reiseroman von Moritz, der den programmatischen Titel *Anton Reiser* trug.
48 Karl Philipp Moritz: *Werke*, hg. von Horst Günther, Bd. 2: *Reisen, Schriften zur Kunst und Mythologie*, Frankfurt a.M. 1981, S. 111f.
49 Stark 1802, S. 14.
50 Schuber 1850, S. 147.
51 Pfeiffer 1980b, S. 26.
52 Pfeiffer 1980, S. 196.
53 Schuber 1850, S. 57.
54 Ebd., S. 39.
55 Ebd., S. 57.

56 Ebd.
57 Ebd., S. 179.
58 Ebd., S. 251.
59 Ebd.
60 Pfeiffer 1980, S. 298 ff.
61 Schuber 1850, S. 263.
62 Ebd., S. 260 f.
63 Hahn-Hahn 1844, 3. Teil, S. 9.
64 Schuber 1850, S. 397.
65 Ebd., S. 173.
66 Zitiert nach Ebel 1962, S. 5.
67 Twain 1990, S. 518.
68 Pfeiffer 1980, S. 110.
69 Ebd., S. 124 f.
70 Hahn-Hahn 1851, 2. Teil, S. 158 f.
71 Schuber 1850, S. 279.
72 Christ 1888, S. 72 f.
73 Zitiert nach Alex Carmel: *Die Siedlungen der württembergischen Templer in Palästina 1868-1918*, Stuttgart 1973, S. 147.
74 Vgl. *Frankfurter Allgemeine Zeitung* vom 1. 10. 1991.

7. *Im Schatten der Pyramiden*

1 Heinrich Freiherr von Maltzan: *Pilgermuscheln. Gedichte eines Touristen*, Leipzig 1863, S. 173.
2 Zitiert nach Kabbani 1993, S. 107.
3 Stahl (Bolgiani) 1869, S. 91.
4 Ebd., S. 92.
5 Weber 1892, S. 101.
6 Stahl (Bolgiani) 1869, S. 7.
7 Ebd., S. 6.
8 Hohnhorst 1884, S. 14.
9 Ebd., S. 15.
10 Schirmacher 1897, S. 66.
11 Ebd., S. 77.
12 Ebd., S. 64.
13 Martineau 1848.
14 Duff-Gordon 1865, S. 180 f.
15 Christ 1888, S. 13.
16 Zitiert nach Scurla 1961, S. 489.
17 Twain 1990, S. 575.
18 Mühlbach 1871, 1. Bd., S. 16.
19 Zitiert nach McClain/Kurth-Voigt 1981, Brief 110, Sp. 1177 f.
20 Zitiert nach ebd., Brief 111, Sp. 1179.
21 Mühlbach 1871, 1. Bd., S. 18 f.
22 Ebd., S. 29 f.
23 Zitiert nach McClain/Kurth-Voigt 1981, Brief 111, Sp. 1179.
24 Es erschienen die historischen Romane: Louise Mühlbach: *Mohammed Ali und sein Haus*, 4 Bde., Jena 1871; dies.: *Mohammed Ali's Nachfolger*, 4 Bde., Jena 1872; dies.: *Mohammed Ali, der morgenländische Bonaparte*, Prag 1872.
25 Zitiert nach McClain/Kurth-Voigt 1981, Brief 112, Sp. 1181.
26 Zitiert nach ebd., Brief 112, Sp. 1181.
27 Zitiert nach ebd., Brief 117, Sp. 1191eb.
28 Zitiert nach ebd., Brief 126, Sp. 1205.
29 Mühlbach 1871, 1. Bd., S. 30.
30 Ebd., S. 36 f.
31 *Description de l'Egypte, ou Recueil des observations et des recherches pendant l'Expédition de l'armée française*, Paris 1809-1813.
32 Mühlbach, 1871, 2. Bd., S. 130.
33 Stahl (Bolgiani) 1869, S. 28.
34 Hahn-Hahn 1844, 3. Teil, S. 372.
35 Hohnhorst 1884, S. 14 f.
36 Christ 1888, S. 15.
37 Stahl (Bolgiani) 1869, S. 14.
38 Ebd., S. 16.

39 Ebd., S. 17.
40 Mühlbach 1871, 1. Bd., S. 138 ff.
41 Vgl. Wolfgang Schivelbusch: *Geschichte der Eisenbahnreise. Zur Industrialisierung von Raum und Zeit im 19. Jahrhundert*, Frankfurt/M. 1989, S. 64.
42 Vgl. Kapitel 6.
43 Theodor Mundt: *Spaziergänge und Weltfahrten*, Bd. 1, Altona 1838, S. 112.
44 Mühlbach 1871, 1. Bd., S. 108 ff.
45 Stahl (Bolgani) 1869, S. 76.
46 Hahn-Hahn 1844, 3. Teil, S. 52.
47 Ebd., S. 56 f.
48 Wehinger 1986, S. 375.
49 Mühlbach 1871, 1. Bd., S. 204 f.
50 Ebd., S. 147.
51 Zitiert nach McClain/Kurth-Voigt 1981, S. 945.
52 Mühlbach 1871, 1. Bd., S. 148 ff.
53 Amelia Edwards: A Thousand Miles up the Nile, London 1888, zitiert nach Nowel 1982, S. 270 f.
54 Mechthild Lichnowsky, zitiert nach Kaufmann 1989, S. 357 f.
55 *Frankfurter Zeitung* vom 24. März 1895, abgedruckt in: Schirmacher 1897, S. 69-81, hier S. 70.
56 Ebd., S. 71.
57 Mühlbach 1871, 1. Bd., S. 151.
58 Ebeling 1878, S. 168.
59 Zitiert nach Kaufmann 1989, S. 362.
60 Hahn-Hahn 1844, 3. Teil, S. 79.
61 Ebd., S. 83.
62 Ebd., S. 85.
63 Ebd., S. 86.
64 Ebd., S. 90.
65 Stahl (Bolgiani) 1869, S. 40 ff.
66 Ebd., S. 34.
67 Ebd., S. 34 f.
68 Richard Lepsius: Briefe aus Ägypten, in: Scurla, 1961, S. 360.
69 Ebd., S. 367.
70 Stahl (Bolgiani) 1869, S. 54 f.

8. *Per Expreß in den Orient*

1 Vgl. Weber 1892, S. 98.
2 Schulze-Smidt 1897, S. 25.
3 Vgl. Bercher 1985, S. 5.
4 Vgl. Deeken 1994.
5 Vgl. Kochwasser: Das Deutsche Reich und der Bau der Bagdad-Bahn, in: ders./Roemer 1974, S. 294-349.
6 Vgl. Gregor Schöllgen: Dann müssen wir uns aber Mesopotamien sichern! – Motive deutscher Türkeipolitik zur Zeit Wilhelms II. in zeitgenössischen Darstellungen, in: *Saeculum. Jahrbuch für Universalgeschichte*, Bd. 32, 1981, Heft 2, S. 130-145.
7 Förster 1893, S. 1.
8 Ebd., S. 13.
9 Vgl. Kapitel 3.
10 Weber 1892, S. 80 f.
11 Ebd., S. 4 f.
12 Förster 1893, S. 3
13 Vgl. Palmer 1994, S. 247 ff.
14 Schulze-Smidt 1897, S. 35 f.
15 Förster 1893, S. 35.
16 Ebd., S. 37.
17 Ebd., S. 27.
18 Ebd., S. 31.
19 Ebd., S. 36.
20 Ebd., S. 28 f.
21 Ebd., S. 17.
22 Vgl. Kapitel 6.
23 Förster 1893, S. 42 f.
24 Ebd., S. 46.
25 Ebd., S. 49.

26 Egon Friedell: *Kulturgeschichte der Neuzeit*, München 1989, S. 1364.
27 Förster 1893, S. 26.
28 A. W. Ritter v. Zerboni di Sposetti: Der Orient und seine culturgeschichtliche Bedeutung, in: Stahl (Bolgiani) 1869, S. 181-230, hier S. 220.
29 Ebd., S. 212.
30 Schulze-Smidt 1897, S. 28.
31 Ebd., S. 185.
32 Ebd., S. 179.
33 Ebd., S. 97.
34 Ebd., S. 170 f.
35 Ebd., S. 171.
36 Ebd., S. 85 ff.
37 *Meyers Reisebücher*, [7]1908, S. 211.
38 Ebd., S. 297.
39 Schulze-Smidt 1897, S. 101.
40 Ebd., S. 122.
41 Weber 1892, S. 76.
42 Ebd., S. 77.
43 Nicht zuletzt gab Ida Hahn-Hahn in negativer Hinsicht unzählige Beispiele für die Konstruktion von Vorurteilen gegen die Türken, indem sie stets pauschal einem erfundenen Nationalcharakter zuschrieb, was seine Ursache in staatlicher Herrschaft hatte.
44 Weber 1892, S. 69 f.
45 *Meyers Reisebücher*, [7]1908, S. 205.
46 Weber 1892, S. 71 f.
47 Ebd., S. 69.
48 Ebd., S. 68.
49 Ebd., S. 73 f.
50 Ebd., S. 74.
51 Ebd., S. 72.
52 Ebd., S. 72 f.
53 Ebd., S. 5.
54 Ebd., S. 6.
55 *Die Gartenlaube*. Beilage: »*Die Welt der Frau*«, Nr. 32, 1913, S. 51 f.
56 Weber 1892, S. 3 f.
57 Ebd., S. 8.
58 Ebd.
59 Ebd., S. 3; zur Haltung Lady Montagus vgl. Kapitel 4.
60 Weber 1892, S. 86.
61 Ebd.
62 Ebd., S. 87.
63 Ebd., S. 67.
64 Vgl. zu dieser Sichtweise vor allem Kapitel 4.
65 Weber 1892, S. 89.
66 Ebd., S. 9.
67 Vgl. Kapitel 1 sowie die Schwierigkeiten abzureisen in Kapitel 2.
68 Weber 1892, S. 84 ff.
69 Ebd., S. 91.
70 Ebd., S. 101.
71 Ebd., S. 90.
72 Ebd.
73 Ebd.
74 Kemal Atatürk 1923, zitiert nach Jäschke 1959, S. 364.

9. *Reiseerinnerungen – Dokumente einer Grenzverschiebung*

1 Schuber 1850, S. 500.
2 Schabelsky 1896, S. 200. Die Schauspielerin mit literarischen Ambitionen kam soeben aus Marokko.
3 Hahn-Hahn 1844, Teil 3, S. 403.
4 Ebd., S. 381.
5 Bloch 1973, 1. Bd., S. 433 f.
6 Weber 1892, S. 99.
7 Mühlbach 1871, Bd. 2, S. 264.
8 Ebd., S. 265.
9 Weber 1892, S. 101.
10 Schwartz 1849, Bd. II, S. 259 f.
11 Vgl. Craven 1789, S. 201.
12 Döhner 1895, S. 381.

13 Uexküll (1925), S. 56.
14 Schuber 1850, S. 506.
15 Vgl. ebd., S. 260.
16 Ebd., S. 507.
17 Belli 1846, S. 192 f.
18 Ebd., S. 286.
19 Johann Gottfried Herder: Ideen zur Philosophie der Geschichte der Menschheit, in: *Sämtliche Werke*, Bd. 13, Hildesheim 1967, S. 250.
20 Mit Hubert Sattler hatte Ida Pfeiffer einige Monate zuvor ein Stück des Weges nach Kairo geteilt.
21 Schuber 1850, S. 196.
22 Zitiert nach Erwin Koppen: *Literatur und Photographie*, Stuttgart 1987, S. 37.
23 Vgl. Burkhardt 1991.
24 Auch dieses Verhalten war in jeder Hinsicht ungewöhnlich. Sich in der Handhabung photographischer Apparaturen unterweisen zu lassen, war 1845 sowohl für Männer wie Frauen eine absolute Ausnahme. Vgl. dazu vor allem die Einleitung des Ausstellungskataloges in: Theye 1989.
25 Ebd., S. 22.
26 Vgl. Jehle 1989, S. 140.
27 Zitiert nach Theye 1989, S. 42.
28 Ebd.
29 Vgl. Kapitel 7.
30 Vgl. Bunsen 1934.
31 Dohmer 1895, S. 382.
32 Ebd., S. 396 f.
33 Benjamin 1977.
34 Hohnhorst 1884, S. 35 f.
35 Kramer 1977.
36 Craven 1789, S. 210.
37 Vgl. Bunsen (1929), S. 81.
38 Pfeiffer 1980, S. 313.
39 Johann Heinrich Zedler (Hg.): *Großes vollständiges Universal-Lexikon*, Halle, Leipzig 1741, Bd. 28, Sp. 367.
40 Vgl. Prutz 1973.
41 Belli 1846, S. 77.
42 Ebd., S. 140.
43 Vgl. Jehle 1989, S. 77.
44 Vgl. Oelsner 1894, S. 91 f.
45 Zitiert nach Mouchard 1990, S. 222. Letzte Ehrenbeweise: Ida Pfeiffer wurde auf dem Wiener Zentralfriedhof bestattet. »In Wien wurde am 5. November 1892 ein Denkmal für die berühmte, überaus muthige Weltreisende errichtet, unter Beteiligung sämtlicher Wiener Frauenvereine.« Oelsner 1894, S. 212.
46 Oelsner 1894, S. 91 f.
47 Im *Brockhaus* 1878, Bd. 10, S. 542, ist der Versuch Montagus, die neue Impfmethode in England einzuführen, immerhin noch hervorgehoben; dem *Brockhaus* 1991, Bd. 15, S. 71, war dies keinen Eintrag mehr wert.
48 So der Buchtitel der bio-bibliographischen Sammlung von Elise Oelsner.
49 *Die Gartenlaube*, Nr. 10, 1880.
50 Weigel, AS 96, S. 83.
51 *Die Gartenlaube*, Nr. 16, 1880.
52 Ebd., Nr. 32, 1881.
53 Oelsner 1894, S. 205.
54 *Deutsche Rundschau zur Geographie und Statistik*, Heft 14, 1892, S. 527 f.
55 Fallmerayer 1861, Bd. 3, Rezension der *Orientalischen Briefe* von Ida Gräfin Hahn-Hahn, S. 57.
56 Oelsner 1894, S. 205.
57 Mediengeschichtlich ordnet sich die Völkerschau zwischen Statik und Dynamik ein, zwischen dem Panorama und der frühen Orientphotographie Mitte des 19. Jahrhunderts und der Entstehung von Film und Kino gegen Ende des Jahrhunderts. Allen Medien ge-

mein war, daß sie sich mit orientalischen Reisemotiven populär machten.

58 Hohnhorst 1884, S. 85.

59 Zitiert nach Theye 1989, S. 103.

60 Thode-Arora 1989, S. 112 f.

61 Zitiert nach Buch 1991, S. 73.

62 *Führer durch die Ausstellung für Länder- und Völkerkunde*, o. O. (Wien) 1891, S. 3.

63 Die Türkische Republik wurde offiziell am 29. Oktober 1923 erklärt.

64 Weber 1892, S. 99.

65 Kraus: Bei den Kismet-Knöppen, in: ders. 1916, Bd. 21, S. 81.

66 Vgl. *Lexikon der Weltliteratur*, hg. von Gero von Wilpert, Stuttgart [2]1975, Bd. 1, S. 830.

67 Vgl. Kamphoevener 1916.

68 Vgl. Potts 1991, S. 143.

69 Zitiert nach Munzinger-Archiv/Internationales Biographisches Archiv vom 13. 3. 1976.

70 Kamphoevener 1988, Bd. 1, S. 8 f.

71 Ein Indiz wäre die Anrede als Sohn des Paschas. Louis Kamphoevener wurde jedoch erst 1900 zum Pascha ernannt, als seine Tochter bereits die erste Ehe einging und am sächsischen Königshof residierte. Weitere Verdachtsmomente ergeben sich aus Unstimmigkeiten in der Biographie von Wilbrandt (1969).

72 Vgl. den Artikel über Kamphoevener, in: *Literatur-Lexikon*, hg. von Walter Killy, Gütersloh/München 1990, Bd. 8.

73 Kamphoevener 1988, Bd. 1, S. 10.

Abbildungsverzeichnis

Thomas Allom: *Constantinopel und die malerische Gegend der sieben Kirchen in Kleinasien. Nach der Naur gezeichnet (...)*, 2 Bde., Braunschweig 1841 (Abb. 7, 9); Marie von Bunsen: *Die Welt, in der ich lebte*, Leipzig o.J. (Abb. 29); Sophie Christ: *Orientalische Tagblätter*, Mainz 1888 (Abb. 3); Edition Photoglob, Zürich (Abb. 24); Baronin Hedwig von Hohnhorst: *Reisebilder aus dem Libanon*, Braunschweig 1884 (Abb. 17); Landesmuseum Mainz (Abb. 21); *Letters of the Right Honourable Lady M-y W-y M-e (...)*, Berlin 1790 (Abb. 13); Nationalgalerie Berlin (Abb. 1); Österreichische Nationalbibliothek Wien (Abb. 16); Ida Pfeiffer: *Reise einer Wienerin in das Heilige Land*, Wien 1846 (Abb. 20); *Das Pfennig= Magazin der Gesellschaft zur Verbreitung gemeinnütziger Kenntnisse*, Nr. 291, 1838 (Abb. 10), Nr. 324, 1839 (Abb. 2); Neue Pinakothek München (Abb. 12); National Portrait Gallery, London (Abb. 14); Privatbesitz (Abb. 18, 23, 25, 26,); *Programm der Orientfahrten* 1909, Solingen 1909 (Abb. 28); Sammlung C. (Abb. 5); Staatliches Museum für Völkerkunde München (Abb. 4); Stadtarchiv Frankfurt (Abb. 8); Sterling and Francine Clark Art Institute, Williamstown (Abb. 11); Baronin Natalie Uexküll, *Ägypten – Palästina – Syrien*, Lugano o.J. (Abb. 19); Universitätsbibliothek Köln (Abb. 6, 15); Universität Tübingen (Abb. 22, 27).

Literatur

[Aetheria]: *Pilgerreise der Aetheria (oder Silia) von Aquitanien nach Jerusalem und heiligen Stätten. Vom Jahre 385 n. Chr.*, übers. u. hg. von Hermann Richter, Essen 1919.

Adams, William H. Davenport: *Celebrated women travellers of the nineteenth century*, London 1883.

Allen, Alexandra: *Travelling Ladies*, London 1980.

Allgemeine Deutsche Biographie. Auf Veranlassung Seiner Majestät des Königs von Bayern herausgegeben durch die historische commission bei der Königl. Akademie der Wissenschaften, München, Leipzig 1875-1912.

Ammann, Ludwig: *Östliche Spiegel. Ansichten vom Orient im Zeitalter seiner Entdeckung durch den deutschen Leser 1800-1850*, Hildesheim u. a. 1989.

An den süssen Ufern Asiens. Ägypten. Palästina. Osmanisches Reich. Reiseziele des 19. Jahrhunderts in frühen Photographien, Agfa Foto-Historama Köln 1988.

[Bacheracht, Therese]: *Theresens Briefe aus dem Süden. Herausgegeben von einem Freunde der Verfasserin*, Braunschweig 1841.

Bausinger, Hermann, Klaus Beyrer und Gottfried Korff (Hg.): *Reisekultur. Von der Pilgerfahrt zum modernen Tourismus*, München 1991.

Becker-Cantarino, Barbara (Hg.): *Die Frau von der Reformation zur Romantik. Die Situation der Frau vor dem Hintergrund der Literatur- und Sozialgeschichte*, Bonn 1987.

Becker-Cantarino, Barbara: Leben als Text. Briefe als Ausdrucks- und Verständigungsmittel in der Briefkultur und Literatur des 18. Jahrhunderts, in: Gnüg/Möhrmann 1989, S. 83-103.

Belli, Maria (geb. Gontard): *Meine Reise nach Constantinopel im Jahre 1845*, Frankfurt/M. 1846.

Belli-Gontard, M.[Maria]: *Lebens-Erinnerungen*, Frankfurt/M. 1872.

Benjamin, Walter: *Das Kunstwerk im Zeitalter seiner technischen Reproduzierbarkeit. Drei Studien zur Kunstsoziologie*, Frankfurt/M. 1977.

Berchet, Jean-Claude: *Le voyage en Orient. Anthologie des voyageurs français dans le Levant au XIXe siècle*, Éditions Robert Laffont 1985.

Berliner Abendblätter, Reprint mit Nachwort von Helmut Sembdner, Darmstadt 1973.

Bernard, Esther (geb. Gad): *Briefe über England und Portugal an einen Freund*, 2 Bde., Neue Ausgabe Hamburg 1808.

Blanch, Lesley: *Sie folgten ihrem Stern. Frauenschicksale im Orient*, Frankfurt/M., Berlin, Wien 1984.
Bloch, Ernst: *Prinzip Hoffnung*, 3 Bde., Frankfurt/M. 1973.
Boveri, Margret: *Vom Minarett zum Bohrturm. Eine politische Biographie Vorderasiens*, Zürich, Leipzig, Berlin 1938.
Brenner, Peter J. (Hg.): *Der Reisebericht. Die Entwicklung einer Gattung in der deutschen Literatur*, Frankfurt/M. 1989.
Brockhaus Conversations-Lexikon. Allgemeine deutsche Real-Enzyklopädie, Leipzig (13. Aufl.) 1882-1887.
Brümmer, Franz (Bearb.): *Lexikon der deutschen Dichter und Prosaisten vom Beginn des 19. Jahrhunderts bis zur Gegenwart*, Bd. 1-8, Leipzig, 6. völlig neu bearb. Aufl., Leipzig 1913.
Brunner, Samuel: *Ausflug über Constantinopel nach Laurien im Sommer 1831*, St. Gallen, Bern 1833.
Buch, Hans Christoph: *Die Nähe und die Ferne. Bausteine zu einer Poetik des kolonialen Blicks*, Frankfurt/M. 1991.
Bunsen, Marie von: *Die Welt, in der ich lebte. Erinnerungen aus glücklichen Jahren 1860-1912*, Leizpig [1929].
Bunsen, Marie von: *Im fernen Osten. Eindrücke und Bilder aus Japan, Korea, China, Ceylon, Java, Siam, Kambodscha, Brima und Indien*, 2. Aufl., Leipzig 1934.
Burkhardt, Helmut (Hg.): *Reise nach Surinam. Pflanzen- und Landschaftsbilder der Louise von Panhuys 1763-1844*, Frankfurt/M. 1991.
Busch, Moritz: *Die Türkei. Reisehandbuch für Rumelien, die untere Donau, Anatolien, Syrien, Palästina, Rhodus und Cypern*, Lloyd's Illustrirte Reisebibliothek, 6. Bd. (= Der Orient, Bd. III), Triest (Literarisch-artistische Abtheilung des Österr. Lloyd) 1860.
Butazzi, Grazietta: Klassizismus und Freiheit, in: Münchner Stadtmuseum (Hg.): *Anziehungskräfte*, München o. J. [1986].

Christ, Sophie: *Orientalische Tageblätter. Nach der Natur und Wirklichkeit scizzirt*, Mainz 1888.
Conversations-Lexicon oder Handwörterbuch für die gebildeten Stände über die in der gesellschaftlichen Unterhaltung und bei der Lecture vorkommenden Gegenstände, Namen und Begriffe, Bd. 9, 2. Aufl., Leipzig 1817.
Cox, Edward G.: *A Reference Guide to Literature of Travel*, 3Bde., Seattle 1935-49.
[Craven, Lady Elisabeth]: *Briefe der Lady Elisabeth Craven über eine Reise durch die Krimm nach Konstantinopel. An Sr. Durchlaucht den regierenden Markgrafen von Brandenburg-Anspach*. Mit Churfürstl. Sächs. Privilegium, Leipzig 1789.
Croutier, Alev Lytle: *Harem. Die Welt hinter dem Schleier*, München 1989.

Deeken, Annette: Frauen reisen im Schatten des Großherrn, in: *Jahrbuch der Karl-May-Gesellschaft*, hg. von Hans Wollschläger u. a., Hamburg 1990, S. 313-327.

Deeken, Annette: Angesehen, Ungeschrieben? Vom Ende der Reiseliteratur im Zeitalter des Reisens, in: *Der Deutschunterricht 10*, 1994, S. 492-499.

Deeken, Annette und Monika Bösel: »Vers l'Orient«: Reisejournale von Frauen des 19. Jahrhunderts, in: Jedamski, Jehle, Siebert 1994, S. 59-77.

Deeken, Annette und Monika Bösel: Auf den Spuren reisender Frauen. Frauenreiseliteratur als Gegenstand der Frauenforschung, in: *Sozialwissenschaftliche Informationen*, Heft 4, 1993, S. 260-267.

Diederichs, Ulf (Hg.): *Vom Glück des Reisens zu Lande, zu Wasser und in der Luft*, München 1994.

Döhner, Sophie: *Weltreise einer Hamburgerin 1893-1894. Aus dem Reisetagebuch*, Hamburg 1895.

Duff-Gordon, Lady: *Letters from Egypt. 1863-65*, London 1865.

Düringsfeld, Ida: *Das Buch Denkwürdiger Frauen. Lebensbilder und Zeitschilderungen. Festgabe für Mütter und Töchter*, 6. Aufl., Leipzig 1900.

Ebel, Wilhelm (Hg.): *Vorlesungen über Land- und Seereisen, gehalten von Herrn Prof. Schlözer*, Göttingen 1962.

Ebeling, Adolf: *Bilder aus Kairo*, Stuttgart 1878.

Ebersberger, Thea (Hg.): *Erinnerungsblätter aus dem Leben Luise Mühlbach's*, gesammelt und hg. von ihrer Tochter, Leipzig 1902.

Embacher, Friedrich: *Lexikon der Reisen und Entdeckungen*, 1882.

Engelmann, Wilhelm (Hg.): *Bibliotheca Geographica. Verzeichnis der seit Mitte des 18. Jahrhunderts bis zum Ende des Jahres 1856 in Deutschland erschienenen Werke über Geographie und Reisen mit Einschluss der Landkarten, Pläne und Ansichten*, Leipzig 1858.

Enzensberger, Hans Magnus: Eine Theorie des Tourismus, in: ders.: *Einzelheiten I*, Frankfurt/M. 1973, S. 179-205.

Erker-Sonnabend, Ulrich: *Das Lüften des Schleiers. Die Orienterfahrung britischer Reisender in Ägypten und Arabien. Ein Beitrag zum Reisebericht des 19. Jahrhunderts*, Hildesheim, Zürich, New York 1987.

Erker-Sonnabend, Ulrich (Hg.): *Orientalische Fremde. Berichte deutscher Türkeireisender des späten 19. Jahrhunderts*, Bochum 1987.

Essner, Cornelia: *Deutsche Afrikareisende im neunzehnten Jahrhundert. Zur Sozialgeschichte des Reisens*, Stuttgart 1985.

Ewald, Johann Ludwig: *Die Kunst, ein gutes Mädchen, eine gute Gattin, Mutter und Hausfrau zu werden*, Frankfurt 1804.

Fallmerayer, Jakob Philipp: Kritische Versuche, in: *Gesammelte Werke*, hg. von Georg Martin Thomas, Bd. 3, Leipzig 1861.

Felden, Tamara: *Frauen Reisen. Zur literarischen Repräsentation weiblicher Geschlechterrollenerfahrung im 19. Jahrhundert*, New York u. a. 1993.

Flaubert, Gustave: *Reise in den Orient. Ägypten, Nubien, Palästina, Syrien, Libanon*, hg. von André Stoll, Frankfurt/M. 1985.

Förster, Rosa von: *Constantinopel. Reise-Erinnerungen*, Berlin 1893.

Frederiksen, Elke (unter Mitarb. von Tamara Archibald): Der Blick in die

Ferne. Zur Reiseliteratur von Frauen, in: Gnüg/Möhrmann 1989, S. 104-122.
Frevert, Ute: *Frauen-Geschichte. Zwischen bürgerlicher Verbesserung und neuer Weiblichkeit*, Frankfurt/M. 1986.
Friedrichs, Elke: *Die deutschsprachigen Schriftstellerinnen des 18. und 19. Jahrhunderts. Ein Lexikon*, Stuttgart 1981.

[Gerstdorf]: Frau Baronin v. Gerstdorf's Reise in Syrien von Aleppo nach Deir am Euphrat 1864. Mit Bemerkungen von Dr. A. D. Mordtmann, in: *Mittheilungen aus Justus Perthes' geographischer Anstalt über wichtige neue Erforschungen auf dem Gesammtgebiete der Geographie*, von Dr. A. Petermann, Gotha 1865, S. 52-94.
Glaser, Hermann: *Die Kultur der Wilhelminischen Zeit*, Frankfurt/M. 1984.
Gnüg, Hiltrud und Renate Möhrmann (Hg.): *Frauen. Literatur. Geschichte. Schreibende Frauen vom Mittelalter bis zur Gegenwart*, Frankfurt/M. 1989.
Goethe, Johann Wolfgang von: *Italienische Reise*, hg. von Herbert von Einem, München 1988.
Goldbaek, Henning: Auf Achse im Orient. Literarisches Reisefieber im 19. Jahrhundert, in: *Lettre international*, Heft 27, 1994, S. 42-46.
Gordon, Lady Lucie Duff: *Letters from Egypt. 1863-1865*, 2. Aufl., London 1865.
Gost, Roswitha: *Der Harem*, Köln 1993.
Griep, Wolfgang: *Bibliographie der deutschsprachigen Reiseliteratur 1700-1810*, Ausdruck vom 29. 8. 1988, Bremen 1988.
Griep, Wolfgang (Hg.): *Sehen und Beschreiben. Europäische Reisen im 18. und frühen 19. Jahrhundert*, Heide 1991.
Griep, Wolfgang und Hans-Wolf Jäger (Hg.): *Reise und soziale Realität am Ende des 18. Jahrhunderts*, Heidelberg 1983.
Griep, Wolfgang und Hans-Wolf Jäger (Hg.): *Reisen im 18. Jahrhundert. Neue Untersuchungen*, Heidelberg 1986.
Groß, Heinrich (Hg.): *Deutsche Dichterinnen und Schriftstellerinnen in Wort und Bild*, Bd. 1-3, Berlin 1885.

Haacke, Wilmont: *Handbuch des Feuilletons*, Bd. 2, Lechte 1952.
Hahn-Hahn, Ida: *Orientalische Briefe*, 3. Teil, Berlin 1844.
Hahn-Hahn, Ida: *Orientalische Briefe*, Teil 1-3 (*Gesammelte Schriften* IV), Berlin 1851.
Hahn-Hahn, Ida: *Erinnerungen aus und an Frankreich*, 2 Bde., Berlin 1842.
Hamalian, Leo (Hg.): *Ladies on the Loose. Women Travellers of the 18th and 19th Centuries*, New York 1981.
Handbuch für Reisende in den Orient. Die Jonischen Inseln, Griechenland, Türkei, Kleinasien, Inseln des Archipels, Syrien, Palästina und Aegypten. Nach eigener Anschauung und den besten Hülfsquellen. Nebst Lehre und Winken für Reisende, Stuttgart 1846.
Harless, Christian F.: *Die Verdienste der Frauen um Naturwissenschaft, Ge-*

sundheits- und Heilkunde, so wie auch um Länder-, Völker- und Menschenkunde von der ältesten Zeit bis auf die neueste. Ein Beitrag zur Geschichte geistiger Cultur, und der Natur- und Heilkunde insbesondere, Göttingen 1830.

Haslip, Joan: *Lady Hester Stanhope. Die Königin des Libanon. Eine Biographie*, Berlin 1953.

Hausen, Karin: Die Polarisierung der ›Geschlechtscharaktere‹ – Eine Spiegelung der Dissoziation von Erwerbs- und Familienleben, in: Werner Conze (Hg.): *Sozialgeschichte der Familie in der Neuzeit Europas*, Stuttgart 1976.

Heine, Heinrich: *Reisebilder. Reise von München nach Genua*, Hamburg 1966.

Heller, Erdmute: *Arabesken und Talismane. Geschichte und Geschichten des Morgenlandes in der Kultur des Abendlandes*, München 1992.

Heneine, Alice: *Lady Esther Stanhope et le Liban*, 2 Bde., Beyrouth 1983.

Heyking, Elisabeth: *Tagebücher aus 4 Weltteilen. 1886/1904* (hg. von Grete Litzmann), Leipzig 1926.

Hinrichsen, Adolf: *Das literarische Deutschland. Schriftstellerlexikon*, Berlin, Rostock 1887.

Hohnhorst, Baronin H.[Hedwig] von: *Reisebilder aus dem Libanon*, Braunschweig 1884.

Jahn, August: *Reise von Mainz nach Egypten, Jerusalem und Konstantinopel in den Jahren 1826-27*, Mainz 1828.

Jäschke, Gotthard: Die Frauenfrage in der Türkei, in: *Saeculum. Jahrbuch für Universalgeschichte 10* (1959), S. 360-369.

Jedamski, Doris, Hiltgund Jehle und Ulla Siebert (Hg.): *»Und tät das Reisen wählen!« Frauenreisen – Reisefrauen*, Zürich, Dortmund 1994.

Jehle, Hiltgund: *Ida Pfeiffer. Weltreisende im 19. Jahrhundert. Zur Kulturgeschichte reisender Frauen*, Münster, New York 1989.

Jorga, Nicolae: *Geschichte des Osmanischen Reiches*, 5 Bde., Frankfurt/M. 1990.

Kabbani, Rana: *Mythos Morgenland. Wie Vorurteile und Klischees unser Bild vom Orient bis heute prägen*, München 1993.

Kampen, Wilhelm van: *Studien zur Deutschen Türkeipolitik in der Zeit Wilhelms II.*, Diss. Kiel 1968.

[Kamphoevener], Else Marquardsen-Kamphoevener: *Das Wesen des Osmanen. Ein Berater für Orientfahrer*, München 1916.

Kamphoevener, Elsa Sophia von: *An Nachtfeuern der Karawan-Serail. Märchen und Geschichten alttürkischer Nomaden*, 3 Bde., Reinbek b. Hamburg 1988.

Kaufmann, Eva: *Herr im Hause. Prosa von Frauen zwischen Gründerzeit und Erstem Weltkrieg*, Berlin 1989.

Kellner, Barbara: *Das Osmanische Reich im Spiegel europäischer Druckwerke*, Frankfurt/M. 1985.

Kielich, Wolf: *Vrouwen of avontuur. In corset en crinoline door de wildernis*, Amsterdam 1993.

Klötzer, Wolfgang (Hg.): *Frankfurter Biographie. Personengeschichtliches Lexikon*, 1 Bd., Frankfurt 1994.

Kochwasser, Friedrich H. und Hans R. Roemer (Hg.): *Araber und Deutsche. Begegnungen in einem Jahrtausend*, Tübingen, Basel 1974.

Kohl, Karl-Heinz: »Cherchez la femme d'Orient«, in: Sievernich/Budde 1989, S. 356-365.

Kramer, Fritz: *Verkehrte Welten. Zur imaginären Ethnographie des 19. Jahrhunderts*, Frankfurt/M. 1977.

Kraus, Karl (Hg.): *Die Fackel*, (München) 1916.

Kullik, Rosemarie: *Frauen »gehen fremd«. Eine Wissenschaftsgeschichte der Wegbereiterinnen der deutschen Ethnologie*, Bonn 1990.

[LaRoche, Sophie von]: *Tagebuch einer Reise durch die Schweitz von der Verfasserin von Rosaliens Briefen*, Altenburg 1787.

LaRoche, Sophie von: *»Ich bin mehr Herz als Kopf«. Ein Lebensbild in Briefen*, hg. von Michael Maurer, München (2. Aufl.) 1985.

Lamartine, Alphonse de: *Travels in the Holy Land in 1832-1833*, London 1840.

Leed, Eric J.: *Die Erfahrung der Ferne. Reisen von Gilgamesch bis zum Tourismus unserer Tage*, Frankfurt/New York 1993.

Leicht, Hans (Hg.): *Ein Harem in Bismarcks Reich. Das ergötzliche Reisetagebuch des Nasreddin Schah*, 2. Aufl., Tübingen, Basel 1975.

Lewald, Fanny: *Italienisches Bilderbuch*, 2 Teile, Berlin 1847.

Lewald, Fanny: *Meine Lebensgeschichte*, Bd. 3: *Befreiung und Wanderleben*, hg. von Ulrike Helmer, Frankfurt/M. 1989.

Lichnowsky, Mechthild: *Götter, Könige und Tiere in Aegypten*, Leipzig 1914.

Maczak, Antoni und Hans Jürgen Teuteberg (Hg.): *Reiseberichte als Quellen europäischer Kulturgeschichte. Aufgaben und Möglichkeiten der historischen Reiseforschung* (Vorträge anl. des 9. Wolfenbütteler Symposions vom 22.-25. Juni 1981), Wolfenbüttel (Herzog August Bibliothek) 1982.

Maltzan, Heinrich von: *Meine Wallfahrt nach Mekka*, hg. v. Gernot Giertz, Stuttgart 1984.

Martineau, Harriet: *Eastern Life, Present and Past*, London 1848.

McClain, William und Lieselotte E. Kurth-Voigt: Louise Mühlbachs Briefe an Costenoble, in: *Archiv für die Geschichte des Buchwesens*, Bd. 22, 1981, Sp. 917-1250.

Messner, Dieter: *Die Welt der Türken. Große Stätten des Osmanischen Reiches*, Dortmund 1983.

Meyers Reisebücher: Türkei, Rumänien, Serbien, Bulgarien, 7. Aufl., Leipzig, Wien 1908.

Michelis, Arthur: *Reiseschule für Touristen und Courgäste*, 2. Aufl., Leipzig 1872.

Michelsen, Peter: Die Reisen der Lady (Montagu), in: *Arcadia 16*, 1981, S. 243-247.

Middleton, Dorothee: *Victorian Lady Travellers*, London 1965.

Mit dem Auge des Touristen. Zur Geschichte des Reisebildes, hg. von der Eberhard-Karls-Universität Tübingen 1981.

Möhrmann, Renate: *Die andere Frau. Emanzipationsansätze deutscher Schriftstellerinnen im Vorfeld der Achtundvierziger-Revolution*, Stuttgart 1977.

Moltke, Hellmuth von: *Briefe über Zustände und Begebenheiten in der Türkei aus den Jahren 1835 bis 1839*, 6. Aufl., Berlin 1893.

Moltke, Helmuth v.: *Unter dem Halbmond. Erlebnisse in der alten Türkei 1835-1839*, hg. von Helmut Arndt, 3. Aufl, Stuttgart 1984.

Montagu, Lady Mary: *Briefe aus dem Orient*, bearb. von Dr. Irma Bühler nach der Ausgabe von 1784 in der Übersetzung von Prof. Eckert, Frankfurt/M. 1991.

Montague, Lady: *Reisebriefe*, deutsche Übertragung von Ida Pappenheim, München 1927.

Montesquieu, Charles de: *Perserbriefe*, Frankfurt/M. 1988.

Morgenstern, Lina: *Die Frauen des 19. Jahrhunderts. Biographische und culturhistorische Zeit- und Charaktergemälde*, 3Bde., Berlin 1888, 1889, 1891.

Mouchard, Christel: *Es drängte sie, die Welt zu sehen. Unentwegte Reisende des 19. Jahrhunderts*, Hannover 1990.

Moulin, Anne Marie und Pierre Chuvin: *L'islam au péril des femmes. Une Anglaise en Turquie au XVIIIième siècle*, Paris 1987.

Mühlbach, Louise [d. i. Clara Mundt]: *Reisebriefe aus Aegypten*, 2 Bde., Jena 1871.

Naumann, Friedrich: *Asia. Eine Orientreise über Athen, Kontsantinopel, Baalbek, Nazareth, Jerusalem, Kairo, Neapel*, 7. Aufl., Berlin-Schöneberg 1909.

Neue Deutsche Biographie, hg. von der Historischen Kommission bei der Bayerischen Akademie der Wissenschaften, 11. Band, Berlin 1977.

Nipperdey, Thomas: *Deutsche Geschichte 1800-1866*, München 1983.

Nostitz, Gräfin Pauline: *Johann Wilhelm Helfers Reisen in Vorderasien und Indien*, Zwei Theile, Leipzig 1873. Anhang: *Meine Erlebnisse und Erinnerungen nach Helfers Tode*, Leipzig 1877.

Nowel, Ingrid: Geschichte der Ägyptenreisen, in: Giovanni Belzoni: *Entdeckungsreisen in Ägypten 1815-1819*, Köln 1982, S. 220-273.

Ockenfuß, Solveig: Verkleidungsspiele, in: Klaus Bergmann und dies. (Hg.): *Neue Horizonte. Eine Reise durch die Reisen*, Reinbek b. Hamburg 1984, S. 117-143.

Oelsner, Elise: *Die Leistungen der deutschen Frau in den letzten vierhundert Jahren. Auf wissenschaftlichem Gebiete*, Guhrau 1894.

Ohff, Heinz: *Der grüne Fürst. Das abenteuerliche Leben des Fürsten Pückler-Muskau*, München, Zürich 1991.

Opitz, Claudia: Der aufgeklärte Harem. Kulturvergleich und Geschlechterbeziehungen in Montesquieus ›Perserbriefen‹, in: *Feministische Studien* 2, 1991, S. 41-56.

Palmer, Alan: *Verfall und Untergang des Osmanischen Reiches*, München, Leipzig 1994.

Pataky, Sophie (Hg.): *Lexikon deutscher Frauen der Feder. Eine Zusammenstellung der seit dem Jahre 1840 erschienenen Werke weiblicher Autoren nebst Biographien der lebenden und einem Verzeichnis der Pseudonyme*, 2 Bde., Berlin 1898 (Repr. Bern 1971).

Pelz, Annegret: Europäerinnen und Orientalismus, in: *Argument-Sonderband AS* 172, S. 205-218.

Pfeiffer, Ida: *Reise einer Wienerin in das Heilige Land*, hg. v. Ludwig Plakolb (nach der Originalausgabe Wien 1844), Frankfurt/M. 1980.

Pfeiffer, Ida: *Reise nach Madagaskar*, Reprint der Ausgabe von 1861, Marburg 1980b.

[Das] Pfennig-Magazin der Gesellschaft zur Verbreitung nützlicher Kenntnisse (1833 ff.), hg. von Reinhard Kaiser, (Reprint), Nördlingen 1985.

Pohl, Klaus (Hg.): *Ansichten der Ferne. Reisephotographie 1850 bis heute*, Gießen 1983.

Polkehn, Klaus: *Palästina. Reisen im 18. und 19. Jahrhundert*, Berlin 1986.

Posselt, Franz Ludwig: *Apodemik oder Die Kunst zu reisen. Ein systematischer Versuch zum Gebrauch junger Reisender aus den gebildeten Ständen überhaupt und angehender Gelehrter und Künstler insbesondere*, Bd. I, Leipzig 1795.

Potts, Lydia (Hg.): *Aufbruch und Abenteuer. Frauen-Reisen um die Welt ab 1785*, Berlin 1988.

Potts, Lydia: Reisende und schreibende Frauen, in: Heide von Felden (Hg.): ... *und greifen zur Feder und denken die Welt ... Frauen-Literatur-Bildung*, Oldenburg 1991, S. 117-147.

Pouqueville's Reise durch Morea und Albanien nach Constantinopel 1798-1801, a. d. Französischen von K. L. M. Müller, Bd. 2, Leipzig 1805.

Prokesch-Osten, Anton Graf: Gegen die Rede des Herrn Lamartine über den Orient, in: ders.: *Abendland-Morgenland*, hg. von E. J. Görlich, Graz 1956.

Prutz, Robert: Die Literatur und die Frauen, in: ders.: *Schriften zur Literatur und Politik*, hg. von Bernd Hüppauf. Tübingen 1973, S. 103-106.

Pückler-Muskau, Hermann Fürst von: Aus Mehemed Alis Reich, in: ders.: *Ausgewählte Werke in zwei Bänden*, hg. von Ekkehard Haack u. Heinz Ohff, Bd. II, Berlin 1985.

Pückler-Muskau, Hermann: *Semilasso in Afrika*, 5 Bde., Stuttgart 1836.

Pudney, John: *Alles inbegriffen. Die Geschichte des Hauses Cook*, Stuttgart 1955.

Pytlik, Anna: *Die schöne Fremde. Frauen entdecken die Welt*, Stuttgart 1991.

Rodinson, Maxime: *Die Faszination des Islam*, 2. Aufl., München 1991.

Röhricht, Reinhold und Heinrich Meisner (Hg.): *Deutsche Pilgerreisen nach dem Heiligen Lande*, Berlin 1880.

Rousseau, Jean-Jacques: *Emile oder über die Erziehung*, hg. von Martin Rang u. Eleonore Scommodau, Stuttgart 1980.

Russell, Mary: *Vom Segen eines guten festen Rocks. Außergewöhnliche Lebensgeschichten weiblicher Abenteurer und Entdeckungsreisender*, Bern, München, Wien 1987.

Sackville-West, Vita: *Zwölf Tage in den Bakhtavi-Bergen. Eine Reiseerzählung* (1928), Frankfurt/M. 1990.

Sagaster, Börte: *Im Harem von Istanbul. Osmanisch- türkische Frauenkultur im 19. Jahrhundert*, Hamburg 1989.

Said Ruete, Prem.-Leutnant [Rudolf]: Meine Reisen in Syrien und Palästina mit besonderer Berücksichtigung der dortigen Deutschen Templergemeinden, in: *Deutsche Kolonial-Gesellschaft*, Berlin 1896/97, S. 236-277.

Said, Edward: *Orientalismus*, Frankfurt/M., Berlin u. a. 1981.

Sand, George: *Lettres d'un voyageur*, hg. von Henri Bonnet, Paris 1971.

Schabelsky, Elsa von: *Harem und Moschee. Reiseskizzen aus Marokko*, Berlin 1896.

Schindel, Carl Wilhelm Otto August von: *Die deutschen Schriftstellerinnen des neunzehnten Jahrhunderts*, Dritter Theil, Leipzig 1825.

Schirmacher, Käthe: *Aus aller Herren Länder. Gesammelte Studien und Aufsätze*, Paris, Leipzig 1897.

Schneller, Ludwig: *Die Kaiserfahrt durch's heilige Land*, 3. Auflage, Leipzig 1899.

Schnitzler, Arthur: *Jugend in Wien. Eine Autobiographie*, hg. von Therese Nickel u. Heinrich Schnitzler, München 1971.

Schopenhauer, Johanna: *Im Wandel der Zeiten. Jugenderinnerungen, Tagebücher, Briefe*, München 1986.

Schopenhauer, Johanna: *Reise an den Niederrhein und nach Belgien im Jahr* 1828, Nachdruck der Ausgabe von 1831, Essen 1987.

Schuber, Maria: *Meine Pilgerreise über Rom, Griechenland und Egypten durch die Wüste nach Jerusalem und zurück, vom 4. Oktober 1847 bis zum 25. September 1848*, Graz 1850.

Schulz, E. W.: *Reise in das gelobte Land*, Mühlheim/Ruhr 1852.

Schulze-Smidt, B. [Bernhardine]: *Constantinopel. Friedliche Reiseerinnerungen*, Dresden, Leipzig 1897.

Schulze-Smidt, Bernhardine: Vom Schreibtisch und aus dem Atelier. Mein Rückblick, in: *Velhagen u. Klasings Monatshefte*, 1905/1906, Bd. 2, S. 624-632.

[Schwartz, Marie Esperance von]: *Blätter aus dem africanischen Reise-Tagebuche einer Dame*, 2 Bde., 1. Teil: *Algerien*; 2. Teil: *Tunis*, Braunschweig 1849.

Schwarz, Sophie: *Briefe einer Curländerin. Auf einer Reise durch Deutschland*, 1. Theil, Berlin 1791.

Scurla, Herbert (Hg.): *Reisen im Orient. Carsten Niebuhr, Ulrich Jasper Seetzen, Richard Lepsius, Heinrich Brugsch. Berichte deutscher Forscher aus dem 18. u. 19. Jahrhundert*, Berlin 1961.

Seiff, Friedrich Julius: *Reisen in der asiatischen Türkei*, Leipzig 1875.

Sievernich, Gereon und Hendrik Budde (Hg.): *Europa und der Orient*, Gütersloh, München 1989.

Simmel, Georg: Weibliche Kultur, in: ders.: *Philosophische Kultur. Über das Abenteuer, die Geschlechter und die Krise der Moderne. Gesammelte Essais*, Berlin 1983, S. 207-241.

Singer, Hans-Rudolf: Deutsche Forschungsreisende in arabischen Ländern, in: Kochwasser/Roemer 1974, S. 217-242.

Soden, Hermann von: *Reisebriefe aus Palästina*, Berlin 1898.
Stahl, Arthur [d.i. Valeska Bolgiani]: *Im Land der Pharaonen. Reisebilder aus Egypten*, Wien, Pest, Leipzig 1869.
Stark, Marianne: *Briefe über Italien in den Jahren 1792-1798*, a.d. Engl. von Valentini, Gießen 1802.
Sternberger, Dolf: *Panorama oder Ansichten vom 19. Jahrhundert (Schriften V)*, Frankfurt/M. 1981.
Stevenson, Catherine Barnes: *Victorian Women Travel Writers in Africa*, Boston 1892.
Stewart, William: *Die Reisebeschreibung und ihre Theorie im Deutschland des 18. Jahrhunderts*, Bonn 1978.
Syndram, Karl Ulrich: Der erfundene Orient in der europäischen Literatur vom 18. bis zum Beginn des 20. Jahrhunderts, in: Sievernich/Budde 1989, S. 324-341.

Tekinay, Alev: Zum Orient-Bild Bettina von Arnims und der jüngeren Romantik, in: *Arcadia. Zeitschrift für vergleichende Literaturwissenschaft*, Bd. 16, Heft 1, 1981, S. 47-49.
Theye, Thomas (Hg.): *Der geraubte Schatten. Die Photographie als ethnograpisches Dokument*, München, Luzern 1989.
Thode-Arora, Hilke: *Für fünfzig Pfennig um die Welt. Die Hagenbeckschen Völkerschauen*, Frankfurt/New York 1989.
Tilcher, Thomas: *Der orientalische Traum der Schriftstellergeneration von 1848: Maxime DuCamp, Literat und Vagabund*, Heidelberg 1985.
Tischendorf, Konstantin: *Aus dem Heiligen Lande*, Leipzig 1862.
Treder, Uta (Hg.): *Die Liebesreise oder Der Mythos des süssen Wassers. Reisen und Schreiben: Ausländerinnen im Italien des 19. Jahrhunderts*, Bremen 1988.
Tristan, Flora: *Fahrten einer Paria* (Paris 1837/38), Band III, Zürich 1983a.
Tristan, Flora: *Meine Reise nach Peru*, hg. von Friedrich Wolfzettel, Frankfurt/M. 1983b.
Twain, Mark: *Die Arglosen im Ausland*, Zürich 1990.
Twain, Mark: *Reise durch die Alte Welt*, 3. Aufl, Hamburg 1968.

Uexküll, Baronin von [Natalie]: *Ägypten. Palästina. Syrien. Orientbriefe einer deutschen Frau*, Lugano [1925].

Vogel, August: *Nach Kanaan. Tagebuch einer Reise durch Ägypten, Palästina und Griechenland*, Gütersloh 1885.

Weber, Mathilde: *Durch Griechenland nach Konstantinopel. Eine Gesellschaftsreise in 35 Tagen*, 2. Aufl., Tübingen 1892.
Wehinger, Brunhilde: Reisen und Schreiben. Weibliche Grenzüberschreitungen in Reiseberichten des 19. Jahrhunderts, in: *Romanistische Zeitschrift für Literaturgeschichte*, Heidelberg, Heft 3/4, 1986, S. 360-380.
Weigel, Sigrid: Der schielende Blick. Thesen zur Geschichte weiblicher Schreibpraxis, in: *Argument-Sonderband 96*, S. 83-137.

Weller, Franz: *Weltausstellungsalbum. Erinnerung an Wien*, Wien 1873.

Wilbrandt, Ilse: *Elsa Sophia von Kamphoevener. Ihr Leben – ein Märchen*, Selbstverlag [Reichenau 1969].

Wolf, Gerhard: Die deutschsprachigen Reiseberichte des Spätmittelalters, in: Brenner 1989, S. 81-116.

Wolf-Crome, Editha (Hg.): *Pilger und Forscher im Heiligen Land. Reiseberichte aus Palästina, Syrien und Mesopotamien vom 11. bis zum 20. Jahrhundert in Briefen und Tagebüchern*, Gießen 1978.

Wolff, Christian: *Vernünfftige Gedanken von dem gesellschafftlichen Leben der Menschen und insonderheit dem gemeinen Wesen* (Reprint von 1736), Hildesheim/New York 1975.

Woolf, Virginia: *Ein Zimmer für sich allein*, Berlin 1978.

Wülfing, Wulf: Reiseberichte im Vormärz. Die Paradigmen Heinrich Heine und Ida Hahn-Hahn, in: Brenner 1989, S. 333-362.

Wülfing, Wulf: Reiseliteratur, in: Horst Glaser, A. (Hg.): *Deutsche Literatur. Eine Sozialgeschichte*, Bd. VI, Reinbek 1980, S. 180-194.

Wuthenow, Ralph-Rainer: *Die erfahrene Welt. Europäische Reiseliteratur im Zeitalter der Aufklärung*, Frankfurt/M. 1980.

Personenregister*

* Kursiv gesetzte Ziffern verweisen auf Abbildungen.

Ortsregister

Elke Kleinau, Claudia Opitz (Hg.)

Geschichte der Mädchen- und Frauenbildung

Band 1: Vom Mittelalter bis zur Aufklärung
1996. 588 Seiten mit 65 Abbildungen, gebunden
ISBN 3-593-35412-8

Band 2: Vom Vormärz bis zur Gegenwart
1996. 68 Seiten mit 56 Abbildungen und 9 Schaubildern, gebunden
ISBN 3-593-35413-6

Mit diesem zweibändigen Standardwerk liegt erstmals eine geschlossene Darstellung der Mädchen- und Frauenbildung vom Mittelalter bis heute vor. In Text und Bild zeichnet es sowohl die institutionalisierten Formen der Mädchen- und Frauenbildung in Deutschland nach als auch die Entwicklungen und Verhältnisse der Zeit vor 1800.

Lange Zeit schien es, als hätte erst die Pädagogik der Aufklärung Konzepte und Einrichtungen zur Mädchen- und Frauenbildung geschaffen. Daß dies nicht der Realität entspricht, wird im ersten Band deutlich. Der zeitliche Bogen reicht vom (hohen) Mittelalter über Humanismus und Reformation bis hin zur Aufklärung. Über Jahrhunderte hinweg ist Frauen der Zugang zu Bildung zwar erschwert und sogar ganz verwehrt worden. Daß es dennoch eine Vielfalt von Bildungsmöglichkeiten in Form von Lektüre, in Klöstern, Zünften oder im Kreis der Familie gab, veranschaulichen die Beiträge des ersten Bandes.

Der zweite Band befaßt sich mit den Entwicklungen im 19. und 20. Jahrhundert. Er zeigt, wie die Frauen im 19. Jahrhundert zum ersten Mal Anschluß an die verschiedenen politischen und sozialen Bewegungen gewinnen. Der Kampf um den Zugang zur höheren Schulbildung und zum Universitätsstudium, die Situation der ersten Studentinnen werden ebenso thematisiert wie die gegenwärtige Rolle der Frauen im Hochschulbereich.